JN437204

개정판

국제마케팅

정 대 영 저

도서출판 두남

개정판 머리말

본서의 초판이 출간된 지도 벌써 5년의 세월이 흘렀다. 그동안 국제경제환경도 많은 변화를 가져왔다. 최근의 국제경제환경은 범세계적인 자유무역의 확대분위기 속에서도 자국의 경제적 이익을 우선적으로 고려하는 지역주의의 확산으로 신보호무역주의가 강화되고 있는 양면적인 현상을 보이고 있다.

즉 EU(유럽연합), NAFTA(북미자유무역협정), APEC(아시아·태평양 경제협력) 등 세계 여러 지역에서의 경제블럭화가 확산되고, 우루과이 라운드의 타결과 함께 WTO체제의 출범으로 전 세계가 하나의 시장으로 통합되는 소위 국경 없는 무한경쟁시대로 돌입하게 되었다.

이러한 WTO체제의 출범은 각종 기업의 국제화 필요성을 부각시켰으며, 기술의 획기적인 발달과 새로운 경영방식, 개선된 수송과 빨라진 통신 및 정보, 그리고 국경을 넘는 기업활동과 더불어 세계경제의 글로벌화를 더욱 가속시켰다.

이러한 범세계적인 환경변화에 따라 본서의 내용도 현실에 맞게 수정·보완하였다. 개정판에서 수정·보완한 주요 내용을 살펴보면 다음과 같다.

첫째, 본서의 기본적인 구성이나 체제 등은 그대로 유지하였으나 제1장, 제2장, 제4장, 제5장, 제6장, 제10장, 제13장, 제14장의 내용 중 시의적절하지 않은 부분을 삭제하고, 부족했던 설명들을 수정·보완하였다.

둘째, 국제마케팅을 학습하는 독자들에게 국제마케팅현상에 대한 이해와 분석능력을 높이기 위해 국제마케팅사례들을 모두 최신자료로 대체하였다.

셋째, 여러 곳에서 발견한 빠진 글자, 틀린 글자를 최대한 바로 잡았으며 특히 독자들에게 내용이 조금이라도 제대로 전달 안 될 가능성이 있는 부분은 쉽게 이해할 수 있도록 문맥을 수정하였다.

개정판 역시 저자의 역부족으로 본서의 내용에 다소 미흡한 점과 오류가 있으리라고 사료된다. 그러한 부분에 대해서는 앞으로 끊임없는 자료축적과 연구활동, 그리고 독자 제현의 지도편달을 통하여 지속적으로 보완해 나가고자 한다.

끝으로 본 개정판이 나오기까지 관심과 도움을 주신 여러분들께 지면을 빌어 마음으로부터의 뜨거운 감사를 드리며, 특히 여러 가지 어려운 여건에도 불구하고 이 책의 출판을 흔쾌히 허락하여 주신 도서출판 두남의 전두표 사장님과 원고교정에 애써 주신 편집부 여러분들께 깊은 감사를 드린다.

2009년 12월
광주천이 내려다보이는 서재에서
저자 씀

머리말

최근 국경을 넘는 기업활동과 더불어 국제간의 경제교류가 더욱 심화·확대됨으로써 전세계가 하나의 시장으로 통합되는 국경없는 무한경쟁시대가 되었다.

이와 같이 기업활동의 무대인 시장의 국제화는 무한경쟁을 야기시켜 기업활동이 그에 맞게 진행되지 않으면 안되게 되었다.

따라서 한국기업이 국제화를 성공적으로 추진하고 해외시장을 지속적으로 확대하기 위해서는 기업의 국제경쟁력을 강화시키는 수밖에 없다. 오늘날 이와 같은 기업의 국제화는 국민경제의 국제화 추세에 따라 보편적인 사실이 되고 있으며, 국제기업의 마케팅활동인 국제마케팅의 중요성 역시 증대되고 있다.

특히 오늘날과 같이 해외시장에서 치열한 경쟁을 하고 있는 시대에 경쟁업체에 효과적으로 대처하고 기업의 매출액을 증대시키기 위해서는 효과적인 국제마케탕활동을 전개하지 않으면 안된다. 따라서 저자는 이러한 필요성과 당위성에 따라 국제마케팅을 전반적으로 이해할 수 있도록 심혈을 기울여 집필하였다.

이와 같은 관점에서 본서는 기업의 국제마케팅활동에 영향을 미치는 여러 가지 환경요인, 국제제품전략, 국제가격전략, 국제유통경로전략, 국제촉진전략 등 국제마케팅에 대한 전반적인 이해와 이론적인 기초지식을 습득하게 하는데 그 목표를 두었다.

본서는 전체 5부 15장으로 구성되었다.

제1부는 국제마케팅의 전반적인 이해를 돕기 위한 개관으로서 국제마케팅의 개념과 특성, 그리고 기업의 국제화에 관한 내용을 중심으로 구성되었다.

제2부는 기업의 국제마케팅활동에 영향을 미치는 핵심적인 환경요인이라 할 수 있는 정치·법률적 환경, 경제적 환경, 문화적 환경에 관한 내용으로 구성되었다.

제3부는 해외시장 진출전략에 해당되는 부분으로서 국제마케팅조사와 해외시장 세분

화, 그리고 해외시장 진출방식 등에 관한 내용으로 구성되었다.

제4부는 국제마케팅믹스전략으로서 국제제품전략, 국제가격전략, 국제유통경로전략, 국제촉진전략 등의 내용으로 구성되었다.

제5부는 국제마케팅의 조직과 통제에 대한 내용으로 구성되었다.

또한 각 장의 말미에는 [주요용어]와 [연습문제]를 통하여 각 장에서 공부한 내용을 스스로 정리토록 도움을 주었다.

이와 같이 본서는 국제마케팅을 공부하려는 대학생 · 대학원생은 물론이거니와 국제마케팅에 종사하는 실무자들에게도 도움을 줄 수 있는 실용적인 책이 될 수 있도록 노력하여 집필하였다. 그러나 본인의 역부족으로 본서의 내용에 다소 미흡한 점과 오류가 있을 것으로 생각되며, 그러한 부분은 독자제현의 지도편달로 앞으로 계속하여 수정 · 보완해 나가고자 한다.

아무쪼록 본서의 출간이 학생들과 기업실무자들이 국제마케팅전략을 이해하는데, 그리고 기업에서 국제마케팅전략을 개발하고 실행하는데 작은 밑거름이 되었으면 하는 바램을 가져 본다. 또한 어려운 여건에도 불구하고 이 책이 나오기까지 많은 도움을 주신 도서출판 두남의 전두표 사장님과 끝까지 편집을 위해 수고해 주신 편집진 여러분에게도 감사를 드린다.

끝으로 오늘날의 저를 있게 해 주신 부모님의 은혜에 마음속 깊이 감사드리며, 항상 저자를 이해해 주고 따뜻한 격려와 용기를 북돋아준 사랑하는 아내 현수, 그리고 저자의 버팀목이 되어준 자랑스러운 아들과 딸인 현중이와 선이에게도 이 기회를 빌어 진심으로 고마운 마음을 전하고자 한다.

2004년 12월

서봉골 연구실에서

저자 씀

차 례

제1부 국제마케팅의 기초론

제3부 해외시장 진출전략

제4부 국제마케팅믹스전략

제11장 국제가격전략_295

제12장 국제유통경로전략_320

제5부 국제마케팅의 조직과 통제

제14장 국제마케팅의 조직_401

제15장 국제마케팅의 통제_418

제1부

국제마케팅의 기초론

제1장

국제마케팅의 개념과 특성

국제마케팅을 효과적으로 수행하기 위해서는 먼저 마케팅에 대한 충분한 이해가 있어야 한다. 따라서 이 장에서는 마케팅의 개념을 정리하고, 그리고 국제마케팅의 다양한 개념과 특성, 국제마케팅과 관련된 여러 유사용어들에 대하여 살펴보기로 한다.

제1절 국제마케팅의 개념

1. 마케팅의 개념

우리의 일상생활은 마케팅으로 시작해서 마케팅으로 끝난다고 해도 과언이 아닐 만큼 마케팅(marketing)이란 용어는 우리 사회에서 모르는 사람이 없을 정도로 널리 사용되고 있다. 흔히 사람들은 마케팅을 판매 혹은 영업이라고 이야기 한다. 심지어 마케팅을 공부하는 학생들뿐만 아니라 비교적 마케팅을 잘 수행하고 있는 기업이나 마케팅 전문기업의 임직원들까지도 그렇게 생각하는 경향이 있다. 물론 틀린 것은 아니다. 판매는 마케팅의 아주 작은 일부분에 해당된다. 또한 제품이나 서비스의 공급자와 소비자를 연결시켜 주는 마케팅활동은 주로 영리를 목적으로 하는 기업에 의해 수행되지만 마케팅의 적용범위는 학교, 교회, 정부 등 비영리기관에 이르기까지 매우 광범위한 영역을 포괄하고 있다. 이러한 마케팅에 대해서는 지금까지 여러 학자들이 다양한 정의를 내리고 있지만, 그 중 가장 널리 쓰여 지고 있는 것은 1985년에 미국마케팅협회(AMA : American Marketing Association)가 규정한 정의가 대표적이다.

AMA는 "마케팅이란 개인과 조직의 목표를 충족시켜 주는 교환을 창출하기 위해 제품, 아이디어 및 서비스의 개발, 가격, 촉진 및 유통에 대한 계획을 수립하고 이를 실행하는 과정(Marketing is the process of planning and executing the conception, pricing, promotion and distribution of ideas, goods and services to create exchanges that satisfy individual and organizational objectives)"으로 정의하고 있다.

이와 같은 AMA의 마케팅에 대한 정의는 첫째, 마케팅은 개인과 조직(기업)의 욕구를 동시에 충족시킨다. 즉, 마케팅은 소비자의 욕구를 충족시킬 수 있는 제품, 아이디어 및 서비스를 개발하고 이를 구매 · 사용하도록 함으로써 소비자의 욕구충족과 기업의 목표(매출액, 시장점유율, 이익 등)를 달성할 수 있다.

둘째, 마케팅은 교환을 창조하기 위한 노력이 있다. 즉, 마케팅은 소비자의 욕구와 기업의 목표를 충족시키기 위해 양자간에 활발한 교환을 성립시킨다.

셋째, 마케팅은 교환을 창조하여 개인과 기업의 목표를 달성하기 위하여 마케팅 믹스(marketing mix)라는 구체적인 수단으로 나타난다. 즉, 마케팅이란 고객이 원하는 가치(효용)가 무엇인가를 찾아내서 제품화하고 적절한 가격을 책정하여 그 가치를 고객에게 프로모션하여 대가를 받고 고객과 교환을 창조하는 것이다. 또한 Kotler와 Armstrong(1996)은 "마케팅이란 개인과 조직이 제품과 가치를 창조하여 다른 사람과 교환함으로써 그들이 원하는 것을 획득할 수 있도록 하는 사회적 및 관리적 과정"이라고 정의하였다.

이와 같은 Kotler와 Armstrong의 마케팅에 대한 정의는 사회구성원의 협력에 의한 활동 즉 생산활동과 교환활동을 포함하고 있으며 고객의 필요를 채워주는 것을 목적으로 하고, 기업의 관리과정일 뿐만 아니라 사회적 과정임을 나타내고 있다. 다시 말하면 사람들이 원하는 것을 채워주기 위한 서비스정신과 가치창조가 마케팅에서 중요함을 알 수 있다.

2. 국제마케팅의 개념

국제마케팅(international marketing)의 개념에 대해서는 아직까지 체계적으로 통일되어 있지 않기 때문에 "국제마케팅이란 무엇인가"를 한마디로 정의내리기가 쉽지 않다.

따라서 사람에 따라 국제마케팅에 대한 개념을 여러 가지로 표현하고 있다.

먼저, AMA에서 규정한 마케팅의 정의를 확장하여 국제마케팅에 적용한다면 국제마케팅이란 "개인과 조직의 목표를 충족시켜 주는 교환을 창출하기 위해 하나 이상의 해외시장을 대상으로 제품, 아이디어 및 서비스의 개발, 가격, 촉진 및 유통에 대한 계획을 수립하고 이를 실행하는 과정"이라고 할 수 있다. 이외 다른 학자들이 주장하는 국제마케팅의 정의를 살펴보면 다음과 같다.

① 카테오라(P. R. Cateora) ; 한 나라 이상의 소비자 또는 사용자에게 기업의 제품이나 서비스를 이동시키는 기업활동의 수행.

② 크래머(R. L. Kramer) ; 타국에 있는 개인, 기업, 단체 및 정부실체와 비즈니스를 수행하는 것.

③ 텝스트라(V. Terpstra) ; 한 나라 이상의 국경을 넘어선 기업활동.

④ 제인(S. C. Jain) ; 인간의 욕구를 충족시키기 위해 국경을 초월해서 전개되는 거래활동.

⑤ 찐코타와 론카이넨(M. R. Czinkota & I. A. Ronkainen) ; 개인 또는 기업의 욕구를 충족시키기 위해 국경을 초월해서 전개되는 마케팅활동.

⑥ 페어웨더(J. Fayerweather) ; 국내마케팅의 한 부분이고, 국내마케팅의 모든 원리가 국제적인 활동에도 똑같이 적용되지만, 국제마케팅프로그램을 조직할 능력과 해외시장조건에 적응할 능력이 있어야 하는 부가적인 기술이 필요한 마케팅.

⑦ 자넷과 헤네시(J. J. Jannet & H. D. Hennessy) ; 복수국가속에서 전개되는 마케팅활동.

이처럼 각 학자들이 주장하는 국제마케팅의 정의는 표현상의 차이는 있지만 본질적으로 그 내용은 거의 대동소이하다고 할 수 있다.

지금까지 살펴본 국제마케팅의 개념을 종합하여 결론을 내리면 국제마케팅이란 다른 나라 국민들을 대상으로 한 기업활동 및 이에 관련된 서비스활동이다라고 정의할 수 있다. 즉 국제마케팅이란 한 나라 이상에 있는 소비자 혹은 사용자에게 제품 혹은 서비스를 국제적으로 이전, 유통시키는 기업활동이라고 정의할 수 있다. 따라서 마케팅활동이 국내뿐만 아니라 한 나라 이상의 복수국가에서 전개된다는 점이 가장 큰 특징이라고 할 수 있다. 그렇기 때문에 국제마케팅은 국내시장을 활동대상으로 하는 국내마케팅(domestic marketing)과는 정반대되는 개념이라 할 수 있다.

제2절 국제마케팅의 유사용어

국제마케팅을 보다 정확하게 이해하기 위해서는 국제마케팅과 관련된 여러 유사 용어들에 대한 개념을 살펴볼 필요성이 있다.

국제마케팅에 대한 명칭도 학자에 따라 수출마케팅, 해외마케팅, 다국적마케팅, 글로벌마케팅 등과 같이 다양하게 사용하고 있는데 이를 구체적으로 살펴보면 다음과 같다.

1. 수출마케팅(export marketing)

수출마케팅이란 자국의 제품이나 서비스를 타국의 소비자에게 이전, 유통시키는 일방적인 기업활동을 말한다. 그런데 국제마케팅은 이러한 수출마케팅의 기능뿐만 아니라 타국의 제품이나 서비스를 자국의 소비자에게 이전, 유통시키는 수입마케팅(import marketing), 즉 수출마케팅의 역류현상까지도 포함하는 쌍방간의 기업활동을 말한다.

이처럼 엄밀한 의미에서는 국제마케팅과 수출마케팅과는 차이가 있다. 이외의 차이점으로는 수출마케팅의 경우에는 자국에서 타국으로 완성품수출을 주대상으로 하고 있지만, 국제마케팅의 경우에는 이러한 완성품수출뿐만 아니라 현지조립판매, 현지제조판매, 현지에서 제3국으로의 수출, 현지에서 본국으로의 역수출까지 포함하는 개념이라 할 수 있다.

다시 말하면 수출마케팅은 자국의 제품과 서비스를 생산단계로부터 타국의 소비단계까지 이전시키는데 관련된 마케팅활동이라 할 수 있고, 반면에 국제마케팅은 이러한 제품과 서비스의 수출뿐만 아니라 기업수출에 의한 국제기업의 성립을 전제로 하여 전개되는 마케팅활동이라 할 수 있다. 따라서 수출마케팅은 자사제품을 생산하여 어느 나라 어느 시장으로 판매할 것인가가 그 중심적인 과제가 되는데 비해 국제마케팅은 어느 나라 어느 시장에서 자사제품을 생산하여 판매하느냐가 중심적인 과제가 되고 있다.

2. 해외마케팅(overseas marketing)

해외마케팅이란 앞의 수출마케팅보다는 발전된 개념으로 일명 외국마케팅(foreign marketing)이라고도 한다. 이것은 국내에서 생산된 제품을 단순하게 수출마케팅하는 것이 아니라 기술제휴를 비롯한 합작투자 등 주로 해외에서의 현지생산 또는 현지판매에 관련된 해외사업활동 등에 관한 마케팅을 의미한다.

따라서 해외마케팅은 글자 그대로 해외에서의 사업활동이 점차적으로 발전하여 생겨난 개념이라 할 수 있다. 바꾸어 말하면 해외마케팅은 해외시장 또는 외국시장에서의 마케팅활동이라 할 수 있고, 수출마케팅은 해외시장 또는 외국시장으로의 마케팅활동이라고 볼 수 있다.

결국 해외마케팅이란 오늘날의 국제마케팅개념과 별로 차이가 없다. 그러기에 해외마케팅은 국제마케팅에로의 발전단계에 있어서의 과도기적 개념이며, 수출마케팅과 국제마케팅의 중간개념이 바로 해외마케팅이라고 할 수 있다.

3. 다국적마케팅(multinational marketing)

다국적마케팅은 다수의 해외시장에 자체 생산시설을 갖추고 생산 및 마케팅활동을 하는 것이라고 할 수 있다. Keegan(1980)은 다국적마케팅을 여러 국가에서 운영하고 있는 다국적기업의 마케팅활동이라고 정의하였다. 따라서 다국적마케팅은 일명 다국적 국내마케팅(multi-domestic marketing)이라고 불리워지며, 각 해외시장 내에서 현지 마케팅활동을 수행하는 것을 의미한다. 이 단계에서의 기업들은 일반적으로 해외시장에 현지 판매법인 또는 마케팅 자회사를 세워 현지시장의 마케팅활동을 총괄하게 된다. 해외시장의 특성과 차이점을 보다 명확하게 인식하여 마케팅활동을 현지시장의 특성에 맞춰 차별화하게 된다. 예를 들어 현지시장의 소비자 기호에 맞추어 차별화하는 등 현지시장에 적합한 마케팅전략을 개발하여 집행해 나간다. 모기업 입장에서는 전 세계적으로 다수의 해외시장에서 차별화된 국내마케팅활동을 국제적으로 수행하는 것과 같다.

이 형태의 장점은 해외 현지시장의 특성에 맞추어 차별화된 마케팅활동을 전개함으로써 현지 소비자의 좋은 반응을 끌어낼 수 있으며, 매출증대를 기대할 수 있다는 점이다. 이와 반면에 단점은 마케팅비용이 많이 들고 해외시장간에 마케팅프로그램이 중복되는 등 전체적으로 자원의 효율성이 떨어진다는 점이다.

4. 글로벌마케팅(global marketing)

글로벌마케팅은 복수의 해외생산입지와 복수시장간의 유기적인 연결을 통해 세계적 관점에서의 최적화(global optimization)를 추구하는 마케팅활동이다. 다국적마케팅이 개별국가시장에의 접근과 적응을 주요 과제로 삼는데 비해 글로벌마케팅은 개별국가를 하나의 세분시장(market segment)으로 보지 않고 여러 국가에 걸친 동질적 세분시장(cross-border segment)의 발견을 강조한다. 따라서 표준화된 마케팅전략의 중요성이 강조되고 있으며, 이를 위해 각국 시장간의 시장특성이나 소비자행동 등의 비교분석이 해외시장조사의 주요 과제가 된다. Chakravarthy와 Perlmutter (1985)가 말한 이른바 ERPG (ethnocentrism, polycentrism, regiocentrism, geocentrism)의 마지막 단계인 세계중심주의(geocentrism), 혹은 부분적으로 지역중심주의(regiocentrism)에 해당한다고 할 수 있으며 전세계 마케팅활동의 조정과 통합이 국제마케팅 관리자의 중요한 책무가 된다.

지금까지 국제마케팅과 유사한 여러 가지 용어에 대해서 살펴보았는데, 이러한 국제마케팅의 유사용어를 하나하나 확실하게 구별할 수 있는 근거가 없다. 즉 관찰자나 논자의 관점이나 시각의 차이에 따라 구별할 뿐이지 통일적이며 획일적인 분류기준이라는 것은 없다.

따라서 어떠한 관점에서 보든지간에 국제마케팅의 개념이 이러한 유사개념을 포괄하는 넓은 뜻의 개념으로 간주하는 것이 일반적이다.

다시 말하면 국제마케팅과 유사한 용어를 포괄한 개념이 바로 국제마케팅이라 할 수 있다.

(사례) 동아제약, 글로벌마케팅 강화해 올 수출 목표 500억 원

제약사업이 무한경쟁 시대에 들어섰다. 동아제약은 이를 헤쳐 나가기 위해 올해(2009년) 연구개발비를 790억 원으로 책정했다. 지난해 450억 원보다 75%가 늘어난 규모다. 동아제약의 올해 매출 목표는 8000억 원이다. 이는 지난해 실적치보다 14% 많은 액수다. 영업이익은 22% 늘어난 1000억원이 목표다. 이를 위해 동아제약은 글로벌시장에서도 통하는 신약개발과 적극적인 글로벌마케팅이라는 2대 과제를 중점 추진한다.

어려운 경제환경 속에서도 연구개발투자를 대폭 늘린 건 시장성 높은 신약개발만이 신성장동력으로서 해외시장진출의 교두보가 될 수 있다는 판단에서다. 특히 2012년까지 '아시아권 20대 제약사 진입'을 목표로 삼은 동아제약은 최근 경제위기를 기회로 삼고 있다.

글로벌 제약사가 되기 위한 동아제약의 성장전략은 경쟁력 있는 연구개발 포트폴리오를 구축하는 것이다. 전문영역을 강화해 글로벌브랜드로 인정받는 신약을 개발해야만 세계를 무대로 한 무한경쟁에서 이길 수 있다. 이 회사는 글로벌 매출을 키울 제약사업으로 바이오 의약품을 주목한다. 시장상황을 반영한 대형 개량신약 제품을 개발하는 능력 또한 세계적 제약사로 성장할 수 있는 발판이 될 걸로 믿는다.

동아제약은 신약개발에 관한 다양한 기술과 경험을 축적해 왔다. 이제 이러한 노하우를 '삶의 질을 높이는 약' 관련 제품의 연구에 접목시키는 데 적극 활용하고 있다. 위염치료제 '스티렌'이 속하는 소화기계 질환 분야와 발기부전 치료제 '자이데나'가 속하는 비뇨기계 질환 분야 또한 연구를 강화하고 있다. 신약개발과 함께 그동안 강점을 보인 분야 또한 확고한 위치를 잡기 위해서다.

한편 동아제약은 당뇨병을 포함한 대사내분비계 질환으로 연구영역을 넓히기로 했다. 앞으로 대사내분비계 질환과 관련된 신약을 개발해 글로벌브랜드로 성장시키려는 것이다. 이와 더불어 현재 연구개발이 진행 중인 22개 신약후보 물질을 비롯해 개량신약 신제품의 연구개발에도 박차를 가하는 중이다.

신약개발만큼 중요한 것이 마케팅과 영업이다. 동아제약은 글로벌마케팅과 원활한 영업을 위해 글로벌인재를 적극 육성하고 있다. 글로벌인재 육성과 중점시장의 지점망 확대가 수출계약의 조속한 체결과 수출지역 확대로 직결된다.

동아제약은 글로벌 비즈니스 네트워크를 구축하고 있다. 이를 바탕으로 올해 해외수출을 통한 매출 목표를 지난해 두 배에 이르는 500억 원으로 잡았다. 지속적인 신약개발 등으로 수출이 원활하게 성장할 경우 내년 수출이 800억 원, 2011년에는 1000억 원까지 이를 것으로 기대한다. 이렇게 되면 전체 매출의 10%대를 수출로 거두게 된다.

이 회사의 김원배 사장은 "세계 금융위기로 인한 경기불황, 환율과 원자재 값 상승 등 어려움이 큰 시기지만 연구개발 투자를 늘려 경쟁력을 배양해 나가겠다"고 말했다.

자료원 : 중앙일보, 2009, 7, 21.

제3절 국제마케팅의 특성

일반적으로 국내마케팅의 이론과 개념, 기법 등은 국제마케팅의 경우에도 그대로 적용되지만 다음과 같은 세 가지 차원에서 국제마케팅과 국내마케팅은 차이가 생기게 된다.

1. 외국환경

국내마케팅과 구별시키는 국제마케팅의 가장 큰 특성은 서로 이질적인 환경을 가지고 있는 국가를 대상으로 마케팅활동을 전개한다는 점이다. 그런데 각국의 여러 가지 이질적인 환경요소는 기업의 입장에서 볼 때 통제가능한 마케팅믹스(marketing mix) 변수와는 달리 통제가 불가능한 환경요소이다. 이러한 환경요소는 마케팅기회를 포착할 수 있는 원천인 동시에 마케팅활동을 제약하는 위협요소가 되기도 한다. 따라서 국제마케팅 관리자는 일반적인 국제환경은 물론 각 국가시장의 정치, 경제, 사회, 문화, 기술적 환경 등을 사전에 분석하고 이해해야 하며 이를 바탕으로 적절한 국제마케팅전략과 계획을 수립하여 실행해야 한다. 한편 국가간의 상이한 환경은 국제마케팅전략의 적응화(adaptation)와 표준화(standardization)라는 중요한 전략적 이슈를 제공하기도 한다.

[그림 1-1]은 국제마케팅과 국내마케팅이 제품(product), 가격(price), 유통경로(distribution), 커뮤니케이션(communication), 서비스(service) 등과 같은 마케팅활동(marketing activities)의 기본면에서는 똑같으나 한 나라 이상의 이질적인 국제환경 속에서 전개되어야 하는 국제마케팅활동과 그 과정(process)면에서는 전혀 다르다는 것을 보여주고 있다.

결국 국제마케팅은 국내마케팅의 경우와는 달리 그 활동이 전개되는 환경공간이 국내공간을 초월한 해외공간으로 이어지며 또 그러한 해외공간으로서의 환경공간이 국내공간과는 매우 이질적이라는 데에 그 특성이 있다. 따라서 해외시장에서의 기업환경에 대응 내지 적응하기 위해서는 될 수 있으면 글로벌 전략적인 관점을 앞세워야 하는 것이다. 여기에 국제마케팅과 국내마케팅을 구별짓게 하는 커다란 특징의 하나를 흔히 환경의 차이에서 찾고자 하는 이유도 있게 된다.

[그림 1-1] 국제마케팅과 국내마케팅

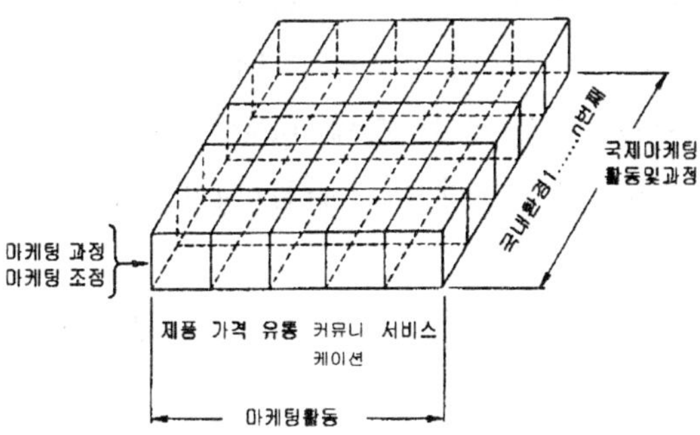

자료원 : W. J. Keegan, *Multinational Marketing Management*, 2nd ed., Englewood Cliffs, N. J. : Prentice-Hall Inc., 1980, p. 8.

2. 국제이전

국내마케팅과 구별시키는 국제마케팅의 또 하나의 특성은 기업의 자원과 마케팅 활동의 국제이전과정이다. 국제마케팅은 재화 및 용역, 자본, 기술, 인력 등의 생산요소, 마케팅전략 및 프로그램 그리고 마케팅기법과 시스템의 국제이전과정을 포함한다.

이와 같은 국제이전과정에서 각국의 정부는 자국의 이익을 위해서 여러 종류의 규제 및 유인정책을 채택하고 있다. 또한 기업이 진입하려는 해외시장은 각기 독특한 환경을 가지고 있다. 국제마케팅 관리자는 이러한 환경을 정확히 이해하고 가장 효과적인 해외시장 진입방법을 결정해야 한다. 예를 들어 국내생산품의 해외수출, 해외직접투자에 의한 해외시장 및 판매, 기술제휴에 의한 해외생산 및 판매 중에서 기업과 시장상황에 가장 적합한 방법을 선택하는 것이다.

3. 다수국가시장

국내마케팅과 구별시키는 국제마케팅의 세 번째 특성은 다수국가시장에서 마케팅활동이 동시에 전개된다는 점이다. 다수국가시장을 대상으로 동시에 마케팅활동이 전개된다는 것은 위에서 설명한 국가간의 이전문제와는 또 다른 차원에서의 특징이다. 즉 동시에 여러 국가시장에서 수행되는 마케팅기능을 누가 수행하며 이러한 활동을 어떻게 조정하고 통제하느냐 하는 문제를 제기하는 것이다. 이것은 본사와 해외자회사간의 마케팅 의사결정권한의 배분문제, 즉 의사결정의 집권화(centralization)정도 문제와 특정 국가시장의 마케팅프로그램이나 경험의 타국 이전 가능성문제, 그리고 전사적인 관점에서 국제마케팅활동의 조정과 통합이라는 중요한 문제들을 의미한다.

국제마케팅의 특성을 보다 구체적으로 살펴보기 위해 국제마케팅과 국내마케팅의 차이를 비교하면 [표 1-1]과 같다.

[표 1-1] 국제마케팅과 국내마케팅의 비교

국내마케팅(domestic marketing)	국제마케팅(international marketing)
1. 하나의 언어와 민족	1. 다수의 언어와 다수의 민족 문화적 요소
2. 비교적 동질적인 시장	2. 세분화된 다양한 시장
3. 마케팅 자료수집이 비교적 쉽고, 수집된 자료가 정확함	3. 자료수집이 대단히 어렵고, 상당히 많은 인력과 예산을 투입해야 함
4. 정치적 요소는 비교적 중요하지 않음	4. 정치적 요소가 매우 중요함
5. 정부의 간섭이 적음	5. 정부의 간섭이 심하고, 그 나라의 경제개발계획 등에 큰 영향을 받게 됨
6. 개별기업이 기업환경에 미치는 영향이 아주적음	6. 대기업들의 영향력이 큼
7. 국수적인 태도가 도움이 됨	7. 국수적인 태도가 방해됨
8. 기업환경이 비교적 안정적임	8. 상이한 기업환경이 때로는 기회를, 때로는 위험을 창출해 냄
9. 금융제도가 일원적임	9. 금융제도가 다양함
10. 단일통화권임	10. 안정성과 가치가 다른 다수의 화폐를 사용하게 됨
11. 기업규칙이나 윤리가 확립되어 일반적으로 이해됨	11. 규칙이 다양하고 불분명하며, 변화하기 쉬움
12. 일반적으로 경영관리시스템이 발달되어 합리적인 경영이 되고 있음	12. 경영관리시스템이나 기법 등이 고도로 발달 또는 낙후되어 있을 수 있음

자료원 : V. Terpstra, *International Marketing*, 2nd ed., Dryden Press, 1978, p. 531.

주요용어

1. 마케팅(marketing)
2. 마케팅믹스(marketing mix)
3. 국제마케팅(international marketing)
4. 수출마케팅(export marketing)
5. 수입마케팅(import marketing)
6. 무역마케팅(trade marketing)
7. 해외마케팅(overseas marketing)
8. 다국적마케팅(multinational marketing)
9. 글로벌마케팅(global marketing)

연습문제

1. 마케팅이란 무엇인가?
2. 국제마케팅의 개념에 대해서 설명하시오.
3. 국제마케팅과 국내마케팅의 차이점에 대하여 설명하시오.
4. 국제마케팅의 세 가지 특성에 대하여 설명하시오.
5. 국제마케팅과 수출마케팅의 차이점에 대하여 설명하시오.
6. 국제마케팅의 유사용어에 대하여 설명하시오.

참고문헌

1. 김주헌, 국제마케팅, 문영사, 2009.
2. 김중배 · 김숙웅, 글로벌시대의 국제마케팅, 형설출판사, 1998.
3. 김 철 · 박주욱, 국제마케팅론, 신영사, 1998.
4. 권익현 · 임병훈 · 안광호, 마케팅, 경문사, 2001.
5. 송균석, 마케팅, 무역경영사, 2002.
6. 심재현, 국제마케팅론, 학문사, 1994.
7. 안광호 · 하영원 · 박홍수, 마케팅원론, 학현사, 2002.
8. 안운석 · 장형섭, 마케팅의 이해, 도서출판 두남, 2003.
9. 원종근 · 현인규 · 지남웅, 국제마케팅론, 법문사, 1995.
10. 이장로, 국제마케팅, 무역경영사, 2003.
11. 이 철 · 장대련, 글로벌시대의 국제마케팅, 학현사, 2008.
12. 한희영, 국제마케팅론, 다산출판사, 1985.
13. Bennett, R., *International Marketing : Strategy, Planning, Market Entry and Implementation*, Kogan Page, 1999.
14. Cateora, P. R., *International Marketing*, 7th ed., Homewood, Ill. : Richard D. Irwin. Inc., 1990.
15. Chakravarthy, R. and Perlmutter, M., "Strategic Planning for a Global Business," *Columbia Journal of World Business*, Summer 1985.
16. Czinkota, M. R. and Ronkainen, I. A., *International Marketing*, 2nd ed., Hinsdale, Ill. : Dryden Press, 1990.
17. Fayerweather, J., *International Marketing*, Englewood Cliffs, N. J. : Prentice-Hall Inc., 1970.
18. Harrel, G. D. and Frazier, G. L., *Marketing ; Connecting with Customers*, Prentice-Hall, Inc., 1999.
19. Jain, S. C., *International Marketing Management*, 3rd ed., Boston : PWS -KENT Publishing Company, 1990.
20. Keegan, W. J., *Multinational Marketing Management*, 2nd ed., Englewood Cliffs, N. J. : Prentice-Hall Inc., 1980.
21. Kotler, P. and Armstrong, G., *Principles of Marketing*, 7th ed., Englewood Cliffs, N. J. : Prentice-Hall Inc., 1996.
22. Kramer, R. L., *International Marketing*, Cincinnati, Ohio : South- Western Publishing Co., 1973.
23. McAuley, A., *International Marketing : Consuming Globally, Thinking Locally*, John Wiley and Sons, Ltd., 2001.
24. Terpstra, V., *International Marketing*, 2nd ed., Hinsdale, Ill. : The Dryden Press, 1978.

제2장

기업의 국제화와 국제마케팅활동

기업국제화란 개념은 체계적으로 통일된 정의가 내려져 있지 않은 상태로 학자들마다 서로 다른 견해를 보이고 있다. 따라서 본 장에서는 기업의 국제마케팅활동에 대한 전반적인 이해를 하는데 필요한 기업국제화의 다양한 개념에 대해 설명하고자 한다. 또한 일반적으로 국내기업이 세계기업으로 진전하기까지에는 어떠한 단계를 거치게 되는가? 그리고 기업은 어떠한 동기로 해외시장에 진입하게 되는가? 즉 기업국제화의 단계와 그 동기에 대해 살펴보고자 한다.

(사례) 한국, WEF 국가경쟁력 평가 19위 기록

2009년 세계경제포럼(WEF)의 국가경쟁력 평가에서 한국이 133개국 중 19위를 기록했다. 이는 지난해보다 6단계 하락한 수치다.

한국은 8일 발표된 WEF 국가경쟁력 평가 결과 노동시장 효율성과 금융시장 성숙도 등에서 낮은 점수를 받아 전년보다 순위가 내려갔다.

<우리나라 WEF 국가경쟁력 추이>

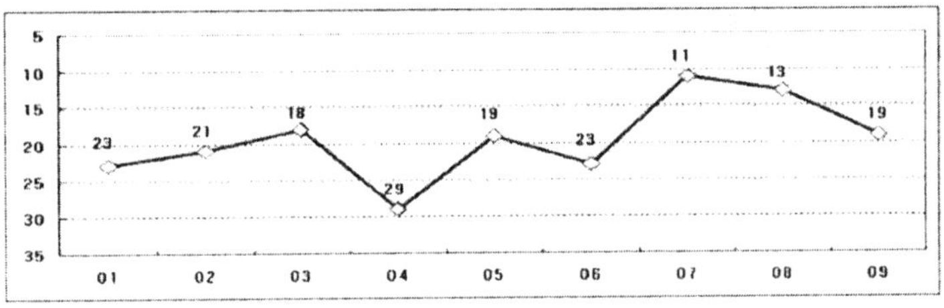

01	02	03	04	05	06	07	08	09
23	21	18	29	19	23	11	13	19

경쟁력 평가지수는 ▲기본요인 ▲효율성증진 ▲기업혁신 및 성숙도 등 3대 분야로 구분되고 각 분야는 다시 2~6개 부문으로 구분돼 총 12개 부문 110개 항목으로 구성되어 있다.

< 부문별(3대부문, 12개 세부부문) 순위변화 >

	전체 순위	기본요인(16→23위)				효율성 증진(15위→20위)						기업혁신 및 성숙도(10위→16위)	
		제도적 요인	인프라	거시 경제	보건 및 초등교육	고등교육 및 훈련	상품 시장 효율성	노동 시장 효율성	금융 시장 성숙도	기술 수용 태세	시장 규모	기업 활동 성숙도	기업 혁신
06	23	42	23	5	34	21	28	47	49	12	14	23	14
07	11	26	16	8	27	6	16	24	27	7	11	9	8
08	13	28	15	4	26	12	22	41	37	13	13	16	9
09	19	53	17	11	27	16	36	84	58	15	12	21	11

우리나라의 경우 기술수용 적극성(15위), 시장규모(12위), 기업혁신(11위) 등은 강점 요인으로 꼽히지만 노동시장 효율성(84위), 금융시장 성숙도(58위), 제도적 요인(53위)은 주요 약점 요인으로 지적됐다. 특히 노동시장 효율성 부문에서 노사간 협력(95→131위), 고용 및 해고관행(45→108위) 등의 경쟁력이 낮은 것으로 나타나면서 하락세를 주도했다.

금융시장 성숙도 부문에서는 은행대출 용이성(26→80위), 벤처자본 이용가능성(16→64위), 주식시장을 통한 자본조달 용이성(11→38위), 은행 건전성(73→90위) 등이 하락했다. 제도적 요인에서는 정부규제에 대한 부담(24→98위), 정책변화에 대한 이해 정도(44→100위), 정부지출의 시장기능 보완 적절성(33→70위), 정치인에 대한 신뢰(25→67위) 등에서 순위가 크게 내려갔다.

기획재정부는 이번 순위는 설문조사 항목에서의 하락이 큰 영향을 미친 것으로 분석했다. WEF 국가경쟁력지수는 전체 110개 항목 중 통계조사가 32개, 설문조사가 78개로 설문조사의 비중이 높다. 우리나라의 경우 통계자료 항목은 평균 1.5단계 하락한 반면 설문조사 항목에서 평균 16.5단계 하락했다. 이때문에 우리나라의 전체 순위 변화폭이 컸다는 설명이다. 앞서 발표된 국제경영개발원(IMD) 조사에서 한국의 순위는 지난해 31위에서 올해 27위로 오른 바 있다. IMD의 경우 설문조사 항목 반영비율이 WEF의 2분의 1 수준이다.

< 우리나라 국가경쟁력 순위 추이 >

연도	03	04	05	06	07	08	09
IMD	32	31	27	32	29	31	27
WEF	18	29	17	23	11	13	19

이대회 기획재정부 경쟁력전략과장은 "설문조사가 주로 실시된 5월 당시의 경제, 사회상황 악화도 노동시장, 금융시장, 제도적 요인 등 3대 약점분야에 부정적인 영향을 미친 것으로 보인다"고 전했다.

5월의 경우 비정규직법이 쟁점화되면서 노사관계에 대한 부정적 인식이 커지고 1분기 경제성과가 발표되면서 조사자들의 경제상황 인식에 부정적 영향을 미쳤을 가능성이 있다는 분석이다.

설문조사는 국내 최고경영자(CEO) 115명을 대상으로 실시됐다.

한편 WEF는 우리나라의 경쟁력 향상을 위해서는 앞서 언급된 3대 약점분야의 비효율을 제거하는 것이 중요하다고 밝혔다. WEF는 특히 노동시장 유연성 제고를 위한 비정규직법이 국회 계류 중인 사실을 지적하며 노사관계 선진화와 노동 유연성을 높이기 위한 노력을 지속할 필요가 있다는 의견을 내놨다.

< WEF 국가경쟁력 10위권 국가 >

스위스	미국	싱가폴	스웨덴	덴마크	핀란드	독일	일본	캐나다	네덜란드
1(2)	2(1)	3(5)	4(4)	5(3)	6(6)	7(7)	8(9)	9(10)	10(8)

* ( )안은 2008년도 순위

WEF는 스위스에 있는 국제기관으로 1979년 이후 매년 국가경쟁력을 평가해 발표하고 있다. 국가별로는 지난해 2위를 기록했던 스위스가 1위로 올라섰으며 지난해 1위였던 미국은 거시경제 안정성과 금융시장 성숙도에서 순위가 하락하며 2위를 기록했다. 아시아 국가 중에서는 싱가폴이 3위, 일본이 8위, 중국이 29위를 차지했다.

자료원 : 대한민국 정책포털, 2009. 9. 9.

제1절 기업국제화의 개념과 단계

1. 기업국제화의 개념

Piercy(1981)에 따르면 기업의 국제화(company internationalization)란 국내의 자국시장에 대한 외부적인 원천으로부터 획득하는 사업에 대해 기업 및 경영자가 관여하고 있는 정도 및 유형이라고 규정하였으며, Johanson과 Vahlne(1971)는 기업의 국제화를 변화하는 기업여건과 환경에 적응해 나가는 학습과정(learning process)을 통해서 점진적으로 국제경영활동을 확대해 나가는 단계적 과정으로 정의하였다. 또한 Johanson과 Wiedersheim- Paul(1975)은 기업의 국제화를 국내시장에서 처음 활동하기 시작한 기업이 점진적인 의사결정과정을 통해 외국시장에 진출함에 따라 성장, 발전하게 되는 것이라고 규정하였다.

이처럼 기업국제화는 국제기업의 경영활동이 국경을 초월하여 해외시장으로 확대되는 점진적인 과정(incremental process)이라고 할 수 있다. 즉 기업은 어느 날 갑자기 국제화되는 것이 아니라 일정한 단계의 학습과정을 통해 점진적으로 국제화되어 간다는 것이다.

이처럼 기업의 국제화가 점진적, 단계적으로 이루어지는 이유는 기업내부의 여건과 기업외부의 급격한 환경변화로 말미암아 국제사업활동에 대한 불확실성이 클 뿐만 아니라 국제기업활동에 대한 경험이 부족한 한편 필요한 정보를 수집하기가 쉽지 않기 때문이다. 그리고 Wortzel과 Wortzel(1981)은 개발도상국의 기업들을 대상으로 기업의 국제화 과정을 연구하였는데 그들은 기업의 국제화를 현지시장의 마케팅기능과 생산기능을 점차 내부화시켜 나가는 과정으로 정의하였다. 즉 이는 기업활동에서 시장내부화(market internalization)의 중요성을 강조한 것이다. 따라서 기업국제화는 기업의 성장과 이윤획득 등 기업의 목표를 달성하기 위해 기업이 보유하고 있는 지식, 자본, 경영관리능력 등의 각종 경영자원을 해외에 이전시켜 해외시장을 내부화함으로써 진출대상국가의 수를 확대하고, 국제기업활동의 개입수준을 높이는 동시에 기업경영관리의 국제화를 도모하는 점진적, 단계적 과정인 것이다.

이와 같은 기업국제화에 대한 개념을 그림으로 나타내면 [그림 2-1]과 같다.

한편, 기업국제화의 특징을 보다 구체적으로 살펴보면 다음과 같다.

① 기업의 지식, 자본, 제품 등의 경영자원은 국경을 초월하여 외국으로 이전하게 된다.

② 국제시장에 대한 국제기업의 시장내부화가 진행된다. 시장내부화란 외부시장이 불완전할 때 이를 기업내부로 끌어들여 기업내부에 내부시장을 창출하는 것을 말한다. 기업의 국제화는 이러한 시장내부화가 기업내에서 국경을 초월하여 이루어지는 것을 의미한다.

③ 해외시장 진출대상국가의 수가 증가하게 된다.

④ 기업국제화가 진전하면 할수록 피투자국 현지에 대한 국제기업의 시장개입수준이 심화된다. 예를 들어 수출을 통해 특정국 시장진입에 성공한 기업은 라이센싱, 해외직접투자 등의 방법으로 그 국가에 대한 기업의 시장개입수준을 점차 고도화시켜 나간다.

⑤ 경영관리의 국제화를 추진하게 된다. 해외시장에서 국제경영활동을 효율적으로 추진하기 위해서는 국제기업의 경영관리 또한 국제화 단계에 적합하도록 국제화되어야 한다. 국제기업의 경영관리전략은 그 기업이 표준화전략을 추구하느냐, 아니면 피투자국 현지시장에 적응한 차별화전략을 추구하느냐에 따라 그 내용이 달라지게 된다.

⑥ 기업의 국제화는 점진적이면서 단계적으로 이루어지게 된다.

일부 학자들은 기업의 국제화를 기업내부에서 시작된 혁신이나 갑작스러운 의사결정의 산물로 보고, 기업의 국제화가 단기적 · 우발적으로 일어나는 비합리적 과정이라고 주장하기도 한다. 그러나 기업이 국제화를 추진하면서 직면하게 되는 여러 가지 불확실성과 위험, 기업내부의 자원 제약, 외국시장에 대한 정보와 지식 부족, 국제경영활동에 대한 경험과 능력 부족 또한 이로 인한 제약요인 등을 고려할 때 기업의 국제화가 돌발적으로 발생하는 것이라고 보기는 어렵다. 즉 기업의 국제화를 위해서는 일정 단계의 준비기간 및 적응기간이 필요하다. 따라서 기업의 국제화는 기업이 장기적인 성장기회와 이윤추구 등의 목표달성을 위하여 그 기업이 획득·사용·투입할 수 있는 각종 경영자원을 외국으로 이전시키는 점진적이면서 단계적 과정인 것이다.

[그림 2-1] 기업의 국제화

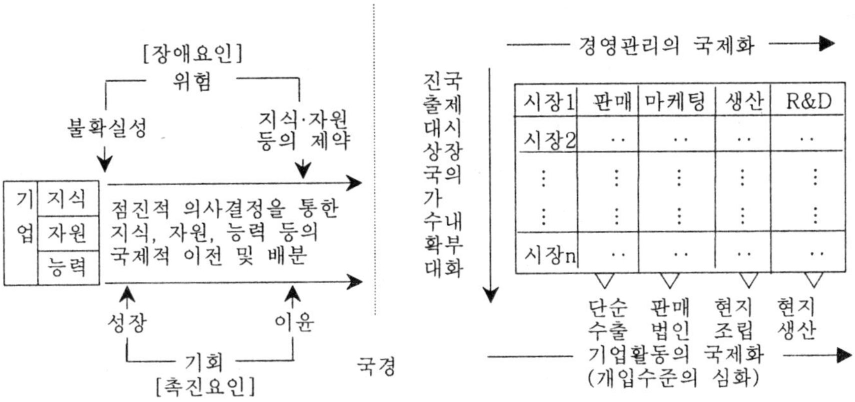

[장애요인]
위험
불확실성
지식·자원 등의 제약

기업	지식	점진적 의사결정을 통한 지식, 자원, 능력 등의 국제적 이전 및 배분
	자원	
	능력	

성장
이윤
기회
[촉진요인]

국경

진출대상국가수확대
국제시장의내부화

경영관리의 국제화 →

시장1	판매	마케팅	생산	R&D
시장2	..	..	..	..
⋮	⋮	⋮	⋮	⋮
⋮	⋮	⋮	⋮	⋮
시장n	..	..	..	..

단순수출 판매법인 현지조립 현지생산

기업활동의 국제화 (개입수준의 심화) →

자료원 : 원종근·현인규·지남웅, 국제마케팅론, 법문사, 1995, p. 21.

2. 기업국제화의 단계

국내기업이 범세계적기업으로 진전하기까지에는 여러 가지 단계를 거치게 된다. 어떤 기업은 이러한 단계를 대단히 빨리 거치게 되지만, 다국적기업 내지 범세계적 기업으로 점진적으로 발전하는 기업도 있다. 그러나 모든 기업들이 단계별로 진전하는 것은 아니고, 하나 또는 몇 개의 단계를 뛰어 넘는 기업도 있다. 즉 최근 시장의 글로벌화 현상에 따라 내수시장에서 처음부터 글로벌마케팅으로 시작하는 기업도 있는 것이다. 예를 들어 컴퓨터 소프트웨어로 유명한 마이크로소프트사의 경우 새로운 컴퓨터 프로그램이 개발되면, 내수시장이 어느 정도 공략된 다음에는 바로 전세계시장을 대상으로 글로벌마케팅활동을 전개한다. 또한 우리나라 중소기업의 경우에는 국내시장의 진입장벽이 높아 먼저 수출마케팅활동을 벌여 해외시장에 진출한 다음 어느 정도 마케팅경험이 축적되고 제품의 품질수준이 관리된 다음 해외시장의 인지도를 무기로 하여 국내시장으로 진출하는 경우도 있다.

이러한 기업국제화의 단계를 구체적으로 살펴보면 다음과 같다.

먼저, 기업은 생산을 하기 위한 원자재, 반제품 내지는 완제품을 수입하는 기업의 활동을 통해서 해외시장과 연결되게 된다. 이러한 수입활동을 기업국제화의 첫 번째 단계라 볼 수 있다. 따라서 간접수출은 기업활동의 국제화 과정에서 두 번째 단계가 되는 셈이다. 그러나 이상에서 언급한 첫 번째 단계와 두 번째 단계는 아직 국내마케팅단계로 보는 것이 타당하다.

첫 번째 단계의 경우 직접유통경로 혹은 간접유통경로를 통하여 이루어지는 구매활동 자체가 국내소비자지향적인 국내마케팅 범주 속에 있다. 두 번째 단계의 경우 해외시장에 대한 판매활동이지만 간접유통경로를 통한 수출이므로 기업활동 자체로는 국내영역 속에서의 행위인 셈이다. 세 번째 단계는 수출이 증가함에 따라 제품을 생산하는 기업이 해외시장에 있는 수입업자나 구매자에게 직접 판매하는 직접수출단계이다. 이 단계에서는 해외시장을 대상으로 하는 마케팅활동에 개입하게 됨으로써 수출마케팅 혹은 개별적인 해외시장국간의 마케팅이라는 개념이 생성하게 된다. 이 단계에서는 해외시장에 판매조직을 설립함으로써 현지시장의 최종소비자에게 직접 판매하는 경우도 있으나 대부분의 경우에는 본사에 수출부서를 두게 되며, 이 수출부서는 기업의 총매출액에서 차지하는 수출점유율이 증가함에 따라 수출과 → 수출부→ 국제부 등으로 조직이 확대된다. 조직의 확대는 결국 기업의 최고 경영층이 수출업무를 담당하는 수준까지 발전하는데 이러한 수준에 달하게 되면 국제라이센싱이나 해외직접투자의 가능성을 검토하게 된다. 국제부서는 다른 부서와 구별하여 자체의 스탭(staff)진을 가진 분리된 조직으로 평가된다.

네 번째 단계에 이르면 해외자회사를 설립하게 된다. 자회사는 국내 모회사의 소유로서 운영의 지침이 모회사로부터 하달된다. 자회사는 해외에서의 보다 나은 운영거점을 확보하려는 목적에서 설립된다. 다섯 번째 단계는 보다 실질적인 직접투자로서 외국에서 단순한 부품을 생산하거나 혹은 개개의 부품을 완전한 개체로 조립하기 위한 목적이 있는 것이다. 해외자회사의 설립단계와 단순한 조립생산단계를 위한 개념이 국제마케팅의 어원적 풀이가 된다고 할 수 있다. 해외자회사보다 더 자주적인 자체생산을 하게 되는 여섯 번째 단계에서는 생산프로그램 자체를 현지생산국환경에 맞추어 시장욕구에 적응시키게 되는 것이다. 이 단계에서 생성되는 해외마케팅의 뜻은 이중적 컨셉트이다. 즉 시각을 달리해 보면 A국 a기업이 해외특정시장에서 마케팅활동을 하는 경우이거나 또는 A국 a기업의 입장에서 보는 B국 b기업의 마케팅활동을 뜻할 수도 있다는 것이다. 후자의 경우에도 b기업의 마케팅활동은 a기업에게 힌트를 줄 수 있다는 의미에서 상호연관성이 배제된다고 할 수는 없다. 일곱 번째 단계에서는 여러 나라 기업간의 합작투자, 라이센싱 및 국제프랜차이즈 계약과 같은 활동이 이루어지게 된다. 이 단계는 여덟 번째 단계인 제3국에서의 공동기업활동으로 들어가기 전의 준비단계라고 볼 수 있다. 다국적마케팅의 용어는 기업활동의 국제화에 있어서 일곱 번째 단계에서부터 그 후의 여러 단계에 걸쳐서 생성된다고 보아야 한다.

기업활동이 점차 단일국가적인 이해보다는 범국가적으로 폭을 넓혀가서 국경을 초월한 기업의 합병을 이루게 되는 아홉 번째 단계를 지나 마침내 열 번째 단계에 가면 다국적기업(multinational firm)을 형성하게 된다. 국경을 초월하는 기업의 합병은 범국가적인 마케팅기능의 통합이라는 관점에서 볼 수도 있겠다. 다국적기업 형성단계에 이르면 가장 좁은 의미의 국제마케팅이 실현된다고 볼 수 있다.

지금까지의 기업활동의 국제화 단계를 표로 요약하면 [표 2-1]과 같다.

[표 2-1] 기업활동의 국제화 단계

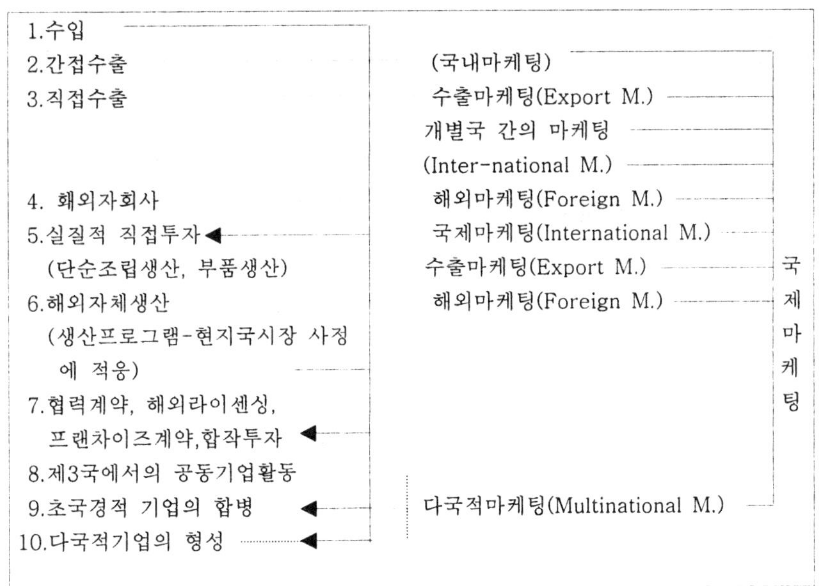

자료원 : 박기안, 국제마케팅, 무역경영사, 2002, p. 25.

제2절 기업국제화의 동기

기업국제화의 분명한 동기는 국내에서 성공한 제품의 판매기회를 해외시장으로 확대하고, 이를 통하여 이익극대화를 실현하고 기업을 성장, 발전시키고자 하는데 있다. 기업활동의 국제화에 대한 동기는 기업의 목표와 깊이 관련되어 있는데 국제화에 대한 기업의 의도와 목표는 매우 다양하며 마케팅분야에만 국한되는 것도 아니다. 기업이 국제화하는 동기와 목표가 분명해야 해외시장의 진입여부를 결정할 수 있고 진입한 후에도 국제마케팅활동을 효과적으로 수행할 수 있다. 기업국제화의 동기는 크게 수출동기와 해외직접투자동기의 두 가지로 나누어 볼 수 있는데 이를 구체적으로 살펴보면 다음과 같다.

1. 수출동기

1) 이익증대

국내경영환경과 국제경영환경이 서로 상이하므로 기업들은 똑같은 제품을 국내에서 판매하는 것보다 해외시장에 판매함으로써 더 많은 이익을 얻을 수 있다.

2) 원가절감

기업은 수출을 통하여 생산량을 증대시킬 수 있다. 생산량의 증대는 규모의 경제효과, 원자재의 대량구매나 대량수송 등으로 인하여 어느 정도의 원가절감을 가져올 수 있고 이는 가격경쟁력과 시장점유율을 증대시키는 원천이 되기도 한다. 일본기업이 국제화 초기단계에서 미국시장에 성공적으로 진출하고 이를 교두보로 세계시장을 석권하게 된 많은 산업의 경우 수출을 통한 규모의 경제효과가 중요한 역할을 하였다.

3) 위험분산

국제기업은 시장다양화를 통하여 국제시장에 참여하지 않는 기업보다 전체적인 시장위험이 감소된다. 즉 시장을 다양화하면 특정시장의 판매이익감소로 인한 위험이 감소하게 된다.

4) 유휴시설활용

국제기업은 장기적인 관점에서 경제적인 생산규모를 추구하게 되는데 이러한 생산시설은 다른 제품들의 생산으로 쉽게 전환될 수 없고 그 제품의 생산에만 사용되는 경우가 대부분이다. 이때 국내시장규모가 작으면 유휴시설문제가 생기기 때문에 이러한 유휴설비를 활용하도록 기업은 수출을 하게 된다. 한국의 자동차, 조선, 철강산업이 대표적인 예이다.

5) 제품수명주기의 연장

제품은 사람과 마찬가지로 수명을 가지고 있다. 신제품으로 개발되어 해외시장에 도입된 후 매출액이 점차 증가하다가 일정기간이 지나면 매출액이 점차 감소하여 쇠퇴하게 되는 과정을 제품수명주기라 한다. 이와 같은 제품수명주기는 제품과 국가에 따라 차이가 있다. 예를 들어 미국에서 신제품이 개발될 경우 그 제품이 일본이나 기타 선진국 시장으로 비교적 빠른 속도로 이전되지만 개도국으로는 상당한 기간이 지나야 도입된다. 다시 말하면, 한국시장에서는 수요가 감소하는 성숙기 후반에 있는 제품이라 할지라도 아시아의 다른 시장에서는 도입기단계에 있을 수 있다. 이때 기업은 아시아의 다른 국가에 수출 혹은 직접투자를 통하여 판매시장을 지속적으로 유지함으로써 제품수명주기를 연장하고 투자된 설비를 오랫동안 활용할 수 있게 된다.

2. 해외직접투자동기

1) 경쟁기업에 대한 대항

경쟁기업에 대한 대항의 목적으로 국제화를 추진할 수도 있다. 예를 들어 어느 기업이 해외에 진출하는 경우 함께 따라 나가는 선도기업 추종형(follow the leader)의 직접투자가 있다. 즉 추종기업은 먼저 진출한 경쟁기업이 이익을 얻게 되면 그 이익을 나누어 갖고, 손해를 보게 되면 경쟁기업보다는 적게 볼 수 있다는 생각에서 투자를 하게 된다. 국내시장의 가전3사의 경우에도 어느 특정기업이 특정지역에 먼저 진출하면 또 다른 기업이 뒤이어 진출하는 선도기업 추종형 현상이 두드러지게 나타나고 있다.

2) 현지마케팅강화

국내에 생산기반을 두고 제품을 생산하여 해외시장에 수출하던 기업이 수입국의 무역규제가 강화되거나 현지시장에서의 수입대체로 경쟁이 치열하게 되면 수출시장을 상실할 가능성이 높아지게 된다. 또한 기업은 새로운 해외시장을 개척하기 위하여 투자대상국의 내수시장이나 인접국의 시장기회가 많을 경우 수출보다 직접투자를 택하기도 한다. 이러한 시장추구형 해외투자는 현지에서의 마케팅활동을 강화하기 위하여 마케팅자회사를 설립하거나 혹은 현지에서 제품을 생산하여 현지시장을 보다 효과적으로 공략하기 위한 제조자회사를 설립하는 형태를 취하게 된다.

3) 해외조달

국제기업이 해외시장에 직접투자하여 제조자회사 혹은 마케팅자회사를 운영하는 것은 마케팅측면뿐만 아니라 생산 및 조달활동 측면에서도 매우 중요하다. 해외에서 생산하여 필요한 세계시장에 공급하는 해외조달활동은 다국적기업의 특징이라 할 수 있는데 이는 해외의 노동력이나 천연자원을 활용하기 위한 것이다. 특정한 산업은 그 성격상 국제적인 것이며 국제적인 규모로 운영될 필요성이 있다. 예컨대, 추출산업(광업과 석유), 농장산업(고무, 바나나, 차 및 커피)은 그 성격상 국제적인 것이다. 즉 그러한 원료의 원산지가 해외에 있으며 그 개발은 생산, 마케팅에 관련하여 국제적인 운영을 필요로 하는 것이다. 예컨대 Shell석유회사는 전세계적으로 판매되는 석유의 채굴 및 정제공장을 인도네시아에 설립하였으며, British차회사는 인도에 농장을 갖고 있으며, United Fruit사의 바나나농장은 온두라스에 있다.

4) 기술습득

기업은 선진국의 첨단기술이나 경영기법을 습득하기 위하여 해외에 직접투자하기도 하는데, 유럽의 전자기업들이 미국의 실리콘밸리에 많은 현지법인을 설립한 것은 한 좋은 예라 할 수 있다. 아시아지역의 많은 국가들이 한국기업으로부터 기술이전을 기대하고 합작제의를 해오고 있는 것이 최근의 현실이다.

5) 국제다각화

기업은 수직적 및 수평적 국제분업을 위하여 해외에 직접투자하거나 때로는 전혀 관련이 없는 업종에도 진출함으로써 사업을 국제적으로 다각화한다. 수직적 다각화(vertical diversification)란 생산공정상 전후관계에 있는 제품에 새롭게 진출하는 것을 의미하며, 수평적 다각화(horizontal diversification)란 동종업종 내에서 신규사업을 수행하는 것을 말한다. 국가마다 각기 비교우위 부문이 상이하므로 무역을 통한 국제분업은 참여당사자 모두에게 이익을 준다는 것은 주지의 사실이다.

(사례1) 관세 · 시간… 무역장벽 넘어 달리는 현대 · 기아차

현대 · 기아차그룹의 글로벌 전략은 2010년까지 국내 300만대, 해외 300만대로 600만대 생산체제를 갖춘다는 것이다.

2006년 현대 · 기아차의 전체판매 중 해외판매 비중은 현대차가 77%, 기아차 78.5%로 국내판매를 압도하고 있다. 그러나 해외생산 비중은 아직 현대차 36.1%, 기아차 9.2%에 불과하다. 도요타 · 혼다 등 일본 글로벌 자동차기업의 해외생산 비중이 50%를 넘는 것과 비교하면 아직 크게 낮다.

현대 · 기아차가 해외로 나가는 이유는 두 가지다.

첫 번째는 현지생산을 통해 관세 등의 무역장벽을 넘으면서 현지사정에 맞는 차량을 빠르게 공급하겠다는 것. 미국시장을 예로 들면 현지딜러의 요구변화에 따라 다양한 사양을 빠르게 조달하고 재고 · 생산량을 조절해야 하는데, 국내에서 선편(船便)으로 내보내서는 이에 대응하기가 어렵다.

두 번째는 국내공장의 인건비가 너무 높기 때문. 수출로는 채산성이 맞지 않는 차종이 늘고 있다. 한 고위임원은 "현재 국내공장의 임금 대비 생산성으로는 프라이드 · 베르나급(級) 이하 소형차는 수출해도 채산성 맞추기가 불가능하다"며 "국내공장 생산은 점차 부가가치가 높은 고급차 중심으로 재편될 것"이라고 말했다.

현대 · 기아차는 중국 · 인도 등 신흥시장은 물론 미국 · 유럽 · 중남미까지 각 권역별로 현지생산 시설을 늘려나가고 있다.

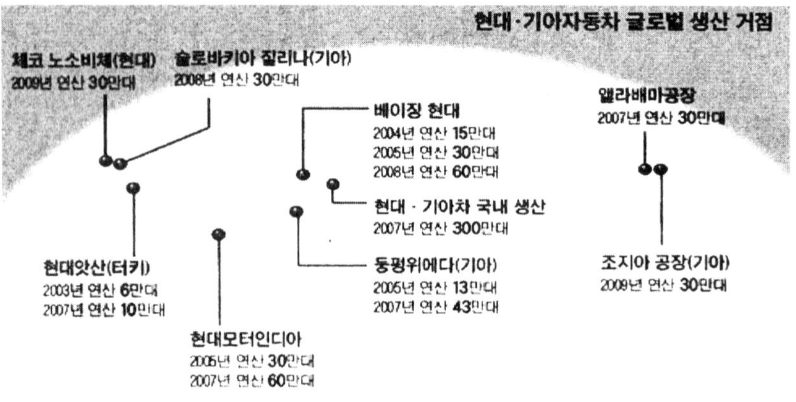

자료제공= 현대자동차

현대차는 2010년까지 미 앨라배마 공장(2005년 생산개시) 30만대, 인도 첸나이 공장(1998년) 60만대, 중국 베이징현대 공장(2002년) 60만대, 체코 노소비체 공장(2008년) 30만대, 터키 이즈미트 공장(2005년) 10만대로 총 190만대를 해외에서 생산할 계획이다.

특히 올 10월부터 양산에 들어가는 현대차 인도 2공장을 포함한 인도 생산기반은 인도 내수는 물론 현대차의 소형차 수출기지로서 막중한 역할을 맡고 있다. 내년 상반기 가동되는 베이징 2공장도 중국 내수시장 수성(守城)을 위한 발판이 될 것으로 보인다.

기아차는 중국 둥펑(東風)위에다 기아 공장(2002년 생산개시) 43만대, 슬로바키아 질리나 공장(2006년) 30만대, 미국 조지아 공장(2009년) 30만대로 2010년까지 103만대를 해외에서 생산한다. 올해부터 본격 가동한 슬로바키아 공장은 올해 유럽전략차종인 씨드 10만5000대, 스포티지 4만 5000대 등 15만대를 생산한 뒤, 내년부터는 30만대 생산을 계획 중이다.

현대 · 기아차는 작년 109만대를 해외에서 생산했으며, 올해는 203만대를 예상하고 있다. 계획대로라면 2009년에 293만대를 해외에서 생산하게 된다. 여기에 남미에도 10만~15만대 규모 현지공장 설립을 검토 중이다. 2010년까지 현대 · 기아차의 해외생산은 300만대를 넘어설 것으로 보인다.

그러나 이러한 현대 · 기아차의 글로벌생산 확대전략은 현지판매가 늘어나는 생산량을 충분히 소화해 줘야한다는 전제가 따른다. 이를 위해 현대 · 기아차는 점점 더 거세질 중국 저가차 공세와 일본 · 독일차의 브랜드파워에 맞서 제값을 받으면서도 원가는 더 낮춰야 한다는 두가지 과제와 맞닥뜨려 있다. 두가지 목표 중 어느 한쪽이라도 이루지 못할 경우, 자칫 과잉생산 문제로 인해 오히려 수익성이 악화될 가능성도 없지 않다.

현대차 연구소의 임원은 "현재 현대 · 기아차의 차종들은 달러에 대한 원화 환율 1100~1200원대에 맞춰 설계됐기 때문에 차종에 따라 지나치게 비싼 부품들이 많이 들어가 있다"며 "앞으로 나올 차들은 환율 800원대까지 대비, 품질에 영향을 주지 않는 범위 내에서 전 부문에 걸쳐 원가절감을 위한 재설계에 돌입하고 있다"고 밝혔다.

자료원 : 조선일보, 2007. 6. 29.

(사례2) 월드비텍, 사업다각화 · 국제화 추진

고효율 냉각방식인 '스프링쿨시스템'을 선보이고 있는 ㈜월드비텍(대표 김근기)이 주력사업 확장을 통해 지구환경보호와 사업의 다각화 · 국제화를 선언하고 나섰다.

주력사업 스프링쿨시스템은 물을 건물의 지붕 외관에서 증발시켜 태양열의 실내침투를 막아 온도를 약 5℃ 가까이 낮추는 냉방법으로 에어컨 대비 에너지를 약 90% 이상 절감할 수 있는 특성이 있다.

김근기 대표는 "주력사업 이외에도 사업다각화를 통해 '홈오토메이션 사업'과 '휴대용 포켓비데' 등 인본주의에 충실한 친생활 사업은 물론 조림사업을 통해 지구 전체의 안전과 건강을 유지하기 위한 노력에도 적극 나설 방침"이라고 밝혔다. 아울러 "스프링쿨시스템이나 이 기술을 내장한 쿨~판 등은 물의 냉방기능을 자원화 한 것으로 자연순환 활성화 기술의 냉방산업 적용은 조림에 의한 수자원 보호 혹은 개발과 같은 맥락"이라고 설명했다.

월드비텍은 올해 경영목표를 '사업의 다각화 및 국제화'로 설정했다고 밝혔다. 사업다각화를 위해 휴대용 비데 생산체제 구축, 태양광 발전, 조림사업 등에 대한 실행의 초기단계에 도달했으며, 국제화는 인도법인의 생산설비가 완료단계에 있고, 방글라데시 발전소 프로젝트가 성공적으로 추진 중이라고 전했다.

월드비텍 관계자는 "친환경 기술이 인도진출과 같은 경로를 통해 글로벌시장 속에서 인지되는 폭이 커질 것으로 본다"며 "기술의 전문성 등을 앞세워 각종 국제전시회 등으로 시장개척을 적극적으로 추진하고 각종 관련 세미나를 주도해 난관을 합리적으로 이슈화하고 해결기술을 소개할 계획"이라고 설명했다.

자료원 : 머니투데이, 2007, 7, 31.

주요용어

1. 기업국제화(company internationalization)
2. 시장내부화(market internalization)
3. 학습과정(learning process)
4. 선도기업 추종형(follow the leader)
5. 수직적 다각화(vertical diversification)
6. 수평적 다각화(horizontal diversification)

연습문제

1. 기업의 국제화에 대하여 논하시오.
2. 기업국제화의 특징에 대하여 설명하시오.
3. 기업국제화의 단계에 대하여 설명하시오.
4. 기업국제화의 수출동기에 대하여 설명하시오.
5. 기업국제화의 해외직접투자동기에 대하여 설명하시오.

참고문헌

1. 김동기 · 한선민, 국제마케팅론, 박영사, 1997.
2, 김홍대, 신국제마케팅론, 형설출판사, 1999.
3. 박기안, 국제마케팅, 무역경영사, 2002.
4. 원종근 · 현인규 · 지남웅, 국제마케팅론, 법문사, 1995.
5. 이장로, 국제마케팅, 무역경영사, 2003.
6. 이 철 · 장대련, 글로벌시대의 국제마케팅, 학현사, 2008.
7. 차수련, 국제마케팅관리론, 법문사, 1995.
8. Johanson, J. and Vahlne, J. E., "The Internationalization Process of the Firm : A Model of Knowledge Development and Increasing Foreign Market Commitments," *Journal of International Business Studies*, Spring/Summer 1971.
9. Johanson, J. and Wiedersheim-Paul, F., "The Internationalization of the Firms : Four Swedish Cases," *The Journal of Management Studies*, October 1975.
10. McAuley, A., *International Marketing : Consuming Globally, Thinking Locally*, John Wiley and Sons, Ltd., 2001.
11. Piercy, N., "Company Internationalisation : Active and Reactive Exporting," *European Journal of Marketing*, Volume 15, Number 3, 1981.
12. Wortzel, L. H. and Wortzel, H. V., "Export Marketing Strategies for NIC and LDC-based Firms," *Columbia Journal of World Business*, Spring 1981.

제2부

국제마케팅환경

제3장

국제마케팅환경과 국제마케팅 관리자의 과업

기업이 국제화되면 국내환경과는 전혀 다른 환경 하에서 마케팅활동을 수행하게 되는데, 본 장에서는 이러한 기업의 국제마케팅활동에 영향을 미치는 환경요인에는 어떠한 것이 있으며, 왜 국제마케팅환경이 중요한지에 대해 설명하기로 한다. 또한 국제기업의 주체로서의 국제마케팅 관리자는 어떠한 과업을 수행하는가? 그리고 국제마케팅 관리자가 과업을 수행할시 어떠한 사항에 유의해야 하는가? 즉 국제마케팅 관리자의 과업 및 과업수행시 유의사항에 대해서도 살펴보기로 한다.

제1절 국제마케팅환경의 의의

기업은 국내마케팅활동(domestic marketing activity)과 구별되는 국제마케팅활동(international marketing activity)의 커다란 특징의 하나는 그 기업을 둘러 싼 제각기 다른 환경가운데서 거기에 적응하는 마케팅활동을 전개해야 한다는 점에 있다.

다시 말해서 한 나라의 국경을 넘어선 국제기업의 마케팅활동은 국내환경(domestic environment)과는 전혀 다른 환경 하에서 전개되어야 함을 뜻한다. 이처럼 국제기업이 국제마케팅활동을 하는데 있어서 영향을 미치게 하는 해외시장의 모든 환경을 국제마케팅환경(international marketing environment)이라고 한다.

오늘날 이러한 국제마케팅환경은 그 어느 때보다도 복잡화 되어가고 있을 뿐만 아니라 급속한 변화를 하고 있다. 이러한 어려운 여건 하에서 국제마케팅활동을 성공적으로 수행하기 위해서는 급변하는 해외시장환경에 능동적으로 대처해야 할 것이다. 왜냐하면 각 해외시장은 서로 다른 시장환경을 지니고 있기 때문에 이러한 이질성을 제대로 파악하지 못하거나 적응하지 못한다면 막대한 지장을 초래하게 된다. 즉 국제마케팅활동이 전개되는 해외시장에서는 제각기 이질적인 정치, 사회 · 문화적, 경제적환경이 존재하기 때문에 국제마케팅 관리자는 그러한 해외시장 환경에 적응하도록 끊임없는 노력을 해야 한다. 그러나 국내시장의 환경변화를 예측하는데도 상당한 애로점이 있는데 국내마케팅환경과는 전혀 다른 국제마케팅환경은 항상 급변하기 때문에 해외시장의 환경변화를 예측하고 적응한다고 하는 것은 더욱 어려운 일이다.

지금까지 하나의 언어 · 문화권, 하나의 경제권으로서 자국에서 마케팅활동에 종사해 온 기업이 국제마케팅환경이라는 매우 이질적인 언어 · 문화권이나 정치 · 경제권에서 활동하게 될 때 예기치 못한 여러 가지 어려운 문제에 직면하게 되는 것은 당연한 일이라 할 수 있다. 그렇지만 일국의 기업체가 그 경영활동분야를 해외시장에까지 진전시켜 자사가 제조 내지는 취급하는 제품의 판매시장을 개척, 확보하려면은 무엇보다도 해외시장의 여러 가지 환경요소를 정확하게 조사하지 않으면 안된다. 또한 해외시장을 개척하는데 있어서 그 성공여부는 이러한 환경적 요인에 어떻게 합리적으로 적응하는가에 좌우된다고 할 수 있다.

제2절 국제마케팅 관리자의 과업

기업이 국제화되면 국내마케팅환경뿐만 아니라 이질적인 국제마케팅환경 속에서 기업의 마케팅활동을 효율적으로 수행해 나가야 한다. 국내마케팅환경이 비교적 동질적인 것과는 달리 국제마케팅환경은 이질적이며 또한 국내마케팅환경보다 훨씬 통제불능한 요소가 많다. 이질적인 국제마케팅환경은 한편으로 기회(opportunity)를 창출하지만 다른 한편으로는 위험(risk)을 만들어 내기도 한다. 따라서 국제기업의 마케팅관리자는 기회를 최대한 활용하고 위험을 극소화 할 수 있도록 하여야 한다. 국제마케팅 관리자의 과업은 기업목적달성에 최대한 공헌할 수 있도록 국제마케팅 목표를 효과적으로 달성하는데 있다. 그러기 위해서 국제마케팅 관리자는 통제불능한 환경요소들을 충분히 참작하고 통제가능한 마케팅도구들을 적절히 믹스해서 국제마케팅전략을 결정하고 집행해야 한다.

[그림 3-1] 국제마케팅 관리자의 과업

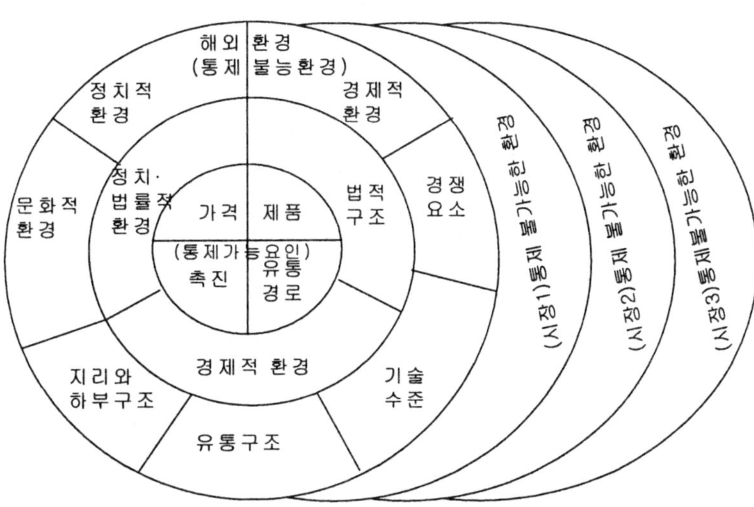

자료원 : P. R. Cateora, *International Marketing*, 7th ed., Homewood, Ill.: Richard D. Irwin Inc., 1990, p. 10.

다시 말하면 국제마케팅 관리자의 과업은 여러 가지 기업외부의 통제불능한 환경요소들을 충분히 참작하고, 기업내부의 통제가능한 마케팅도구들인 제품(product), 가격(price), 유통경로(place or distribution), 촉진(promotion) 등 4P를 적절히 믹스한 국제마케팅전략을 구사하여 국제마케팅목표를 효과적으로 달성하는데 있다.

[그림 3-1]의 맨 안쪽원은 국제마케팅 관리자가 통제할 수 있는 기업체의 내부환경에 속한다. 즉 국제마케팅 관리자가 통제불능한 기업체의 외부환경을 고려해서 그림의 맨 안쪽 원에 있는 국제마케팅 관리자가 통제할 수 있는 기업체의 내부환경에 속하는 제품, 가격, 유통경로, 촉진 등 이러한 마케팅 도구들을 적절히 혼합하여 국제마케팅전략을 결정하고 집행하게 되는 것이다. 그림의 두 번째 원은 국제마케팅 관리자가 통제할 수 없는 기업외부환경으로서 국내시장환경에 속한다. 국내마케팅전략을 결정할 때에는 통제할 수 없는 국내시장환경에 속하는 정치·법률적 환경이라든지 경제적 환경, 법적구조 등 이른바 1차원적인 불확실성만 고려하면 되지만, 국제마케팅전략을 결정할 때에는 이러한 통제할 수 없는 국내시장환경에 속하는 1차원적인 불확실성뿐만 아니라 2차원적인 불확실성도 고려해야만 한다. 즉 그림의 맨 바깥원에 나타난 바와 같이 국제마케팅 관리자가 통제할 수 없는 해외시장

환경에 속하는 정치적 환경, 경제적 환경, 문화적 환경, 지리와 하부구조, 유통구조, 경쟁요소, 기술수준 등 2차원적인 불확실성을 고려해야 하는 것이다. 이처럼 국제마케팅 관리자가 국제마케팅전략을 결정할 때 1차원적인 불확실성뿐만 아니라 2차원적인 불확실성 하에서 과업을 수행해야 하기 때문에 국제마케팅 관리자가 국내마케팅전략을 결정하는 국내마케팅 관리자보다도 훨씬 더 복잡하고 어려운 과업을 수행하게 된다.

그러면 국제마케팅 관리자가 이러한 과업을 수행할 때 어떠한 사항에 유의해야 하는가? 과업수행시 유의사항에 대해서 살펴보면,

첫째, 특정 해외시장의 마케팅환경을 깊이 인식하고 있다고 해서 다른 해외시장들의 마케팅환경 역시 같거나 유사할 것으로 가정하고 행동하는 것은 위험한 일이다. 왜냐하면 표면적으로는 마케팅환경이 같거나 유사한 것으로 보일지 모르지만 실제적으로는 마케팅환경과 그 변화의 속도는 해외시장별로 다르고 그에 따른 불확실성 역시 차이가 있기 때문이다.

둘째, 국제마케팅 관리자는 특정 해외시장에서 성공한 국제마케팅전략일지라도 다른 해외시장에 그것을 그대로 적용하면 무용지물이 될 수도 있다는 사실을 인식해야 한다. 이것은 여러 해외시장에 대한 국제마케팅 관리자의 과업이 비록 똑같다 할지라도 과업달성을 위한 전략은 달라야 한다는 뜻이다.

셋째, 국제마케팅전략을 결정할 때 고려해야 하는 국제마케팅환경은 항상 급변하고 있기 때문에 어떤 시점에서는 특정 해외시장의 환경을 정확하게 판단하고, 이해하고 있다고 할지라도 곧 낡은 것이 되어버려 전략결정을 빗나가게 할 수 있다는 사실을 인식해야 한다. 따라서 효과적인 국제마케팅전략을 결정하려면 정확하고 지속적인 해외시장환경에 대한 조사가 이루어져야 할 것이다.

국제마케팅 관리자는 국제마케팅운영을 성공적으로 유지할 책임을 지고 있다. 그러나 국제마케팅 관리자가 구체적으로 수행해야할 과업은 각 경우에 따라 다르지만 일반적으로는 다음과 같이 열거할 수 있다.

① 해외시장기회의 확인
② 해외시장에 있는 대표자들(판매업자, 라이센스 취득자, 합작투자 상대방)의 확인 및 그들과의 협상
③ 신제품의 해외시장도입을 위한 마케팅계획 및 전략개발

④ 수출판매의 개발
⑤ 신제품을 도입할 해외시장의 선정 및 그 순서
⑥ 자회사, 판매업자 및 라이센스 취득자의 마케팅직원훈련
⑦ 해외시장에서의 마케팅조사의 감독
⑧ 해외신제품 및 제품수정에 관한 아이디어의 탐색과 제품개발(R&D)부서와의 의사소통
⑨ 해외시장의 국내 제품부서간의 연락, 즉 쌍방간의 정보교환
⑩ 해외시장에서의 촉진프로그램의 감독 및 조력
⑪ 국제광고의 조정에 있어서 광고대행사와 협력
⑫ 국내마케팅운영과 해외마케팅간의 교환소로서의 역할
⑬ 각 해외시장의 마케팅실적의 감시 및 평가
⑭ 실적향상을 위한 해외마케팅대표자와의 조력
⑮ 각 해외시장의 연간 마케팅계획수립의 조정 및 조력

상기한 것은 국제마케팅활동에서 당면하게 되는 책임 중 중요한 것을 열거한 것이다. 이러한 책임은 담당지역의 범위, 수행되는 직능의 수 그리고 회사계층에서의 지위에 따라 다르다. 어떤 경우에는 언어적인 숙련이 필요할 수도 있다. 그러나 가장 중요한 것은 국제마케팅에서의 능력에 관한 것이다.

제3절 국제마케팅환경의 분류

국제마케팅환경은 앞에서 살펴본 바와 같이 너무나 광범위하고 항상 급변하기 때문에 그 환경요인에 대한 통일적인 분류방법이라는 것은 없다. 따라서 학자들이 필요성에 따라 나름대로 환경요인을 구분하고 있다.

먼저 Cateora는 국제마케팅환경요인을 ① 정치적 요소(political forces), ② 경제적 요소(economic forces), ③ 경쟁적 요소(competitive forces), ④ 기술수준(level of technology), ⑤ 유통구조(structure of distribution), ⑥ 지리(geography), ⑦ 문화적

요소(cultural forces) 등 일곱 가지로 분류하였다. 그는 이와 같은 요인들을 해외환경으로서 통제불가능요인(uncontrollable elements)이라 하였다. 따라서 항상 예측불능의 불확실성(uncertainty) 때문에 해당 해외시장국들의 환경요인들을 평가하고, 분석하고 전략을 결정하는 과정에서 국제마케팅 관리자는 정치, 경제, 사회, 문화 등 여러 분야에 걸쳐 예상하지 못했던 충격을 받을 가능성이 있다. 예컨대 국제마케팅 프로그램을 작성하는데 있어서 이들 통제 불가능한 요인들의 평가과정을 거치게 되어 있지만, 이 경우 정치적이거나 경제적, 혹은 문화적 환경의 평가에 있어 잘못된 판단을 내리기도 한다. 그래서 수많은 해외시장국에서 비즈니스 활동을 하고 있는 국제마케팅 관리자라 하더라도 마케팅활동상의 중요한 결정요인인 정치적 안정성(political stability), 계층구조(class structure), 경제상황(economic climate) 등을 정반대로 평가하게 되는 일이 빈번하다. 이와 같은 통제불능의 환경적 요인에 적응하여 충격을 최소화할 수 있도록 하기 위해서는 불확실성이란 환경변화에 대하여 사전에 적절히 대처하는 방안을 세우는 것이 최선의 방법이라고 할 수 있다.

Fayerweather는 국제마케팅환경요인을 ① 문화적 차원(cultural dimension), ② 경제적 차원(economic dimension), ③ 정치적 차원(political dimension) 등 세 가지로 분류하였다.

Fayerweather는 먼저 경제적 차원의 구성요소로서 생활수준의 차이와 동태적 요인, 지리적 조건을 열거하면서 이와 같은 환경요인들이 국제마케팅활동에 상당한 영향을 미친다고 강조하였다. 특히 세계 각국의 경제수준에 기인하는 생활수준의 차이를 저소득국가, 중소득국가 및 고소득국가로 구분하여 이들 국가간의 중요한 차이점에 관하여 고찰하였다. 이러한 생활수준의 차이와는 상관없이 정체된 국가는 급속히 발전하고 있는 국가와는 마케팅상으로 큰 차이점이 있다고 하였다. 그리고 자연자원, 기후, 운송에 영향을 주는 지리적 조건도 국제마케팅활동에 상당한 영향을 주는 요소의 하나라고 간주하였다.

또한 Fayerweather는 문화적 차원의 구성요소로서 종교, 가족, 교육 및 사회제도 등을 열거하면서 이러한 요소들은 국가마다 상이하기 때문에 문화적 차원의 일반적인 패턴을 제시하는데 경제적 차원과 같이 쉽지 않다고 하였다.

마지막으로 Fayerweather는 국제마케팅환경요인의 하나로서 정치적 시스템의 차이도 중요시하면서 기업활동의 방법이 법률이나 규제, 기타 여러 가지 정부조치에 의해서 제한된다라고 하였다. 또한 그는 이러한 정치적 시스템의 차이로 인하여 마케팅에 영향을 미치는 기본적인 방법으로서 기업 대 정부의 경제적 관리에 대한 태도와 집단적 기업행동에 대한 감정 등 두 가지로 나누어서 설명하였다.

Keegan은 국제마케팅환경을 첫째, 시장특성, 소비패턴, 무역패턴, 경제구조, 시장개발단계 등으로 구성되는 경제적 환경(economic environment), 둘째, 문화의 측면과 특히 최근의 국제마케팅활동의 제약요인으로 크게 작용하고 있는 민족주의 요소를 포함하고 있는 사회 · 문화적 환경(social and cultural environment), 셋째, 경제공동체의 구성, 각종 무역협정 및 각 지역시장 특성 등을 묶어 지역시장특성(regional market characteristics), 넷째, 법률과 제도의 측면에서의 법적 환경(legal dimensions), 다섯째, 무역수지, 통화시스템 및 통화의 수요공급 등의 재무적 회계(finanical framework) 등의 다섯 가지로 분류하였다.

한편 Carson은 국제마케팅환경요인을 지리적 환경, 문화 · 인류학적 고찰, 정신 · 사상적 요인, 마케팅과 사회, 경제적 요인, 정부와 마케팅 등 여섯 가지로 분류하였다. 이들 요인들을 구체적으로 제시하면 다음과 같다.

① 지리적 환경

국가의 크기와 자연적 제특성, 조직의 실태와 문제점, 인구(제특성, 유동성, 시장의 한계성 등), 공중위생, 마케팅에 주어지는 지리적 영향(지역차, 소비패턴 등).

② 문화 · 인류학적 고찰

문화적 동화작용(문화적 요소의 국가간의 침투, 변화에의 유인, 반응 등), 기질, 성격(민족적 차이, 변화에 대한 수용성 등), 종교적 신조(경제적 제관계에 대한 종교적 태도 등), 관습(타부 등).

③ 정신 · 사상적 요인

라이프 사이클(관리자의 태도와 행동양식, 소비패턴 등), 읽기, 쓰기능력(문맹, 다언어 국가의 문제 등), 교육(일반교육수준, 소비자교육, 마케팅에 미치는 교육의 영향 등), 개인적 동기와 태도(달성하려는 의욕의 차이 등), 윤리적 배려(사회의 일반도덕기준 등), 개인과 집단, 진취성과 보수 등.

④ 마케팅과 사회

가족(구매결정과정에 있어서의 가족구성원의 역할 등), 지위구조(사회적 계층, 직업의 상대적 지위 등), 거래에 영향을 주는 사회적 관계(구매관습, 상인의 사회적 생활 등), 사회적 적응성과 동기 등.

⑤ 경제적 요인

마케팅활동의 전제가 되어있는 경제적 제요인, 국제경제, 마케팅제도, 조직, 운송, 통신, 고용, 생산, 소득과 소비, 유통의 역할 등.

⑥ 정부와 마케팅

정보의 형태, 거래에 대한 규제, 보호주의, 식민지주의 사회화(국유화, 사회주의적 정책), 소비자협동조합, 국제조약 등.

이외에 여러 학자들이 분류하고 있는 국제마케팅환경요인을 살펴보면 다음과 같다.

1) V. Terpstra

① 경제적 환경(economic environment)

② 문화적 환경(cultural environment)

③ 정치・법률적 환경(political and legal environment)

2) R. L. Kramer

① 주권(sovereignty)

② 국가통화제도(national monetary system)

③ 정부규제(government regulation)

④ 국가경제(national economic policy)

⑤ 상이한 언어와 관습(different languages and customs)

3) L. D. Dahringer와 H. Mühlbacher

① 경제적 환경(economic environment)

② 정치・법률적 환경(political and legal environment)

③ 사회・문화적 환경(social and cultural environment)

4) M. R Czinkota와 I. A. Ronkainen

① 경제적 환경(economic environment)

② 정치 · 법률적 환경(political and legal environment)

③ 문화적 환경(cultural environment)

④ 재무적 환경(financial environment)

5) B. Toyne와 P. G. P. Walters

① 경제적 환경(economic environment)

② 무역환경(trading environment)

③ 정치적 환경(political environment)

④ 법적 환경(legal environment)

6) S. Onkvisit와 J. J. Shaw

① 정치적 환경(political environment)

② 법적 환경(legal environment)

③ 문화(culture)

④ 심리 · 사회적 환경(psychological and social dimensions)

7) G. Albaum

① 경제적 환경(economic forces)

② 사회 · 문화적 환경(socio - cultural environment)

③ 정치 · 법률적 환경(political / legal environment)

④ 경쟁(competition)

8) S. C. Jain

① 경제적 환경(economic environment)

② 문화적 환경(cultural environment)

③ 정치적 환경(political environment)

④ 법률적 환경(legal environment)

9) I. Doole와 R. Lowe

① 사회 · 문화적 환경(social/cultural environment)

② 경제적 환경(economic environment)

③ 법적 환경(legal environment)

④ 정치적 환경(political environment)

⑤ 기술적 환경(technological environment)

이상에서 살펴본 바와 같이 국제마케팅환경에 대한 체계적이며 통일적인 분류방법은 없다. 그러나 누가 어떻게 분류했든 지간에 정치 · 법률적 환경, 경제적 환경, 문화적 환경 등은 기업의 국제마케팅활동에 영향을 미치는 핵심적인 환경요인이라 할 수 있기 때문에 본서에서도 다음 장부터 이것들을 중심으로 고찰해 보기로 한다.

주요용어

1. 국내마케팅활동(domestic marketing activity)
2. 국제마케팅활동(international marketing activity)
3. 국내환경(domestic environment)
4. 국제마케팅환경(international marketing environment)
5. 통제가능요소(controllable elements)
6. 통제불가능요소(uncontrollable elements)
7. 4P
8. 국제마케팅믹스(international marketing mix)

연습문제

1. 마케팅믹스와 국제마케팅믹스를 비교 설명하시오.
2. 국제마케팅환경의 중요성에 대하여 사례를 들어 설명하시오.
3. 카테오라(Cateora)의 분류방식에 따른 국제마케팅 관리자의 과업에 대하여 설명하시오.
4. 국제마케팅 관리자의 과업을 국내마케팅 관리자의 과업과 비교 설명하시오.
5. 국제기업을 둘러 싸고 있는 환경요인은 어떠한 것이 있으며, 이들 환경요인이 국제마케팅활동에 어떠한 영향을 미치는지에 대하여 설명하시오.
6. 페어웨더(Fayerweather)와 카슨(Carson)이 분류한 국제마케팅 환경요인에 대하여 구체적으로 설명하시오.

참고문헌

1. 반병길 · 이인세 · 이헌수, 국제마케팅, 박영사, 2001.
2. 옥선종, 다국적기업경영론, 법문사, 1983.
3. 원종근, 국제경영학, 박영사, 1994.
4. 이승영, 국제마케팅, 일신사, 1993.
5. 차수련, 국제마케팅관리론, 법문사, 1995.
6. 한희영, 국제마케팅론, 다산출판사, 1985.
7. Albaum, G. et al., *International Marketing and Export Management*, Reading, Mass. : Addison - Wesley Publishing Company, 1990.
8. Bennett, R., *International Marketing : Strategy, Planning, Market Entry and Implementation*, Kogan Page, 1999.
9. Carson, D., *International Marketing : A Comparative Approach*, New York : John Wiley and Sons, Inc., 1967.
10. Cateora, P. R., *International Marketing*, 7th ed., Homewood, Ill. : Richard D. Irwin. Inc., 1990.
11. Czinkota, M. R. and Ronkainen, I. A., *International Marketing*, 2nd ed., Hinsdale, Ill. : Dryden Press, 1990.
12. Doole, I. and Lowe, R., *International Marketing Strategy : Analysis, Development and Implementation*, 3rd ed., Thomson Learning, 2001.
13. Dahringer, L. D. and Mühlbacher, H., *International Marketing*, Addison-Wesley Publishing Company, Inc., 1991.
14. Fayerweather, J., *International Marketing*, Englewood Cliffs, N. J. : Prentice-Hall Inc., 1970.
15. Keegan, W. J., *Global Marketing Management*, 4th ed., Englewood Cliffs, N. J. : Prentice-Hall Inc., 1989.
16. Kelley, E. J. and Lazer, W., *Managerial Marketing*, Homewood, Ill. : Richard D. Irwin, Inc., 1967.
17. Kotabe, M. and Helsen, K., *Global Marketing Management*, John Wiley and Sons, Inc., 1998.
18. Kramer, R. L., *International Marketing*, Cincinnati, Ohio : South-Western Publishing Co., 1973.
19. Meloan, T. W. and Graham, J. L., *International and Global Marketing : Concepts and Cases*, 2nd ed., McGraw-Hill Book Company, 1998.
20. Onkvisit, S, and Shaw, J. J., *International Marketing*, Columbus, Ohio : Merrill Publishing Company, 1989.
21. Terpstra, V., *International Marketing*, 2nd ed., Hinsdale, Ill. : The Dryden Press,

1978.

22. Terpstra, V. and Russow, L., *International Dimensions of Marketing*, 4th ed., South-Western College Publishing, 2000.
23. Terpstra, V. and Sarathy, R., *International Marketing*, 7th ed., The Dryden Press, 1997.
24. Toyne, B. and Walters, P. G. P., *Global Marketing Management*, Needham, Mass. : Allyn and Bacon, 1989.

제4장

정치 · 법률적 환경

정치 · 법률적 환경은 기업의 국제마케팅활동에 영향을 미치는 아주 중요한 환경요인이다. 따라서 이 장에서는 정치 · 법률적 환경의 주요 요소인 정치체제와 안정성, 민족주의, 정책 · 법률 및 세제에 대해서 설명하고, 아울러 정치적 위험의 역사와 개념, 원천, 그리고 국제상사분쟁시의 해결방법에 대해서도 구체적으로 살펴보기로 한다.

제1절 정치적 환경

1. 정치적 위험의 역사

제2차 세계대전 이후부터 1960년대 중반까지 세계경제는 비교적 안정적인 고도성장을 구가해 왔다. 특히 IMF와 GATT의 양대 체제를 바탕으로 한 자유무역주의와 국제주의는 국제경제의 발전에 크게 기여하였다. 그러나 1960년대 말에 들어와서는 미국의 국제수지적자 누증을 주요인으로 하는 세계경제질서의 동요 속에서 자원민족주의의 대두와 제3세계의 태동 등 여러 가지 국제경제의 혼란성이 나타나기 시작하였다.

미국이 세계경제의 헤게모니를 상실하기 시작한 이후 국제기업들은 정치적 위험에 대해 관심을 기울이지 않을 수 없게 되었다. 특히 1970년대에 들어와서 석유파동에 의해 촉발된 자원민족주의 등 국제기업환경이 불확실해지고 점차로 혼란스러워지게 됨에 따라 정치적 위험(political risk)에 대한 관심이 고조되었으며, 이에 따라 국제기업의 선두 역할을 담당해 왔던 미국계 다국적기업과 국제금융기관들은 정치위험분석의 중요성을 인식하지 않을 수 없게 되었다.

이처럼 정치적 위험의 중요성이 부각되자 학계에서도 정치적 위험에 대한 연구가 폭넓게 진행되기 시작하였다. Root(1968)는 미국의 다국적기업들이 기업내부에서 공식적으로 정치적 위험을 분석, 평가하는가를 조사한 결과, 대부분의 다국적기업들은 기업외부환경이 기업의 성공과 실패에 영향을 미치는 중요한 요인이라는 사실을 인정하면서도 정치적 위험에 대해 공식적인 책임을 담당하는 부서를 두지 않은 것으로 나타났다.

그러나 Kobrin(1978) 등의 조사에 따르면 상황이 급변하였음을 알 수 있다. 이 조사에서는 193개의 표본기업 중 55%가 정치적 위험의 분석을 공식적으로 하나 또는 그 이상의 부서에서 다루고 있는 것으로 보고한 바 있다. 또한 Kennedy(1983)의 연구에서는 미국기업의 61개 표본기업 중 74%가 기업내부에 정치적 위험을 평가하고 이에 대해 책임을 지는 공식적인 부서를 두고 있는 것으로 나타났다. 이처럼 정치적 위험에 대한 기업들의 관심이 높아진 원인은 여러 가지 측면에서 파악할 수 있다. 그러나 가장 근본적인 원인은 제2차 세계대전 이후 기업의 급속한 국제화 추진이라고 볼 수 있다. 기업의 국제경영활동이 확대됨에 따라 정치적 위험상황도 보다 복잡해지고 보다 중요해지는 반면에 다양한 새로운 위험상황에 노출되게 된 것이다.

또한 기업의 국제활동이 가속화됨에 따라 현지국에서의 반감이 확대되어 소위 민족주의(nationalism)가 팽배해진 것도 한 원인이 될 수 있다. 식민지 통치 하에서 해방된 신생독립국의 수가 늘어나면서 민족주의의 감정이 팽배하였는데 이는 바로 식민시대의 감정의 결과이기도 하지만, 보다 근본적이고 중요한 원인은 바로 국제정치경제가 종속관계에서 상호의존관계로 변화했다는데서 찾을 수 있다.

이와 같은 국제간 상호의존 관계의 심화는 기업외부환경의 불확실성과 복잡성을 가중시키는 결과를 초래하였다. 1973~1974년의 기간 중 석유수출국기구(OPEC : organization of petroleum exporting countries)의 수출금지조치와 수출가격 인상조치는 민족주의와 신생독립국 상호간의 의존관계라는 두 가지 관점에서 상징적인 본보기로서 충분한 것이다.

한편 민족주의의 강화는 거시경제적 충격 이외에도 여러 가지의 형태로 국제기업에 타격을 가하였다. 외국인 기업에 대한 강제철수(forced divestments)나 재산의 수용(expropriation)조치도 증가하였다. 미국기업의 경우 1940년대 말부터 1969년까지 강제철수 조치를 당한 기업의 숫자는 매년 평균 3개 업체에 불과하였으나 1970년대 초중반에는 네 배 이상으로 증가하였다. 국제기업의 외부환경은 점차 복잡해지고 불확실해질 뿐만 아니라 기업에 직접적으로 불리한 영향력을 행사하게 된 것이다. 더욱이 국제기업의 본국정부는 자국의 기업에 대하여 해외시장에서의 안전성을 보장할 수도, 현지국의 규제조치나 탄압을 막아줄 수도 없는 입장이 되었다.

물론 1970년대 초반 이전까지 미국의 군사적 우위는 전 세계를 장악하여 세계 어느 곳이라도 자국과 자국기업의 이익을 위하여 파병을 할 수 있었다. 따라서 현지국들은 미국기업의 재산을 수용하는 경우, 미국의 파병이나 군사적 압력을 고려하지 않을 수 없었으며, 특히 OPEC도 초기에 석유수출 금지조치를 취하면서 미국의 페르시아만 봉쇄조치를 고려하지 않을 수 없었던 것이다. 그러나 1978~1979년에 벌어진 이란혁명을 필두로 표면화된 민족주의는 전 세계의 국제기업에게 심각한 타격을 입혔고, 이후 국제적으로 정치적 위험을 크게 증가시키는 요인이 되었다.

2. 정치적 위험의 개념

미래에 무슨 일이 일어날지를 정확히 예측한다는 것은 거의 불가능한 일이다. 그러나 기업경영자는 예측 및 전략적 계획의 수립을 통하여 미래의 불확실성을 줄여나가야 한다. 어느 최고경영자는 "훌륭한 경영자는 놀라지 않는 경영자이다"라고 했다는데, 이 말은 여러 가지 사고나 사건의 발생 가능성을 검토하고 그러한 일이 일어났을 경우에 기업에 미치는 영향을 미리 예상함으로써 "불유쾌한 놀라운 일"이 일어나지 않도록, 또는 발생하였다 하더라도 그에 대한 대처가 있어 왔기 때문에 놀라지 않는다는 뜻일 것이다. 대개 국제경영을 행하는 기업의 입장에서 의사결정을 할 경우에 본국이나 현지국 모두 정치적 또는 정책적 조치에 의해 깊은 영향을 입는다. 예를 들어 우리 정부가 에너지 절약정책의 일환으로 자동차의 연비문제에 대하여 강력한 규제조치를 시행한다거나 외국정부에서 환경오염규제를 위해 배기가스 정화장치의 부착조치를 시행하는 경우 자동차 제조기업은 본국과 현지국 모두로부터 영향을 받게 되는 것이다.

정치적 위험이란 개념은 국제경영에 있어서 오래전부터 인식되어 왔지만 아직도 그 정의나 평가, 예측방법 등에 있어서 이론상 커다란 발전을 보지 못하고 있다. 그러나 정치적 위험을 정의함에 있어서 가장 중요한 세 가지 요건은 기업환경의 급격한 변화(discontinuity)가 발생하고, 이러한 변화가 예측불가능(uncertainty)하며 이러한 변화가 바로 정치적인 변화(political change)로부터 발생한다는 것이다. 여기서 기업환경이 급격하게 변화한다거나 예측불가능하다는 말의 의미는 기업이 전혀 대응하기 힘들다는 의미이다. 다시 말해 정치적인 변화가 점진적으로 변화해 간다면, 혹은 정부가 정책을 미리 예고하고 나서 시행한다면 기업은 이에 대응할 수 있고 또한 이러한 것은 일반적인 환경으로 간주하게 되는 것이며 정치적 위험으로는 볼 수 없다.

한편 정치적 변화라는 의미는 비정상적인 정치활동이나 상태가 지속되는 정치적 불안정(political instability)과는 다른 개념으로서 기업의 경영활동에 실질적인 영향력을 행사하는 변화라는 의미이다. 그러니까 단순히 한 나라의 정치가 불안정하다든지 정치적 변화가 일어난다고 해서 반드시 위험의 대상이 되는 것은 아니고, 기업 또는 특정산업과 관련하여 수익성이나 영업활동에 영향을 미쳐야 한다는 점이다. 그리고 여기서 영향을 미친다는 것은 유리한 영향과 불리한 영향을 다 포함하는 말이다. 다시 말해 정치적 변화는 기업에게 이익기회와 손실위협(opportunities and threats)을 가져오는 것이다. 만약 어느 나라에 신정권이 들어와서 그 이전 정부보다 외국기업에 대한 과실송금 억제정책을 완화한다면 그것은 정치적 변화가 기업의 운영에 유리한 영향을 미친 것으로서 위의 정치적 위험의 정의에 맞는다. 다음으로는 "정치적 변화"가 무엇이냐 하는 문제가 있다. 특정국이 외국기업의 과실송금을 억제할 때 그 조치는 단순히 국제수지의 개선을 위한 경제적인 동기에서 나왔을 수도 있고, 또는 외국인 투자에 대한 이념적 반대에서 나온 정치적인 변화일 수도 있다. 사실 세상의 현상은 여러 요인들이 얽혀 있기 때문에 한 현상을 놓고 딱 부러지게 정치적이다, 또는 경제적이다라고 말하기 어려운 경우가 많다. 저자에 따라서는 정치와 경제의 구분은 순전히 관념적인 것이고 현실에 있어서는 구분이 불가능하다고 까지 말하는 사람도 있다. 또한 Root(1972)는 정치적 위험을 경제적 정치위험과 사회적 정치위험으로 분류하고, 경제적 정치위험은 경제학적인 분석, 즉 인플레이션 추정, 국제수지 분석, 외환시장 동향분석 등으로 원인과 결과는 알 수 있으나, 그 발생시기를 예측하기 위해서는 정치형태, 정치지도자들의 관계와 국제사회적 요인들도 같이 분석하여야 한다고 강조하고 있다. 그러나 일반적으로 볼 때 정치와 경제는 그 동기에 있어서 분명한 차이가 있으며, 따라서 기업에 미치는 영향을 분석하는데 있어서 이 둘은 구분하는 것이 유용하다. 여기에서 정치란

"사회전체적인 권력관계와 관련된 사건 및 그 행사과정"으로 정의할 수 있다. 예를 들어 어떤 나라에서 전국적인 노동조합이 특정정권에 항의하기 위해 파업을 하는 경우에 (1978년의 니카라과, 1980년의 폴란드) 이는 정치적 행위라고 볼 수 있지만, 그러나 단순히 임금인상이나 작업조건에 대해 항의한 경우에는 경제적 행위라고 보아야 할 것이다. 종합해 보면, 예측하기 힘든 사회전체적인 권력관계의 변화가 기업경영에 영향을 미칠 것처럼 보일 때 정치적 위험이 있다고 하겠다.

한편, 정치적 위험과 유사한 개념으로 국가위험(country risk)이라는 용어가 상호교환적으로 사용되기도 하는데 이들 개념들은 분명하게 다른 의미로 사용된다. 실제로 국가위험 이라는 것은 국제은행들이 주로 사용하는 보다 제한된 의미의 용어로 사용되는 반면, 정치적 위험은 국제경영활동과 관련된 모든 분야에서 폭넓게 사용되고 있다. 흔히 국가위험은 한 나라 내에서 정치, 경제 및 사회적 요인들로 인하여 대출자들이 차입자에게 적시에 적당한 방법으로 대출원리금을 상환 받을 수 없게 되는 상황이 발생할 가능성이라고 정의된다. 한편, 정치적 위험은 기업이 행하는 사업과 관련된 제품, 시장 혹은 기술적인 위험 이외의 요인에 의해 발생하는 비상업적인 사건으로부터 야기되는 상황을 말하기도 하는 것이다.

[표 4-1] 정치적 위험과 국가위험의 비교

	정치적 위험(political risk)	국가위험(country risk)
위험노출대상	해외직접투자기업	국제은행, 대출자(간접투자)
위험노출자산	물적자원, 인적자원, 자본 및 기술 등 모든 해외투자재원	정부나 민간에 대한 대출자본
위험노출기간	대개 무기한(투자기간 중)	중·단기(대출약정기간 중)
위험의 유형	수용 및 몰수, 국유화, 외환통제, 테러, 납치, 고용규제, 현지부품의무사용강요, 조세차별, 입찰제한 등	채무상환불능(default) 상환동결(blocked funds) 채무재조정(rescheduling) 상환조건변경(restructuring)
위험의 크기	사건의 종류에 따라	사건의 종류에 따라
위험방지수단	해외투자보험 국제적 사업의 다각화, 위험에 적응	수출입은행에 부보 국제적인 대출의 다각화 여신한도 설정

자료원 : R. Grosse and J. Stack, "Non-Economic Risk Evaluation in Multinational Banks," *Working Paper.* No 285, University of Michigan, January 1982, pp. 5~7.

[표 4-1]에서 보는 바와 같이 대개 정치적 위험은 해외투자를 행하는 기업의 입장에서 해외에 투자한 자본, 기술 및 인적·물적 자원이 현지국의 국유화, 외환통제, 조세차별 등에 의하여 입게 될지도 모르는 잠재적인 손실을 의미한다.

3. 정치적 위험의 유형

정치적 환경의 변화에 적절히 대응하기 위해서는 우선적으로 정치적 환경변화의 방향에 따른 유형을 파악하고, 이를 유형별로 구분하여 기업의 대응전략을 수립하는 것이 바람직하다. 정치적 위험은 현지에 투자한 외국기업 모두에게 영향을 미치는 거시적 위험(macro risk)과 일부기업이나 산업, 또는 특정 프로젝트에 대해서만 영향을 미치는 미시적 위험(micro risk)으로 구분할 수 있다.

거시적 정치위험이란 일국 내의 외국기업 전체에 영향을 미치는 정치적 변화를 의미한다. 거시적 위험은 자주 발생하지는 않지만 일단 발생하게 되면 그 영향력은 아주 강력하고 직접적이며 전면적으로 일어나는 특성이 있으며, 개별적인 외국기업으로서는 통제할 수 없는 범위의 위험이다. 이러한 거시적 위험의 대표적인 예로는 1959~1960년에 걸쳐 쿠바의 카스트로 정부가 시행한 사기업 몰수조치를 들 수 있는데, 이 조치에 따라 쿠바의 국내기업은 물론 쿠바에서 영업하던 모든 외국기업들이 예외 없이 몰수되었다. 이러한 거시적 위험은 대개의 경우 피투자국 정부의 정치적 이념이 돌변될 때, 예를 들어 민주주의 국가가 사회주의 국가로 전환되거나 사회주의정당이 정권을 잡는 경우에 발생하게 된다.

거시적 위험은 제 2차 세계대전 이후 동구와 중공 등지에서 발생하였으며, 최근에는 강력한 민족주의를 고수하고 있는 중동지역과 정치가 불안정한 아프리카 및 중남미 국가에서 종종 발생하고 있다.

미시적 정치위험은 소수의 특정기업에만 영향을 미치는 정치적 변화를 의미한다. 이는 현지 정부가 정치적인 이유로 특정한 산업, 기업, 프로젝트에 대해 제한적인 정책을 취할 때 발생한다. 미시적 위험은 거시적 위험보다는 그 강도가 약하고 전면적이지는 않지만 오히려 자주 발생할 가능성이 있으며, 한 기업에만 발생할 경우 타 기업과의 경쟁에서 불리한 위치에 서게 된다. 미시적 정치위험은 오늘날 국제적으로 사업 활동을 전개하고 있는 기업들이 직면하고 있는 대부분의 정치적 위험의 형태이며, 기업의 성격 또는 전략에 따라서 어느 정도 통제나 조절이 가능하다.

어떤 외국기업 또는 산업이 미시적 위험의 공격대상이 되느냐의 여부는 그때 그때의 상황에 따라 다소 다르지만 일반적으로는 외국기업 또는 특정산업이 사용하는 기술수준이 낮은 경우, 현지기업들과 경쟁관계에 있는 경우, 석유나 광산물 등 피투자국이 보유하고 있는 자원에의 의존도가 높은 경우, 피투자국 국제수지에 미치는 영향이 미미한 경우, 피투자국의 사회적 관점에서 볼 때 필수품이 아닌 제품을 생산하는 경우, 국제기업이 피투자국 현지에서 선량한 기업시민(good corporate citizen)으로서 역할을 하지 못하는 경우, 본사국(home country)정부의 지원이 약한 경우에 미시적 위험이 크게 나타나게 된다.

(사례) 한국기업들, 국내 넘어 해외로 사회공헌활동 확대

주요 기업들의 사회공헌활동이 진화하고 있다. 단순한 지역공동체 봉사를 넘어 국제적인 사회·경제·환경 문제까지 동참하는 등 활동을 넓혀가고 있다. 해외시장확대에 나서는 기업들이 글로벌이미지 및 브랜드가치를 높일 수 있는 기회로 삼기 위해서다. SK·현대중공업 등 웬만한 국내기업들은 사상 최악의 대지진으로 피해를 본 중국 쓰촨성 지역에 적지 않은 기금을 내고 봉사활동을 펼쳤다. 또 LG전자는 봉사단을 몽골, 네팔, 인도네시아 등에 파견해 의료 및 교육지원 활동을 하고 있다. 포스코도 중국·인도·태국·베트남 등에서 봉사단을 만들어 사회공헌 활동을 벌이고 있다. 다른 주요 기업들도 마찬가지다.

이처럼 기업들의 사회공헌활동 영역은 국내로 한정되지 않고 해외진출이 늘어나는 만큼 외국에서도 사회공헌활동을 활발히 펼쳐 한국의 위상을 높이고 있다.

이렇다 보니 기업들의 사회공헌활동 지출액 규모도 매년 급증하고 있다. 전국경제인연합회가 조사한 기업의 사회공헌활동 실태에 따르면 기금을 매년 20~30%씩 늘리고 있는 것으로 나타났다. 2006년 기준으로 조사 대상 202개 기업은 사회공헌활동에 총 1조 8048억 원을 썼다. 이 금액은 전년도(1조 4025억 원)보다 28.7% 증가한 것이다. 또 사회공헌활동 지출액이 전체 매출액에서 차지하는 비율은 평균 0.3% 수준으로 전년도보다 0.1% 포인트 늘어난 것이다. 이들 기업이 직접 운영하는 사회공헌 프로그램 현황을 보면 총기금 7823억 원 중 사회복지 분야가 2764억 원(35.3%)으로 비중이 가장 높다. 다음으로는 교육·학교·학술연구 분야가 775억원(9.9%), 문화예술 및 체육 분야가 650억 원(8.3%) 순이었다. 특히 최근 들어서는 기업들의 국제구호활동에 지원이 크게 증가하고 있는 것으로 나타났다.

그런데 기업들은 기부 등 사회공헌활동을 왜 할까.

'2006년 기업·기업재단 사회공헌 백서'(전경련)에 따르면 대부분(64.3%)의 기업이 '기업시민으로서 사회적 책임을 이행하기 위해'라고 응답했다. 이는 기업의 사회적 역할에 대한 인식이 점차 높아져 가고 있음을 보여준다. 그 다음으로는 '기업의 이미지를 개선하고 기업 가치를 높이기 위해"기업의 사회적 책임을 중시하는 사회적 분위기 때문에'라는 응답이 높게 나타났다. 이런 인식은 기업들이 기부 등 사회공헌활동을 사회적 투자로 생각하기 시작했다는 것을 보여준다. 기업들의 사회공헌활동이 단순한 기부활동 등에서 전략적인 활동으로 전환하고 있음을 보여주는 대목이다. 이 밖에 기업들이 사회공헌활동을 하는 이유로 '임직원들의 자긍심과 충성도를 높이기 위해' '세제혜택을 받기 위해서' 등을 꼽았다. 또 사회공헌백서에 따르면 전체 직원의 76% 이상이 사회공헌활동에 참여한다고 응답한 기업이 33%나 된다. 일인당 투입하는 평균 봉사활동 시간은 7시간이었다. 또 기업당 평균 자원봉사 건수는 1094건에 이르는 것으로 나타났다.

기업들의 해외진출이 활발해짐에 따라 현지 해외법인을 통한 사회공헌활동을 추진하는 기업도 늘고 있다. 1980년대부터 글로벌 다국적기업들은 해외자본에 대한 거부감 해소를 위한 경영전략 일환으로 사회공헌을 활용해 왔다. 최근에는 국내기업도 글로벌화되고 있다. 따라서 기업들은 현지화전략의 하나로 사회공헌활동을 경영전략에 접목하려는 노력을 펼치고 있는 것이다. 해외법인의 사회공헌활동 성과는 매우 긍정적이라고 응답한 기업이 전체의 49.3%를 차지하고 있다.

기업들이 사회공헌활동을 추진할 때 저해요인도 많다는 호소다. 기업들은 담당인력의 부족(19.5%)을 가장 많이 지적했다. 전담부서 설치 등 사회공헌을 위한 사내 인프라 구축의 노력이 가시화되고 있으나 아직까지 사회공헌활동을 활발히 펼칠 수 있는 정도의 인력은 미흡하다는 얘기다. 이 밖에도 전문성의 부족(19.0%), 사회공헌 업무에 대한 정보부족(15.4%) 등을 손꼽았다.

자료원 : 중앙일보, 2008, 7, 25일자 내용 및 경향신문, 2009, 7, 30일자의 내용을 수정 편집함.

산업별로 보면 자원채취산업(extractive industry)과 금융·통신·수송·방위산업 등의 기간산업이 일반 제조업보다 위험이 훨씬 크다. 또한 정치적 위험은 합작투자보다 단독투자의 경우가 더 높은 편이다. 합작투자의 경우 민간 파트너와의 합작보다는 피투자국 정부와의 합작투자가 더 위험한 것으로 조사 보고 된 바 있다. 미국기업의 경우 민간 파트너와 합작한 기업들 중 0.2%만이 국유화 등의 조치로 재산피해를 입었는데, 피투자국 정부와 합작한 기업들은 민간 파트너와의 합작기업보다 무려 10배 이상 피해를 경험하였다는 것이다.

정치적 위험을 위험요인의 발생원천에 따라 분류하면, 법률이나 정부 등 정부와 관련되어 초래된 정치적 위험과 법률이나 정부 이외의 사회적 요인에 의해 초래된 정치적 위험으로 분류하기도 한다. 정치적 위험의 원천이 법률이나 정부 이외의 사회적 요인에 의해 발생한다는 것은 테러, 군사 쿠데타 혹은 혁명과 같이 정상적인 국가구조나 기존의 국가권력구조 이외의 원천에서 발생하는 위험이라는 의미이다.

법률이나 정부로부터 발생하는 위험은 지속적인 정치적 과정의 직접적인 산물로서 선거에 의해서 새로운 정부를 구성한다거나 정상적인 국회활동을 통해서 무역, 노동, 합작투자, 보조금, 기술, 통화량, 기타 개발정책에 관한 입법행위를 하는 것을 의미한다. 예를 들어 이란에서 Goodyear 타이어사는 극동과 유럽에서 최대 규모의 타이어 공장을 설립하기로 계약을 하고 건설에 착수하였다. 물론 계약 당시에 정부는 무역과 투자에 대한 보호조치를 약속하였다. 그러나 중도에 현지정부에서 24시간 3교대 작업을 하지 못하게 하고 오로지 하루 8시간 근무제를 도입하는 입법조치를 취함으로 인해 Goodyear 타이어사는 생산계획에 차질을 빚어 큰 어려움에 직면한 경우도 있었다. 이와 같은 정치적 위험을 미시 · 거시적, 사회 · 정부관련 요인으로 분류하여 도식화하면 [표 4-2]와 같이 매트릭스 형태로 유형화할 수 있다.

[표 4-2] 정치적 위험의 제요인

	거시적 정치위험		미시적 정치위험	
	사회적 요인	정부관련요인	사회적 요인	정부관련요인
국가 내부	혁명, 쿠데타, 내전, 인종갈등, 인종·종교소요, 폭동·테러, 파업, 보이코트, 노조의 전면파업	국유화, 몰수, 송금제한, 집권자에 대한 저항, 급진적 정권이양, 고물가, 고금리, 관료주의	선택적인 테러, 선택적인 파업, 선택적인 저항, 기업에 대한 국가적 보이코트	선택적 국유화, 선택적 토착화, 합작투자 압력, 차별적 조세정책, 현지부품 사용법, 계약의 일방파기, 자국기업지원, 가격통제
국가 외부	국가간 게릴라전, 국제테러, 세계적 대중의견, 철수압력	핵전쟁, 일반전쟁, 국경분쟁, 동맹의 파기. 수출금지조치, 높은 외채상환율, 국제경제불안	국제적 행동집단, 외국MNE간 경쟁, 선택적 국제테러, 기업에 대한 국제적 보이코트	본국과 현지국의 외교적 긴장, 쌍무적 무역협정, 다자간 무역협정, 수출입 규제조치, 외국정부의 간섭

자료원 : J. D. Simon, "Political Risk Assessment : Past Trends and Future Prospects," *Columbia Journal of World Business*, Fall 1982, p. 67.

또한 정치적 위험은 가시도 (degree of visibility)와 폭력의 정도에 따라서도 유형화하는 것이 가능하다.

[그림 4-1]에서 보는 바와 같이 좌측 상단부분에 속하는 정부의 규제조치라는 항목의 위험은 가시도도 낮고 현지국정부에 의한 위험의 정도가 낮은 것으로 보통은 정치적 위험으로까지 분류되지도 않을 수도 있는 유형이다. 그러나 이러한 위험의 유형도 기업의 경영활동에 상당한 영향력을 행사할 수 있기 때문에 이를 주의 깊게 관측하여야 하며, 이에 속하는 위험으로서는 조세상의 차별, 정부조달에 대한 차별조치, 과도한 행정상의 관료주의적 절차 등이 있다. 또한 정부의 규제조치보다 약간 강도가 높은 위험으로는 경영의 현지화를 들 수 있다. 경영의 현지화(indigenization of management)란 현지의 기업경영에 현지인의 비율을 높이도록 요구하는 현지정부의 정책을 의미한다.

[그림 4-1] 정치적 위험의 유형

가시도		낮음 ← 폭력의 정도		→ 높음
낮음	1	**정부의 규제조치** -조세차별 -정부의 차별조치 (판매,정부조달,가격) -과도한 행정절차		
	2	**경영의 현지화** -설득에 의한 현지화	-본국파견관리의 제한	
	3	**자본의 현지화** -설득에 의한 현지화	-외국인 투자규정	-점진적 국유화
높음		**자산의 손실** -자본에 대한 송금규제 -보상에 의한 국유화	-부분보상의 국유화	-몰수/해체

자료원 : J. C. Leontiades, *Multinational Corporate Strategy : Planning for World Markets*, Lexington Mass. : D. C. Heath and Co., 1987, p. 155.

보다 높은 강도의 위험으로서 자본의 현지화(indigenization of capital)란 국제기업의 소유지분을 현지국민에게 양도하도록 압력을 가하는 것으로서 폭력의 정도에 따라 ① 설득에 의한 현지화, ② 외국인투자규정의 변경 등 현지 법률규정에 의한 현지화, ③ 점진적 국유화로 나누어지며, 가장 강도가 높은 위험으로서 자산의 손실을 초래하는 송금제한, 국유화, 몰수 및 기업해체를 들고 있다.

4. 정치적 위험의 원천과 영향

국제기업에 정치적 위험을 발생시키는 요인, 다시 말해 정치적 위험의 원천은 무엇이며, 이러한 정치적 위험이 어떠한 집단으로부터 발생하는가. 그리고 이러한 정치적 위험이 국제기업에게 어떠한 영향을 가져다 주는지에 대한 내용이 [표 4-3]에 요약되어 있다. 정치적 위험의 원천은 다음과 같이 여섯 가지로 분류할 수 있다.

첫째, 현지국가가 지니고 있는 상반된 정치이념이다. 여기에서 상반된 정치이념이라는 것은 민족주의, 사회주의, 공산주의 등을 의미하고 있다.

둘째, 사회적 불안과 무질서이다. 사회적 불안과 무질서는 정치적 불안정을 초래하기도 하지만 근로자들의 근로의욕을 저하시키고 사회전반에 걸쳐 보신주의를 만연하게 한다.

셋째, 현지기업인들과 외국기업인들이 특정사업 분야에 깊은 이해관계가 대립할 경우 뇌물이나 기타의 스캔들을 폭로시킴으로써 정치적 공세를 펼 수도 있다. 예를 들어 1980년대 초반 이후 미국에서는 컬러TV의 국내생산이 전면 중단되었음에도 불구하고 1980년대 중반 한국산 컬러TV에 대한 덤핑제소가 계속되었던 것은 일본계 및 대만계 전자제품 수출업체들의 로비에 의한 것으로 알려져 있다.

넷째, 정치적 독립과 주권선언이다. 오늘날 식민지국가로 남아있는 나라는 극히 적지만 대개 식민지국가가 정치적으로 독립을 하는 경우에는 국민적 반감과 피해의식 때문에 종주국에 대한 적대적 행위를 취하는 경우가 많다.

다섯째, 전쟁이나 내란, 테러의 발생으로 인한 정치적 위험이 있다.

여섯째, 새로운 외교관계 형성이 정치적 위험의 원천으로 작용할 수 있다. 1960년대 중반 수카르노대통령의 집권 하에서 공산권 국가와 새로운 외교관계를 수립한 인도네시아는 그로부터 상당기간 국제기업에 대해서 매우 제한적인 규제정책을 취했는데, 그것은 이념적 변화에도 원인이 있겠지만 동구권 국가로부터의 새로운 자금 및 기술원이 생김으로써 서방측 기업에 의존하지 않아도 된다는 심리적 이유도 있었을 것으로 보인다.

한편 정치적 위험의 원천이 되는 집단에는 ① 집권정부와 행정부서, ② 의회 내의 세력집단으로서 특히 반대집단, ③ 의회 밖의 세력집단, 주로 반정부단체, ④ 일반대중 집단, 즉 학생, 노동자, 소수민족 등, ⑤ 자국에 영향력을 행사할 수 있는 외국정부나 UN, EU 등 국제기구 단체, ⑥ 전쟁 상대국과 내란 또는 반군세력을 지원하는 외국정부 등이 있다.

[표 4-3] 정치적 위험의 원천과 영향

정치적 위험의 원천	원천이 되는 집단	국제경영에 미치는 영향
-정치이념이 상반될 경우 -사회적 불안과 무질서가 존재할 경우 -현지기업과 외국기업간에 이해관계가 상충될 경우 -피투자국이 정치적 독립과 주권선언을 하는 경우 -전쟁 또는 내란이 발생하는 경우 -새로운 외교관계형성으로 본사국과 피투자국의 정치적인 관계가 악화되는 경우	-집권정부와 행정부서 -의회 내의 세력집단 -의회 밖의 세력집단 -일반대중 집단(학생, 노동자, 소수민족 등) -외국정부 또는 국가간의 연합기관이나 단체 -전쟁 상대국이나 내란을 지원하는 외국정부	-재산몰수 -재산수용 -운용상의 규제(고용정책, 소유정책, 시장점유율, 제품특성 등) -이전자유의 제한(배당금, 이자, 상품, 인력 등) -계약의 일방적 파기 -차별정책(조세, 하청 등) -재산 또는 인명피해

자료원 : S. H. Robock and K. Simmonds, *International Business and Multinational Enterprise*, 4th ed., Richard D. Irwin, Inc., 1989, p. 383.

또한 정치적 위험으로 인하여 국제기업이 현지의 경영활동에 영향을 받게 되는데 그 대표적인 유형은 다음의 일곱 가지로 나누어 볼 수 있다.

첫째, 재산의 몰수이다. 몰수라는 것은 현지국이 외국인의 투자자산을 국유화하면서 아무런 보상을 행하지 않는 것을 말한다. 이러한 정치적 위험은 현지정부의 정치체제가 변하는 경우에 주로 발생한다. 예를 들어 공산화가 된다거나 혹은 민족주의가 대두되는 경우에는 몰수조치가 발생하는 경향이 높다.

둘째, 재산의 수용이다. 수용은 대개 명목상의 보상을 해주고 국가가 특정 자산의 소유권을 강제로 징수하여 처분하는 행위이다.

셋째, 운영상의 규제조치를 들 수 있다. 운영상의 규제조치에는 외국인 기업에 대한 시장점유율, 소유권비율, 제품의 특성, 고용정책 등에 관하여 규칙을 정해놓고 이를 준수하도록 요구하는 것이다.

넷째, 이전자유에 대한 제한이다. 국제기업은 본질적으로 자본, 인력, 기술, 원료 등 중간투입물과 함께 완성재인 상품을 내부적으로 이전하는 기업내부거래를 수행하고 있는데 이는 기업의 내부거래를 통해서 추가적인 이윤을 추구할 수 있기 때문이다. 결국 현지국에서는 이러한 추가적인 이윤을 봉쇄하는 수단으로서 이를 제한할 수도 있다.

다섯째, 계약의 일방적 파기나 변경을 들 수 있다. 계약의 일방적 파기 또는 변경이란 정부가 민간기업들 간에 사적으로 맺어진 계약에 개입하여 이를 규제하는 조치를 말한다. 대개 정부의 정책목적을 위해 집중육성산업의 보호 또는 불요불급한 사업의 억제 등을 위해 시행되기도 하지만, 합작투자의 경우 현지국 파트너 기업의 협상력을 강화시켜 주는 수단으로 작용할 수도 있다.

여섯째, 현지국의 차별정책으로서 현지정부가 조세상의 차별과세를 한다거나, 대형 프로젝트에 하청업체로서만 참여시킨다거나 혹은 강제적으로 정부공사를 수주하도록 강요하는 것을 의미한다.

마지막으로 재산 또는 인명상의 피해로써 주로 폭동이나 내란, 전쟁으로 인한 피해를 말한다. 예를 들어 1992년 미국 LA에서 발생한 흑인폭동의 주요 희생자는 한국 사람과 기업들로서 다른 국가나 일반 미국인에 비하여 엄청난 피해를 입은 바 있다.

(사례) "신용위기로 정치적 위험 증대"

신용위기로 인해 정치적 위험이 커지는 등 전 세계의 안정성이 총체적으로 취약해진 것으로 나타났다.

세계 최대 보험중개사인 미국의 에이온(Aon)은 29일 연례 정치적 리스크 지형도 조사발표를 통해 2009년 국가채무의 미지급 위험도가 커졌으며 기업의 경우도 공급망의 취약성이 심화됐다면서 이같이 밝혔다.

에이온의 위기관리부문 책임자인 마일스 존스턴 이사는 "경제적 리스크가 정치적 위험 상황의 변화에 크게 작용하고 있다"면서 "급격한 경기하강에 대한 분노가 크게 확산되고 있다"고 지적했다.

에이온의 이번 정치적 리스크 지형에 따르면 18개 나라의 위험도가 악화됐으며 북한을 비롯

아프가니스탄, 이란, 이라크, 소말리아, 콩고 민주공화국, 짐바브웨 등 7개국이 새로운 "고위험" 국가로 분류됐다.

또 에스토니아, 그리스, 헝가리, 아이슬란드, 라트비아, 리투아니아, 슬로바키아 및 슬로베니아 등 유럽 8개국의 경우 신용위기에의 노출 상황이 감안돼 "저위험"에서 "중저위험" 국가로 한 단계 악화된 것으로 나타났다.

에이온은 그리스 등 여러 나라에서의 폭력시위를 언급하면서 신용경색에 따른 정치적 후유증이 증가하고 있음을 느낄 수 있었다면서 경제적 위험은 정치적 리스크로 이행한다고 설명했다.

그러나 알제리, 쿠웨이트 등 13개국의 위험도는 낮아졌는데 이 중 시리아의 경우 다른 국가들에 대한 개방성이 커지면서 "고위험"에서 "중고위험"으로 개선됐다.

에이온은 기업 및 투자자들이 직면한 8대 리스크로 정치적 간섭, 법규, 국가채무의 불이행, 파업. 폭력, 통화규제, 전쟁 및 공급망의 취약성 등을 꼽았다.

이번 조사에서 베네수엘라, 나이지리아, 이라크 등 산유국을 포함한 20개국은 원자재 가격의 붕괴에 특히 취약한 나라로 분류됐다.

자료원 : 뉴스한국, 2009, 1, 30.

제2절 법률적 환경

1. 법적 관할권

국제마케팅의 법률적 환경(legal environment)은 직접적으로 기업활동을 제약하는 역할을 하기 때문에 아주 중요한 환경요소라 할 수 있다. 그런데 여기에서 국제기업이 해외시장을 대상으로 마케팅활동을 할 때 빈번히 당면하는 문제 중의 하나는 국적이 서로 다른 거래당사자간에 국제상사분쟁(international commercial disputes)이 발생했을 때, 어느 국가의 관할권(jurisdiction) 하에 있는 법체계(legal system)를 적용할 것인가이다. 즉 어느 나라의 법률체계가 우선적인 법적 관할권을 갖게 되는가를 결정하는 것이다. 종종 서로 다른 나라의 국민들 사이에서 발생하는 분쟁은 초국가적인 법률체계에 의해 해결될 수 있다는 오해를 하는 경우가 있다. 그러나 서로 다른 나라의 국민들 사이에서 발생하는 상거래의 법적 분쟁을 다루는 국제적 사법기구는 존재하지 않는다.

일반적으로 국제적인 법률분쟁은 다음의 세 가지 형태로 나타나게 된다.

① 각국 정부간의 경우

② 국제기업과 각국 정부간의 경우

③ 두 개의 국제기업간의 경우

첫 번째 경우인 각국 정부간의 법적분쟁은 국제사법재판소와 같은 국제적인 사법기구를 통해 조정될 수 있는 길이 있으나 나머지의 두 경우, 즉 상업상의 법적 분쟁을 다루기 위한 국제사법기구는 존재하지 않는다. 따라서 상업상의 분쟁이 발생하는 경우 양당사자자 중 어느 한 쪽 국가의 법정이나 제3자의 중재나 조정을 통해 문제를 해결하지 않으면 안 된다. 국제상거래에 적용되는 통일적인 국제법률체계는 존재하지 않는다. 따라서 분쟁이 발생하여 재판이 진행될 경우 재판을 진행하는 국가의 법원은 특별한 이유가 없는 한 대체로 자국의 법률체계를 적용하여 재판을 진행하고 판결을 내린다. 물론 양당사자가 분쟁발생에 대비하여 계약서 등에 명시한 법체계와 관할법원이 존재한다면 당해 명문규정에 따라 관할법원과 준거법(governing law)이 결정된다. 따라서 국제마케팅 관리자들은 본국의 법률 또는 국제마케팅활동이 수행되는 현지국의 법률체계를 정확히 이해하는 것이 중요하다.

앞에서 언급한 바와 같이 통일적인 국제법률체계가 존재하지 않기 때문에 국제적인 분쟁이 발생할 경우 관련 국가 중 어느 한 국가의 법률을 적용하여 분쟁을 해결하게 된다. 이것은 언뜻 보기에 손쉬운 문제인 것처럼 보이나 사실은 매우 복잡한 문제이다. 관련 당사자들이 서로 자신에게 유리한 법적 관할권을 주장하기 때문이다. 예를 들어 1984년에 발생한 유니온 카바이드(Union Carbide)사 인도 공장의 가스유출 사고가 이러한 법적 분쟁의 대표적인 사례라 볼 수 있다. 인도의 보팔에서 발생한 이 사고로 2,000명 이상이 사망하였는데 유족에 대한 보상문제를 어느 나라 법정에서 해결할 것인가를 놓고 인도 정부와 유니온 카바이드사 사이에 분쟁이 있었다. 인도 정부는 미국의 법정에서, 유니온 카바이드사는 인도 법정에서 보상문제를 해결하기를 원했다. 법에서 규정하고 있는 1인당 보상액의 규모가 미국이 인도에 비해 훨씬 크기 때문이었다. 결국 이 사건은 인도 법정에서 해결되었지만 이 사례는 분쟁이 발생할 경우 법적 관할권의 문제가 양 당사자에게 얼마나 중요한 문제가 되는지를 보여주고 있다.

일반적으로 국제상사분쟁이 발생할 시에는 다음의 세 가지 방법 중 하나를 선택하여 해결하게 된다.

① 계약서에 명시된 법적 관할권에 대한 명문조항에 따라
② 계약이 어느 국가에서 체결되었는가에 따라 (계약지법)
③ 계약조항들이 실제로 이행된 국가가 어디인가(행위지법) 등의 세 가지 점을 고려하여 결정되는 것이 보통이다.

이 중 가장 확실한 방법은 첫 번째 방법이다. 분쟁이 발생한 후에 법적 관할권을 결정할 경우 상호간의 이해상충 때문에 분쟁의 해결이 어려워지며, 해결이 된다 하더라도 상당한 시일을 소요함으로써 분쟁해결의 성과가 사실상 없어지는 사례도 종종 발생한다. 따라서 국제경영활동을 수행함에 있어서는 가능한 한 분쟁발생시의 관할권 조항을 명시해 둘 필요가 있다.

한편, 법적 관할권이 명시되어 있음에도 불구하고 경우에 따라서는 법적 관할권이 바뀌는 경우가 있다. 예를 들어 법적 관할권이 계약서상에 명시되어 있다고 하더라도 계약사항이 제대로 이행되지 않는 경우라든가, 계약행위 자체가 양국의 실정법을 벗어난 경우가 있을 수 있다. 이러한 경우에는 계약서상의 명시된 법적 관할권에도 불구하고 소송의뢰를 맡은 해당 법원에서 나름대로의 법리원칙을 적용할 수도 있다. 한편, 법적 관할권에 대한 조항이 전혀 없거나 또는 그 조항이 효력을 상실하게 되는 경우에는 계약이 어디에서 체결되었는가에 따라 법적 관할권이 결정되는 수가 많다. 대체로 계약이 체결되었던 장소의 국가 법률을 적용하는 것이 상례이다. 경우에 따라서 법적 관할권은 계약사항들이 실제로 어느 국가에서 이행되었는가에 따라 결정되기도 한다. 이 때에는 사업상의 거래가 실제로 수행된 장소의 국가 법률이 적용된다.

2. 분쟁발생시 해결방법

국제거래에서 분쟁이 발생할 경우 이를 해결하는 방법 중에서 제3자의 개입 없이 당사자간의 대화와 타협에 의해 해결하는 것이 가장 바람직한 방법이다. 그러나 이러한 비공식적인 절차에 의해 원만한 해결이 어려울 경우에는 알선, 조정, 중재, 소송 등 제3자가 개입하는 절차를 거치게 되는데 이에 대해 구체적으로 살펴보면 다음과 같다.

1) 당사자간의 해결방법

(1) 청구권의 포기(waiver of claim)

클레임이 액수도 적고 다루기에 미미한 클레임에 대해서는 이를 포기하고 단순 경고(warning)를 함으로써 다음부터는 같은 실수를 되풀이하지 않도록 주의를 촉구하는 방법이다. 이 경우는 피해자가 일방적으로 가해자에게 클레임 제기를 철회(withdrawal) 함으로써 일단락되는 것이다.

(2) 타협(compromise)

당사자간의 직접적인 교섭에 의하여 합리적인 타협안을 모색함으로써 제3자의 개입 없이 원만하게 해결(amicable settlement)하는 방법이다. 클레임의 해결은 가급적 당사자간의 타협과 화해를 통하여 매듭짓는 것이 응어리를 남기지 않는 가장 바람직한 방법이라 할 수 있다.

2) 제3자에 의한 해결방법

(1) 알선(intercession)

당사자의 일방 또는 쌍방의 의뢰에 의하여 국제상업회의소, 대사관 등 공정한 제3자가 개입하여 클레임의 원만한 해결을 위하여 조언을 해주는 경우이다. 알선은 강제력은 없지만 알선을 담당하는 제3자가 유력하거나 당사자에게 영향력을 행사할 수 있는 경우에는 성공률이 높다. 대한상사중재원의 클레임 처리현황을 보면 알선에 의해 분쟁사건이 많이 해결되고 있다.

(2) 조정(conciliation)

당사자의 쌍방이 공정한 제3자를 조정인(conciliator)으로 선정하여 이 조정인이 제시하는 조정안에 대하여 합의함으로써 분쟁을 해결하는 방법이다. 조정은 중재의 전 단계로서 실제로 가장 많이 쓰이며, 현재 대한상사중재원에 접수되는 건들 중에서도 이와 같은 중간 조정인에 의해 조정되는 예가 가장 많다. 조정인은 대개 해당 분야의 전문적인 지식과 경험이 풍부하고 신용이 있는 자들로 선임하며, 조합, 협회, 학계의 권위자로 구성된다. 이렇게 구성된 조직위원회는 분쟁내용을 판단하기보다는 화해로 해결하도록 조정하는데 주목적이 있다. 따라서 중재보다는 절차가 간편하나, 조정안의 수락여부가 당사자의 자유의사에 속하므로 구속력이 없는 것이 단점이라 하겠다.

(3) 중재(arbitration)

중재는 조정의 경우와 마찬가지로 당사자들이 공정한 제3자를 중재인(arbitrator)으로 선정하고 분쟁의 해결을 전적으로 중재인에게 맡겨 그 중재판정에 복종함으로서 해결하는 방법이다. 이에 대해서는 뒤에서 자세히 살펴보고자 한다.

(4) 소송(litigation)

앞서 설명한 방법들에 의해 분쟁을 해결하지 못하면 최후 단계로 소송을 통하여 해결할 수밖에 없다. 소송이란 당사자의 일방이 국가기관인 법원에 제소함으로써 법원의 판결에 의해 강제적으로 분쟁을 해결하는 방법이다. 소송에 의한 해결방법은 많은 시간과 경비의 부담이 있고, 또 상대방이 타국에 있기 때문에 그 법적효력이나 강제집행상에 많은 문제점들이 있어 이 최후 수단은 많이 이용되지 않고 있다.

따라서 이 강제적 수단이 지니는 부정적인 면들을 고려하여 당사자간의 원만한 타협에 의해 해결하든가 아니면 중재로 신속히 해결할 수 있도록 합의하는 것이 바람직하다.

3. 중재

1) 중재의 성립요건

중재는 당사자간의 합의로 제3자를 중재인으로 선정하고 그에게 구속력 있는 판정(award)을 구함으로써 최종적인 해결을 기하는 자주적인 분쟁해결방식이다. 이처럼 자치적인 판단을 본질로 하는 중재의 성립요건은 다음과 같다.

① 분쟁의 주체인 중재 당사자가 있어야 한다.

② 분쟁의 객체인 계쟁물(property under dispute)이 있어야 하는데, 이것은 원칙적으로 양 당사자간에 처분할 수 있는 사법상의 법률관계이다.

③ 양당사자간에 법률행위로서의 중재에 대한 합의, 즉 중재계약이 있어야 한다.

④ 양당사자들이 분쟁을 판정하도록 위임하고, 이를 수임한 중재기관과 중재인들이 있어야 한다.

⑤ 양당사자는 재판을 받을 수 있는 권리를 포기하여야 한다. 일반적인 민사나 형사 분쟁이 야기되면 누구나 국가권력에 기저를 두고 있는 일반법원에 제소하여 법관의 판결에 의하여 규율되지만, 중재계약이 성립되면 이와 같은 재판

을 받을 권리를 포기하고 당사자가 임의로 선정한 제3자로 하여금 그 분쟁을 판정하게 된다.

⑥ 중재인의 판정이 내려진 경우에 양 당사자는 재판과 마찬가지로 그 판정에 무조건 승복하여야 한다. 이 판정은 종국적이며 구속력이 있다.

중재는 일반적으로 각국에 독립된 기관으로 설립된 상사중재협회가 취급하고 있으며, 이에 대한 국제협약으로서는 1923년의 '중재조항에 관한 제네바 의정서', 1927년의 '외국중재의 집행에 관한 제네바 조약', 1958년의 '외국중재판정의 승인 및 집행에 관한 국제연합협약(일명 뉴욕협약)' 등이 있다. 우리나라는 1970년 3월 설립된 상사중재협회에서 상사중재업무를 담당하다가 지난 1980년 9월 대한상사중재원(Korean Commercial Arbitration Board)으로 명칭을 변경하면서 독립기관으로서 중재업무를 취급하고 있다. 국제경제 거래상의 분쟁해결을 위해서는 각국의 민간중재기관을 이용할 수도 있으며 상설기관으로서 국제상업회의소인 ICC(International Chamber of Commerce)와 1966년 세계은행(World Bank)의 지원 하에 설립된 국제기구인 ICSID(Inter- national Center for Settlement of Investment Dispute) 등이 있다.

우리나라는 1973년 42번째 국가로 뉴욕협약에 가입함으로써 대한상사중재원에서 내려진 중재판정이 가입국간 그 승인과 집행을 보장받게 되었다.

이처럼 한국의 뉴욕협약 가입으로 국내에서 내려진 중재판정이 외국에서 승인되고 그 집행이 보장됨으로써, 외국의 기업에 대하여 부당한 클레임의 제기를 억제하는 효과를 기대할 수 있는 동시에 궁극적으로는 건전한 무역기업을 보호하고 부실한 기업을 도태시키는 효과를 가져왔다고 할 수 있다. 아울러 외국기업의 계약위반에 대한 국내기업의 구제수단이 그만큼 강화됨으로써 국내기업의 대외적 입지가 상대적으로 견고해지며, 그 간접적 효과로서 외자도입추진, 신규시장개척은 물론 수출증대에도 공헌하는 효과가 크다고 할 수 있다.

2) 중재제도의 장·단점

(1) 장점

① 중재는 분쟁을 신속히 해결한다.

3심제의 절차를 밟게 되는 소송과 달리 중재는 단심제로 운영된다. 따라서 중재에 의할 경우 매우 짧은 기간에 분쟁을 신속하게 해결할 수 있다. 중재의 당사자들은 긴급성에 따라 중재계약에 판정기간을 명시하여 단축시킬 수 있으며, 그렇지 아니한 경우에는 중재법에서는 3개월 이내에 중재판정이 내려지도록 규정하고 있다. 특히 1989년 상사중재규칙의 개정으로 당사자간에 신속절차에 따르기로 하는 별도의 합의가 있는 국내외 상사중재사건과 신청금액 1천만원 이하의 국내중재사건에 대해서는 1명의 중재인만으로 심문종결일로부터 10일 이내에 판정을 내리도록 하는 신속중재절차가 도입되어 운영되고 있다.

② 중재는 비용이 적게 든다.

중재는 분쟁을 신속하게 해결함으로써 그만큼 비용을 절약하게 된다. 법원에서 소송에 의한 경우에는 위탁변호사 보수, 소송기간의 연장에 따라 비용이 많이 소요되나, 중재의 경우에는 이러한 비용이 많이 절약된다. 특히 상설중재기관의 경우에는 미리 합리적으로 책정된 중재요금표가 작성, 공표되어 있어 경제적이다.

③ 중재인의 전문성을 들 수 있다.

현재 대한상사중재원이 보유하고 있는 중재인 명부를 보면 중재인단은 실업계, 각종 업계별 단체, 법조계, 학계, 공공단체 및 기타 단체의 조사기구의 대표자, 공인회계사, 주한 외국인 상사의 대표자 중에서 엄선된 다수의 인사들로 구성되어 있다. 따라서 법조문에만 매달려 경직적인 분쟁해결이 되기 쉬운 소송과는 달리 중재의 경우에는 중재인들의 전문성을 최대한 살려 분쟁을 해결 할 수 있다. 즉 중재는 그 심판을 상거래와 관습에 정통한 중재인에게 맡기기 때문에 순수한 법률적 판결보다도 훨씬 현실적이고 합리적인 경우가 많다.

④ 중재는 비공개리에 진행된다.

법원의 소송절차는 공개주의 원칙에 따라 진행되므로 기업의 사업내용과 경영상의 기밀이 외부에 누설될 위험이 있으나, 중재에 있어서는 심문절차의 비공개를 원칙으로 하기 때문에 모든 사업상의 기밀이나 회사의 대외신용을 계속 유지할 수 있다.

⑤ 중재판정의 국제적 효력을 들 수 있다.

재판은 국가공권력의 발동이므로 원칙적으로 재판 관할권을 넘어서, 곧 국경을 초월하여 그 효력을 미칠 수 없으나, 중재는 민간인의 자주적인 분쟁해결방법이기 때문에 국제조약이나 상사중재협정에 따라 국제적으로 그 효력을 미칠 수 있다.

⑥ 중재는 평화적인 분위기 속에서 진행된다.

법원에서의 소송절차는 제소(complaint)와 소환(summons)의 수단에 의하여 위압적인 분위기 속에서 진행되지만, 중재는 상호교섭과 평화로운 분위기 속에서 진행된다.

(2) 단점

① 3심제를 채택하고 있는 소송의 경우와는 달리 단심제로 운영되는 중재의 경우 상소수단이 없다는 것이 오히려 불안요인이 된다.

② 법관은 법과 판례에 구속되므로 그것에 의해서 법적인 안정성이 확보되는데 비하여 중재인은 스스로의 양식에 따라 판정한다지만 이러한 판정기준이 애매하여 종종 주관이 개입될 위험이 있다.

③ 중재인은 일단 선임되면 당사자의 의사와는 별개 또는 독립적인 위치에서 판정을 내려야 함에도 불구하고, 선임된 중재인은 마치 당사자의 대리인으로서 자기를 선임한 당사자에 대한 일종의 의리감 때문에 그의 이익을 보호하려는 경향이 있다.

④ 중재인은 강제처분권이 없고 판정기간이 짧은 관계로 흔히 양 당사자의 주장을 형식적으로 절충하여 판정을 내리는 경우가 많다.

한편 소송과 중재를 비교하면 [표 4-4]와 같다.

[표 4-4] 소송과 중재의 비교

	소 송	중 재
대 상	민사·형사·행정·선거 등 모든 법률분쟁.	사법상의 모든 분쟁.
요 건	당해 법원이 관할권을 가진다.	당사자간에 서면에 의한 중재합의가 있어 야 한다.
효 력	구속력(불가철회성) 및 집행력이 있다.	법원의 확정판결과 동일한 효력이 있다.
신속성	복잡한 소송절차와 3심제도 때문에 시일이 오래 걸린다.	절차가 간단하고 단심제이다. 단 한번의 중재판정으로 분쟁이 종료되기 때문에 매우 신속하다.
경 비	변호사 보수, 인지대 때문에 비용이 많이 든다.	단심제이기 때문에 한번의 중재비용지출로 족하다. 따라서 소송에 비해 경비가 훨씬 저렴하고 변호사를 선임하지 않아도 되므로 비용이 절감된다.
심판관	법관은 법 이론과 실무에 대해서는 밝지만, 전문적인 상거래의 실무와 관습에 대해서는 잘 알지 못하는 수도 있다.	각 분쟁 사안에 정통한 전문가(중재인)가 판정하므로 개개 분쟁의 실정에 맞는 합리적 해결을 기대할 수 있다.
공개성	소송은 공개주의가 원칙이므로 영업상의 비밀이나 사안의 비밀이 공개된다.	엄격한 비공개주의에 따라 사안의 비밀이 보장된다.

자료원 : 원종근·현인규·지남웅, 전게서, p. 172.

3) 중재절차

국제계약의 양당사자는 자유롭게 중재절차를 정하고 그에 따라 중재를 행할 수 있는데 일반적으로 [그림 4-2]와 같은 절차로 행해진다.

(1) 중재계약

중재절차는 중재계약의 존재를 그 전제로 하고 있다. 따라서 중재에 의하여 분쟁을 해결하려면 반드시 양당사자간에 중재계약이 체결되어야 한다. 중재계약은 양당사자간에 분쟁이 발생하고 있거나, 장래에 발생할지도 모를 분쟁의 해결을 제3자인 중재인에게 맡기고 그의 판정에 복종함으로써 분쟁을 해결할 목적으로 체결된 계약이라 할 수 있다.

결론적으로 ① 당사자의 합의에 의할 것, ② 재판을 받을 수 있는 권리를 포기할 것, ③ 제3자인 중재인의 판정에 복종할 것 등이 중재의 본질적인 개념이라고 하겠다.

그런데 중재계약은 계약의 체결시기가 분쟁의 발생 전이냐, 후이냐에 따라 중재조항(arbitration clause)과 중재합의(arbitration submission)로 구분된다. 여기서 중재조항은 무역계약 체결시에 장차 발생할지도 모르는 분쟁에 대비하여 계약서에 중재에 관한 조항을 둔 경우를 말하고, 중재합의는 중재에 관한 조항이 계약서에 없는 상태에서 분쟁이 발생한 경우에 양당사자가 그 분쟁을 중재에 회부하여 해결하기로 합의하는 것을 말한다. 그러나 일단 분쟁이 발생한 후에는 중재에 대한 것을 합의하기 어려운 경우가 많이 있기 때문에 계약체결시 중재조항을 계약서상에 명문화하는 것이 바람직하다.

그런데 실제로 분쟁이 발생한 경우에 중재의뢰를 원활하게 하기 위해서는 세 가지의 기본적인 조건이 중재계약에 반드시 명시되어 있어야 한다. 즉 중재가 행해지는 장소, 이용할 중재기관 그리고 적용할 중재규칙 또는 준거법 등의 세 가지 기본적인 조건이 중재계약에 명시되어야 한다.

(2) 중재신청

중재계약에 따라 당사자들은 중재기관에 중재신청을 해야 한다. 중재신청은 별도의 형식을 필요로 하고 있지 않지만 당사자들의 편리를 위하여 소정의 양식에 의해 신청하게끔 되어있다. 중재를 신청하는 데에는 다음과 같은 몇 가지 서류를 구비해야 한다.

① 중재계약의 원본 또는 사본, 즉 중재를 부탁한다는 중재합의서의 원본 또는 사본을 구비해야 하고,
② 중재신청서를 구비해야 하고,
③ 주장하는 청구의 근거를 입증하는 서류가 있는 경우에는 그 서류의 원본 또는 사본이 필요하며,
④ 대리인이 중재를 신청하는 경우에는 그 위임자의 원본이 필요하고,
⑤ 중재요금과 중재인의 보수 등을 포함한 제 경비의 예납이 필요하다.

이에 따라 중재신청을 접수한 중재기관은 신청인과 피신청인에게 각각 등록통지를 하게 된다.

(3) 조정

중재신청이 제출된 후 당사자의 일방 또는 쌍방의 요청이 있을 때에는 계속적인 중재절차에 의하지 않고 당사자 쌍방의 우의적인 합의에 의한 조정을 시도할 수 있지만, 30일 이내에 조정이 안되면 다음 절차인 중재장소에 대한 합의와 중재인을 선정해야 한다.

(4) 중재장소합의

중재장소의 결정은 중재사건에 관한 증인이나, 자료, 증거서류 등에 대한 유리한 점을 확보할 수 있다는 점에서 당사자에게는 아주 중요하다. 중재장소는 원칙적으로 중재계약 당사자의 합의에 따라 자유롭게 선정되지만, 신청접수 후 14일 이내에 합의결정을 못하는 경우에는 상사중재원이 그 장소를 결정하게 된다.

(5) 중재인 선정

중재인은 중재에 있어서 가장 중요한 역할을 담당하기 때문에 중재인을 선정하는 데에는 신중을 기해야 한다. 그런데 중재인은 일반적으로 당사자가 선정토록 되어있고, 원칙적으로 중재인의 자격에는 제한이 없으므로 당사자가 선호하는 자를 자유롭게 중재인으로 선정하면 된다. 그러나 당사자가 선호하는 자를 자유롭게 선정하다고 하더라도 실제문제로서 무역실무나 법률을 잘 아는 공정한 제3자를 중재인으로 선정한다는 것은 그렇게 쉬운 일이 아니다. 따라서 상설중재기관에서는 신뢰할 수 있는 중재인 명부를 준비하여 당사자의 편의를 도모하고 있는 것이 보통이다.

(6) 중재심문

중재심문은 당사자가 중재인 앞에 출석하여 자신에게 유리한 모든 사실을 제시하고 설명할 수 있으며, 상대방의 주장에 대한 항변을 할 수 있는 매우 중요한 기회라 할 수 있다. 심문절차는 사실의 탐지를 목적으로 당사자에 대한 심문, 증거조사, 검증 등의 과정을 거치게 된다. 그런데 이러한 심문절차는 비공개로 진행되며, 직접적인 이해관계가 있는 자는 심문에 출석할 권리가 있다. 중재심문에서 중재인이 다수인 경우 과반수 이상의 찬성으로 사안이 결정된다.

(7) 중재판정

중재판정은 중재에 부탁된 분쟁에 대하여 중재인이 행하는 유일한 결정이다. 그 중요한 요소는 확정적이라는 점과 최종적이라는 점 등 두 가지이다. 중재인의 임무와 권한은 중재판정을 행함으로써 종결이 된다.

그러면 여기서 중재판정의 효력에 대해서 살펴보면,

첫째, 중재판정은 당사자간에 있어서는 법원의 확정판결과 동일한 효력을 가지고 있다. 따라서 중재인은 자기가 내린 중재판정을 철회하거나 변경할 수 없다. 다만 중재판정문에서 숫자 계산상의 착오가 발생하거나, 서기의 과실 기타 이와 유사한 사유로 인하여 발생한 오자 또는 오류를 발견하였을 때에는 중재판정문이 작성된 후 30일 이내에 이를 수정할 수 있다.

둘째, 중재판정은 국제적으로 그 효력이 미치게 된다. 즉 외국중재판정의 승인 및 집행에 대해서는 각국간에 현실적인 여러 가지 사정 때문에 그 집행의 보장은 사실상 어렵지만 조약관계 또는 상호보증이 있는 국가에서 행해진 외국중재판정은 내국판정과 동일하게 취급하는 것이 국제관례로 되어 있다. 이러한 점에서 우리나라도 1973년 5월 9일 외국중재판정의 승인 및 집행에 관한 협약(the United Nations Convention on the Recognition and Enforcement of Foreign Arbitral Awards ; New York Convention)에 42번째 회원국이 되었기 때문에 그 집행이 상호 보장되게 되었다.

그런데 이러한 중재판정은 가능한 한 신속히 진행되어야 하며, 심문 종결일로부터 30일 이내, 중재가 개시된 날로부터 3개월 이내에 이루어져야 한다. 또한 중재인은 중재판정을 내리게 되면, 그 판정문을 양당사자에게 송부하는 동시에 법원에 판정문을 이송, 보관하게 된다.

[그림 4-2] 중재절차

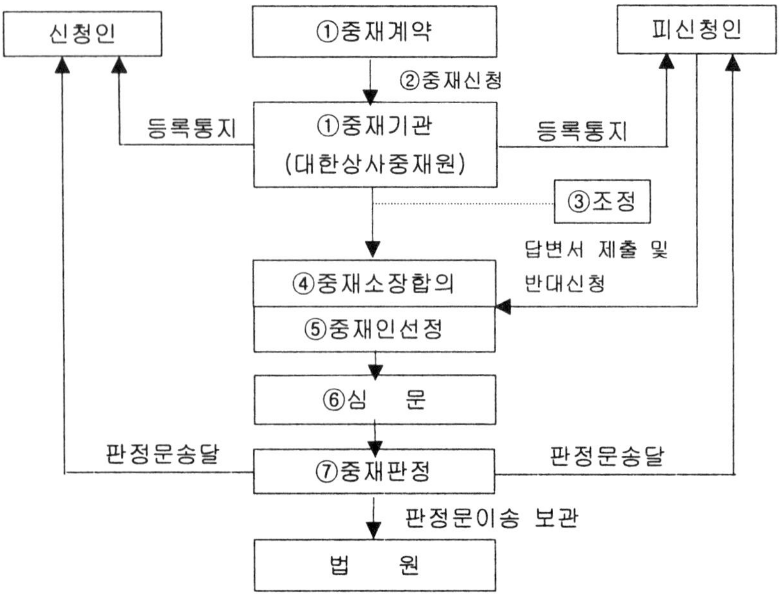

신청인
①중재계약
피신청인
②중재신청
등록통지
①중재기관
(대한상사중재원)
등록통지
③조정
답변서 제출 및
반대신청
④중재소장합의
⑤중재인선정
⑥심 문
판정문송달
⑦중재판정
판정문송달
판정문이송 보관
법 원

자료원 : 송면·강태구·김태기, 무역학개론, 무역경영사, 1995, p. 462.

(사례) 서울서 아-태 지역 국제중재그룹 컨퍼런스

전 세계 국제중재기관 대표들과 주요 국제중재인, 국제중재 전문변호사 · 교수 등 300여 명이 참석한 가운데 '제3회 아시아태평양지역중재그룹(APRAG) 컨퍼런스'가 21~23일까지 3일간 서울 삼성동 인터컨티넨탈호텔에서 열렸다.

APRAG 서울대회는 아시아-태평양지역 뿐만 아니라 국제중재기관 대표 및 중재전문가들이 한자리에 모여 각 나라의 중재절차와 기업분쟁사례 등을 논의하는 국제학술대회다.

우리나라는 호주와 홍콩에 이어 세 번째로 이 회의를 유치했다. 한국은 이번 회의부터 1 · 2차 개최국인 호주 · 홍콩에 이어 APRAG의 세 번째 의장국이 되어 앞으로 2년간 국제중재절차의 기준을 만드는데 주도적인 역할을 하게 된다.

그동안 국제중재는 프랑스에 있는 ICC국제중재법원을 비롯하여 런던국제중재법원, 미국중재협회 등에서 많이 이뤄졌다. 한국은 국제중재시장에서 선진국에 비해 상대적으로 뒤떨어진 편이었지만 이번에 APRAG 행사가 처음으로 한국에서 열리면서 새로운 도약의 계기를 마련하게 됐다는 평가다. 이번 회의에서는 대한상사중재원 도재문 원장과 국제중재실무회장인 장승화 서울대 법대 교수가 제3대 APRAG의 공동의장으로 선출됨으로써 국제중재시장에서 한국의 위상이 한층 높아질 전망이다.

'국제중재'란 국적이 다른 기업들 간의 분쟁에 대해 대한상사중재원과 같은 중재기관이 재판을 통하지 않고 분쟁을 해결해주는 제도를 말한다. 각국 중재기관이 내린 판정은 법원의 판결과 동일한 법적 구속력을 갖는다. 이 같은 중재제도의 장점 때문에 최근 세계적 기업들은 특허·인수합병과 관련해 발생하는 분쟁의 전문성이 갈수록 높아지는 점을 감안, 법원소송보다 국제중재를 통해 해결하려는 경향이 강하다.

이번 서울대회에는 ICC국제중재법원의 존 비치 의장, 런던국제중재법원 얀 폴슨 의장 등 전 세계중재기관 대표를 포함해 200여 명의 중재전문가들이 참석해 기업분쟁사례와 아시아태평양 지역에 맞는 중재기준에 대해 열띤 토론이 벌어졌다.

이번 행사는 대한상사중재원과 국제중재실무회가 공동주최하고 김앤장·광장·태평양·세종·화우·율촌 등 국내 6대 로펌과 프레시필드 등 12개 외국 로펌이 공동후원 했다.

공동의장으로 선출된 도 원장은 "우리나라를 국제분쟁조정시장의 아시아 허브로 만들어가는 기회로 삼겠다"고 밝혔다. 장 교수도 "이번 컨퍼런스는 우리 중재기관과 전문가들의 역량을 높여 국내에서도 늘고 있는 국제분쟁에 대한 중재역량을 높이는 계기가 될 뿐만 아니라 국내기업 입장에서도 국제중재시장의 변화추세를 파악하는 기회가 될 것"이라고 말했다.

자료원 : 법률신문, 2009, 6, 24.

제3절 정치·법률적 환경요소

국제기업의 마케팅활동에는 무엇보다도 상대국의 정치체제와 안정성, 민족주의, 정책·법률 및 세제 등이 커다란 영향을 미치게 되는데 이러한 환경요인을 통틀어 정치·법률적 환경(political and legal environment)이라 일컫는다.

1. 정치체제와 안정성

국제기업은 일반적으로 정치조직 보다는 경제조직에 더 많은 관심을 가지고 있지만 해외시장을 대상으로 국제마케팅활동을 전개할 때 상대국의 정치적 환경에 의해 많은 영향을 받는다. 따라서 상대국에서 장기적이며 계속적인 기업활동을 전개하기 위해서는 상대국의 정치체제나 그 안정성에 대한 상세한 검토 내지 분석이 필요하다. 먼저 정치체제면에서 자유주의체제의 국가에서는 사기업의 존재와 그 활동이 인정되고 있지만, 사회주의체제의 국가에서는 사기업의 존재조차도 인정되고 있지 않다. 개발도상국가 중에는 국가경제의 성장과 국민생활의 향상을 위해서 사회주의적인 정책을 취해 기간산업이나 주요산업의 국유화를 실시하고 있는 국가도 있다. 따라서 국제기업이 마케팅활동을 전개할 때는 상대국이 어떠한 정치체제를 가지고 있느냐에 대해서 면밀하게 검토할 필요성이 있다.

정치체제와 더불어 정치적인 안정성도 국제기업이 고려해야 할 중요한 요인이 되고 있다. 왜냐하면 정치적인 안정성이 없으면 경제성장을 기대할 수 없을 뿐만 아니라 사회 · 문화 기타 여러 분야의 안정성이나 성장을 기대할 수 없기 때문이다. 그리고 상대국이 정치적으로 불안정하면 국제마케팅활동을 하는 기업체에게 불리한 여건을 만들어 주게 된다. 국제마케팅환경의 하나로서 이처럼 정치체제와 안정성에 관한 환경은 상품수출이나 기술수출, 기업진출에 상당한 영향을 미치게 된다. 특히 기업진출의 경우 상대국의 정치체제나 정치적인 안정성에 따라 결정적인 영향을 받게 된다. 예를 들어 1960년 이전에 쿠바는 미국기업들의 중요한 국제마케팅 목표였다. 그러나 카스트로(Castro)가 권력을 잡았을 때 미국기업들은 즉시 그 목표를 포기해 버렸다. 이란에서는 호메이니(Khomeini)가 권력을 잡기 전후에 이와 비슷한 경우가 발생했다. 이처럼 국제마케팅활동을 하는데 정치체제나 안정성은 중요한 문제가 되고 있다. 따라서 해외시장을 대상으로 국제마케팅활동을 하는 기업은 항상 상대국의 정치체제나 안정성에 대해서, 그리고 그 변화에 대해서 정확한 분석과 판단을 해야 한다.

2. 민족주의

민족주의(nationalism)는 국제경영에 영향을 주는 가장 중요한 정치적 요인으로서 국가 혹은 민족에 대해 느끼는 강한 자부심, 긍지, 혹은 일체감으로서 이러한 성향은 종종 외국기업에 대한 편견이나 배타적 태도로 나타날 수 있다.

현지 시장국의 민족주의적인 성향이 수입에 대한 거부감, 외국인 투자에 대한 거부감 등으로 나타날 때 기업은 경영활동을 자유롭게 수행하기 곤란하며 성과도 부정적으로 나타날 소지가 많다. 공식적으로 진행되든 비공식적으로 이루어지든 국산품 애용운동이나 외국제품 불매운동과 같은 움직임은 민족주의를 배경으로 외국기업에 가해지는 정치적 위험의 한 형태라 할 수 있다.

민족주의적 성향이 강하게 나타나는 국가에서는 마케팅활동을 신중하게 전개할 필요가 있다. 특히 자국 중심주의적 태도를 드러내는 것은 금물이며, 가급적 현지인과 현지문화를 배려하는 입장을 취하는 것이 바람직하다. 자본, 훈련, 기술 및 제 목표의 국제적인 이동에 내재한 갈등과 압력을 이해하기 위해서는 민족주의의 본질적인 성격과 현지국가에서 표현되는 제 이해에 관한 파악이 필요하다. 그리고 어떠한 국가도 현지시장 및 경제에 대한 외국기업의 무제한적인 진출을 허용하지 않는다는 것을 이해할 필요가 있다.

3. 정책 · 법률 및 세제

각국의 정책 · 법률 및 세제는 서로 다른 이질적인 특성을 지니고 있다. 따라서 이러한 환경요인을 정확하게 파악하지 못하면 해외시장에 진출한 기업이나 앞으로 진출하고자 하는 기업은 예기치 못한 피해를 보게 된다. 그렇기 때문에 국제마케팅 관리자는 항상 상대국의 정책이나 법률, 그리고 세제에 대해서 상세한 검토와 분석을 해야 할 필요성이 있다.

먼저 상대국의 정책은 해외시장을 대상으로 기업 활동을 하는 기업체에 직 · 간접으로 상당한 영향을 미치게 된다. 특히 정책을 변경할 경우, 기업의 국제마케팅 활동에 직접적으로 영향을 미치게 한다. 예를 들어 1960년대에 미국정부가 호주로부터의 쇠고기 수입을 40% 삭감하는 조치를 취하자 호주는 미국산 트랙터의 전면 수입금지 조치를 취한 일이 있다. 이처럼 상대국의 정책변경에 따라 자국의 정책과 기업의 국제마케팅활동에 연쇄적인 영향을 미치게 된다. 무엇보다도 각국의 경제정책은 국가경제의 성장, 국민생활의 향상, 물가의 안정, 고용 증대 등을 목표로 해서 운영되고 그것은 국가경제와도 밀접한 관련을 맺고 있다. 따라서 각국의 경제정책에 대한 내용은 국제기업이 사전에 정통하고 있어야 할 중요 대상이 된다. 세계 각국의 법률제도는 서로 이질적이고 복잡하기 때문에 국제마케팅활동을 하고자 하는 기업은 이 분야에 대해서 깊은 관심을 가져야 한다. 즉 현지진출기업의 설립이나 운영 등에 따른 최소한의 법률을 충분히 인식해야 하며 또 그것을 최대한으로 활용해야 한다. 특히 경제법규는 국제기업 활동을 수행하는데 커다란 제약요인이 되고 있기 때문에 국제마케팅 관리자는 이에 대한 상세한 검토를 해야 한다.

각국의 상이한 세제 역시 국제기업 활동을 하는데 제약요인이 되고 있다. 세제는 그 국가의 경제에 적합하도록 구성되어 있기 때문에 국가에 따라 상이한 것은 당연한 일이다. 그러나 세율의 높고 낮음에 따라 국제마케팅활동이 절대적으로 좌우되어서는 안된다. 오히려 그 보다는 장기투자에 유리한가, 불리한가를 판단해야 하며, 만약 이 조건이 동일한 경우에는 세금이 낮은 국가를 선택하는 것이 당연하다. 다시 말해서 세율의 다과가 기업의 국제마케팅활동, 특히 해외투자활동에 있어서의 판단기준이 되어서는 안된다. 오히려 투자목적이나, 기업활동의 자유나 안전 등 수용국에서의 각종 투자환경에서 그 유리성을 판정해야 한다. 따라서 그 나라의 세제란 아주 동일조건에 있는 나라가 2개국 이상 존재할 때에 비로소 그 선택기준의 하나가 된다고 할 수 있다. 국제마케팅활동을 수행함에 있어서 정치·법률적 환경은 해외시장에서 장기적이고 계속적으로 마케팅활동을 전개하도록 해주는 중요한 요인이다. 따라서 해외시장에서의 장기적·계속적인 마케팅활동의 수행여부는 정치·법률적 환경요인에 달려 있다. 국제마케팅 관리자의 과업은 기업의 정치·법률적인 환경을 구성하고 있는 요인들을 평가하고, 마케팅전략에 이러한 요인들이 어떠한 영향을 미치는지를 분석하는 것이다. 이러한 과정에서 지침이 될 수 있는 사항들을 열거하면 다음 [표 4-5]와 같다.

[표 4-5] 정치 · 법률적 환경의 분석표

1. 그 국가의 정치체제는 어떠한가?
2. 정치적 의사결정을 하는데 있어서 국민, 정당, 특수 이익층의 역할은 어떠한가?
3. 현 정부의 정치철학은 무엇이며, 그것이 어떻게 수행되고 있는가?
4. 반대 정치세력의 철학은 무엇인가?
5. 현 정부의 해외사업에 대한 시각은 무엇인가?
6. 공공정책에 있어서 해외사업은 국내기업과 달리 취급되고 있는가? 그렇다면 어떠한 차등을 두고 있는가?
7. 해외사업의 여러 유형들에 대한 그 국가의 역사적 반응은 어떠했는가?
8. 공공정책의 변화가 유도되는 과정은 어떠한가?
9. 그 국가와 자국의 관계에 있어 현재와 미래의 상황은 어떠한가?
10. 그 국가의 경제생활에 있어서 사기업의 역할에 대한 정부의 견해는 어떠한가?
11. 자원의 국제적 이동에 대한 제한들 중 기업의 운영에 영향을 줄 수 있는 것은 무엇인가?
12. 규제적 환경의 주요한 추세는 무엇인가?
13. 그 정부는 국내기업과 해외기업에 대해 어떤 것을 장려하는가?

14. 모국에 대한 국가관을 자극하는 요인들은 무엇인가?
15. 그 국가가 경제적 자립을 도모하는 방법은 무엇인가?
16. 기업자산의 손실가능성은 어느 정도인가?
17. 정치적 훼방의 가능성은 어떠하며, 어떠한 형태로 이루어지는가?
18. 그 국가의 정부와 기업간에 유익한 관계를 유지할 수 있는 방법은 무엇인가? 정권이 바뀌어도 문제가 없는가?
19. 정부가 교체될 가능성, 혹은 다른 정치적 불안정의 요인은 무엇인가?
20. 기업이나 산업, 제품이 정치적 취약성이 있는가?
21. 그 국가의 법률체계의 기본은 무엇인가?
22. 기업의 활동이 그 국가나 모국의 치외법을 어기게 될 것인가?
23. 마케팅전략의 어느 부분이 모국의 법적환경에 의해 영향을 받을 수 있는가?

자료원 : E. W. Cundiff and M. T. Hilger, *Marketing in the International Environnment*, 2nd ed., Englewood Cliffs, N.Y.: Prentice-Hall Inc., 1988, p. 201.

(사례1) 中 반독점법 8월 1일 발효, 모호한 규정 많아 다국적기업 차별 가능성

8월 1일부터 발효되는 중국의 반독점법은 13억 인구의 중국시장에 새로운 '게임의 룰'을 세울 전망이다. 우리나라의 공정거래법에 해당하는 중국 반독점법은 표면적으로 시장의 공정한 경쟁 규칙을 강조하지만, 내면을 들여다보면 외자기업들을 견제하고 자국기업을 보호하기 위한 장치들이 적지 않아 중국에 진출한 우리 기업들에게도 부담으로 작용할 전망이다.

또한 반독점법의 규정 가운데는 모호한 대목이 많아 중국 당국이 자의적으로 해석할 여지가 높은 가운데 삼성전자·LG전자·현대자동차·두산인프라코어 등 우리나라 대기업들이 반독점법의 희생양이 될 것이라는 우려도 나온다.

30일 KOTRA와 업계에 따르면 총 8장 57개조로 구성된 중국 반독점법의 시행으로 중국에 진출한 4만 여개 국내기업들도 영향을 받게 된다. 특히 법 위반에 따른 과징금 규모가 매출액의 최하 1%로 초대형 기업은 자칫 수천억원대 제재를 받을 수 있어 현지진출기업들의 불안감이 커지고 있다.

업계에서는 중국시장 점유율이 높은 삼성전자(31.2%)와 LG전자(18.7%)의 휴대전화와 삼성전자가 독주하는 LCD모니터, 두산인프라코어(22.8%)가 점유율이 높은 건설기계 등이 반독점법의 희생양이 될 것이라는 분석이 나오고 있다.

또한 삼성전자와 하이닉스 등 반도체 업체들이 D램 가격을 담합했다는 혐의로 과징금을 받을 경우 D램 부문 글로벌 매출이 과징금의 기준이 될 가능성이 높은 것으로 관측된다.

반면 중국의 반독점법이 중앙 및 지방정부가 해외 또는 중국 내 다른 지역의 상품반입에 대한 기술, 제품검사, 수수료 표준업무 등에 있어 차별적 조치를 취하지 못하도록 규정한 것은 우리 기업들의 중국 내수시장 진출에 긍정적인 영향을 미칠 것으로 보인다.

양평섭 대외경제정책연구원(KIEP) 베이징 사무소장은 "중국의 반독점법 시행으로 우리 대기업들이 중국기업을 M&A(인수합병)하는 일이 매우 까다로워졌다"면서 "아울러 현대차의 경우 판매점의 독점판매를 금지하는 규정 때문에 마케팅전략을 바꿔야 하는 불편이 생기는 등 몇 가지 변화가 생기게 될 것"이라고 말했다.

또한 중국의 반독점법은 각종 예외조항을 통해 자국기업에 대해서는 법 적용을 최소화하고 있어 외국의 다국적기업을 표적으로 삼고 있다는 지적이다.

실제 중국의 석유, 철도, 통신, 항공 등 주요 산업을 독점하고 있는 국유기업들이 이번에 시행되는 반독점법 규제대상에서 제외돼 중국 국유기업들 사이에서는 "반독점법 시행으로 오히려 국유기업들에게 유리할 것"이라는 해석이 공공연히 나돌고 있다.

업계의 한 관계자는 "반독점법에서 '사회공공이익'에 부합될 경우 독점협의와 경영자 집중이 허가된다는 단서조항이 있다"며 "'사회공공이익'이라는 모호한 개념규정은 다국적기업에게는 날카로운 칼날이 될 수도 있으나, 국유기업에게는 예외적용 될 수 있어 '이중 잣대'로 작용할 여지가 크다"고 말했다.

반면 외자기업들은 "반독점법은 자신들을 차별하는 법"이라며, 불만을 터뜨리고 있다. 외자기업들 사이에서는 반독점법의 실시 이후 다국적기업이 우위를 갖고 있는 소프트웨어 시스템, 카메라, 프린터업종 등을 위주로 경쟁구도 재편이 빠르게 전개될 것이라는 전망이 나오고 있다.

이에 따라 반독점법의 첫 희생양으로 미국의 마이크로소프트(MS)가 선택될 가능성이 가장 높다는 풍문이 파다하다.

경쟁사인 AMD에 의해 끊임없이 시장지위를 남용하고 있다는 주장이 제기되는 인텔도 중국의 반독점법을 피할 수 없을 듯하고, 중국의 무균팩 시장에서 절대적인 시장점유율을 차지하고 있는 테트라팩도 반독점 소송에 휘말릴 가능성이 높은 편이다.

테트라팩은 1979년 중국시장에 진출한 이후 2003년에는 시장점유율이 이미 80% 이상에 달했다. 이밖에 BHP 빌리턴의 경우 중국 철강산업에 지대한 영향을 미칠 것으로 예상되는 리오틴토 인수안이 반독점법의 첫 번째 안건이 될 것으로 관측되며, 화이자는 지린(吉林)천약유한공사의 인수안이 반독점법의 영향을 받을 것으로 예상된다.

13년간의 준비기간을 거쳐 이번에 시행되는 중국의 반독점법은 가격고정, 생산(판매)량 제한, 시장할당, 신기술 및 신장비 도입 제한, 공동의 거래거절 등을 독점협의(담합)로 보고 금지하고 있다. 중국법이 규정한 시장지배적 지위요건은 ▲1개 기업의 시장점유율이 2분의 1 이상 ▲2개 기업의 시장점유율이 3분의 2 이상 ▲3개 기업의 시장점유율이 4분의 3 이상이다.

또 외국기업이 중국에서 M&A를 할 때 해당 사업자의 전 세계 매출액이 90억 위안(약 1조 1,700억 원)을 초과하고, 그 중 2개 사업자의 중국내 매출액이 3억 위안을 넘을 경우 사전에 신고하도록 했다.

시장지배적 지위남용행위와 관련, 반독점법은 ▲부당하게 높거나 낮은 가격으로 거래하는 행위 ▲정당한 이유 없이 원가보다 낮은 가격으로 제품을 판매하는 행위 ▲정당한 이유 없이 거래를 거절하는 행위 ▲정당한 이유 없는 끼워팔기 및 불합리한 거래조건 부과행위 ▲정당한 이유 없이 배타적 거래를 강요하는 행위 ▲정당한 이유 없이 가격 또는 거래조건을 차별하는 행위 ▲시장지배적 지위를 이용해 착취하는 행위 등을 규정하고 있다.

이 밖에 반독점법을 위반한 기업이 제재 감면 조치를 받기 위해 자발적으로 신고하고 중요한 증거 사항을 제시해야 하며, 기업이 중국 당국의 조치에 불복해 소송을 낼 수 있지만 기업결합의 경우 소송 전에 행정 재심사 절차를 거쳐야 한다.

그러나 이 법이 금지하고 있는 시장지배적 지위의 남용행위에 대한 규정에서 '부당하게 높거나 낮은 가격으로 거래하는 행위' 등 일부 문구는 해석의 여지가 커 법망에 걸릴 가능성이 높은 반면, 법률 위반 때 전년 매출액의 1~10%를 과징금으로 부과하고 불법이익을 몰수하는 등 처벌 조항이 강력하다.

KOTRA 상하이무역관의 김윤희 과장은 "반독점법 실시로 중국시장의 마케팅환경과 경쟁 법칙에 변화가 생길 것으로 예상된다"며 "우리 기업들은 앞으로 나올 관련 규정과 실시세칙을 포함한 각종 제도변화에 대해 지속적으로 관심을 갖고 대비해야 한다"고 말했다.

자료원 : 서울경제, 2008, 7, 30.

(사례2) "美 · EU만 신경쓰다"…기업들 비상…신흥국 공정경쟁법 강화

선진국들은 오래 전부터 공정경쟁법을 보호무역수단의 하나로 활용해 왔다. 최근 경제가 어려워지면서 압박을 더 강화하고 있다. 미국은 기업들의 카르텔 행위에 대해 형사처벌과 과징금 부과 수준을 높이고 EU와 캐나다, 호주 등의 선진국들도 마찬가지 움직임을 보이고 있다.

최근 들어 신흥국들도 반(反)경쟁적인 기업활동에 대한 규제대열에 동참하고 있다. 신흥국들은 자국으로 투자나 수출을 늘리려는 글로벌기업들이 많아지자 독점과 담합 폐해를 내세워 이들의 활동을 적절한 선에서 제어해야 할 필요성을 느끼고 있는 것이다. 신흥국 중에서도 중국, 브라질, 인도, 러시아 등 이른바 브릭스(BRICs) 등이 적극적이다.

주요 국제카르텔사건 제재내역

사건명	제재국가	업체수	과징금액		조치시점
			해당통화(백만)	원화(십억원)	
비타민	미국	호프만라로슈(스위스),바스프(독일) 등 8개사	$899.5	1.077	1999~2000년
	EU		854(유로)	1451.8	2001년
	캐나다	호프만라로슈(스위스),바스프(독일) 등 7개사	C$90.7	99.7	1999~2000년
마린호스	미국	던롭(영국),마놀리(이탈리아)	$6.5	7.8	2008년
	EU	브릿지스톤(일본),던롭(영국) 등 5개사	131.5(유로)	223.5	2009년
	일본	브릿지스톤(일본)	238(만엔)	3000만원	2008년
항공화물	미국	대한항공,아시아나 등 15개사	$1753.7	2102	2007~2009년
	EU	07.12 심사보고서 발부 후 심의절차 진행 중			
	호주	에어프랑스(프랑스),영국항공(영국) 등 5개사	A$41	41	2008~2009년

*적용환율:US$1=1200원, 1유로=1700원, 1C$=1100원, 1A$=1000원, 100엔=1300원

자료:공정거래위원회

중국 정부가 독점 폐해를 내세워 코카콜라의 후이위안 인수를 무산시킨 것도 그런 사례다. 중국 상무부는 지난 3월 코카콜라가 외국기업으로선 사상 최대인 24억 달러를 투자, 음료업체인 후이위안을 사들이려는 거래를 불허한다고 발표했다. 지난해 8월부터 시행된 반독점법을 적용해 승인하지 않은 것이다.

문제는 한국기업들이 미국, EU 등 선진국 시장의 공정경쟁법에만 신경 쓰느라 신흥국들의 경쟁법 강화 움직임에 대한 대비가 미흡하다는 점이다. 브릭스국가 및 개도국들이 공통적으로 국제카르텔 등에 대한 경쟁법의 역외적용 의지를 강력하게 표명하고 있지만 국내기업들의 지식이나 정보는 충분하지 못한 실정이다.

공정위 관계자는 "예를 들어 중동지역에는 경쟁법 자체가 없어 한국 건설회사들이 다른 곳에 비해 편하게 기업활동을 할 수 있지만 이들 국가도 최근 경쟁법에 관심을 보이고 있어 지금부터 대비에 나서야 한다"고 경고했다.

실제 신흥국에서 위법행위가 적발되면 해당기업이 활동하고 있는 미국과 EU 등 선진국도 유사한 행위에 더 강력한 처벌조치들을 취할 가능성이 높다는 지적이다. 미국이 1998~2000년 글로벌 제약업체들에 비타민가격 담합건으로 총 8억 9950만 달러의 과징금을 매기자 뒤이어 EU와 캐나다가 각각 8억 5400만 유로, 9000만 캐나다 달러 규모의 벌금을 때린 게 대표적인 사례다.

마린호스 담합건의 경우는 일본이 2008년 238만 엔의 과징금을 매겼고 미국(2008년)과 EU(2009년)도 뒤이어 650만 달러와 1억 3150만 유로를 각각 물렸다. 항공화물과 관련해서는 미국이 2007~2009년 17억 5370만 달러를, 호주는 2008~2009년 총 4100만 호주 달러에 이르는 과징금을 부과했으며 EU는 현재 심의절차를 진행 중이다.

공정위는 이에 따라 다음 달 중 해외에서 활동하고 있는 국내기업들을 대상으로 공정경쟁법 관련 포럼을 열 계획이다.

자료원 : 한국경제신문, 2009. 9. 27.

(사례3) 올림픽 이후 중국시장 잡으려면

베이징올림픽, 개혁·개방30 등 금년은 중국에 새로운 역사를 쓰는 해라고 할 수 있다. 특히 베이징올림픽은 정치, 경제, 사회 전반에 걸쳐 중국에 대한 인식을 바꾸는 계기가 될 것이다.

이것이 중국정부가 올림픽을 개최한 가장 큰 이유다. 경제적인 면만 보면 올림픽이 중국경제에 미치는 영향은 그다지 크지 않다. 그러나 올림픽을 개최했던 많은 국가가 그러했듯이 베이징올림픽 역시 중국경제가 새로운 틀을 짜는 전환점이 될 것이다. 이러한 변화가 직·간접적으로 우리 기업의 중국진출환경에 영향을 미치게 될 것이다.

올림픽 이후 중국의 투자환경 변화측면에서 규범화가 더 진행되고 투명성이 증대하겠지만 비용절감 내지는 노동유연성 측면에서의 매력은 올림픽 전에 비해 훨씬 나빠질 것이다. 외국인투자 유치정책에 있어 `양`보다는 `질`을 중시해 첨단업종, 고부가가치 서비스 업종 위주의 선별적 외국인투자 유치정책이 더욱 강화될 것이다.

또한 외자기업 허가시 기술이전, 환경영향 평가가 강화될 것이고, 이미 진출한 기업에 대해서도 환경·안전·보건·위생 인증기준의 충족 여부, 계약서상 명시한 국산품 제고일정 준수 등을 보다 철저히 점검해 갈 것이다.

외자기업에 대한 세제상의 혜택도 첨단 업종이나 인프라스트럭처 개발업체를 제외하고는 줄어들거나 없어질 것이다. 노무환경도 악화될 전망이다. 올해 들어 신근로계약법이 발효하면서 근로자를 보호하기 위한 조치가 강화되었으며, 최저임금을 대폭 상향 조정하고 있다. 올림픽 이후 중국 근로자의 임금인상 욕구는 더욱 강해질 것이다.

이러한 변화는 싼 인건비를 노리고 중국에 들어간 노동집약적 업종의 기업에는 치명적 타격이 아닐 수 없다. 중국의 외국인투자 환경변화에 맞추어 중국에 진출하고자 하는 기업이나 이미 중국에 진출해 있는 우리 기업도 전략을 수정해야 할 것이다. 중국에 진출하고자 하면 중국의 새로운 시장변화에 맞춰야 할 것이다. 생산공장으로 여겨 새로이 진출하는 것은 자살 행위와 다를 바 없다.

이미 진출해 있는 기업들도 향후 중국경제가 조정기에 진입할 것이라는 점에서 중국사업의 수익성을 챙기는 노력이 강화돼야 하며 비상시에 대비한 퇴출전략 수립도 고려해야 한다.

아울러 중국에서 살아남기 위해서는 철저한 현지화를 통해 중국인과 같이 호흡하는 기업이 되어야 한다. 이에는 준법경영, 인력 및 부품 현지화, 중국시장 성향을 감안한 제품개발, 중국소비자와 중국기업을 대상으로 하는 마케팅강화 등 다각적인 노력이 이루어져야 한다. 중국에서 살아남기 위해서는 이전에 비해 몇 배의 노력이 필요하다는 점을 간과하지 말아야 할 것이다.

자료원 : 매일경제, 2008, 8, 12.

주요용어

1. 정치적 환경(political environment)
2. 법률적 환경(legal environment)
3. 정치적 위험(political risk)
4. 국가위험(country risk)
5. 거시적 위험(macro risk)
6. 미시적 위험(micro risk)
7. 선량한 기업시민(good corporate citizen)
8. 경영의 현지화(indigenization of management)
9. 자본의 현지화(indigenization of capital)
10. 청구권의 포기(waiver of claim)
11. 타협(compromise)
12. 알선(intercession)
13. 조정(conciliation)
14. 중재(arbitration)
15. 소송(litigation)
16. 민족주의(nationalism)

연습문제

1. 정치적 환경이 국제마케팅활동에 미치는 영향에 대하여 논하시오.
2. 법률적 환경이 국제마케팅활동에 미치는 영향에 대하여 논하시오.
3. 정치적 위험과 국가위험을 비교 설명하시오.
4. 정치적 위험의 요인에 대하여 설명하시오.
5. 국제기업에게 정치적 위험을 발생시키는 원천에 대하여 논하시오.
6. 국제적인 법률분쟁의 세 가지 형태에 대하여 설명하시오.
7. 국제상사분쟁시의 해결방법에 대하여 설명하시오.
8. 중재의 요건에 대하여 설명하시오.
9. 중재제도의 장·단점에 대하여 설명하시오.
10. 중재를 소송과 비교하여 설명하시오.
11. 중재절차와 중재판정의 효력에 대하여 설명하시오.

참고문헌

1. 김동기 · 한선민, 국제마케팅론, 박영사, 1998.
2. 김상호, 무역클레임과 상사중재, 도서출판 두남, 2008.
3. 김숙웅, "국제마케팅의 환경에 관한 연구," 숙명여자대학교, 박사학위논문, 1988, 6.
4. 김주헌, 국제마케팅, 문영사, 2009.
5. 김중배 · 김숙웅, 글로벌시대의 국제마케팅, 형설출판사, 1998.
6. 김 철 · 박주욱, 국제마케팅론, 신영사, 1998.
7. 반병길 · 이인세 · 이헌수, 국제마케팅, 박영사, 2001.
8. 송 면 · 강태구 · 김태기, 무역학개론, 무역경영사, 1995.
9. 안태호, 국제마케팅론, 박영사, 1984.
10. 어윤대, 국제경영, 학현사, 2002.
11. 원종근 · 현인규 · 지남웅, 국제마케팅론, 법문사, 1995.
12. 이광철 · 이재유 역, 초일류기업의 비즈니스 대실수, 김영사, 1995 (원저 : D.A Ricks, *Blunders in International Business*, Blackwell Publishers, 1993)
13. 이장로, 무역개론, 무역경영사, 1995.
14. 정구현, 국제경영학, 법문사, 1993.
15. 한희영, 국제마케팅론, 다산출판사, 1985.
16. 황중서, 21세기를 선도하는 국제화시대의 기업, 형설출판사, 1998.
17. 황중서, "해외투자기업의 정치적 위험인식에 관한 연구," 고려대학교, 박사학위논문, 1994, 2.
18. Bradley, D. G., "Managing Against Expropriation," *Harvard Business Review*, July/August 1977.
19. Grosse, R. and Stack, J., "Non-Economic Risk in Multinational Banks," *Working Paper*, No. 285, University of Michigan, January 1982.
20. Kennedy, C. R. Jr., *Political Risk Management-International Lending and Investing Under Environmental Uncertainty*, New York : Quorum Books, 1987.
21. Kennedy, C. R. Jr., "The External Environment-Strategic Planning Interface : U. S. Multinational Corporate Pratices in the 1980s," *Journal of International Business Studies*, Fall 1984.
22. Kobrin, S. J., *Managing Political Risk Assessment : Strategic Response to Environmental Change*, Berkely, CA. : University of California Press, 1982.
23. Kobrin, S. J. et al., "The Assessment and Evaluation of Noneconomic Environments by American Firms : A Preliminary Report," *Journal of International Business Studies*, Spring/ Summer 1980.
24. Leontiades, J. C., *Muitinational Corporate Strategy : Planning for World Markets*, Lexington Mass. : D. C. Heath and Co., 1987.
25. Robock, S. H. and Simmonds, K., *International Business and Multinational Enterprise*, 4th ed., Homewood Ill. : Richard D. Irwin, Inc., 1989.
26. Robock, S. H., "Political Risk Identification and Assessment," *Columbia Journal of World*

Business, July-August 1971.

27. Root, F., "U. S. Business Abroad and Political Risk," *MSU Business Topics*, Winter 1968.
28. Shapiro, A. C., "Managing Political Risks : A Policy Approach," *Columbia Journal of World Business*, Fall 1981.
29. Simon, J. D., "Political Risk Assessment : Past Trends and Future Prospects," *Columbia Journal of World Business*, Fall 1982.
30. Terpstra, V., *International Dimensions of Marketing*, 3rd ed., Belmont, California : Wadsworth, Inc., 1993.

제5장

경제적 환경

경제적 환경(economic environment)은 국제기업의 환경요인 중에서 핵심적이고 직접적으로 영향을 미치는 환경이며, 흔히 국제기업이 해외시장의 이질적인 환경 하에 업무를 수행하면서 마주치는 환경이라는 의미에서 과업환경(task environment)이라고도 일컬어지기도 한다. 그런데 기업의 국제마케팅활동에 영향을 미치는 경제적 환경은 여러 가지가 있을 수 있겠으나 이 장에서는 경제적 환경을 크게 국제경제적 환경과 개별국가의 경제적 환경으로 구분하여 살펴보기로 한다.

제1절 국제경제적 환경

1. 세계경제의 글로벌화

최근의 국제경제환경은 범세계적인 자유무역의 확대분위기 속에서도 자국의 경제적 이익을 우선적으로 고려하는 지역주의의 확산으로 신보호무역주의가 강화되고 있는 양면적인 현상을 보이고 있다.

즉 1990년대에 들어와 EU(유럽연합), NAFTA(북미자유무역협정), APEC(아시아·태평양 경제협력) 등 세계 여러 지역에서의 경제블럭화가 확산되고, 우루과이 라운드의 타결과 함께 WTO체제의 출범으로 전세계가 하나의 시장으로 통합되는 소위 국경없는 무한경쟁시대로 돌입하게 되었다.

이러한 WTO체제의 출범은 각종 기업의 국제화 필요성을 부각시켰으며, 기술의 획기적인 발달과 새로운 경영방식, 개선된 수송과 빨라진 통신 및 정보, 그리고 국경을 넘는 기업활동과 더불어 세계경제의 글로벌화를 더욱 가속시켰다.

그런데 Yip(1992)은 이와 같은 세계경제의 글로벌화를 촉진하는 요인으로서 [그림 5-1]과 같이 시장요인, 비용요인, 정부요인, 경쟁요인 등 크게 네 가지로 구분하여 설명하고 있다.

이러한 네 가지 요인들은 각각 개별산업의 특성에 따라 그 영향력이 서로 다르며, 동시에 시간의 흐름에 따라 변화할 수 있다. 최근의 글로벌화 촉진요인의 변화를 살펴보면 다음과 같다.

첫째, 시장요인의 변화로는 우선 국가간 1인당 소득수준의 격차가 좁혀지고, 생활패턴과 소비자 기호가 유사하게 동질화되는 국가간 수렴 현상을 들 수 있다. 첨단 정보통신 및 멀티미디어 기술의 발달과 소비자들의 해외여행 증가로 글로벌 브랜드를 선호하는 글로벌 소비자들이 늘어 나기 시작했다. 이러한 추세에 대응하는 기업의 글로벌 브랜드, 글로벌 광고전략은 소비자의 글로벌화를 더욱 가속화하고 있다.

둘째, 비용요인의 변화로는 규모의 경제를 위한 계속적인 노력이 이루어지고 있고, 기술혁신이 가속화되고 있다는 점을 들 수 있다. 또한 저임의 노동력을 보유한 신흥공업국가들이 출현하고, 제품수명에 비해 제품개발비용이 급증하게 됨에 따라 비용을 줄이기 위한 생산방식의 글로벌화가 점점 증대하게 되었다.

셋째, 정부요인의 변화로는 WTO가 출범함에 따라 국가간의 관세 및 비관세 무역장벽이 점점 완화되고, 1992년의 유럽통합과 같은 지역경제 공동체가 전 세계적으로 확대되고 있다. 또한 많은 국가에서 개방적 시장경제체제를 받아 들여 정부의 생산자 및 소비자로서의 역할이 감소되어 경제운영에 있어서 민간기업의 역할이 점점 커지고 있다.

넷째. 경쟁요인의 변화로는 세계 무역량이 지속적으로 증가하면서 서로 다른 국가에 있는 경쟁자들간의 경쟁관계가 치열해지고 있다는 점을 들 수 있다. 또한 외국기업에 의한 인수 합병이 증가하고 많은 국가가 점차 주요 시장으로 등장하면서 세계적 차원에서 경쟁을 시도하는 새로운 경쟁자들이 등장하게 되었다는 점을 들 수 있다. 특히 자동차와 가전산업에서 일본 기업들은 이러한 글로벌 경쟁전략을 사용하고 있다. 또한 기업들간의 글로벌 차원에서의 전략적 제휴가 늘어나고, 많은 기업들이 점차 글로벌 차원에서 생산기지를 결정하면서 특정산업에 있어서 국가간의 상호 의존성이 심화되는 글로벌 네트워크를 구축하는 기업들이 늘어나게 되었다.

이처럼 시장 및 산업의 글로벌화가 전세계적으로 급속하게 확대됨에 따라 국제기업들은 과거처럼 한 국가 내에서 시장을 인구통계학적인 변수, 예를 들어 소득,

직업, 연령 등에 의해 시장을 비슷한 반응을 보이는 소비자 집단으로 나누어 여기에 초점을 맞추는 전략에서 벗어나 현재는 국가 내에 시장세분화를 하지 않고 전세계적으로 유사한 구매패턴을 보이는 고객군, 일명 글로벌 고객(global customer)을 찾아내려고 한다. 나라와 나라 사이, 즉 미국이나 한국, 또는 아프리카라고 해도 비슷한 구매패턴을 보이는 소비자집단이 존재한다는 것이다. 예를 들어, 신사복 시장의 경우 비슷한 선호도와 구매패턴을 보이는 고객군이 전세계에 하나의 띠처럼 존재한다.

이러한 글로벌시장이 존재한다면 나라마다 서로 다른 마케팅전략을 구사하지 않아도 된다. 말보로 담배의 광고인 말보로 컨트리 이미지 광고는 남성다운 마쵸 이미지(멕시코 말로 야성적인 남자라는 뜻)를 전세계에 통일되게 심어 주기 위한 광고인데 이것이 가능한 이유는 담배제품에는 글로벌 고객이 존재하기 때문이다. 이처럼 과거에는 글로벌시장이 극소수의 제품에 국한되었지만 최근에는 보다 많은 제품으로 확산되고 있는 추세를 보이고 있다.

[그림 5-1] 산업글로벌화 촉진요인

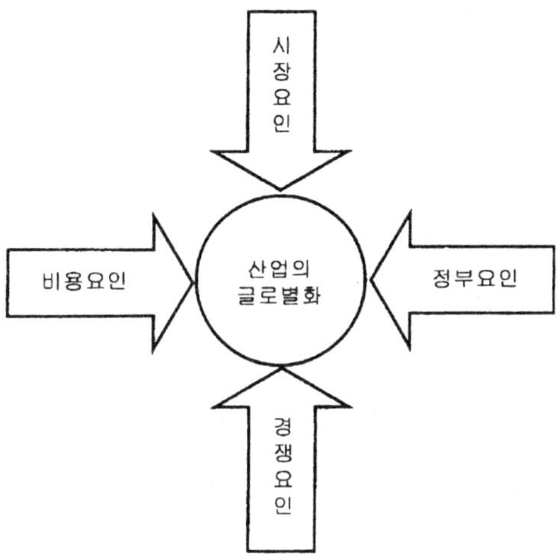

자료원 : G. S. Yip, *Total Global Strategy : Managing for Worldwide Competitive Advantage*, Englewood Cliffs, N, J. : Prentice-Hall, Inc., 1992, p. 12.

2. WTO

기업의 국제마케팅활동에 영향을 미치는 또 다른 국제경제환경 중의 하나는 WTO (world trade organization : 세계무역기구)이다.

WTO는 세계경제의 발전을 저해하는 무역장벽을 낮춤으로써, 각국의 경제발전과 세계경제발전의 조화와 균형을 이룩하기 위해 정부간에 합의한 조약인 GATT (general agreement on tariff and trade : 관세 및 무역에 관한 일반협정)를 대체하여 설립된 기구이다.

1995년 1월부터 공식출범한 WTO는 GATT활동을 대행하여 서비스산업을 포함한 다양한 분야에 있어 시장개방 및 무역장벽 해소를 지향하고 있으며, 국제무역과 관련된 국제분쟁을 다루기도 한다. WTO출범이 국내기업에 미치는 영향은 해외시장에 진출할 수 있는 기회가 보다 확대됨과 동시에 내수시장에서의 경쟁격화로 나타나게 된다.

이외에 환경오염을 유발하는 국가나 기업에 일정한 제재를 가하는 문제를 논의하는 환경라운드(green round), 경쟁제한 및 독과점 관련문제를 논의하는 경쟁라운드 (competition round) 등도 기업의 국제마케팅활동에 영향을 미칠 수 있는 요인이다.

3. 지역경제통합

국제마케팅활동에 영향을 미치는 또 다른 국제경제환경 중의 하나는 지역경제통합(regional economic integration)이다.

WTO체제의 출범으로 세계경제의 자유화 추세와 함께 또 하나의 흐름으로 자리잡고 있는 현상이 세계경제의 블럭화이다. 세계경제의 블럭화는 지리적으로 인접하고 상호보완적인 산업구조를 가진 국가간에 경제적인 유대관계를 형성함으로써 규모의 경제를 실현하려는 집합체라고 정의할 수 있다. 이와 같은 지역경제통합은 역내국가간에는 경제적 장벽을 제거하여 공동이익을 추구하고 내부적 결속을 다지는 반면에 역외국가들에 대해서는 차별적인 대우를 함으로써 WTO체제 하에서 추구하고 있는 자유무역주의에 역행하는 측면도 있다.

지역경제통합은 통합의 정도와 진행과정에 따라 다음과 같이 다섯 가지 형태로

구분할 수 있다. ([그림 5-2] 참조)

1) 자유무역지역

자유무역지역(free trade area : FTA)이란 통합에 참가한 각 가맹국 상호간에는 상품이동에 대한 일체의 무역제한조치를 철폐하여 역내에서는 자유무역을 보장하는 한편, 역외의 비가맹국에 대해서는 각국이 독자적인 관세정책 및 무역제한조치를 취하는 형태의 경제통합체이다.

2) 관세동맹

관세동맹(customs union)은 자유무역지역보다 발전된 형태로써 역외공동관세(common external tariff)를 부과하는 형태의 경제통합체이다. 즉 가맹국 상호간에는 상품의 자유이동이 보장될 뿐만 아니라 역외 비가맹국으로부터의 수입에 대해서는 공통의 수입관세를 부과하게 된다.

3) 공동시장

공동시장(common market)은 관세동맹이 더 발전하여 역내 국가간에 생산요소의 자유이동이 보장되고 있는 형태의 경제통합체이다. 즉 가맹국 상호간에는 재화뿐만 아니라 노동, 자본과 같은 생산요소의 자유이동이 보장되며, 역외 비가맹국에 대해서는 각국이 공동의 관세를 부과하게 된다.

4) 경제연합

경제연합(economic union)은 공동시장을 더욱 발전시킨 형태로서 역내 상품 및 생산요소의 자유이동과 역외공동관세를 부과하는 것 외에도 각 가맹국간 경제정책의 조정과 협력을 강화하기 위해 공동경제정책을 실시하는 형태의 통합체이다.

5) 정치동맹

정치동맹(political union)은 경제연합의 다음 단계로서 이는 단순히 경제면에서의 통합만이 아니라 정치적인 통합을 이루려는 것이다. 즉 단일한 행정부, 입법부, 사법부를 통해 단일국가를 형성하는 것이다.

정치동맹은 지역경제통합의 형태 중 가장 완벽한 형태의 통합유형으로 재정, 통화정책을 위시한 공동의 경제정책을 수행하기 위해서는 국가 고유의 경제적 주권이 초국가적인 기구로 이양되어야 하는 문제점이 있다.

지역경제통합은 회원국 간에 각종 무역장벽을 제거함으로써 자유무역의 효과를 빠르게 실현하는 장점을 가지고 있으나 지역통합에는 그 나름의 비용이 따른다.

먼저 지역경제통합을 하게 되면 빠른 속도로 자유무역이 실현되기 때문에 회원국의 산업 중 국제경쟁력이 약한 산업은 도산하거나 어려움에 처하게 된다. 그 결과 발생하는 일부 기업에서의 실직과 도산사태는 지역경제통합의 장애요인으로 작용하게 된다.

또한 지역경제통합의 촉진은 회원국의 주권행사에 제약을 초래한다. 지역통합이 진행됨에 따라 회원국은 과거 자신의 국가 내에서 실시하였던 산업보조금정책, 조세정책, 통화정책 등을 포기하고 지역통합체의 산업정책과 재정금융정책을 따라가야 하기 때문이다.

[그림 5-2] 지역경제통합의 형태

	역내관세철폐	역외공동관세	자본과 노동의 자유이동	동동경제정책	정치적 통합
자유무역지역	■				
관세동맹	■	■			
공동시장	■	■	■		
경제연합	■	■	■	■	
정치동맹	■	■	■	■	■

자료원 : R. K. Kahler and R. L. Kramer, *International Marketing*, 4th ed., Cincinnati : Southwestern Publishing Company, 1978, p .131.

(사례1) 한국, EU와 타결로 '동북아 FTA허브' 유리한 고지

경제 국경이 무너지고 있다. 지난 13일 세계 최대시장 유럽연합(EU)과의 자유무역협정(FTA) 타결은 우리나라가 '동북아의 FTA 허브'로서 세계 각국이 벌이는 'FTA 전쟁'에서 유리한 고지에 올라설 수 있는 계기가 됐다.

FTA는 1대 1로 국가 간 관세장벽 등 무역국경을 제거하는 '특별동맹'으로, 경제 국경 해체의 첫 단계인 셈이다. 5월 말 현재 전 세계에서 발효 중인 FTA는 상품협정 152건을 포함해 총 247건이다.

관세장벽을 없앤 자유무역지대와 같은 가장 낮은 단계의 경제통합에서 출발해, 공동시장으로, 통화동맹으로, 그리고 EU와 같은 경제합중국 단계로 발전하며 세계 곳곳에서 경제 국경이 해체되고 있다.

글로벌 금융위기 이후 세계 각국이 보호무역 조치를 강화하는 와중에도 FTA는 건재를 과시하고 있다. 올 들어 세계무역기구(WTO)에 발효 개시를 통보한 FTA는 미국-오만, 미국-페루, 중국-싱가포르, 중국-뉴질랜드, 호주-칠레 등 모두 7건이다.

FTA동맹을 선점하기 위한 세계 각국의 경쟁도 치열하다. 여기서 뒤처지면 FTA 선점 국가들에게 시장을 빼앗길지 모른다는 위기감 때문이다. 하지만 FTA가 단지 수출 영토를 넓히는 정도의 경제적 목적만 위한 것은 아니다.

박번순 삼성경제연구소 연구위원은 "FTA는 관세장벽 해체와 같은 경제적 이익만을 위한 것이 아니라, 다른 나라와 전략적 동맹을 강화하는 주요한 수단이기도 하다"고 말했다.

경제대국만 FTA전쟁의 승자가 될 수 있는 건 아니다. 실제 칠레, 싱가포르 등 작지만 교역비중이 큰 나라들이 FTA 선두에 서있다. 칠레와 싱가포르는 2008년 말 현재 FTA 체결국가와의 교역 비중이 각각 83%, 68%나 된다.

우리나라는 비록 출발이 늦었지만, 괄목할만한 성과를 내고 있다. 칠레(2004년 4월 발효)를 시작으로 싱가포르(2006년 3월 발효), 유럽자유무역연합(EFTA · 스위스, 노르웨이, 아이슬란드, 리히텐슈타인 · 2006년 9월 발효), 아세안(ASEAN · 상품협정 2007년 6월 발효)과의 FTA동맹이 출범했고, 미국, 인도, EU 등 거대 경제권과도 속속 FTA 협상을 마무리했다. 그리고 걸프협력회의(GCC), 캐나다, 멕시코 등 6개국과 동시다발로 FTA 협상을 진행하고 있고, 일본, 중국 등도 대기 중이다.

다른 나라들도 FTA동맹 확대에 속도를 내고 있다. 북미자유무역협정(NAFTA)으로 세계 각국이 FTA 전쟁에 뛰어드는 불씨를 제공한 미국은 현재 한국, 파나마, 콜롬비아와의 FTA 의회 비준을 기다리고 있다.

자유무역을 적극 옹호하며 지난 8년간 10개국과 FTA를 발효시켰던 조지 부시 행정부에 비하면 오바마 행정부는 FTA에 소극적일 것이라는 관측이 우세했지만, 현재 아세안 등과 얘기가 오가는 등 계속해서 FTA를 확대하는 모습이다.

EU도 최근 경제위기 해법으로 FTA를 꼽으면서 특히 아시아권에 공을 들이고 있다. 현재 메르코수르, GCC, 아세안 등 지역경제공동체와 협상을 벌이고 있고, 싱가포르, 태국, 말레이시아와도 협상 진행을 검토 중이다.

일본과 중국도 아시아 역내에서 벗어나 중남미 중동 지역으로 FTA동맹을 넓혀가는 추세다. 일본은 GCC, 스위스, 인도, 호주 등과, 중국은 GCC, 남아프리카관세동맹, 아이슬란드, 호주 등과 FTA 협상을 벌이고 있다.

세계 각국의 FTA 타깃도 시장이 큰 거대경제권이나 지리적으로 가까운 주변국에서 역외의 경제적 · 정치적 요충지로 옮겨가고 있는 단계다.

대외경제정책연구원은 "FTA 추진 대상국이 주변국에서 벗어나 타대륙 국가로 확대되고 있고, 최근에는 에너지 및 자원협력의 중요성이 부각되면서 자원 부국과의 FTA가 눈에 띄게 늘고 있다"고 분석했다. 실제 석유자원이 풍부한 GCC에 우리나라를 비롯해 일본, 중국, 인도, 아세안, 호주, 메르코수르 등이 경쟁적으로 FTA 러브콜을 보내고 있다.

자료원 : 한국일보, 2009, 7, 23.

(사례2) 한 · EU FTA 효과 어느 정도일까

2년 넘게 진행됐던 한 · EU 자유무역협정(FTA) 협상이 사실상 마무리됐다.

주요 타결 내용을 보면, 상품양허 부문에서 EU는 공산품 전 품목에 대해 5년 내에, 한국은 7년 내에 관세를 철폐하게 된다. 특히 EU는 품목 수 기준 99%가 조기철폐(3년 내) 대상으로, 91.4%가 조기철폐 대상인 한 · 미 FTA에 비해 더 빠르고 포괄적으로 관세철폐가 진행될 예정이다. 자동차의 경우 모두 3~5년 내에 관세를 철폐하기로 했다.

협상의 최대 쟁점이었던 관세환급 문제는 현 제도를 유지하되, 발효 5년 뒤부터 외국산 부품 사용이 현저하게 증가할 경우 해당 품목의 환급관세율 상한을 설정할 수 있는 제도를 마련하기로 했다. 또한 자동차 원산지기준은 역외산 부품사용 비율 상한을 45%로 정했고, 서비스시장은 한 · 미 FTA의 개방수준을 유지하되 일부 통신 및 환경 서비스시장을 추가로 개방하기로 했다. 농산물의 경우, 곡물 등 기초농산물은 대부분 양허에서 제외된 것으로 보이며, 다만, 돼지고기와 주류 부문의 관세가 철폐될 예정이다.

EU와의 FTA는 우리 경제에 상당한 의미를 준다. EU만큼 우리에게 가장 적합한 FTA 대상국이 없다는 생각이다. 우리나라 경제구조상 수출이 경제성장에 기여하는 비중이 매우 높은데, 세계 최대 시장인 EU와 FTA를 체결하게 되면 우리 경제성장에 매우 큰 도움을 줄 수 있다.

게다가 EU의 관세율은 상대적으로 미국보다 높아 관세철폐에 따른 우리나라의 수출 증대효과가 미국보다 더 클 것으로 기대된다. 미국의 제조업 평균 관세율은 3.7%지만 EU의 평균 관세율은 4.2%며, 특히 우리의 주력 수출품인 자동차의 경우 미국의 관세율은 2.5%인 반면, EU는 무려 10%에 가깝기 때문이다.

그리고 2004년 이후 중동부 유럽국가들이 EU에 가입함에 따라 EU와의 FTA로 인해 우리 기업들이 성장 가능성이 높은 신규 회원국 시장을 선점할 수 있는 기회를 갖게 됐다. 중동부 유럽 신규 회원국의 경제적 수준이 점차 높아가고 있어 신규 회원국 시장의 성장 가능성은 매우 크다. EU와의 FTA는 경쟁이 치열한 서유럽의 선진국 시장뿐 아니라 성장잠재력이 큰 개발도상국까지 시장점유율을 높일 수 있는 좋은 기회다.

또한 EU와의 FTA로 인해 외국인직접투자(FDI)가 확대되고 이로 인해 일자리가 증가할 가능성이 높다. 외국기업들이 EU 수출 교두보를 확보하기 위해 우리나라에 대한 투자에 나설 가능성이 있기 때문이다. 또한 아시아 시장진출을 위해 우리와의 FTA 체결에 임한 EU의 입장을 고려해 보면 EU 기업의 한국 투자 확대 또한 예상할 수 있다.

그러나 EU와의 FTA로 인한 혜택을 극대화하기 위해서는 우리 기업들의 강도 높은 경쟁력 강화 노력이 반드시 수반돼야 할 것이다. 2005년 대외경제정책연구원 한·EU FTA 관련 연구결과에 따르면, EU와의 FTA로 한국의 실질 국내총생산(GDP)은 단기에 약 2.02%, 장기에는 약 3.08% 증가할 것으로 예상되고 있다. 그러나 이 결과는 여러 가지 가정 아래의 모델을 통해 나온 것으로 우리의 노력 여하에 따라 얼마든지 변할 수 있다. EU로부터 수입이 증가할 것으로 예상되는 분야를 중심으로 대책을 마련하되 시장확대로 더욱 치열해진 경쟁시장에서 살아남을 수 있도록 정부의 지원과 기업들의 생존노력이 요구된다.

자료원 : 매경이코노미, 2009, 7, 29.

(사례3) 개별기업 FTA 활용 사례

자유무역협정(FTA)이 국가경제차원의 얘기만은 아니다. 개별기업들에게도 원가를 절감하거나 수출을 늘릴 수 있는 절호의 기회가 된다. 이미 발효된 칠레, 아세안(ASEAN), 싱가포르 등과의 FTA를 적극 활용해 톡톡한 성과를 거둔 기업도 적지 않다. 앞으로 유럽연합(EU), 미국 등 거대 경제권과의 FTA가 발효된다면, 이런 성공사례는 더욱 늘어날 전망이다.

화장품 업체 더페이스샵코리아는 2007년 6월 한국과 아세안의 FTA 상품협정이 발효된 이후 주문자상표부착방식(OEM)으로 완제품 및 반제품을 생산하는 국가를 당초 일본에서 아세안 소속인 태국으로 변경했다.

이 제품을 아세안 국가에 판매하는 경우 지금까지는 원산지기준이 충족되지 않아 8%의 관세를 물어야 했지만, 변경 후에는 역내산으로 인정받아 관세를 한 푼도 물지 않기 때문이다.

회사 측은 클렌징폼 품목에서만 연간 6억 원 가량의 관세인하효과를 볼 것으로 추산했다. 이노센트가구 역시 한·아세안 FTA 상품협정 발효 뒤 완제품 수입선을 중국(관세 8%)에서 베트남으로 전환하면서 제품가격을 10% 가량 내릴 수 있었다.

합판 생산업체인 이건산업은 다른 국가들 간 FTA를 적극 활용해 성공한 케이스. 이 회사가 안정적인 원목 조달목적으로 칠레에 '이건라우타로'라는 현지법인을 설립한 것이 1993년. 하지만 불과 몇 년 뒤 국내에 외환위기가 닥치면서 합판 수요가 급감했다. 돌파구가 절실했던 그 즈음 칠레가 멕시코를 시작으로 유럽연합(EU), 미국 등과 차례로 FTA를 체결한 것이 기회가 됐다.

국내 본사에 합판을 공급하는 대신 현지공장을 설립해 칠레가 FTA를 체결한 국가들에 수출하는 것으로 전략을 180도 수정한 것. 기획재정부 FTA국내대책본부 관계자는 "경쟁국인 중국, 말레이시아 등은 FTA 체결이 안 된 국가들이어서 상당한 가격경쟁력을 갖출 수 있었다"고 설명했다. 이에 따라 10년 전 722만 달러에 불과했던 현지법인 매출은 지난해 4,200만 달러로 불어났다.

백합 생산업체 제주플라워는 한 · 칠레 FTA를 활용한 사례. 회사 측은 당초 4~8%의 높은 관세를 물며 네덜란드에서 화훼 구근(알뿌리)을 수입하다 FTA 발효 후 수입선을 칠레로 바꿨다. 칠레산 구근 가격이 네덜란드산보다 10% 이상 비싸고 운임 역시 60%가량 더 들지만, 관세효과를 감안하면 구근 1개당 16원을 절감할 수 있었다.

자료원 : 한국일보, 2009, 7, 23.

제2절 개별국가의 경제적 환경

경제적 환경은 각국마다 차이가 있고, 해외시장에 진출하고자 하는 기업의 국제마케팅활동에 전반적이고도 직접적인 영향을 미치는 중요한 요인이기 때문에 사전에 이에 대한 분석이 필수적으로 이루어져야 한다. 이러한 경제적 환경의 주요 변수로는 경제체제, 무역정책, 국제수지, 시장규모 등을 들 수 있는데 이에 대해 구체적으로 살펴보면 다음과 같다.

1. 경제체제

경제체제는 한 국가의 경제가 움직이는 기본 틀을 의미하기 때문에 이에 대한 이해가 필요하다. 일반적으로 경제체제는 자본주의(capitalism)와 사회주의(socialism)로 구분된다. 그러나 현실적으로 순수한 자본주의나 사회주의 경제체제를 유지하고 있는 국가들은 거의 없고, 대부분의 국가들이 이 양자가 혼합된 경제체제를 채택하고 있다. 즉 자본주의 국가라 하더라도 사회주의적 요소를 어느 정도 가미하여 정부의 계획에 의해 경제를 운용하는 부분이 있으며, 마찬가지로 사회주의 국가라 하더라도 자본주의적 요소를 어느 정도 가미하여 시장에 의해서 움직이는 부분이 있다.

이와 같은 경제체제는 다른 두 가지 기준을 사용하여 보다 세분화할 수 있다.

첫째는 생산요소의 소유형태에 따라 사적소유(private ownership)와 공적소유(public ownership)로 분류하고, 둘째는 자원의 배분과 통제방법에 따라 자원이 시장가격에 의해 자유롭게 배분되는 시장경제(market economy)와 자원이 정부에 의해 배분되고 통제되는 중앙계획경제(centrally planned economy)로 분류할 수 있다.

생산요소의 소유형태 측면에서 어느 국가에서도 완전한 사적소유나 완전한 공적소유 같은 극단적인 형태는 존재하지 않으며, 대부분의 국가들은 이 양자의 중간형태인 혼합소유(mixed ownership)의 범주에 위치하고 있다. 이는 자원에 대한 통제와 배분에 있어서도 마찬가지이다. 따라서 경제체제는 순수한 형태로서 보다는 각 기준의 정도 측면에서 파악하는 것이 바람직할 것이다.

2. 무역정책

무역정책이란 정부가 직·간접으로 국가간 제품과 서비스에 관여하는 제반정책으로서, 그 대표적 수단으로는 관세와 비관세장벽이 있다.

1) 관세장벽

관세(tariff)는 관세영역(custom territory)을 통과하는 제품에 부과하는 세금으로서 가장 널리 사용되는 간접적인 무역통제수단이며, 수출과 수입의 어느 쪽이든 부과할 수 있다.

일반적으로 수출입에 부과되는 관세에는 다음과 같은 세 가지 유형이 있다.

첫째는 종가세(ad valorem tariffs)로서 수출입되는 재화의 가격에 따라 결정되는 가장 일반적인 세금이며, 제품이 세관에 도착할 때, 선적물품의 가치를 측정하기 위하여 화물송장이나 기타 서류들이 제시된다.

둘째는 종량세(specific tariffs)로서 수출입되는 제품의 물리적인 양(physical amount), 즉 개수, 중량, 길이 등에 따라 결정되는 세금이다. 이와 같은 유형은 곡물이나 석유와 같은 물품에 1톤이나 1배럴당 1달러 등의 형태로 세금이 부과된다.

셋째는 혼합관세(combination of specific and ad valorem tariffs)가 있는데, 이는 위의 종가세와 종량세를 동시에 병용하여 세액을 부과하는 형태로서 국내산업을 특별히 보호할려고 할 때 이용된다. 구체적으로 혼합관세는 다시 선택관세(alternative tariffs)와 복합관세(compound tariffs)로 나뉘어 진다. 여기에서 선택관세란 같은 상품에 대하여 종가세와 종량세의 두 가지를 동시에 정해 놓고 양자 중 높은 세액을 부과하는 형태이다. 이와 반면에 복합관세는 동일한 품목에 대하여 종가세와 종량세의 두 가지를 동시에 정해 놓은 후, 두 방식으로 산출한 세액을 합하여

과세하는 방식을 말한다.

2) 비관세장벽

비관세장벽(non-tariff barriers : NTB)이란 무역정책의 수단 가운데 관세 이외의 모든 인위적인 무역규제정책을 말하는 것으로서 관세와는 달리 무역을 직접적으로 통제하는 수단이다. 비관세장벽의 대표적인 수단으로는 수입할당제(import quota system), 수출자율규제(voluntary export restraint : VER), 수출입링크제(export-import link system), 수출보조금(export subsidy), 상계관세(countervailing tariff), 일반특혜관세(generalized system of preference : GSP) 등이 있다.([표 5-1] 참조)

[표 5-1] 주요 비관세무역장벽

특정한 제한	관세-행정적 규칙
1. 할당제 2. 수입라이센스 3. 외국상품과 국내상품의 비율 4. 최저수입가격제한 5. 통상금지 6. 쌍무적 협정 7. 자율적 수출제한협정 8. 규제적 마케팅협정	1. 관세평가제도 2. 반덤핑규칙 3. 관세분류제도 4. 문서 제 요구 5. 수수료 6. 품질·검사표준의 불일치 7. 포장·레이블 마케팅의 표준

정부관여	수입부과금	기 타
1. 정부조달정책 2. 수출보조금 및 유인 3. 상계관세 4. 국내기업원조계획 5. 무역전환원조	1. 사전수입적립금 2. 특별보완관세 3. 수입신용차별화 4. 변동관세 5. 국경세	1. 불매운동 2. GSP철회

자료원 : 김동기·한선민, 국제마케팅론, 박영사, 1997, p. 83.

(1) 수입할당제(import quota system)

이는 비관세장벽의 대표적인 예로서 특정상품의 수입에 대해서 일정량 이상의 수입을 허가하지 않은 수량제한제도이다. 즉 수입상품을 국가별 또는 수입업자별로 할당하여 일정기간의 수입물량을 제한하는 무역제도로서 수입을 억제하여 국내산업을 보호하고 국제수지의 균형을 위해 이용된다. 이 제도는 제2차 세계대전 직후 서유럽에서 그 이용이 상당히 보편화되었다. 오늘날에도 대부분의 선진공업국들이 국내농업을 보호하기 위하여 수입할당제를 실시하고 있으며, 개발도상국들은 제조업의 수입대체를 촉진하고 국제수지의 균형을 이유로 이를 이용하고 있다.

(2) 수출자율규제(voluntary export restraint : VER)

비관세장벽의 중요한 형태의 하나가 수출자율규제인데 이는 수출국이 자발적으로 수출량을 감소시켜 일정량으로 수출을 제한하는 정책을 말한다. 수출국이 수출량을 자발적으로 제한한다고 하지만 그 내면을 살펴보면 자발적이라고 할 수 없다. 수입국이 자국의 산업을 보호하기 위해 전반적으로 무역장벽을 강화하겠다고 위협하면서 수출국으로 하여금 수출량을 스스로 규제하도록 유도하기 때문이다.

따라서 수출자율규제는 무역 상대국의 시장규모가 커서 상대국의 수입규제가 수출국의 경제에 영향을 미칠 경우에 성립한다. 즉 경제규모가 큰 수입국이 무역을 규제하겠다고 위협하면, 수출국은 이를 수용하여 자율적으로 수출을 규제하는 것이 자국의 수출을 보호하는 수단이라고 생각할 때 발생한다. 따라서 수출자율규제는 경제규모가 크고 시장규모가 큰 대국에서 작은 수출국을 상대로 사용할 수 있다.

(3) 수출입링크제(export-import link system)

수출입링크제란 수출과 수입을 연결시켜서 일정한 수출과 교환으로 일정한 수입을 국가가 인정하는 무역형태이며, 수출과 수입을 수량적 · 가격적으로 연계(link)시킨다는 뜻에서 이를 링크제라고도 한다. 이와 같은 링크제는 구분의 기준에 따라 여러 가지로 나눌 수 있으나, 여기서는 수출입의 연결방식에 따라 수출의무제와 수입권리제에 대하여 살펴보고자 한다.

수출의무제는 먼저 원료 등의 수입을 허가한 다음 일정한 기간 안에 그 원료를 이용하여 제조된 제품의 수출을 의무적으로 이행시키는 방법이고, 수입권리제는 상품의 수출실적에 따라 수입할 수 있는 권리를 부여하는 링크제라 할 수 있다.

(4) 수출보조금(export subsidy)

이는 정부가 수출을 촉진시키기 위하여 수출기업에 대해 보조금을 지급하는 것이다. 이와 같은 보조금은 기업들에게 생산증가의 유인을 주고 또 국내판매보다는 수출에 노력하도록 유도한다. WTO규정에서 수출보조금은 불공정경쟁(unfair competition)

으로 취급하여 금지하고 있으며, 수입국이 이에 대해 상계관세로 보복하는 것을 인정하고 있다. 수출보조금의 형태로는 우리 나라의 수출입은행이 취급하는 저리융자, 수출업자를 위한 홍보비 지출, 조세감면 등이 있다.

(5) 상계관세(countervailing tariff)

상계관세는 상품의 제조, 생산, 또는 수출에 직간접으로 부여된 보조금을 상쇄할 목적으로 부과되는 특별관세로서 수입국이 덤핑 및 보조금지급 상품의 수입증가로 인하여 국내산업이 실질적인 피해를 입을 우려가 있는 경우 부과할 수 있다. 이러한 상계관세의 부과는 금지보조금에 해당되는 경우 즉시 부과할 수 있으며, 상계가능보조금은 해당국에서 실질적으로 피해 발생 판정시 부과할 수 있게 되어 있다. 또한 각 수입국은 보조금이 부과된 수출로 국내산업이 피해를 받은 경우 1년 이내의 조사를 거쳐 해당 수출에 대해서 지급된 보조금을 초과하지 않는 범위 내에서 부과할 수 있다.

(6) 일반특혜관세(generalized system of preference : GSP)

이는 남북문제해결의 일환으로 선진국이 개발도상국의 경제개발과 수출확대를 촉진시키기 위하여 개발도상국의 수출품에 대해 일방적으로 관세의 전면 철폐, 또는 부분적 인하 등 관세상의 특혜를 공여하는 국제적 관세제도이다. 따라서 이는 주로 선진국이 개발도상국의 발전을 목적으로 제공하는 특혜조치이다. 선진국에서 이를 철폐하는 것도 개발도상국의 수출을 제한하는 정책이 된다.

3. 국제수지

국제수지(balance of payments : BOP) 역시 기업의 국제마케팅활동에 영향을 미치는 중요한 경제적 환경 중의 하나이다. 국제수지는 한 국가의 무역수지, 외채 상황 등을 보여 주고 있기 때문에 주의 깊게 살펴보아야 한다. 즉 진출대상국의 국제수지상황은 해당국가의 환율과 정부의 무역정책에 영향을 주어 궁극적으로는 진출기업의 전략에 영향을 미치게 된다. 예를 들어 미국은 일본에 대해 지속적인 무역적자를 기록하였으며, 이러한 상황이 주요한 정치문제로 대두되었다. 미국정부는 일본정부에 대해 계속적인 시장개방압력을 가함으로써 무역적자를 축소시키려고 하였다. 또한, 미국정부는 현지부품사용 의무비율과 같은 규정을 내세워 일본 자동차 기업들로 하여금 자동차부품을 미국의 부품제조업자로부터 더 많이 구매하도록 압력을 가하고 있다. 결국 미국의 무역수지적자로 미국기업들은 더 많은 사업기회가 더 늘어난 반면, 일본기업들은 사업기회가 줄어들게 되었다.

이처럼 한 국가의 국제수지상황은 그 국가의 일반적인 경제환경을 이해하기 위한 핵심적인 요소라 할 수 있으며, 국제마케팅 관리자에게 진출 대상국의 시장기회를 분석하는데 도움이 될 수 있는 기초자료라 할 수 있기 때문에 이에 대한 고찰이 필요하다.

4. 시장규모

기업체가 해외시장을 분석할 때 제일 먼저 관심을 가져야 할 부분은 시장규모라 할 수 있다. 시장규모가 크면 클수록 제품의 판매가능성은 거기에 비례하여 커진다. 그러나 현재 시장규모가 적더라도 장차 수요가 급격하게 신장될 가능성이 있는 국가라면 국제마케팅활동의 대상국으로 선정할 수 있는 것이다. 따라서 국제마케팅 관리자는 현지시장과 잠재적 시장의 규모를 정확하게 파악하고 판단해야 한다. 여기서 이러한 시장규모를 분석하는데 필요한 인구와 소득에 대해서 살펴보기로 한다.

먼저 인구는 수요를 구성하는 기본적 요소이며, 식료 · 의료 · 일용품 등 생활필수품류는 각국 공동으로 일정계수를 가진 인구와 밀접한 관계가 있기 때문에 인구의 수에 따라서 대략 시장규모를 측정할 수 있다. 총인구가 많으면 많을수록 시장규모는 크다고 할 수 있기 때문에 국제마케팅활동을 전개하는데 있어서 이러한 총인구를 당연히 고려하지 않으면 안된다.

국제마케팅 관리자는 이러한 해외시장의 총인구뿐만 아니라 인구성장율도 고려해야 한다. 오늘날 많은 사람들이 인구의 폭발적인 증가를 걱정하고 있는데, 그것은 지구상에 이용 가능한 자원은 한정되어 있고 빈곤한 국가일수록 인구성장율이 높다는 사실 때문이다. 인구의 증가는 곧 구매력의 증가를 가져올 가능성이 많기 때문에 기업에 있어서 인구성장율은 매우 중요한 의미를 내포하고 있다.

총인구, 인구성장율과 더불어 연령계층의 분포 역시 특정상품의 수요를 좌우한다. 즉 특정국가의 총인구 중 연령계층이 어떻게 분포되어 있느냐에 따라서 수요되는 특정상품의 종류에 상당한 영향을 주게 된다. 따라서 국제마케팅 관리자는 시장

잠재력을 파악하기 전에 주어진 인구의 연령분포를 정확하게 분석해야 한다.

시장규모를 분석하는 또 하나의 중요한 요소로서 소득이 있다. 시장은 돈을 가지고 있는 사람들로 구성되어 있기 때문에 시장규모를 분석하는데 있어서는 앞에서 언급한 인구뿐만 아니라 소득형태도 충분히 고려해야 한다. 시장의 구매력은 인구수뿐만 아니라 거기에 살고 있는 사람들의 소득에 의해서도 영향을 받는다. 일반적으로 시장잠재력을 평가하는데 1인당 국민소득과 전체국민소득 또는 국민총생산의 두 가지 소득수치가 많이 이용되고 있다.

1인당 소득액은 한 나라의 경제발전수준 내지 단계뿐만 아니라 근대화, 산업화, 건강, 교육, 복지 등의 정도를 간략하게 표현하는 계수로서 활용되고 있다. 따라서 국제마케팅 관리자가 특정국가의 경제를 평가할 때 가장 먼저 1인당 소득을 고려하는 것이 상례로 되어 있다. 그리고 GNP는 특정상품류의 시장잠재력을 측정하는데 유효하게 사용될 수 있는 자료라 할 수 있다. 그러므로 특정상품류를 판매하고자 하는 기업체는 세계 각국을 GNP의 크기 순서로 나열함으로써 국가별 시장잠재성에 대한 어떤 암시를 받을 수가 있는 것이다. 그러나 시장잠재력을 보다 더 효과적으로 파악하기 위해서는 이와 같은 GNP뿐만 아니라 1인당 소득계수를 병용해서 함께 활용해야 할 것이다.

(사례) 60만 외국기업들 '13억 시장의 결투'

한국에서는 유명 가방 브랜드인 '가파치'는 1990년대 중반, 중국 백화점에 진출했다. 한국 디자인의 제품을 중국에서 생산해 중국에 팔 계획이었다. 그러나 진출 2~3년 만에 백화점 매장에서 철수했다. "전 세계 유명 가방 브랜드가 다 들어와 있어 지명도에서 밀리고, 가격은 중국 토종업체들에 밀렸다"(김영덕 기호피혁 중국 지사장)는 것이다.

13억 인구에다 최근 5년간 소비시장이 연평균 11.5%나 커지고 있는 중국. 소비시장으로서의 중국에 대한 매력은 더 이상 설명할 필요가 없을 정도다. 지난해 말 무역협회가 중국에 진출한 기업 177개를 대상으로 한 조사에서 78.8%가 중국사업을 확대하거나 현재의 규모를 유지하겠다고 응답한 것도 바로 거대한 시장규모와 무한한 잠재력 때문이다. 지난해 말까지 중국에 설립된 외국인 기업 수만 59만 6098개다. 이들이 투자한 금액은 모두 6854억 달러에 이른다.

이렇다 보니 중국에선 업종과 국적을 불문하고 '영역 넓히기' 전쟁이 벌어진다. 상하이 세기공원에는 까르푸매장이 있다. 상하이 이마트 정민호 대표는 "그곳은 이마트가 들어가려고 건물주와 거의 계약 성사단계까지 갔다가 까르푸에 빼앗겼다"고 했다. 거대자본을 가진 다국적기업들은 각종 소비재부문을 전방위로 사들이고, 이에 맞서 토종기업들도 맞불을 놓는다. 중국에 점포가 없던 미국 유통업체 홈디포도 최근 중국 건자재 할인점인 자쥐(家居)를 인수하며 중국시장에 발을 붙였다. 암웨이.에이본 등 미국계 직접 판매업체들도 영업에 나섰다. 외자·토종기업 간의 한판 대결도 벌어지고 있다. 가전 유통업체의 경우 미국계 베스트바이가 로컬 체인점인 우싱(五星)을 인수하자, 중국 선두업체인 궈메이(國美)는 융러(永樂)를 인수하며 덩치를 키우고 있다.

성공한 토종기업에 대한 다국적기업 인수합병(M&A) 입질도 많다. 네슬레는 중국의 국물내기 조미료로 쓰이는 닭고기맛 가루시장의 절반을 차지하고 있던 토종기업 타이타이러(太太樂)를, 미국계 다국적기업인 크노르는 점유율 2위인 하오지(豪吉)를 인수하면서 중국 전통 조미료시장을 다국적기업이 점령했다.

토종업체의 약진도 만만찮다. 1990년대까지만 해도 다국적기업들의 경쟁무대였던 고부가가치 상품시장에도 토종기업들이 포진하기 시작했다. 지난해 말 중국 품질만리행촉진회는 중국 토종 휴대전화 단말기업체인 '보다오(波導)'를 '가장 신뢰할 수 있는 휴대전화 브랜드 품질 대상' 업체로 선정했다. 99년 설립된 업체가 불과 7년 만에 고가 휴대전화기까지 출시하며 쟁쟁한 다국적기업과 휴대전화 단말기시장에서 어깨를 겨루고 있는 것이다. 보다오는 2003년 노키아 등 세계 굴지의 기업을 제치고 내수판매 1위를 차지했다. 세계 1, 2위 브랜드인 노키아와 모토로라가 보다오의 석권에 맞서 2004년부터 저가 휴대전화 시장에 뛰어들었을 정도다. 자본으로 무장한 다국적업체와 시장을 잘 아는 토종업체들 사이에 낀 '샌드위치' 신세인 한국업체는 뛰어난 기술력과 정보력으로 시장을 개척해야 할 처지다. 최근 CJ 중국법인은 다국적기업이 자리 잡은 닭고기 가루시장에 뛰어들고 대대적으로 광고캠페인을 시작했다. 이 회사 박근태 사장은 "중국시장에서 점유율 5%만 차지해도 엄청난 규모이기 때문에 앞으로 5년 이상 투자할 생각"이라고 말했다.

KOTRA 베이징무역관 이종일 관장은 "농업현대화, 금융, 증권 등 서비스산업, 환경산업 등 개방 폭이 늘어날 분야를 잘 파악해 한국기업들도 경쟁대열에 함께 서야 할 것"이라고 말했다.

자료원 : 중앙일보, 2007, 3, 7.

주요용어

1. 글로벌고객(global customer)
2. 세계무역기구(world trade organization)
3. 환경라운드(green round)
4. 경쟁라운드(competition round)
5. 지역경제통합(regional economic integration)
6. 자유무역지역(free trade area : FTA)
7. 관세동맹(customs union)
8. 공동시장(common market)
9. 경제연합(economic union)
10. 정치동맹(political union)
11. 관세(tariff)
12. 종가세(ad valorem tariffs)
13. 종량세(specific tariffs)
14. 혼합관세(combination of specific and ad valorem tariffs)
15. 선택관세(alternative tariffs)
16. 복합관세(compound tariffs)
17. 비관세장벽(non-tariff barriers : NTB)
18. 수입할당제(import quota system)
19. 수출자율규제(voluntary export restraint : VER)
20. 수출입링크제(export-import link system)
21. 수출보조금(export subsidy)
22. 상계관세(countervailing tariff)
23. 일반특혜관세(generalized system of preference : GSP)
24. 국제수지(balance of payments : BOP)

연습문제

1. 세계경제의 글로벌화를 촉진시키는 요인에 대하여 논하시오.
2. 지역경제통합의 다섯 가지 형태에 대하여 설명하시오.
3. 해외시장의 경제적 환경이 국제마케팅활동에 어떠한 영향을 미치는지에 대하여 논하시오.
4. 비관세장벽의 대표적인 수단에 대하여 설명하시오.

참고문헌

1. 김동기 · 한선민, 국제마케팅론, 박영사, 1997.
2. 김주헌, 국제마케팅, 문영사, 2009.
3. 김 철 · 박주욱, 국제마케팅론, 신영사, 1998.
4. 국제경영연구회 역, 국제화시대의 세계경영전략, 김영사, 1994.
5. 박기안, 국제마케팅, 무역경영사, 2002..
6. 박종수 · 이동호 · 강경훈, 무역학개론, 도서출판 두남, 1995.
7. 반병길, 국제마케팅, 박영사, 2001.
8. 반병길 · 이인세, 글로벌마케팅, 박영사, 2008.
9. 송 면 · 강태구 · 김태기, 무역학개론, 무역경영사, 1995.
10. 안태호, 국제마케팅론, 박영사, 1984.
11. 여운승, 마케팅관리론, 법문사, 1981.
12. 이장로, 국제마케팅, 무역경영사, 1995.
13. 이장로, 무역개론, 무역경영사, 1995.
14. 이 철 · 장대련, 글로벌시대의 국제마케팅론, 학현사, 1998.
15. 한국무역협회, 지역경제통합요람, 1994.
16. 홍성헌, 글로벌경쟁시대의 국제마케팅, 우용출판사, 2008.
17. 황중서, 21세기를 선도하는 국제화시대의 기업, 형설출판사, 1998.
18. Balassa, B., *The Theory of Economic Integration*, London : George Allen and Unwin Ltd., 1969.
19. Cundiff, E. W. and Hilger, M. T., *Marketing in the International Environment*, 2nd ed., Englewood Cliffs, N. J. : Prentice-Hall Inc., 1988.
20. Doole, I. and Lowe, R., *International Marketing Strategy : Analysis, Development and Implementation*, 3rd ed., Thomson Learning, 2001.
21. Kahler, R. K. and Kramer, R. L., *International Marketing*, 4th ed., Cincinnati : South-Western Publishing Company, 1978.
22. McAuley, A., *International Marketing : Consuming Globally, Thinking Locally*, John Wiley and Sons, Ltd., 2001.
23. Terpstra, V., *International Dimensions of Marketing*, 3rd ed., Belmont, California : Wadsworth, Inc., 1993.
24. Yip, G. S., *Total Global Strategy : Managing for Worldwide Competitive Advantage*, Englewood Cliffs, N. J. : Prentice-Hall Inc., 1992.

제6장

문화적 환경

기업이 국제마케팅활동을 성공적으로 수행하기 위해서는 각국의 서로 다른 문화적 환경에 대한 철저한 이해와 분석이 필요하다. 따라서 본 장에서는 문화적 환경의 중요성, 그리고 여러 학자들이 국제마케팅의 문화적인 환경요소를 어떻게 분류하였는가를 검토해 보고, 이어서 광범위한 문화적 환경요소를 하나 하나 구체적으로 살펴본다고 하는 것은 불가능하기 때문에 국제마케팅학자들 대부분이 열거하고 있는 요소인 물질문명, 언어, 종교, 미학, 사회제도 등에 대해서 중점적으로 고찰하고자 한다.

제1절 문화적 환경의 중요성

1995년 UR의 타결에 따른 WTO체제의 출범으로 국경을 넘는 기업활동과 더불어 국제간의 경제교류가 더욱 심화 · 확대됨으로써 전세계가 하나의 시장으로 통합되는 바야흐로 무한경쟁시대가 도래하게 되었다.

이처럼 기업의 국제화 내지는 시장의 범세계화에 직면하고 있는 오늘날의 국제경제환경하에서 우리나라 기업들이 국제화를 성공적으로 추진하고 해외시장을 지속적으로 확대하기 위해서는 기업의 국제마케팅활동을 강화시키는 것이 그 어느 때보다도 시급한 과제로 대두되고 있다.

그런데 여기서 국경을 넘어 마케팅활동을 수행한다는 것은 이질적인 문화적 환경에 접하게 되는 것을 의미한다.

즉 기업의 국제적인 운영은 필연적으로 서로 다른 문화적 환경을 가진 사람 및 조직체와 상호관련을 가지게 되므로, 문화적 환경은 국제마케팅에서 대단히 중요하며 마케팅 프로그램에 직접적이고 커다란 영향을 미치게 된다.

따라서 상이한 문화적 환경에 관한 이해는 표적시장의 선정, 마케팅믹스의 설계, 그리고 제품의 현지적응결정에 필수적인 것이며, 국가별 구매자욕구와 구매자행동에 관한 이해는 국제마케팅의 성공을 위하여 필요한 것이다.

기업은 해외활동을 전개하면서 미처 예상치 못했던 많은 위험에 직면하게 된다. 외부환경으로서 기업이 직면하게 되는 위험 중 가장 큰 손실을 줄 수 있는 것이 정치적 위험이라 할 수 있다. 하지만 현대의 세계경제구조가 국가간 상호연관성이 크게 증대되면서 일국의 정치적 환경이 급변하게 되면 타국에도 많은 영향을 미치게 된다.

따라서 각국은 이러한 환경의 변화를 될 수 있으면 줄이려고 노력하고 있으며, 이러한 노력으로 인하여 세계경제에서 정치적 위험이 차지하는 비중은 점차 줄어들게 되었다.

반면에 기업활동이 국제화되어 가면서 진출지역의 문화적 환경에 더 많은 관심을 갖게 되었다. 이는 진출지역의 문화적 환경에 대한 적응력의 정도가 시장진입뿐만 아니라 안정적으로 국제마케팅활동을 수행하는데 결정적인 요소로 작용하기 때문이다.

오늘날 기업의 마케팅활동은 그 초점을 소비자에게 두고 있는데, 이들 소비자의 소비행태나 사고방식, 습관, 선호 등에 영향을 주는 것이 바로 그 지역의 문화적 환경이다. 더욱이 문화적 환경은 생활속에 체화되어 있어 겉으로 쉽게 드러나지 않는 경우가 많기 때문에 기업의 국제마케팅활동에 있어서 적응하는데 가장 오랜 시간이 걸리며 적응하기 가장 어려운 환경요소이다. 따라서 기업이 성공적으로 국제마케팅활동을 수행하기 위해서는 진출지역의 문화적 환경에 대한 철저한 이해와 분석이 필요하다.

제2절 문화의 개념과 특성

문화(culture)라는 용어는 단순하게 정의할 수 없는 개념으로서 학자들의 관점에 따라 여러 가지로 정의되고 있다. 일반적으로 문화는 인간생활의 모든 부분을 포함하고 있기 때문에 대단히 광범위하고 복잡하다고 할 수 있다.

문화에 대한 여러 학자들의 정의 중 몇 가지를 살펴보면 다음과 같다.

먼저, Tylor의 정의에 따르면 문화란 "지식, 신념, 예술, 도덕, 법률, 관습 그리고 사회의 구성원으로서 인간이 습득한 그 밖의 모든 능력과 습관 등을 포함한 총체적인 것"이라고 정의하고 있다.

Keegan은 문화를 "여러 세대에 걸쳐 인류집단에 의해 형성된 생활방식"이라고 정의하고 있으며, Root 역시 문화를 "여러 세대에 걸쳐 이루어진 특이한 사고방식, 인식, 느낌, 믿음, 행동양식 등 인간사회의 독특한 생활양식"이라고 밝히고 있다.

이외에도 문화란 "인간행동에 영향을 주는 사회적 규범과 반응의 총체", "사회구성원들에 의해 공유되고 학습된 행위의 총체" 등 여러 가지로 정의되고 있다.

이와 같은 문화에 대한 다양한 견해와 정의를 종합해 보면, 문화란 사회환경을 구성하는 요소로서 자신의 형태를 다른 것과 구별시켜 주는 학습된 인간행위의 사회적 규범과 생활방식이며, 국제마케팅환경을 결정짓는 가장 중요한 기초적 요인 중의 하나라고 할 수 있다.

여기에서 가장 중요한 개념은 문화가 선천적인 것이 아니라 후천적으로 학습된 행위(learned behavior)라는 것이다. 문화가 후천적으로 학습된 행위이기 때문에 학습으로서 다른 문화를 배울 수 있고, 이러한 배움의 과정을 통해서 문화적 차이를 극복하며 다른 문화에 적응할 수 있게 된다. 이처럼 문화적 차이를 극복하고 성공적으로 국제마케팅활동을 수행하기 위해서는 현지국 문화를 이해해야 할 뿐만 아니라, 현지국 문화에 적응할 수도 있어야 한다. 문화가 다른 현지국에서 근무하는 국제마케팅 관리자의 경우 이는 더욱 중요하다. 대개의 경우 외국에 나가서 근무하게 되면 새로운 문화에 적응하지 못하여 심리적으로 불안해지는 문화적 충격(culture shock)에 빠지게 된다.

문화적 충격이 생기는 이유는 첫째, 자기 문화권내에서는 익숙하던 일상적인 일들이 다른 문화권에서는 익숙하지 않게 됨으로써 생활에 대한 단절감이 생기게 되고 그에 따라 심리적으로 불안해지기 때문이다. 둘째, 지금까지 지녀 온 가치관의 혼란에서 비롯된다. 지금까지 절대적인 것으로 믿었던 것들도 언어가 잘 통하지 않는 외국에서는 심적 갈등을 유발시킬 수 있기 때문이다. 이러한 상황속에서 업무수행과 실적달성의 심리적 압박감은 문화적 충격을 더욱 가중시킨다.

외국에서 기업활동을 수행하는 국제마케팅 관리자에게는 어느 정도의 문화적 충격이 불가피하나 자기중심적기준(self-reference criterion : SRC)을 버림으로써 그 충격을 다소 줄일 수 있다. 자기중심적기준이란 자기문화는 무조건 옳고 외국문화는 무조건 그르다는 생각에서 외국문화를 야만시하거나 회피하려는 태도를 말한다. 외국문화라하여 무비판적으로 수용하는 것도 문제지만, 무조건 배척하는 것도 국제마케팅 관리자의 올바른 태도는 아니다.

그러므로 국제마케팅 관리자는 문화가 습관적 또는 경험적으로 학습된 사고방식 내지 행동양식이라는 것을 깊이 인식하여 현지국 문화에 빨리 적응할 수 있도록 노력하여야 한다.

아울러 다음과 같은 경우의 국제마케팅 관리자들에게는 현지국 문화에 대한 특별 적응훈련이 필요하다. 첫째, 외국시장에서 활동하고 있는 국제마케팅 관리자가 임기만료 전에 돌아오고자 하는 경우, 둘째, 다른 문화에 적응하는데 문제가 많은 경우, 특히 현지인들과의 접촉에서 계속적인 불만을 토로 할 때, 셋째, 현지근무 중 개인적 또는 상호 문화적인 차이로 인해서 사기 및 생산성이 저하될 때, 넷째, 현지 활동에 있어서 국제마케팅 관리자가 현지국의 현지 고용인, 고객, 일반대중 또는 정부와의 관계에 지나친 우려를 나타날 때, 다섯째, 국제마케팅 관리자가 본사국으로 돌아와 본사국 문화에 재 적응이 어려운 경우 등이다.

한편, 이러한 문화의 특성을 들면 다음과 같이 세 가지로 요약할 수 있다.

첫째, 문화란 선천적인 것이 아니라 후천적으로 학습된 것이다. 즉 문화는 한 세대에서 다른 세대로 문화를 전하는 그룹의 일원에 의해 획득되어지는 것이다.

둘째, 문화에는 여러 가지 요소가 상호관련을 맺으며 내재되어 있다. 종교, 사회적 지위, 학력, 소득수준, 가치관 등과 같은 문화 요소들은 상호 밀접한 관련을 맺고 있다.

셋째, 문화는 확산에 의해 그 사회에 속해 있는 구성원들에 의해 공유되며, 이렇게 공유된 문화는 다른 사회의 구성원이 가진 문화와 확연히 구별된다.

문화는 크게 동양문화와 서양문화로 구분될 수 있고, 작게는 국가에 따라 구분될 수도 있다. 또한 한 국가내에서도 문화는 구별될 수 있다. 예를 들어 중국이나 러시아와 같은 넓은 영토를 가진 국가의 경우 지역에 따라 언어, 행동양식, 종교, 가치관 등이 판이하게 다르며 심지어는 말조차 통하지 않는 경우도 있다.

제3절 문화적 환경의 구성요소

1. 문화적 환경요소의 분류

세계 각국은 각각 그들의 고유한 문화가 존재하고 있으며, 또한 교육수준에도 큰 차이가 있다. 이에 따라 소비자의 생활양식, 소비성향, 구매태도, 사용되는 제품의 종류, 디자인 및 색채, 유통경로, 광고방법 등 모든 사회적 사상은 어느 것이나 그 국가의 사회적, 문화적 소산이다.

소비자가 원하는 제품의 종류는 문화의 발달정도에 따라 결정되고 또 사람들에게 어필(appeal)하는 제품의 디자인은 그 국가의 전통적 문화를 표현하는 것이라고 할 수 있다.

Terpstra는 이러한 문화적 환경요소를 ① 물질문명(material culture), ② 언어(language), ③ 미학(aesthetics), ④ 교육(education), ⑤ 종교(religion), ⑥ 태도와 가치관(attitudes and values), ⑦ 사회조직(social organization) 등 일곱 가지로 분류하여 설명하였다.

반면에 Fayerweather는 문화적 환경요소를 ① 종교(religion), ② 가족(family), ③ 교육(education), ④ 사회제도(social system) 등 네 가지로 분류하였으며, Murdock과 같은 사람은 다음과 같이 70개 이상의 많은 문화적 요소를 열거하였다.

연령구조, 운동경기, 장신구, 캘린더, 청결훈련, 공동체조직, 요리, 협동, 우주론, 구혼, 춤, 장식예술, 점, 분업, 해몽, 교육, 종말론, 윤리, 국화, 예법, 신앙요법, 가족, 경축일, 민속, 음식금기, 장례식, 오락, 제스처, 선물제공, 정부, 인사, 헤어스타일, 적대감, 집안청결, 근친상간금기, 상속법, 농담, 혈족집단, 혈족용어, 언어, 법률, 미신, 마술, 결혼, 식사시간, 약품, 자연에 대한 겸손, 애도, 음악, 신화, 숫자, 체벌, 성명, 인구정책, 소유권, 종교의식, 거주법, 영혼관념, 성적제약, 신분차이, 기후 등…….

이외에 여러 학자들이 분류하고 있는 문화적 환경의 구성요소를 살펴보면 [표 6-1]과 같다.

[표 6-1] 문화적 환경의 구성요소

학 자	문화의 구성요소
J. Daniels	① 일과 성취에 대한 태도, ② 미래에 대한 태도, ③ 의사결정에 대한 태도, ④ 권위에 대한 태도, ⑤ 가족에 대한 책임, ⑥ 사회구조
E. T. Hall	① 시간의식, ② 공간의식, ③ 물질적 소유, ④ 우정의 패턴, ⑤ 합의도달의 패턴, ⑥ 상호작용, ⑦ 결합(association), ⑧ 생존방식, ⑨ 남녀관계, ⑩ 영역·공간에 대한 의식, ⑪ 시간에 대한 의식, ⑫ 학습, ⑬ 놀이, ⑭ 방어, ⑮ 환경에 대한 이용
E. J. Kolde	① 사고방식, ② 문제해결방식, ③ 구두(口頭)의사소통, ④ 비언어적 의사소통, ⑤ 계급구조, ⑥ 경영자의 사회적 지위, ⑦ 권력지향성, ⑧ 위험의 회피, ⑨ 의사결정 스타일, ⑩ 리더쉽 스타일, ⑪ 성취의 개념, ⑫ 친족간의 유대, ⑬ 개인주의 대 집단주의, ⑭ 성적(性的) 유형화, ⑮ 시간의식, ⑯ 언어, ⑰ 무질서(anomie)
P. Harris and R. T. Moran	① 의사소통과 언어, ② 의복과 외양, ③ 음식과 식사습관, ④ 시간의식, ⑤ 보상과 인정, ⑥ 관계(relationship), ⑦ 가치관과 규범, ⑧ 자아와 공간의식, ⑨ 지적 과정과 관습, ⑩ 신념과 태도, ⑪ 각종의 사회적 시스템(가족, 교육, 정치, 경제, 종교, 단체, 건강, 오락 등)
G. Hofstede	① 권력간의 간격, ② 개인주의 대 집단주의, ③ 불확실성의 회피성향, ④ 남성다움 대 여성다움
P. Cateora	① 물질문명 : 기술·경제, ② 사회제도 : 사회조직·교육·정치구조, ③ 인간·우주·세계관 : 신념체계, ④ 미학 : 조형예술·민속·음악·연극·무용, ⑤ 언어
V. Terpstra	① 물질문명, ② 언어, ③ 미학, ④ 교육, ⑤ 종교, ⑥ 태도와 가치관, ⑦ 사회조직
J. Fayerweather	① 종교, ② 가족, ③ 교육, ④ 사회제도
E. W. Cundiff and M. T. Hilger	① 언어, ② 종교, ③ 문화적 제도, ④ 계급구조, ⑤ 미학, ⑥ 사회패턴
G. Albaum	① 언어, ② 종교, ③ 가치관과 태도, ④ 법률, ⑤ 교육, ⑥ 정치, ⑦ 기술 및 물질문화, ⑧ 사회조직

자료원 : 원종근·현인규·지남웅, 전게서 p. 101와 필자가 기존문헌을 조사하여 첨가하였음.

2. 문화적 환경요소

국제마케팅의 문화적 환경은 앞에서 살펴본 바와 같이 너무나 광범위하기 때문에 그 환경요소에 대한 통일적인 분류방법이라는 것은 없다. 따라서 학자들이 필요성에 따라 나름대로 환경요소를 분류하고 있는데, 여기서는 기업의 국제마케팅활동에 큰 영향을 미칠 수 있는 요소들인 물질문명, 언어, 미학, 종교, 가족제도, 교육수준, 사회제도 등으로 나누어 살펴보기로 한다.

1) 물질문명

물질문명(material culture)이란 인간이 물질적 재화를 창출하는데 이용되는 도구, 지식 및 기술의 집합체라 할 수 있다. 예를 들어, 산에 있는 나무 그 자체는 물질문명의 일부가 될 수 없지만, 그 나무를 이용하여 집을 지었다면 그것은 물질문명의 일부라 할 수 있다.

이처럼 활용가치가 많은 기술수준과 물질문명의 발달정도는 국가간에 차이가 있기 때문에 선진국, 농업국, 저개발국, 석기시대, 원자력시대, 우주시대 등 여러 용어들이 사용되고 있다.

기술이란 새로운 물질을 개발하거나 기존에 있던 물질의 개량을 통하여 그 가치를 높이기 위해 사용하는 수단을 의미한다. 이러한 기술은 인간과 자연환경과의 관계를 보여주는 문화체계이다. 기업측면에서 볼 때 기술에는 모든 기술의 바탕이 되는 기초과학기술, 기업의 생산효율성을 높일 수 있는 생산기술, 마케팅 · 재무 · 조직을 관리하기 위한 경영관리기술 등이 포함된다.

기술이 한 국가의 물질문명에 미치는 영향을 살펴보면 다음과 같다.

첫째, 기술은 물질문화수준을 높이는 중요한 매개체인 기업의 경쟁력에 절대적인 영향을 미친다. 현대의 기업활동은 국경의 개념이 없어졌기 때문에 어느 기업이 보다 효율적인 방법 혹은 저비용으로 소비자의 욕구를 가장 잘 충족시킬 수 있는 제품을 만드는가에 따라 기업의 경쟁력이 결정되게 된다. 따라서 기업들은 경쟁력의 핵심이 되는 기술을 개발 혹은 강화하기 위하여 기업간의 전략적 제휴, 매출액 대비 R&D 비용의 증대 등 많은 노력을 기울이고 있다.

둘째, 기술은 사회구성원들의 소비욕구를 변화시키는 역할을 한다. 제품제조기술의 발달은 소비자가 쓰기 편한 제품의 생산을 가능하게 만들고, 유통기술의 발달은 소비자가 원하는 장소에서 제품을 구매할 수 있게 하며, 대중매체 기술의 발달은 제품에 관한 정보를 신속하게 제공함으로써 제품에 대한 구매욕구를 변화시킨다. 예를 들면, 컬러TV가 개발되면서 소비자들의 욕구는 흑백TV구매에서 컬러TV구매로 옮겨갔다. 옷을 제조하는 방식도 과거에 기술자가 손으로 만들던 것이 이제는 컴퓨터를 이용해 만들고 있다. 또한 유통에 있어서도 운송기술의 획기적 발전으로 과거 우리나라 소비자들이 쉽게 접할 수 없었던 과일이나 농산물들을 쉽게 구할 수 있게 됨으로써 소비욕구가 변하게 되었다.

셋째, 기술의 발달과 확산은 전통적인 문화관습과의 충돌을 유발한다. 교통 · 통신기술의 발달로 상이한 문화간의 접촉기회가 늘어나며, 이에 따라 문화의 수용과 충돌이 발생한다. 과거 우리나라의 전통적인 의복, 가옥구조, 가치관 등은 외국문화의 접촉과 수용으로 인해 많이 변하게 되었다. 즉 한복을 평상복으로 입고 다니는 사람은 거의 없으며 대신에 젊은 층은 청바지나 티셔츠 등을, 장년층은 양복을 평상복으로 입게 되었으며, 가치관에 있어서도 가족 중심적이고 집단을 중시하던 경향에서 벗어나 개인 중심적인 가치관이 점차 팽배하게 되었다.

2) 언어

언어는 문화의 거울이라고 일반적으로 불리워진다. 즉 언어가 다르면 일반적으로 문화권이 달라진다. 따라서 다른 문화를 이해하기 위해서는 언어에 대한 이해가 선행되어야 한다. 이와 같은 언어에 대한 이해는 단지 기술적인 차원을 넘어서 그 문화의 올바른 컨텍스트(context) 안에서 이해할 수 있는 수준을 의미한다.

국제마케팅 관리자에게 이러한 각국의 언어에 대한 이해는 필수적이라고 할 수 있다.

특히 언어에 대한 부주의가 번역상의 오류로 나타나고 그 결과 국제마케팅에 부정적인 영향을 미치는 경우가 많이 있다.

일반적으로 광고전략에서 발생할 수 있는 대부분의 실수들은 바로 이 언어의 차이에 기인하게 되는데, 여기에 관련된 몇 가지 사례를 살펴보기로 한다.

Pepsi-Cola는 리더스 다이제스트(Reader's Digest) 대만판에 "펩시와 함께 활력을(Come alive with Pepsi!)"이라는 광고슬로건을 사용하였는데, 이것을 중국어로 표기하면 "조상을 죽음으로부터 소생시키다(Pepsi brings your ancestors back from the dead!)"라는 의미로 잘못 번역되었다. 또한 독일에서도 이 슬로건을 "펩시와 함께 무덤에서 나오다(Come out of the grave with Pepsi!)"라는 뜻으로 번역되어 문제가 되었었다.

이와 비슷한 사례로 General Motors는 벨기에에서 "피셔가 만든 차체(Body by Fisher)"라는 광고슬로건을 사용하였는데, 이것이 Flemish語로는 "피셔가 죽인 시체

(Corpse by Fisher)"라는 뜻으로 잘못 해석되어 큰 곤란을 겪기도 했다.

Colgate-Palmolive는 불어사용권에 있는 국가에 "Cue"라는 상표의 치약을 판매할 때 큰 실수를 범했다.

즉 "Cue"의 의미가 프랑스에서는 외설적인 뜻을 지니고 있다는 사실을 모른채 계속 사용해 왔던 것이다.

또한 이와 비슷한 사례로 브라질에 취항하고 있는 미국의 한 항공사는 기내에 "rendezvous lounges"가 마련되었다고 광고를 하였는데, 이 "rendezvous"라는 의미가 포르투칼語로 "사랑을 하기 위해 임대한 방"이라는 사실을 뒤늦게 알게 되어 이를 시정하는 해프닝이 일어나기도 했다.

한편 언어에는 침묵의 언어, 즉 제스처나 얼굴 표현 등이 있는데, 이것들이 중요한 의사전달수단으로 사용되는 경우가 많이 있다. 문화적 환경에 따라 이러한 비언어적 의사전달의 의미와 내용이 전혀 달라지는 경우도 많다.

예를 들어 미국 사람들이 공통적으로 사용하는 'OK'라는 손짓을 생각해 보자. 프랑스에서는 이것이 '0'을 의미하며 일본에서는 '돈'을 상징한다. 그러나 남미지역에서는 저속한 제스처다. 어떤 운 나쁜 회사는 그들 제품 카탈로그의 매 페이지마다 이러한 OK 마크를 모두 인쇄하고 나서야 비로서 이 사실을 알게 되었다. 이 실수는 즉시 발견되었지만 카탈로그가 다시 인쇄되어 나오는데 무려 6개월이나 걸렸다.

머리를 흔드는 동작은 해석하기가 특히 어렵다. 미국 사람들이 머리를 아래 위로 흔들면 '네'라는 뜻이다. 하지만 대부분의 영국 사람들에게는 이 동작이 '듣고 있습니다'라는 의미이지, 반드시 '동의하고 있다'는 뜻은 아니다. 미국 사람들은 '아니오'라고 대답하기 위해 머리를 좌우로 흔드는 반면 중동 사람들은 약간 거만해 보이게 머리를 뒤로 홱 젖혀 보이고, 극동 지역에서는 얼굴 바로 앞에서 손을 흔들며, 에티오피아에서는 손가락을 좌우로 까딱인다. 흥미 있다는 것을 나타내기 위해서 인도 사람들은 때로 그들의 머리를 약간 양옆으로 흔들거리는 반면 뉴질랜드 사람들은 숨을 한 번 잠깐 들이마신다. 자기 목을 손으로 긋는 무서운 동작이 스와질란드에서는 놀랍게도 '당신을 사랑합니다.'라는 뜻이다. 손등을 밖으로 하고 승리의 브이(V)자를 표시하는 것은 유럽인들에게는 모욕적인 제스처다.

손바닥을 하늘을 향한 채 집게손가락을 까닥이는 동작은 많은 나라에서 '이리 와'라는 뜻이지만 어떤 나라에서는 저속한 제스처다. 에티오피아에서는 손을 내밀어

손바닥을 밑으로 향한 후 반복해서 주먹을 쥐었다 폈다 하면 상대방을 부르는 신호가 된다. 팔짱을 끼는 행동은 피지(Fiji)에서는 존경을 뜻한다. 하지만 핀란드에서는 이것이 거만한 자세다. 에티오피아 사람들에게는 손가락 하나를 입술에 대는 동작이 어린이들에게 조용하라고 타이르는 뜻인 반면, 손가락 4개를 입술에 대면 어른에게 정숙해 달라는 부탁의 표시다.

손가락질은 상당히 위험한 동작이다. 북미에서는 이러한 동작이 매우 평범한 제스처지만 다른 나라에서는 몹시 무례한 행동으로 간주된다. 이는 특히 아시아와 아프리카 지역에서 심하다. 그래서 주먹을 살짝 쥐고 엄지손가락으로 가리키는 것이 일반적으로 가장 안전한 방법이다. 엄지손가락을 위로 치켜드는 동작이 북미에서는 긍정적인 제스처로 쉽게 받아들여지지만 중동 지역에서는 저속한 모욕으로 여겨진다.

따라서 국제마케팅 관리자들은 현지국의 언어뿐만 아니라 이러한 비언어적 의사전달수단, 즉 제스처나 얼굴 표현의 차이와 의미까지도 이해할 수 있어야 한다. 특히 산업재 마케팅에 있어 1차적 과제는 현지국의 구매자 또는 현지정부 관리자들과의 협상을 할 때 원만한 의사소통을 하는 것이다. 이처럼 언어는 특정시장국의 문화를 이해하는데 핵심요소가 될뿐만 아니라 그 문화권 내에서 의사소통을 하는 데도 반드시 필요한 수단이므로 국제마케팅 관리자는 어떤 방법으로든지 언어문제를 극복할 필요성이 있다.

3) 미학

미학(aesthetics)이란 음악, 미술, 연극, 무용 등의 예술과 색채 및 형상에 관한 특별한 감상으로 표현되는 미와 기호에 관한 개념을 말한다.

그런데 이러한 미적 감각의 표현과 이해는 국가에 따라 차이가 있는데, 예를 들어 국가에 따라 선호하는 색상이 다르고, 색의 의미도 달라진다.

특히 상징적 의미를 가지는 색깔의 경우 국가에 따라 많은 차이를 보이고 있다. 검정색이 미국이나 유럽의 경우에는 죽음 또는 장례식의 상징으로 표현되나, 일본이나 한국, 중국에서는 백색이 동일한 의미로 상징된다. 이러한 색의 의미의 차이가 국제마케팅에 영향을 미치는 것을 보여주는 사례가 있다. 유나이티드(United)항공사가 서울에 처음으로 취항시 이를 축하하기 위하여 승무원들이 탑승객들에게 하얀 카네이션 꽃을 가슴에 달아주는 행사를 가졌다. 그러나 한국인 여승객들은 대부분 이를 거절했다. 서울에 도착하여 그 이유를 알아 본 결과 한국에서는 죽은 사람을 추모하기 위하여 흰 카네이션 꽃을 가슴에 단다는 것을 알고 항공사에서 즉시 그 행사를 중지시켰다는 일화가 있다.

이처럼 미적 감각의 차이는 국제시장에서 판매하고자 하는 제품의 색채, 도안 및 포장, 광고의 배경 및 일러스트레이션 선정 등에 큰 영향을 미친다.

[표 6-2]는 각국이 혐오하는 색깔을 요약해서 보여주고 있다.

[표 6-2] 각국의 혐오색일람

국 명	혐오색	금 기 및 해 설
자유중국	백·흑·청	·극동제국에서는 전통적으로 백색 등이 상색(喪色)이다. 중국에서는 특히 백색을 싫어함. ·사례 : 외국계 석유회사의 개솔린 스탠드를 규정대로 백색으로 도장했는데 장의의 색채라는 이유로 손님이 얼씬도 하지 않았으며 석유마저 사지 않았음. ·개는 불길한 상징으로 터부시함.
이라크		국기의 올리브 그린(olive green)은 토템(totem)의식의 상징이므로 상업목적의 사용은 금기임.
이집트		로다스(차스)나 악어는 토템으로 신성시하고 있으므로 금기임. 어떤 섬유회사에 악어에 창이 꽂힌 모양의 포장 디자인을 하여 수출하였다가 이집트인의 노여움을 사 반품 되었다는 이야기가 있음.
홍콩	백·흑·청	중국의 색채 편견이 지배되며, 청은 비애를 연상시킴.
말레이지아	황	황색은 회교군주의 황체색이므로 결코 황색 복장을 착용하지 않음.
이스라엘	황	중세기 여러 나라에서 거주하고 있는 유대(Juda)민족은 황색의 천을 걸치도록 강제되어 있었다. 그런데 A. Hilter에 의해서 나치즘(nazism)의 시대에 들어와 그 실천이 부활되었다. 이러한 연유로 이스라엘에서는 불길한 색이라고 극도로 혐오함.
시리아	황	황색은 죽음을 상징하므로 회교도가 모두 싫어함.
스위스	흑	흑색은 상색(喪色)으로 좋아하지 않으나 자동차의 흑색은 일반적으로 좋아함.
브라질	자·황·농다색	자색은 비애를 뜻하며 황색은 절망에 빠지게 한다는 미신이 지배하고 있다. 또한 자색과 황색의 배색은 병의 전조라고 믿고 있으며 농다색은 불길을 초래한다고 대단히 싫어함.
모로코	적·황	서부지역에서 직물의 색으로서 싫어함.
페루	자	자색은 10월의 종교상의 의식에 사용되기 때문에 일반적으로 사용하지 않음.

자료원 : 한국디자인 포장센터, "해외시장에 있어서의 색채선호" 「디자인과 포장시리즈」, 1971, pp. 37~53. 박기안, 국제마케팅론, 법경사, 1998, p. 354에서 재인용.

(사례) 색상 선택의 까다로움

포장과 제품의 색상 선택은 아주 까다롭기 이를 데 없다. 기업들이 해외에서 제품을 판매하려다 실패했지만 도무지 그 이유를 모르는 경우가 있다. 그런데 그 이유는 아주 단순한 데 있는 경우가 많다.

제품이나 포장의 색상이 적당치 않다는 점이다. 예를 들어 녹색은 녹음이 짙은 울창한 정글을 가진 나라에서는 대개 질병과 연관이 되어 있지만, 프랑스나 네덜란드, 스웨덴에서는 화장품과 연관되어 있다.

그러나 노랑이나 주황 같은 밝은 계통의 색상은 많은 나라에서 환희를 의미한다. 세계 대부분의 민족에게는 파랑이 남성다운 색깔로 여겨지고 있으나 영국이나 프랑스에서는 오히려 빨강이 보다 더 남성다움을 뜻한다. 그렇지만 이란에서는 파랑이 꺼려지는 색깔이다.

미국 사람들은 핑크색을 가장 여성적인 색이라고 생각하지만 그 밖의 여러 나라에서는 노란색을 가장 여성적인 색깔로 꼽는다.

빨간색은 아프리카 몇몇 나라에서 불경스럽다고 간주되는 색깔이지만 다른 나라에서는 부나 사치를 반영하는 색깔로 여겨지곤 한다. 라틴 아메리카에서 팔리는 많은 상품 포장에 성공적으로 사용되고 있는 것은 빨간색 동그라미이다. 그런데 아시아의 일부 지역에서는 이것이 별로 인기가 없다. 왜냐 하면 그 모양이 일장기의 이미지를 그대로 닮았기 때문이다.

상품 포장 라벨에서 흔히 발견하기 쉬운 것이 꽃그림인데 이를 사용할 때도 상당한 세심함이 요구된다. 꽃과 그 꽃의 색은 숨겨진 의미가 있게 마련이다. 프랑스와 영국의 식민지하에 있었던 많은 나라들에서는 흰색 백합이 주로 장례식에 사용되는 꽃이다. 하지만 멕시코 사람들에게는 미신적인 마법을 쫓을 때 사용하는 꽃이다.

보라색 꽃은 브라질 사람들에겐 죽음을 상징한다. 멕시코에서는 노란 꽃이 죽음이나 불경을 상징하는 반면, 프랑스와 러시아에서는 노란 꽃이 배신을 상징한다.

자료원 : 이광철·이재유 역, 초일류기업의 비즈니스 대실수, 김영사, 1995, pp. 49~51
(원저 : D. A. Ricks, Blunders in International Business, Blackwell Publishers, 1993)

4) 종교

국제마케팅활동을 결정하는 요인으로서 종교는 그다지 큰 의의를 갖지 못한다는 견해도 있으나, 국제기업은 해외시장에 있는 소비자들의 소비행동을 정확하게 파악하기 위해서는 그 나라의 종교에 관한 지식이 필요하다. 즉 종교는 앞에서 언급한 물질문명, 언어, 미학 등과 더불어 국제마케팅활동에 영향을 미치는 중요한 요소 중의 하나라 할 수 있다.

종교는 도덕 및 윤리기준의 주요 결정요인으로서 인간들의 가치관, 생활태도, 구매동기, 소비성향 등에 큰 영향을 미치고 있을 뿐만 아니라, 사회적인 제도와 관습,

그리고 종교차이에 의한 분쟁 등은 그 나라의 경제질서에도 영향을 미치고 광고상의 표현에도 주의를 기울이게 한다. 오늘날의 종교는 중세시대와 같이 직접 정치에 밀착되어 있지 않지만, 그래도 인간들의 정신생활과 일상생활에 커다란 영향을 주고 있다. 그리고 모든 국가의 휴일이나 축제일은 그 나라의 종교행사를 기초로 하여 결정하고, 그러한 종교적 행사는 특정상품에 대한 수요기를 형성하기도 한다.

예를 들어, 크리스마스와 같은 종교적 행사에서 출발된 축제가 현재에는 종교적인 행사로서만 그치는 것이 아니라 행사기간동안 특정상품에 대한 수요를 촉진할 수 있게 되었다.

뿐만 아니라 종교적인 터부(taboo)가 소비패턴에 커다란 영향을 미치는 경우도 있다. 예를 들면 힌두교인은 소를 신성시하고 있기 때문에 일반적으로 쇠고기를 먹지 않을 뿐만 아니라 소의 디자인이 들어 있는 상품에 대해서도 경원하게 된다.

회교국가에서는 주류를 금하고 있어 주류의 판매가 금지되거나 제한되기 때문에 과실쥬우스나 청량음료수에 대한 적절한 시장이 되고 있다.

이처럼 국가에 따라 종교적인 차이가 있기 때문에 국제마케팅 관리자가 효과적인 국제마케팅활동을 하기 위해서는 종교에 관한 중요성을 인식하고 그 특성을 정확하게 파악해야 할 것이다.

그러면 국제기업이 해당국가의 종교, 관습 및 미신에 대한 지식과 이해가 부족하여 실패한 사례를 몇 가지 살펴보기로 한다.

Exxon사는 휘발유를 각국의 기후조건에 따라 다양하게 개발하여 판매하는 적응화된 제품전략을 사용했으나, 광고는 “Put a Tiger in Your Tank”라는 표준화된 광고메시지로 태국을 제외한 대부분의 시장에서 대단히 성공적으로 사용되었다. 다만 태국의 경우 호랑이는 강한 힘을 상징하는 것이 아니라 정글의 위험한 동물로만 생각하기 때문에 좋은 반응을 얻지 못했다.

이와 비슷한 사례로서, 한 유명한 안경판매업자가 태국에서 소비자들의 관심을 끌기 위한 수단으로 안경을 쓰고 있는 동물의 모습을 광고에 사용하였는데 별다른 효과를 보지 못했다.

그 이유는 태국인들이 동물을 모델로 이용한 광고에는 호의적인 태도를 보이지 않았기 때문이었다.

또한 어떤 항공사의 경우, 타지역에서는 지극히 정상적인 신문광고 때문에 사우디아라비아 정부로부터 첫 출항을 금지당할 뻔 했다. 이 광고는 아주 매력적인 스튜어디스가 즐거워하는 비행기 승객들에게 샴페인을 날라주는 사진이었다.

사우디아라비아에서는 알코올이 불법이었고 천으로 얼굴을 가리지 않은 여자가 감히 남자와 섞여 있는 것이 허락되지 않는다. 그래서 이곳 사람들은 그 사진을 그들의 종교적 관습을 바꾸려는 괘씸한 시도로 간주했던 것이다. 이처럼 현지종교의 특성을 제대로 고려하지 않으면 수많은 어려움을 자초하게 된다. 많은 회사들이 아시아에서의 광고에 부처의 사진을 실었을 때 이런 유형의 문제를 만났다. 이 지역에서는 종교적인 유대가 너무 강하다. 그래서 광고에 그 나라 종교의 상징을 함부로 사용하는 것은 현지 사람들의 감정을 자극할 수 있다. 특히 부처의 얼굴 사진에 글자를 가로질러 인쇄했다가는 그 글자가 심사숙고한 끝에 넣어진 것이든, 아니면 우연히 그렇게 된 것이든 상관없이 봉변을 당한다.

어떤 회사는 무지몽매하게도 그러한 전략을 구사했다가 거의 파산할 뻔했다. 이 사소해 보이는 우연한 사고가 몇 년을 두고 기억되는 국제적인 정치문제로까지 번졌던 것이다.

이와 비슷한 사례로서 타이어 제조회사인 일본의 요코하마 고무사는 이슬람교를 믿는 중동국가와 브루나이에 수출한 지프승용차의 타이어 홈모양이 아랍어로 알라와 비슷했던 것이다. 이 타이어를 장착한 미쓰비시 자동차의 지프승용차가 회교국가들에 수출되자 현지국민들이 타이어 무늬가 아랍어로는 알라신을 뜻하는데 어떻게 알라신을 굴리고 다니냐고 반발하면서 알라신을 모독했다고 들고 일어났다. 단순히 항의 차원에서만 끝난게 아니고 이슬람 종교지도자들이 타이어의 회수를 요구하는 등 불매운동에 시달려야 했다. 결국 이미 수출한 타이어를 회수하는 것은 물론 생산까지 중단하는 소동을 겪었다.

요코하마 고무는 이 같은 무늬를 새겨 넣게 된 배경이 운전자의 안전을 최대로 고려해 컴퓨터설계로 디자인한 것일 뿐이라고 해명했다. 또 이슬람교에 대해 몰랐기 때문에 생긴 실수일 뿐 고의성은 전혀 없었다고 해명하는 사과광고를 게재해야만 했다. 동시에 이 무늬가 들어간 제품의 생산중단 및 이슬람국가에 수출한 타이어를 전부 회수하고 전량 새로운 타이어로 교환해 줄 것을 약속해야만 했었다.

5) 가족제도

가족은 사회제도상 가장 기본적인 생활단위인데 그 형태는 국가에 따라 차이가 있다. Fayerweather는 가족제도를 지역과 관습에 따라 아래와 같이 세 가지 형태로 구분하고 있다.

첫째, 이슬람교 지역에서의 주부는 하나의 종속적인 존재이며 가사에 관한 발언권과 통제력은 거의 가지고 있지 않다. 이와 같은 일반적인 유형은 아직도 많은 중동제국에 상존하고 있다.

둘째, 중남미제국에서의 유형으로 주부는 이슬람제국의 주부보다는 많은 권리를 가지고 있지만, 아직도 남성의 종속적 위치에 있으며 사소한 문제는 자기 스스로 결정할 수 있으나 모든 문제의 최종결정은 남성의 권한에 속한다.

셋째, 대부분의 구미제국에서 발견할 수 있는 유형으로서 국가간에 다소의 차이는 있지만 그 기본신조는 남녀평등으로 여성의 지위가 확립되어 있다.

이처럼 남녀의 지위가 지역에 따라 차이가 있는 것을 알 수 있다. 따라서 한 가정에서 남성이 절대적인 구매결정권을 가지고 있는 지역에서는 남성을 대상으로 마케팅활동을 해야 할 것이고, 여성이 그 권한을 가지고 있는 지역에서는 여성을 대상으로 마케팅활동을 해야 할 것이다.

일반적으로 개발도상국에서는 아직까지 대가족제도의 형태를 취하고 있는 국가가 많이 있지만, 사회가 발달하고 소득이 향상됨에 따라 부부를 중심으로 한 핵가족제도가 점차적으로 보편화되어 가고 있다. 따라서 효과적인 국제마케팅활동을 전개하기 위해서는 이러한 가족제도가 어떻게 형성되어 있는가를 충분히 고려해야 한다.

6) 교육수준

교육수준에 따라서 상품의 소비태도나 그 수준은 달라지게 된다. 교육수준이 높다는 것은 서적, 미술, 여행 혹은 문화활동에 대한 수요가 대폭적으로 신장할 뿐만 아니라 상품의 성능 및 품질에 대한 요구도 높아지는 것이 일반적이다. 즉 이것은 자기의 생활을 풍요롭게 하기 위한 노력이나 인간으로서의 행복을 추구할려는 노력 때문에 새로운 상품에 대한 관심이 높아진다는 것을 의미한다. 그리고 교육수준이 높은 국가일수록 광고활동에 있어서 디자인이나 포장, 그리고 그 밖의 것을 정도를 높이하여 복잡화함과 동시에 세련되게 하여야만이 그 효과를 얻을 수가 있게 된다.

반면에 교육수준이 낮은 국가에서는 최신의 각종기기의 사용법 및 효용을 이해시키는 것이 매우 곤란하다. 또한 전통적인 인습에 물들어 있어 광고면에 있어서도 문장으로 표현하여도 그것을 충분히 이해할 수 없기 때문에 효과를 거둘수 없으므로 형태 또는 색채로 그것을 표현하는 것이 오히려 효과적이다.

이처럼 교육수준의 차이가 국제마케팅활동을 제약하는 중요한 요인이 되고 있기 때문에 사전에 이에 대한 철저한 분석이 필요하다.

7) 사회제도

사회제도(social institution)란 한 인간이 다른 동료와 관계를 맺는 하나의 수단으로서 사회적 행동이 규정지어지는 단위와 구조를 말한다.

세계 각국의 사회제도는 매우 다양하며 각국마다 특유한 가치기준을 가지고 있다. Fayerweather에 의할 것 같으면 한 국가의 사회제도는 두 가지 방법으로 구매우선순위에 영향을 준다고 하였다. 즉 사회유형에 일치하려고 하는 사람들의 욕구와 사회적으로 인정받기 위하여 명성을 획득하려고 하는 사람들의 욕구 등 두 가지 성향이 있다고 주장하였다. 이와 같은 성향은 소비자들이 구매제품을 선택하고 소비자들로 하여금 구매하도록 영향을 주는 한 요인이 된다. 사회적인 지위나 신분에 대한 사고방식, 사회적 명성에 대한 욕망 등은 자연발생적으로 형성되어 그것들에 의하여 제품의 구입방법, 구매결정자, 제품사용자, 제품사용에 대한 제한, 유통경로, 판매촉진방법 등에 영향을 미치게 된다. 또한 세계는 다수의 인종이나 민족에 의해 구성되고 있는데, 바로 이러한 인종이나 민족의 다양성이 해외시장의 특수성을 결정하는 것 중의 하나이다. 그것은 인종이나 민족에 의해 그 나라의 사회구조가 구성되며 생활수준, 생활양식 등에 차이가 생겨나기 때문이다.

이상에서 살펴본 바와 같이 국제마케팅의 문화적 환경을 물질문명, 언어, 미학, 종교, 가족제도, 교육수준, 사회제도 등 일곱 가지 요소로 분류하여 고찰해 보았다.

문화는 앞에서 언급한 바와 같이 사회환경을 구성하는 요소로서 자신의 형태를 다른 것과 구별시켜 주는 학습된 인간행위의 사회적 규범과 생활방식이며, 국제마케팅환경을 결정짓는 가장 중요한 기초적 요인 중의 하나이다.

따라서 국제마케팅 관리자는 문화가 습관적 또는 경험적으로 학습된 사고방식 내지 행동양식이라는 것을 깊이 인식하여 현지국 문화에 빨리 적응할 수 있도록 노력하여야 한다.

오늘날 기업활동이 국제화되어 가면서 해외시장의 문화적 환경에 더 많은 관심을 갖게 되었다. 이는 해외시장의 문화적 환경에 대한 적응력의 정도가 시장진입뿐만 아니라 안정적으로 국제마케팅활동을 수행하는데 결정적인 요소로 작용하기 때문이다.

과거 국제마케팅 관리자들이 이러한 문화적 환경을 간과함으로써 해외시장에서 실패한 사례가 많이 있다. 다시 말하면 해외시장에서의 수많은 실패는 언어, 종교, 가치관, 사회조직 등 현지국의 문화적 환경을 무시한 결과 야기되었던 것이다.

이처럼 해외시장의 문화적 환경에 대한 지식과 인식의 부족 또는 단순한 사고방식은 국제마케팅 관리자가 소기의 기업목적을 달성하는데 제약요인이 되고 있다. 따라서 국제마케팅활동을 성공적으로 수행하기 위해서는 각국의 서로 다른 문화적 환경에 지식과 인식을 제고해야 할 필요가 있다. 특히 우리 나라 기업들의 해외시장진출은 그 역사가 짧고 축적한 지식이나 경험 역시 부족하기 때문에 국제마케팅의 문화적 환경에 대해 더 많은 배전의 관심을 가져야 할 것으로 본다.

주요용어

1. 문화(culture)
2. 자기중심적 기준(self-reference criterion : SRC)
3. 문화적 충격(culture shock)
4. 물질문명(material culture)
5. 미학(aesthetics)

연습문제

1. 문화적 환경의 중요성에 대하여 설명 하시오.
2. 문화적 환경의 구성요소를 들고, 이들이 국제마케팅활동에 미치는 영향에 대하여 사례를 들어 논하시오.
3. 문화의 개념과 특성에 대하여 설명하시오.
4. 문화적 충격이 발생하는 이유에 대하여 설명하시오.
5. 기술의 발전이 한 국가의 물질문명에 미치는 영향에 대하여 설명하시오.
6. 종교가 국제마케팅활동에 어떠한 영향을 미치는지를 사례를 들어 설명하시오.

참고문헌

1. 김동기 · 한선민, 국제마케팅론, 박영사, 1997.
2. 김 철 · 박주욱, 국제마케팅론, 신영사, 1998.
3. 김희철, 글로벌시대의 국제마케팅, 도서출판 두남, 2007.
4. 박기안, 국제마케팅론, 법경사, 1998.
5. 안태호, 국제마케팅론, 박영사, 1983.
6. 원종근 · 현인규 · 지남웅, 국제마케팅론, 법문사, 1995.
7. 윤덕노, 브랜드 사주팔자, 진화, 1994.
8. 이광철 · 이재유, 초일류기업의 비즈니스 대실수, 김영사. 1995.
9. 이 철 · 장대련, 글로벌시대의 국제마케팅론, 학현사, 2008.
10. 홍성헌, 글로벌경쟁시대의 국제마케팅, 우용출판사, 2008.
11. Albaum, G. et al., *International Marketing and Export Management*, Mass. : Addison-Wesley Publishing Company, 1990.
12. Carson, D., *International Marketing : A Comparative Approach*, New York : John Wiley and Sons, Inc., 1967.
13. Cateora, P. R., *International Marketing*, 7th ed., Homewood, Ill. : Richard D. Irwin. Inc., 1990.
14. Cundiff, E. W. and Hilger, M. T., *Marketing in the International Environment*, 2nd ed., Englewood Cliffs, N. Y. : Prentice-Hall Inc., 1988.
15. Doole, I. and Lowe, R., *International Marketing Strategy : Analysis, Development and Implementation*, 3rd ed., Thomson Learning, 2001.
16. Fayerweather, J., *International Marketing*, Englewood Cliffs, N. J. : Prentice-Hall Inc., 1970.
17. Hall, E. T., *Bayond Culture*, Garden City, N. J. : Anchor Books, 1977.
18. Hoebel, A., Man, *Culture and Society*, New York : Oxford University Press, 1960.
19. Keegan, W. J., *Global Marketing Management*, 4th ed., Englewood Cliffs, N. J. : Prentice-Hall Inc., 1989
20. Martyn, H., *International Business : Principles and Problems*, New York : Collier-Macmillan, 1964.
21. Mazze, E. M., "How to Push a Body Abroad Without Marking It a Corpse," *Business Abroad*, August 10, 1964.
22. McAuley, A., *International Marketing : Consuming Globally, Thinking Locally*, John Wiley and Sons, Ltd., 2001.
23. Murdock, G. P., "The Common Denominator of Cultues," in R. Linton, ed., *The Science of Man in the World Crises*, New York : Columbia University Press, 1945.
24. Ricks, D. A., "Pitfalls in Advertising Overseas," *Journal of Advertising Research*, December 1974.

25. Robock, S. H., et al., *International Business and Multinational Enterprises*, Homewood, Ill. : Richard D. Irwin. Inc., 1977.
26. Root, F. R., *Foreign Market Entry Strategies*, New York : AMACOM, 1982.
27. Terpstra, V., *International Dimensions of Marketing*, Massachusetts : A Divison of Wardsworth Inc., 1982
28. Terpstra, V,. *International Marketing*, Hinsdale, Ill. : Dryden Press, 1978.
29. Tylor E. B., Primitive Culture, in S. C. Jain, *International Marketing Management*, 3rd ed., Boston : PWS-KENT Punlishing Company, 1990.

제3부

해외시장 진출전략

제7장

국제마케팅조사

오늘날 국제마케팅활동은 국제마케팅조사에서 시작하여 국제마케팅조사로 끝난다고 해도 과언이 아닐 만큼 국제마케팅조사의 의의와 중요성은 대단히 크다고 할 수 있다. 더욱이 기업의 국제화가 급진전되면서 경영환경이 급변하고 경쟁기업들의 전략이 다양화하는 상황에서 보다 체계적이고 효율적인 국제마케팅조사는 기업생존을 위해 필수적인 과제가 되고 있다. 따라서 이 장에서는 국제마케팅활동을 전개하는데 있어서 국제마케팅조사의 중요성을 재인식하고자, 국제마케팅조사의 개념과 범주, 자료원을 살펴본 후, 국제마케팅 조사과정을 문제의 인식 및 조사목적의 설정, 정보원천의 결정, 자료수집, 그리고 자료의 분석 및 해석 등 크게 네 가지로 분류하여 살펴보기로 한다.

제1절 국제마케팅조사의 개념과 범주

1. 국제마케팅조사의 개념

국제마케팅조사(International Marketing Research)란 기업이 마케팅의사를 결정하는데 필요한 정보를 제공하기 위해서 마케팅문제와 관련된 여러 가지 자료를 조직적으로 수집하고 기록, 분석하는 것을 말한다. Cateora와 Terpstra 역시 이와 유사하게 국제마케팅조사를 마케팅 의사결정을 수립하는데 있어서 유용한 정보를 공급받기 위해서 자료를 체계적으로 수집, 기록, 분석하는 활동이라고 정의하고 있다. 또한 국제마케팅조사는 무역활동, 특히 수출과 관련된 마케팅활동에 응용된 시장조사로서 국내마케팅조사(Domestic Marketing Research)와 정반대 되는 개념이라고 할 수 있다.

국내시장을 대상으로 하는 국제마케팅활동에 비해 정치 · 경제 · 사회 · 문화적인 환경을 포함, 민족 · 풍토 · 언어 · 관습 · 종교 등이 상이한 국제 내지 세계시장을 대상으로 하는 국제마케팅활동이 더욱 복잡함은 말할 것도 없고 특이한 상황 하에서 이루어지는 것이 보통이다. 따라서 국제마케팅조사와 국내마케팅조사의 차이점은 여러 가지 환경요인의 확대에 따른 조사범위의 확대에 있다고 할 수 있다.

Terpstra 역시 국제마케팅조사와 국내마케팅조사의 차이점은 조사범위와 조사방법에 있다고 하였다.

결국 국제마케팅조사는 수출의 개척 및 증진을 위하여 해외시장의 환경 및 동향을 조사, 분석하여 고객이 원하는 바를 탐지함으로써 자사의 제품을 유리하게 판매할 수 있는 방안을 모색하는 활동을 말한다.

국제마케팅조사로서 특정시장에 있어서의 수출에 관한 정보를 수집하는 것은, 전투에 있어서 지리와 적의 실정을 탐사하여 이에 적절한 작전계획을 세우는 것이 승리의 필수요건인 것과 마찬가지로 수출하려는 상대국의 정치 · 경제 · 사회 · 문화면에 있어서 수출에 관계되는 제반사정을 잘 탐사하여 이에 적절한 수출계획을 세우는 것이 수출에 있어서의 성공의 기본요건이 되는 것이다.

이처럼 상대국에 수출하는데 있어서 미리 알아두어야 할 정보를 수집하는데 국제마케팅조사의 의의가 있는 것이다.

한편, 해외시장에 대한 조사의 목적은 대체로 다음과 같이 요약할 수 있다. 즉 첫째는 자사제품 또는 취급제품을 어느 나라에 판매할 수 있으며 또 어느 정도의 수출이 가능한지에 대해서 각 시장마다 그 가능성을 탐지하는데 있고, 둘째, 수출을 위해서 알아두어야 할 모든 정보를 얻는데 있으며, 셋째, 국제마케팅상의 특정문제를 해결하기 위한 필요한 자료를 얻는데 있다. 이를 좀 더 구체적으로 살펴보면 다음과 같다.

첫째, 성공리에 새 시장에 진출하기 위해서

둘째, 기존시장에 있어서의 판매촉진을 위해서

셋째, 상실된 구시장을 되찾기 위해서

넷째, 기존시장에 있어서의 지위를 확보하기 위해서

다섯째, 직면하고 있는 제 손실과 제 곤란을 피하기 위하는데 그 목적을 두고 있는 것이다.

따라서 시장조사는 위의 목적여하에 따라 조사활동대상에 상당한 차이와 경중이 있게 됨은 물론이다. 이를테면 새로운 신시장을 개척하기 위해서 우선 여러 후보시장을 비교, 검토해서 가장 유효한 시장만을 선정하는 것이 필수요건이므로 일반적인 예비조사가 중점적으로 행해지기 마련이다. 반면에 기존시장의 유지나 확대를 위해서는 개괄적인 예비조사보다도 마케팅믹스(Marketing Mix)자체에 핵심이 놓여진 정밀조사가 오히려 반복적으로 행해져야 할 것이다. 또한 상실한 구시장을 회복하기 위해서는 마케팅믹스의 정밀조사보다도 시장상실의 원인과 경쟁제품의 비교검토에 각별한 유의가 있어야 한다.

2. 국제마케팅조사의 범주

국제마케팅조사는 조사목적에 따라 문제해결적 조사, 의사결정지향적 조사, 사실지향적 조사 등으로 구분할 수 있다. 여기에서 문제해결적 조사(problem solving research)란 기업이 마케팅활동의 수행과정에서 제기된 문제의 해결방안을 모색하기 위해서 행해지는 마케팅조사를 말한다. 의사결정지향적 조사(decision oriented research)란 마케팅관리자들이 정확한 의사결정을 내릴 수 있도록 필요한 정보를 수집 · 제공하는 마케팅조사이다. 사실지향적 조사(fact oriented research)는 시장상황, 마케팅상의 문제 등을 명확히 규명하기 위하여 행하는 마케팅조사를 말한다.

조사대상별로는 [그림 7-1]과 같이 해외시장조사, 소비자조사, 국제제품조사, 국제가격조사, 국제유통조사, 국제광고조사 등이 행해지고 있다. 해외시장조사(foreign market research)에서는 시장의 규모 · 위치 · 성질 · 특성 등이 조사 · 분석된다. 시장규모분석, 잠재수요분석, 시장특성분석, 경제동향분석 등은 모두 시장조사를 목적으로 한 마케팅조사이다. 특히, 시장특성을 보다 정확히 파악하기 위해서는 경쟁상태를 정확히 분석하여야 한다. 즉 동일제품, 유사제품, 보완제품 등의 생산업체 및 이들 업체의 기업이미지, 마케팅전략 등을 면밀히 분석하여야 한다.

소비자조사(consumer research)는 소비자의 구매동기, 태도, 반응 및 선호도 등을 조사 · 분석하는 것이다. 구체적으로 소비자 행동조사, 소비실태조사, 소비구조조사, 소비수요조사 등이 행해지고 있다.

국제제품조사(international product research)는 제품의 특성과 위치(posi- tioning), 신제품의 개발동향 등을 조사하는 것이다. 이 조사는 주로 제품계획을 입안할 때 행해지는데, 제품의 속성, 경쟁제품 및 보완제품, 상표의 지위, 제품계열, 신제품 등에 대한 조사가 이루어진다.

국제가격조사(international price research)에서는 제품의 가격산정방법, 가격수준 및 동향, 경쟁제품의 가격, 수요에 따른 가격탄력성, 목표시장국의 가격정책 등을 조사한다.

국제유통조사(international distribution research)는 판매경로를 분석하기 위한 마케팅조사이다. 유통비용분석, 유통경로조사, 유통예측, 유통효율성분석 등에 대한 조사는 모두 국제유통조사에 포함된다.

국제광고조사(international advertising research)는 판매촉진수단의 가장 중요한 수단으로 활용되고 있는 광고업무관리에 대한 조사이다. 광고조사에서는 광고매체조사, 광고문안조사, 광고효과측정 등이 이루어지고 있다.

[그림 7-1] 국제마케팅조사의 범주

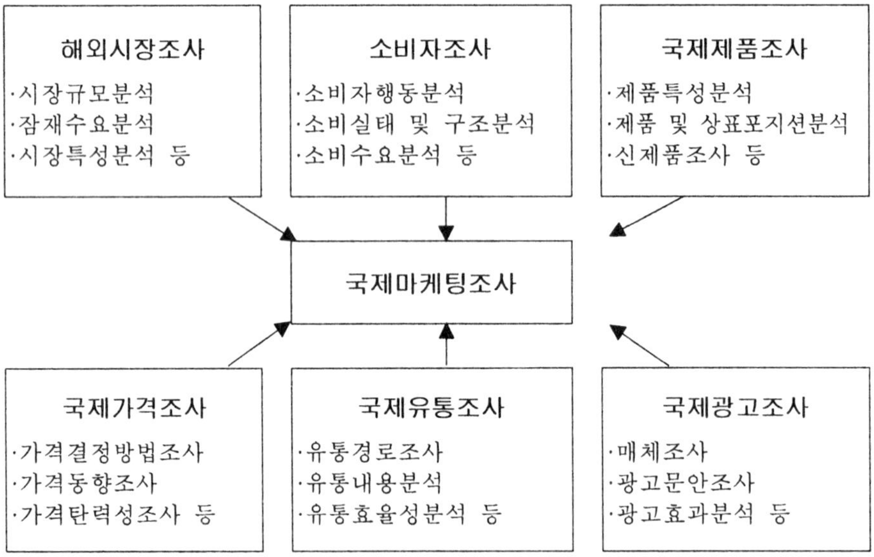

해외시장조사	소비자조사	국제제품조사
·시장규모분석 ·잠재수요분석 ·시장특성분석 등	·소비자행동분석 ·소비실태 및 구조분석 ·소비수요분석 등	·제품특성분석 ·제품 및 상표포지션분석 ·신제품조사 등

↓ 국제마케팅조사 ↑

국제가격조사	국제유통조사	국제광고조사
·가격결정방법조사 ·가격동향조사 ·가격탄력성조사 등	·유통경로조사 ·유통내용분석 ·유통효율성분석 등	·매체조사 ·광고문안조사 ·광고효과분석 등

자료원 : 원종근·현인규·지남웅, 전게서, p. 229.

제2절 국제마케팅조사의 자료원

1. 기업체를 통한 국제마케팅조사

1) 해외지점, 출장소, 주재소에 의한 시장조사

기업체가 해외시장에 지점, 출장소, 주재소를 지니고 있을 경우에는 그 주재국의 시장조사를 실시하기가 아주 편리하다. 즉 주재국의 신문이나 잡지에서도 용이하게 정보를 입수할 수 있으며, 거래의 상대방과 항상 빈번히 왕래하여 통신거래에서는 도저히 얻을 수 없는 신속하고 기민한 정보를 파악할 수가 있다.

그런데 해외지점, 출장소, 주재소가 시장을 충분히 조사하자면 그 진용과 인원이 충분하고 충실하여야 한다. 그러므로 국제마케팅활동을 성공적으로 수행하기 위해서는 그 기업체의 해외주재자의 인원 확충과 효율적인 조사의 실행이 필수적이라 할 수 있다.

2) 거래선에 의한 시장조사

계약의 상대방인 거래선에 의한 시장조사도 매우 효과적이다. 옛날부터 격언에 "상거래는 항상 서비스이다"(Business is always a service)라는 말이 있다. 상거래는 항상 상호이익 의존관계에 있기 때문에 거래선의 시장조사정보를 얻음과 동시에 이쪽도 상대방으로 하여금 좋은 거래선이 되게끔 이쪽의 정보를 제공해 주지 않으면 안된다.

3) 동업자간의 정보에 의한 시장조사

동업메이커 또는 동업상사간의 정보도 아주 중요하다. 특히 동업자의 해외시장조사에 대한 발표내용은 좋은 정보가 될 수 있다.

4) 업계신문, 잡지에 의한 시장조사

해외시장의 당해업종의 업계신문, 잡지 및 한국에서의 동일업종 및 관련업종의 업계신문, 잡지에서 각종의 정보를 얻는 것은 아주 중요하다. 물론 업계의 신문, 잡지 외에 내외의 일반 유력신문, 유력잡지도 다수의 정보를 지니고 있으므로 그것을 수집하고 조사할 필요성이 있다.

2. 각 기관을 통한 국제마케팅조사

1) 공관을 통한 시장조사

우리나라에 주재하고 있는 외국의 공관, 즉 대사관, 공사관, 영사관을 통하여 정보를 입수하는 시장조사와 외국시장에 주재하고 있는 우리나라의 공관, 즉 대사관, 공사관, 영사관을 통하여 정보를 입수하는 시장조사가 있다. 그러나 공관을 통한 정보입수는 공적 정보이기 때문에 정확한 점은 있지만 탄력성이 없고 현실성이 결여될 가능성이 많다.

2) 상공회의소를 통한 시장조사

해외시장의 상공회의소 또는 우리나라의 상공회의소에 의뢰하여 시장정보를 입수하는 것이다. 상공회의소는 많은 조사자료를 가지고 있기 때문에 국제마케팅 조사자료를 수집하는데 유용한 기관이라 할 수 있다.

3) 무역협회를 통한 시장조사

무역협회는 회원으로 가입한 기업들로부터 일정액의 협회회비를 받아 해마다 다액의 예산으로서 해외선전을 하고 있다. 무역협회의 해외시장 조사기구를 통하여 해외시장조사를 하는 것은 매우 효과적이라 할 수 있다. 또한 특정한 상품의 특정시장에 대한 시장조사는 무역협회에 의뢰하여 비교적 저렴한 수수료로서 조사보고를 입수할 수가 있다. 무역협회는 세계 각국의 주요시장에 해외시설을 보유하고 있고, 그 시장조사는 정확하고 신속하기로 정평이 나 있다.

4) KOTRA를 통한 시장조사

대한무역투자진흥공사는 정부의 보조로써 무역진흥사업을 벌이고 있으므로 대한 무역투자진흥공사의 해외무역관이나 주재사무소를 통해서 해외시장조사를 하는 것은 매우 효과적인 방법의 하나가 된다.

원래 대한무역투자진흥공사는 일본의 '일본무역진흥회'의 설립과 기구, 운영을 답습하여 1962年에 정부출자에 의해 설립된 특수법인이다. 그 주요사업으로서는 해외시장조사, 한국경제사정의 해외홍보, 국제전시회의 개최 및 참가, 수출품의 디자인 개선 등 여러 가지 사업을 운영하고 있다. 따라서 현재 해외시장조사를 위한 정보자료 수집으로서 가장 효과적인 기구라고 할 수 있다.

5) 해외전문조사기관을 통한 시장조사

특정한 시장, 특정수출상품에 대한 전문적이고 철저하며 상세한 국제마케팅조사를 하기 위해서는 그 나라의 민간조사기관에 의뢰하여 행할 수 있다. 이들 기관에 대한 의뢰도 KOTRA나 무역협회를 통해서 할 수도 있다.

6) 국제적인 기구를 통한 시장조사

세계은행(World Bank), 국제통화기금(International Monetary Fund), 경제협력개발기구(Organization for Economic Cooperation and Development)등과 같은 국제적인 기관, 그리고 UN의 산하기관은 광범위한 국제적인 자료를 지니고 있다. 따라서 이들 기관을 통한 시장조사도 아주 효과적이라고 할 수 있다.

3. 통계를 통한 국제마케팅조사

1) 일반 경제통계에 의한 시장조사

국제경제협력기관에 의해 발표되고 있는 세계 각국의 경제통계에 의한 자료조사도 매우 효과적이다. 또한 세계의 각국정부, 공공기관, 업계단체 등에 의해 공표되고 있는 각종 경제통계를 기초로 한 시장조사도 매우 필요하고도 효과적이다.

그러나 각국의 경제발전수준에 따라서 통계자료를 수집하는데 많은 영향을 미친다. 즉 고소득국에서 저소득국으로 갈수록 통계의 정확성이 떨어지고 통계자료를 수집하기가 어려워지는 문제점도 있다.

2) 무역통계에 의한 시장조사

국제기관이 발표하는 세계수출입통계, 세계지역별 및 각국별, 상품별 수출입통계 등에 의하거나 우리나라의 지식경제부, 관세청, 한국은행, 한국무역협회 등에서 발표되고 있는 우리나라의 상품별, 지역별, 국별 수출입통계를 조사, 이에 의하여 수출동향을 파악함과 동시에 당해 수출대상국에 대한 자사제품의 수출점유율과 동업자중에서 점하는 지위 등도 알 수가 있으므로 무역통계에 의한 시장조사도 효과적인 방법의 하나가 되고 있다.

지금까지 국제마케팅조사에 필요한 여러 가지 자료원을 살펴보았는데, 이외에도 해외시장에의 출장을 통해서 행하는 시장조사, 해외광고대리점을 통해서 행하는 시장조사 등 여러 가지가 있으며 이들 자료원을 한 가지나 두 가지만 채택해서 사용할 것이 아니라 다수의 자료원을 병용해서 실시해야 효과적이다.

제3절 국제마케팅 조사과정

국제마케팅조사의 과정은 학자에 따라서 여러 단계로 분류하고 있는데 이러한 조사과정을 살펴보면 [그림 7-2]와 같다.

이외에도 Cateora는 국제마케팅조사의 과정을 ① 조사문제의 정의와 조사목표의 설정, ② 조사목표를 달성할 수 있는 정보원천의 결정, ③ 1차 정보원 또는 2차 정보원으로부터의 관련자료 수집, ④ 결과의 분석, 해석 및 제시 등 네 가지 단계로 구분하였으며, Kotler는 ① 문제점 및 조사목표의 설정, ② 정보원의 개발확보, ③ 정보수집, ④ 정보분석, ⑤ 결과보고 등 다섯 가지 단계로 구분하였고, Majaro 역시 국제마케팅조사의 과정을 ① 조사문제의 규명, ② 조사계획의 수립, ③ 자료수집, ④ 자료분석 및 해석, ⑤ 조사결과의 요약 및 보고 등 다섯 가지 단계로 구분하였다.

국제마케팅 조사과정은 해결하기 위한 국제마케팅문제라든지 해외시장의 특성에 따라 기업체별로 다를 수 있지만, 누가 어떻게 분류했든지간에 제도적이고 과학적인 접근방법을 채택해야 한다는 점은 같다고 볼 수 있다.

[그림 7-2] 국제마케팅 조사과정

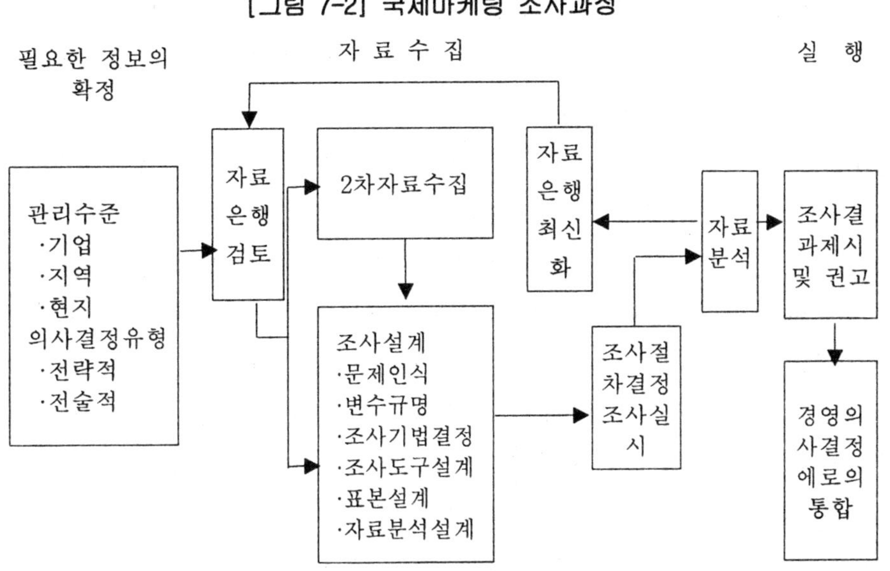

자료원 : S. P. Douglas and C. S. Craig, *International Marketing Research*, N. J. : Prentice-Hall Inc., 1983, p. 27.

그러면 이와 같은 국제마케팅 조사과정을 구체적으로 살펴보면 다음과 같다.

여기에서는 국제마케팅 조사과정을 ① 문제의 인식 및 조사목적의 설정, ② 정보원천의 결정, ③ 자료수집, ④ 자료의 분석 및 해석 등 네 가지 단계로 구분하여 살펴보기로 한다.

1. 문제의 인식 및 조사목적의 설정

국제마케팅 조사과정의 첫 단계는 조사하고자 하는 문제를 인식하고 조사목적을 설정하는 것이다. 여기서의 가장 어려움은 기업경영상의 문제(business problem)를 조사가능한 구체적 목적을 지닌 조사상의 문제(research problem)로 전환하는 것이다.

조사의 첫 단계에서 부적당한 문제의 정의로 인해 자주 과오를 범하는 경우가 많이 있다. 즉 국제마케팅 조사자는 전체 문제의 막연한 인식만을 가지고 조사과정을 진행함으로써 실수를 범하는 경우가 많이 있다는 것이다.

특히 국제마케팅 조사자는 익숙하지 못한 해외시장환경 때문에 문제정의를 막연하게 설정하거나, 또는 문제에 대한 현지문화의 영향을 잘못 예상하거나, 아니면 조사상의 문제를 조사자의 본국환경처럼 취급하는 경향이 있기 때문이다.

따라서 조사상의 문제를 보다 명확히 하기 위해서 국제마케팅 조사자는 다음과 같은 사항들을 고려하여야 한다.

첫째, 제품개념(product concept)을 정확히 정의하여야 한다. 제품개념이란 제품의 용도 및 범위 등을 말한다. 예를 들어 우유제품의 경우 영국에서는 숙면을 제공하며 신경을 달래주는 속성이 있는 것으로 여겨 식사 때나 잠자리에 드는 시간에 주로 소비된다. 반면에 태국에서는 원기를 심어 주고 심신을 상쾌하게 해 주는 것으로 간주되어 출근시간이나 집에서 멀리 떨어져 있을 때 주로 소비된다. 따라서 우유제품의 소비에 대한 마케팅조사를 실시하고자 한다면 우유제품에 대한 양국간 제품개념의 차이를 고려하여야 올바른 조사결과를 도출할 수 있다.

둘째, 목표시장국의 시장구조도 정확히 이해하고 있어야 한다. 시장구조란 시장의 규모, 발전단계, 경쟁자의 수와 시장점유율, 유통망 등을 말한다.

셋째, 전략적 차원의 의사결정에 관한 문제인가, 아니면 전술적 차원의 의사결정에 관한 문제인가를 명확히 하여야 한다.

여기에서 전략적 차원의 의사결정(strategic decision)에 관한 문제란 국제기업 전체의 관점에서 이루어지는 의사결정을 말한다. 즉 국제마케팅분야에서는 [표 7-1]에서 보는 바와 같이 해외시장에 대한 진입 및 확장, 새로운 사업으로의 다각화 등과 관련된 문제들이다.

[표 7-1] 전략적 의사결정요소

	자료의 유형	자 료 내 용
시장진입 의사결정	정치적 위험	수용 또는 몰수 가능성, 안정성에 대한 전문가의 평가
투자위험	재무적 위험 법률적 위험	인플레이션율, 환위험, 자본흐름의 제한, 수출입 제한, 소유제한
사업성기회	거시적 시장잠재력	1인당 GNP, GNP 성장률 , GNP의 투자비율, 인구규모, 도시화 수준, 교육수준
진입방식 결정	생산 및 마케팅 비용	전기·에너지 비용, 인력비용, 관리자 훈련, 자본이나 기술의 가용성과 비용, 이자율
제품시장의 결정	제품시장의 규모	제품판매량, 제품소유권, 보완재·대체재의 판매량, 경쟁기업의 수와 규모

자료원 : *Ibid*, p. 31.

전술적 차원의 의사결정(tactical decision)에 관한 문제란 전략적 목표를 달성하기 위한 구체적 방안에 관한 문제들로서 국제마케팅에 있어서는 [표 7-2]에 나타난 바와 같이 주로 마케팅믹스(marketing mix)의 4P 요소와 관련된 문제들이다.

[표 7-2] 전술적 의사결정요소

마 케 팅 믹 스 의 사 결 정	조 사 유 형
제 품 정 책 결 정	·신제품에 대한 아이디어창출을 위한 핵심그룹(focus groups)과 定性的 조사기법사용 ·신제품 아이디어를 평가하기 위한 설문조사 ·제품효용과 태도조사 ·제품형성 및 특성검증
가 격 정 책 결 정	·가격민감도 조사
유 통 정 책 결 정	·구매방식 및 구매행동에 대한 설문조사 ·상점유형에 대한 소비자 태도 조사 ·유통업자 태도 및 정책에 대한 설문조사
광 고 정 책 결 정	·광고사전검증, 광고사후검증, 매체습관에 대한 설문조사
촉 진 정 책 결 정	·촉진수단 및 대체수단에 대한 반응조사
판 매 인 력 결 정	·판매인력 및 대체수단에 대한 조사

자료원 : *Ibid*, p. 32.

2. 정보원천의 결정

조사문제의 인식과 조사목적이 설정되면 국제마케팅 조사자는 조사목적을 달성하는데 필요한 자료원을 확보해야 한다.

이 단계에서는 국내마케팅조사와 마찬가지로 1차자료와 2차자료의 존재유무를 확인하는 동시에 필요한 자료를 기업의 외부원천으로부터 얻을 것인가, 그렇지 않으면 기업의 내부원천으로부터 얻을 것인가를 결정하게 된다.

1) 2차자료와 1차자료

2차자료(secondary data)란 다른 기관에서 자신들의 조사목적에 따라 이미 만들어 놓은 자료를 말한다. 어떠한 조사에서도 기업은 시간과 비용을 줄이기 위해 2차자료가 이용가능한지를 우선적으로 확인해야 한다. 2차자료의 주요 용도를 살펴보면 다음과 같다.

① 심층조사 대상국가 또는 시장의 선정 : 해외시장 잠재력, 위험도, 운영비용을 체계적으로 심사하기 위하여 사용된다. 이러한 2차자료의 분석을 통해 심층적으로 조사할 대상국가 또는 시장을 확정한다.

② 수요잠재력의 추정 : 수요 또는 시장규모에 대하여 최초로 계량적인 추정을 하는데 사용된다.

③ 환경변화의 탐색 : 전세계시장에 걸쳐 경제적, 환경적 조건의 변화를 탐색하는데 사용된다.

2차자료의 장점을 들면 첫째, 국제마케팅조사 수행시 해외에 나가지 않고 본국에서의 자료수집이 가능하며, 그렇기 때문에 정보원과의 커뮤니케이션이 용이하고 의문점에 대한 상세한 해석도 전문기관에서 쉽게 구할 수 있다는 것, 그리고 둘째, 자료를 신속하고도 용이하게 구할 수 있으므로 비용부담이 적다는 것을 들 수 있다. 그러나 기업은 이러한 2차자료의 활용에 앞서 자료의 유효성, 신뢰성, 비교성 등을 확인해야 한다.

2차자료는 다양한 방법으로 수집할 수 있는데, 크게 공적인 정보원천(public sources)과 사적인 정보원천(private sources)으로 분류할 수 있다. 공적인 정보원천이란 공공기관에 의하여 공공의 목적을 위해 작성된 자료를 말한다. 공적인 정보를 제공하는 주요 기관으로는 UN, 세계은행 및 각국의 상공회의소, 무역협회, 경제인 연합회, 지식경제부, 해당국가의 국내주재 대사관, 대학 등이 있다. 이와 같은 공공기관들이 제공하는 2차자료로는 연간통계, 일반적 경제환경분석, 인구분석 등 거시적인 자료가 많다.

반면에 사적인 정보원천이란 기업의 내외적인 활동과 관련하여 발생하는 2차적인 자료를 말한다. 사적인 2차자료의 원천은 기업의 내부자료를 들 수 있는데 고객명부, 대리점보고서, 기타 유통업자 관련정보 및 판매분석, 지역, 제품, 고객유형별 주문서 등이 그 중요한 자료가 될 수 있으며, 이러한 내부적 자료는 기업의사결정에 막대한 정보를 제공할 수 있다.

한편, 2차자료가 경영의사결정에 적절한 정보를 제공하지 못할 경우에는 1차자료의 수집이 요구된다. 1차자료(primary data)란 조사자가 현재 수행중인 조사목적을 달성하기 위하여 직접 수집한 자료로서 설문지 또는 비설문 조사방법을 통하여 수집된다. 1차자료는 수집하기가 어렵고 비용이 비싼 단점은 있으나 전략 및 전술적 의사결정에 꼭 필요한 정보를 얻는데 있어서 필수적인 과정이다.

2) 외부자료와 내부자료

국제마케팅조사에 있어서 사용되는 자료의 유형에 있어서 또 하나의 중요한 구분은 기업외부에서 수집된 외부자료와 기업내부에서 수집된 내부자료의 구분이다. 2차자료는 외부자료와 내부자료가 같이 있을 수 있으나 1차자료는 일반적으로 몇몇 특수한 경우를 제외하고는 외부자료이다.

외부적 2차자료는 주로 환경의 변화추세, 수요유형, 경쟁, 유통망 등에 관한 정보를 제공한다. 특히 이것은 경제적, 사회적, 정치적 발전과 그것이 경제나 산업에 미치는 영향 등에 관한 해석을 하는데 유용하다.

내부적 2차자료는 주로 기업의 회계기록, 특히 판매와 원가자료부터 얻어질 수 있다. 이들 자료는 특정상품, 제품계열, 지리적 지역, 판매망 등의 수익성 및 상이한 마케팅 도구들의 효율성에 관한 정보를 제공한다는 점에서 매우 유용하다. 그러나 국제마케팅조사에 있어서 이러한 자료의 사용은 국가마다 상이한 회계시스템으로 인해 많은 문제점을 발생시키므로 현존하는 정보에 대한 광범위한 재조정이 필요하다.

내부적 1차자료는 판매대리점이 종종 잠재적 소비자들의 관심과 욕구에 관한 중요한 정보의 원천을 제공하는 산업재 시장에 적합하나 판매원들을 대상으로 할 설문조사가 신제품개발 의사결정, 제품수정 의사결정 등을 위해 행해질 수 있다. 이러한 형태의 자료수집방법 활용은 고객대상의 설문조사에서 오는 높은 비용을 줄일 수 있다.

3. 자료수집

정보원천을 결정한 후에는 이러한 원천으로부터 필요한 자료를 수집하게 된다. 여기에서는 2차자료와 1차자료를 수집하는데 있어서 발생할 수 있는 문제점에 대해 살펴보기로 한다.

1) 2차자료 수집상의 문제점

국제마케팅 조사자가 2차자료를 수집할 시 발생할 수 있는 문제점들을 살펴보면 다음과 같다.

첫째, 전세계의 모든 시장을 포괄하는 상세한 자료가 부족하다는 점을 들 수 있다. UN과 같은 국제기관들이 세계경제자료를 발표하고는 있지만 아직도 자료가 충분치 못하다.

둘째, 이용가능한 자료의 신뢰성문제이다. 관청통계는 실제적인 현실보다는 오히려 국가적인 자부심으로 인하여 너무 낙관적인 경우가 많으며, 반대로 기업의 통계는 조세징수에 관한 영향을 받는다. 특히 개발도상국들은 자국의 경제자료를 보도함에 있어서 너무 낙관적이어서 신뢰할 수 없는 경우가 많다.

국가에 따라 기업들은 조세당국에 보고된 판매자료와 조정하기 위하여 생산통계를 조금씩 삭감하지만, 해외무역통계는 수출보조금을 받기 위하여 약간 과장하는 경향이 있다. 2차자료에 의하여 시장수요를 예측하고자 할 경우, 이러한 오류는 중대한 것이다. 따라서 조사자들은 2차자료의 원천이 무엇이든 그 신뢰성에 관한 어느 정도의 검토는 있어야 할 것이다,

셋째, 자료의 비교가능성과 최근성 문제를 들 수 있다. 선진국에서는 사회경제적 요소와 경영지표에 관한 신뢰성 있고 타당한 추정을 할 수 있는 최근의 원천이 쉽게 이용될 수 있지만, 개발도상국에서는 자료가 오래된 것이며 또한 예측할 수 없는 스케줄로 수집되고 있다. 따라서 자료의 최근성(currency)이 중대한 문제로 되고 있다. 그리고 많은 국가들이 현재 신뢰성 있는 자료를 수집하고 있지만, 현재의 정보와 비교할 역사적인 연속성이 없는 경우가 많다.

다국적 시장에 관한 자료를 비교할 경우, 자료가 편집될 때 많은 차이가 있을 수 있다. 몇몇 항목에 관하여는 자료가 반정도만 이용할 수 있거나 또는 전혀 그렇지 못할 경우도 있다. 그리고 어떤 항목은 모든 국가간에 비교가 힘든 경우가 있다. 비교가능성의 결여는 여러 가지 이유로부터 유래된다. 즉 상이한 국가에서 상이한 기준년도가 사용되기도 하며, 중요한 정의가 동일하지 않는 경우도 있다. 상업기구, 도매상 또는 가족의 주거라는 용어는 국가별로 조금씩 다를 수도 있다. 예를 들면, 청년시장의 범주는 국가별로 10~14세, 14~18세, 15~24세로 분류되기도 한다. 비교가능성 결여의 또 다른 이유로는 자료수집의 정확성의 정도를 들 수 있다.

마지막으로 시장조사자료 제공기관의 문제이다. 마케팅조사에서 대단히 중요한 자료와 정보를 제공하는 사적기관이 선진국에서는 널리 이용되고 있지만, 개발도상국에서는 그것이 결여되고 있는 경우가 많다. 그 외에 이용 가능한 정보제공기관으로는 신문, 잡지, 대학, 은행, 광고대행사 등이 있다.

이상의 문제점 때문에 2차자료를 활용하기 전에 반드시 자료의 신뢰성, 타당성 및 불편부당성이 있는지를 확인하여야 한다.

신뢰성(reliability)이란 독립된 측정방법에 의해 대상을 측정하는 경우 결과가 비슷하게 되는 것을 말하는데, 국제마케팅조사의 2차자료 활용에서는 주로 자료가 믿을만한 기관에 의해서 믿을 수 있는 방법으로 작성되었는지를 확인하는 것이다. 타당성(validity)이란 측정하고자하는 개념을 얼마나 정확히 측정하였는가에 관한 것으로 국제마케팅조사의 2차자료 활용에 있어서는 다른 목적으로 수집된 자료들을 현재 수행중인 마케팅조사에 사용할 수 있는지를 확인하는 것이다. 불편부당성(impartiality)이란 자료가 특정인의 이해관계나 관점을 편파적으로 대변하지 않았는가를 확인하는 것, 즉 자료가 여러 계층의 다양한 의견을 골고루 반영하고 있는가 하는 것을 검사하는 것이다.

2) 1차자료 수집상의 문제점

해외시장에서 1차자료의 수집은 국내에서 경험하지 못한 여러 가지 문제에 직면하게 된다. 예를 들어 대부분의 국가에서 개인이나 기업에 대한 정보를 제공받기가 매우 어렵다. 또한 문화적 차이로 인해 1차자료의 수집이 어려운 경우도 많다. 예를 들어 중동국가의 경우 남편이 제품소비에 대한 의사결정권을 가지고 있기 때문에 가정용품에 대해 여성을 대상으로 마케팅조사를 할 경우 정확한 정보를 구하지 못할 가능성이 높다. 1차자료 수집상의 문제들은 문화적 환경이나 경제발전수준과 관련하여 나타나는데, 이를 구체적으로 살펴보면 다음과 같다.

첫째, 표본추출의 문제를 들 수 있다. 정확한 마케팅조사를 위해서는 대상시장 전체의 특성을 제대로 반영하여야 한다. 그러나 이를 위해 전체 대상자를 전부 접촉한다는 것은 비용과 시간이라는 측면에서 불가능하며, 불필요하다. 그래서 전체 대상집단을 대표한다고 여겨지는 소비자그룹을 선택하여 접촉하게 된다. 그런데 많은 국가들이 전체인구의 사회·경제적인 특징에 관한 정보가 결여되어 있기 때문에 대표성을 띤 표본추출에 어려움을 겪게 된다. 가령 연령분류가 없을 경우 연령기준을 필요로 하는 표본을 가질 수 없을 것이다.

국제마케팅조사의 1차자료 수집에 있어서 또 다른 문제는 응답기피이다. 설령 응답이 이루어졌다고 하더라도 조사대상자가 협조하여 원하는 정보를 얻게 될 지에 대해서도 보장이 없다. 응답을 기피하는 것은 대부분 응답내용이 조사목적 이외의 다른 목적에 사용될지 모른다는 우려 때문이다. 응답기피의 이유를 구체적으로 살펴보면 다음과 같다.

① 많은 국가에서 문화적 관습에 의해 이방인과의 커뮤니케이션을 금하는 경우가 있으며, 특히 여성에 대해서는 이러한 규제가 더욱 심하다. 예를 들어 중동의 여성들은 남편이 부재중일 때 이방인과 면담을 하지 않는다.

② 많은 국가에서 여성의 생리나 위생에 관련된 것과 같이 개인의 사생활과 관련된 제품에 대해서는 이방인과 면담하는 것을 매우 꺼리는 경향이 있다.

③ 응답자들이 조사자에게 그들의 진실노출을 꺼리는데, 이는 세금징수 및 은닉재산조사 등의 목적으로 사용하기 위한 조사로 오해하거나 실제 사회적 신분보다 더 부유한 계층에 속한 것처럼 과장을 하기 때문이다.

④ 조사에 협조를 하더라도 응답자가 문맹인 경우 설문지에 의한 조사가 어렵다.

이처럼 다양한 이유로 발생하는 응답기피의 현상을 극복하기 위해서는 응답자에게 그들의 응답이 조사목적 이외에는 절대로 사용되지 않음을 주지시킬 필요가 있다. 또한 현지국 시장에 대하여 잘 알고 있는 현지전문가나 현지학생을 고용함으로써 현지인들에게 거부감을 주지 않도록 하는 것도 좋은 방법이 될 수 있다.

1차자료 수집상의 또 하나의 문제점으로 언어장벽의 문제점을 들 수 있다. 해외에서 마케팅조사를 수행할 때 언어장벽은 가장 심각한 문제 중 하나이다. 언어와 그에 따른 방언 및 속어 등이 해외시장별로 다르게 나타나며, 심지어 동일국가 내에서도 차이가 나는 경우가 있기 때문에 번역이나 통역 등의 문제를 겪게 된다. 이러한 언어장벽을 극복하기 위해 현지언어로 정확하게 번역하여 마케팅조사를 수행하고 결과를 얻는다는 것은 무척 어려운 일이다. 예를 들어 인도는 14개의 공용어가 지방별로 다르게 사용되고 있으며, 자이레 공화국은 공용어인 불어를 제대로 구사하는 인구가 그다지 많지 않다. 또한 각국에 존재하는 문맹률이 중요한 문제가 된다. 문맹률이 높은 국가에서 설문지를 통한 마케팅조사는 거의 불가능하다.

3) 1차자료의 수집방법

국제마케팅조사자가 1차자료를 수집하기 위해 활용할 수 있는 조사방법은 다음과 같다.

(1) 질문조사법

질문조사법(survey method)은 소비자나 거래상들을 대상으로 하여 선정된 조사항목에 대해 직접 면접하여 질문하거나 또는 질문서를 우송하여 회답을 회수하여 결론을 얻는 방법으로 일명 측정법이라고도 한다.

이것은 다양한 조사에 대해 융통성있게 이용될 수 있는 보편화된 방법으로 획득하고자 하는 자료, 즉 질문내용의 성격에 따라 사실질문법, 의견질문법, 해석질문법 등으로 구별된다.

① 사실질문법

사실질문법(factual survey)은 회답자로 하여금 사실을 진술토록 하는 가장 간단한 방법이다. 예를 들면, 「현재 어떤 비누를 사용하고 계십니까? 언제 어느 상점에서 얼마나 구입하셨습니까?」와 같이 회답자가 과거에 행하였거나 과거에서 현재까지 행하고 있는 객관적인 사실을 질문하는 것과 같은 것이다. 회답자는 단순히 보고자로서 활동하기 때문에 현재의 사실만을 생각해서 서식에 회답하게 되지만 회답자의 기억착오, 객관적인 해답의 불능, 좋은 인상을 주고자 하는 의욕 등에서 오류가 빚어 질 수 있으므로 질문서를 작성할 때는 세심한 주의가 필요하다.

② 의견질문법

의견질문법(opinion survey)은 회답자의 개인적인 의견을 묻는 조사방법이다. 예를 들면, 「당신은 어느 브랜드의 비누가 제일 좋다고 생각하십니까? A와 B 가운데 어느 포장이 보다 아름답다고 생각하십니까?」하는 것 등이다.

이러한 조사방법은 회답자가 질문에 대해서 평점 또는 평가하는 것으로 결코 단순하지만은 않다. 왜냐하면 회답자가 자기의 의견진술이 잘못된 것임에도 사실에 입각한 진실한 진술이라고 오인하게 되는 경우가 많으며, 또 조사자에게도 그러한 오인이 제대로 전달된 경우가 드물기 때문이다.

③ 해석질문법

해석질문법(interpretative survey)은 회답자의 행위 또는 의견에 대한 이유, 동기 등을 질문하는 경우이다. 예를 들면, 「당신은 왜 비누를 구입하셨습니까? 이 상품을 구입하는 이유는 무엇입니까?」와 같이 회답자에게 상품구입의 동기나 선택의 이유를 묻는 질문이다.

이와 같은 해석질문법은 회답자의 감정이나 동기의 심리적 유인을 평가한 것을 토대로 한 회답을 요구하는 방식으로, 보통 서면에 의하는 것보다도 직접 면접에 의해서 행해지는 경우가 많아 정확한 해답을 얻기 위해서는 질문의 기술과 요령에 상당한 숙련이 필요하다.

대략 이상과 같은 것이 질문법의 골자이지만 실제로 작성되는 질문서는 이 중에서 어느 한 가지 형태의 방법에만 의하는 것이 아니고 보통 두 가지 이상의 방법으로 혼합되어 사용되기 마련이다.

그리고 질문서가 작성되어 실제로 조사에 투입될 때 회답을 얻고자 하는 질문의 전달방식에 따라 면접법, 우송법, 전화법 등의 경우를 생각할 수 있다. 이들 또한 각각 일장일단이 있어 어느 것이 보다 최적인지는 때와 경우에 따라 다르다.

(2) 관찰조사법

이 관찰조사법(observation method)은 응답자의 어떤 행동을 관찰함으로써 자료를 수집하는 방법이다.

즉 일정한 조사형식에 따라서 조사원이 자연 그대로 객관적으로 관찰한 것을 토대로 파악되어진 사실을 구체적으로 기록하고 그 결과를 분석하는 방법이다.

다시 말하면 마케팅환경에 있어서의 소비자의 행동이나 반응을 직접 관찰해서 그 기록을 작성하는 방법의 하나인데 예를 들면,

① 판매점내외에 있어서의 파는 사람이나 사는 사람의 행동 내지 인원수를 관찰해서 고객수와 매출과의 관계를 검토
② 상표별에 의한 상품의 움직임을 관찰해서 장래의 판매추세를 예측
③ 광고에 대한 고객의 눈의 움직임을 관찰해서 그 홍미집중도를 분석하는 것과 같은 방법이 바로 그것이다.

이 방법은 정확성이 높고 소비자의 태도나 행동에 관한 추측을 배제하여 준다.

이 방법은 질문조사법의 경우처럼 ① 피조사자의 개인적 주관이 개입하는 여지가 적기 때문에 보다 객관적이며, ② 피조사자는 전혀 의식치 못하며, ③ 따라서 상당히 정확한 사실의 파악이 가능해지는 장점이 있는 반면, ① 조사시간과 조사노력

이 많이 들며, ② 조사비용면에서 경비가 커지며, ③ 사람의 무의식적 행동과 본의는 반드시 일치하지 않는다는 등의 단점 때문에 여러 가지 입장에서 비교적 관찰이 자유자재인 국내마케팅조사의 경우에나 사용될 수 있는 조사방법의 하나이지 국제마케팅조사의 경우에는 어느 기업이나 쉽게 응용할 수 있을 만큼 그렇게 흔한 조사방법은 아니다.

(3) 실험조사법

실험조사법(experimental method)은 관찰조사법의 일종으로 관찰조사법이 자연 그대로 일어나는 사상을 관찰하는데 반해 실험조사법은 어떤 조건 하에서 일어나는 사상을 관찰하는 방법이다.

즉 실험조사법은 어느 수출시장을 실험시장으로 지정해서 그 시장에서 실험적으로 실시한 판매활동의 결과를 기록, 분석함으로써 해외시장의 정보를 수집하게 되는 방법이다.

다시 말해서 실험법은 인위적 조건 하에서 일어나는 현상을 조사, 분석하는 방법으로서 판매에 영향을 주는 한 개 또는 그 이상의 요인과 판매량과의 사이에 존재하는 관계를 규명하기 위해 사용된다.

이 방법은 특히 광고나 기타 판매촉진책의 결과측정, 제품이나 포장조사, 가격변화의 영향 조사 등에 많이 이용되고 있다.

이 방법은 국내마케팅 영역에 있어서는 점차 구사되어지는 빈도가 잦아지고 있어 그런대로 국내시장에서의 판매예측이나 광고결과의 측정분야에서 상당한 결과를 발휘하고 있는 중이지만 이 실험조사법이 국제마케팅 영역에까지 확대, 적용되기엔 아직도 요원한 실정이다.

왜냐하면 국내시장과는 그 성격이 상이한 해외시장 가운데서 어느 특정한 실험시장을 선정하는 샘플링(sampling)기술이 아직도 미약한 단계에 있으며, 또 조사경비면이나 조사일수면에서 상당한 마이너스 작용만이 야기되기 쉽기 때문이다.

지금까지 국제마케팅 조사방법으로서 질문조사법, 관찰조사법, 실험조사법 등 세 가지 방법에 대해서 살펴보았는데 그 중에서도 국제마케팅의 경우일수록 면접에 의해서 회답을 얻게 되는 질문조사법이 가장 정확하고, 많이 이용되는 방법이라 할 수 있다.

4. 자료의 분석 및 해석

1) 자료분석시 유의사항

국제마케팅 조사자가 수집한 2차자료와 1차자료에는 위에서 지적한 바와 같이 많은 문제점들이 있다. 그러므로 국제마케팅 조사자는 그러한 것들을 고려하여 자료를 분석함으로써 국제마케팅 관리자에게 필요한 정보를 제공할 수 있을 것이다. 해외시장에서 수집한 자료의 문제점을 극복하고 중요한 시장정보를 제공하기 위해서는 다음과 같은 세 가지 사항에 주의해야 한다.

① 조사자는 조사대상시장의 문화에 대하여 많은 이해가 필요하다. 조사결과를 분석하기 위해서는 현지의 사회관습, 견해, 단어의 의미, 태도, 기업관행 등에 관해 명확하게 이해하고 있어야 한다.

② 조사자는 조사결과를 적용시킬 창조적인 능력이 필요하다. 국제마케팅조사는 어려운 여건 하에서 수행되므로 조사자의 연구능력, 의지력, 인내력 등이 필요하다. 일반적으로 예상되는 가정과 결과가 상충되더라도 조사결과를 따를 수 있어야 한다.

③ 자료의 검토시 회의적인 태도가 필요하다. 가령 신문의 정확한 발행부수를 알기 위해 일정기간 동안 인쇄부수를 점검한다거나 사회경제적 특성에 입각하여 실제 발행부수를 축소시키거나 확대하는 것이 필요할 수도 있다.

2) 자료의 분석방법

수집된 자료의 분석에는 크게 두 가지 방향이 있다. 먼저 일국 시장에 대한 자료의 분석시에는 국내마케팅조사와 동일하게 이루어질 것이며, 국가간 자료를 비교분석할 때에는 비교대상국의 기초자료 활용의 타당성을 먼저 검토한 후, 분석을 하게 된다. 국가간 자료의 해석은 과거의 경영경험이나 조사경험을 토대로 한 주관적일 가능성이 크며, 분석방법에 따라 해석내용이 크게 달라질 가능성이 크므로 다양한 각도에서 접근할 필요가 있다.

지금까지 국제마케팅활동을 전개하는데 있어서 필수적인 국제마케팅조사에 대해서 고찰해 보았다.

해외시장을 대상으로 하는 국제마케팅활동은 국내시장을 대상으로 하는 국내마케팅활동에 비해서 상당히 복잡하고 다양하다. 왜냐하면 국제마케팅활동이 전개되는 해외시장에서는 제각기 이질적인 정치, 경제, 사회, 문화적인 환경 등이 존재하기 때문에 이러한 이질성을 제대로 파악하지 못하거나, 적응하지 못한다면 막대한 지장을 초래하게 된다. 즉 국내시장과는 환경여건이 상이한 해외시장을 상대로 하는 국제마케팅활동을 전개하는데 있어서 기업체가 사전준비없이 무작정 해외시장에 뛰어들면 막대한 손실과 실패를 초래할 가능성이 크다.

따라서 국제마케팅조사는 이러한 상이한 시장환경을 정확하게 분석하여 기업의 마케팅 의사결정에 활용하고자 함을 그 목적으로 하고 있다. 왜냐하면 국제마케팅과 연결된 환경적인 제요소에 대한 정확하고 충분한 지식이 없이는 의사결정을 효과적으로 할 수 없기 때문이다. 국제마케팅조사는 이러한 마케팅 의사결정에 활용가치가 있는 정보제공을 목적으로 마케팅문제와 연관된 자료를 체계적으로 수집, 기록, 분석하는 것이라 할 수 있다.

일반적으로 한 기업이 성공적으로 국제마케팅활동을 수행하기 위해서는 보다 정확하고 체계적인 국제마케팅조사가 이루어져야 한다. 그러나 우리나라의 경우 일부 대기업을 제외하고는 대부분 정확하고 체계적인 국제마케팅조사가 잘 되어 있지 않고, 정보망이 충분치 못하여 선진국처럼 활발하지 못하고 있는 실정이다.

따라서 이러한 정보부족의 대책으로서는 국제마케팅조사의 조직과 정보체계가 확립되어야 할 것이다.

해외시장은 항상 동태적인 요인을 지니고 있기 때문에 계속적인 변화의 상황을 파악하기 위해서는 국제마케팅조사의 조직화가 필요하게 되고, 이러한 조직의 확립을 통해서 규칙적이며 지속적인 국제마케팅조사를 실시해야 할 것이다.

(사례1) KISTI, 中企에 해외시장조사 정보제공

한국과학기술정보연구원(원장 박영서 · KISTI)이 경제 활성화 등을 위해 우수 중소기업(벤처)에 고가의 '해외시장조사정보'를 제공하고 있어 주목된다.

'시장조사정보(Market Report)'는 신규사업의 시장성을 파악하거나 시장규모 및 가격분석, 경쟁회사의 기술력 파악, 시장변화 모니터링 등 기업활동의 핵심적인 정보인데 대기업의 경우 'Frost & Sullivan' 등 수백만원에서 수천만원에 달하는 고가의 구독료를 주면서 사용하지만 중소기업은 필요성에도 불구하고 구매에 어려움을 겪는게 현실이다.

이에 따라 KISTI는 중소기업청, 자치단체 등과 협력을 통해 지방에 있는 100대 우수 중소기업 및 벤처를 선정, 실 구독료의 10%를 받고 해외시장조사 정보기관의 보고서와 자체 분석정보 등을 제공하기로 했다.

지역별로는 수도권 20개, 충청권 20개, 대구 · 경북권 20개, 부산 · 경남권 20개, 광주 · 호남권 20개 등 권역별로 지원 대상기업을 선발해 시범적으로 지원한 뒤 확대한다는 방침이다.

KISTI 기업사업화정보실 김찬호 연구원은 "중소벤처기업들에게 시장이나 제품에 대한 해외정보를 종합적이고 체계적으로 제공해 기술개발의 시행착오를 줄이고 시장 환경변화에 유연하게 대처할 수 있도록 할 계획"이라며 "경제위기 극복에도 도움이 될 것"이라고 말했다.

자료원 : 대전일보, 2009. 1. 19.

(사례2) 해외 비즈니스 성공의 관건은 정확한 시장조사

잘 수행된 시장조사는 대부분의 기업들이 국제시장에서 저지를 수 있는 대실수들을 미연에 방지하거나 적어도 감소시킬 수 있다. 시장조사를 통하여 적응의 필요성, 이름과 관련된 잠재적인 문제, 판촉의 요건 및 적합한 시장전략을 알아낼 수 있다. 많은 번역상의 실수들은 사실 알맞은 시장조사기법을 사용한다면 얼마든지 피할 수 있는 것들이다.

기업들의 수많은 실수들은 본국에서 사용했던 것과 똑같은 제품, 이름, 판촉 프로그램, 전략을 해외에 그대로 가져다 쓰기 때문에 발생했던 것들이다. 이들 기업들은 본국에서 성공했던 방법이 해외에 나가서도 역시 성공하기를 바라고 있다. 물론 기업들의 이러한 태도를 이해할 수는 있다. 하지만 이러한 희망이 실현될 가능성은 그리 높지 않다.

표준화전략이 어떤 면에서는 효과적이기도 하다. 하지만 대부분의 경우 이것은 추구할 만한 가치가 있는 전략은 아니다. 언제나 표준화의 한계는 존재하게 마련이다. 따라서 기업들은 이 사실을 인식하고 이해하는 것이 중요하다.

시장조사를 하면 표준화의 한계를 발견할 수 있다. 시장조사 결과는 적어도 두 가지 주요한 기능을 한다. 첫째 해당 기업으로 하여금 그들이 달성할 수 있는 것이 무엇인지를 확인시키는 데 도움을 주고, 둘째 그들이 무엇을 하지 말아야 하는지 깨닫게 하는 데도 도움을 준다. 이 두 가지 점 모두가 간과되어서는 안 된다.

국제적 사업 계획의 일부로서 시장조사의 중요성에 의문을 제기하는 사람은 아마 없을 것이다. 그러나 불행하게도 이것을 수행하기란 쉽지 않을뿐더러 극도로 복잡하다. 분석하는 과정에서 아주 작은 세부 사항이라도 무시되어서는 안 된다. 회사마다, 제품마다, 그리고 내려지는 결정들에 따라 필요로 하는 데이터도 각기 다르다. 시장조사는 해외시장으로 나갈 것인지 아닌지, 어떤 나라로 진출할 것인지, 어떤 방법으로 들어갈 것인지, 그리고 거기서 어떤 마케팅전략을 사용할 것인지를 결정하는 데 도움을 준다.

자료원 : 이광철·이재유 역, 전게서, pp. 214~215.

(사례3) CJ홈쇼핑, "철저한 시장조사로 성공신화"

CJ홈쇼핑(www.CJmall.com)이 최근 철저한 시장조사와 분석을 통해 신상품을 기획하거나 마케팅을 진행하고 있어 눈길을 끌고 있다.

CJ홈쇼핑은 지난 달 22일 '퐁피두센터 특별전 기념명화' 런칭 방송에서 1시간 만에 1천 500점을 판매해 3억원의 매출을 올렸고, 이달 21일에 있었던 2차 방송에서는 3천 500점을 팔아 매출 7억원이 넘는 놀라운 성과를 거둔 바 있다.

이 같은 성과를 거두기까지는 장기간에 걸친 시장조사 및 소비자니즈 분석과정이 있었기 때문에 가능했다는 것이 CJ홈쇼핑의 설명이다.

민주원 CJ홈쇼핑 MD(상품기획자)는 한국국제아트페어(KIAF) 등 대규모의 미술행사에서 일반 대중들의 그림에 대한 관심이 예상외로 뜨겁다는 것을 직접 눈으로 확인하고, 이들을 타겟으로 한 대중적인 미술품 판매가 가능할 수 있다는 단초를 얻었다.

TV홈쇼핑을 통해 미술품을 판매 하겠다고 나선 민주원 MD는 국내에서는 '인테리어'를 위한 마땅한 그림을 구할 수 있는 시장이 턱없이 부족하다는 점에 눈을 돌렸다.

민 MD는 일반인들의 접근이 쉬우면서도 경쟁력 있는 미술품을 발굴해 합리적인 가격으로 미술품 유통시장을 새롭게 조성한다면, 충분히 '블루 오션'이 될 수 있을 것이라는 판단이었다.

민주원 MD는 이를 위해 수 차례의 FGI(Focus Group Interview)와 서베이를 통해 고객들이 어떠한 그림을 선호하는지, 어떤 목적으로 구매하려 하는지, 어느 정도의 가격대를 부담 없이 수용할 수 있는지를 조사하고 분석하는 과정을 거쳤다.

해외시장도 조사했다. 미국과 프랑스로 출장을 나가 해외시장은 어떻게 형성되고 있는지 살펴보고, 소장용 고가 그림시장과 '인테리어용 그림시장(Wall Art Category)'으로 구분돼 개별적으로 활성화 되어 있음을 파악했다.

이 같은 조사결과 자료를 상품선정과 마케팅기획에 반영한 결과, 홈쇼핑에서 처음으로 시도한 '대중적 그림판매'는 업계를 모두 놀라게 하는 기록을 달성했다.

또한, CJ홈쇼핑이 운영하는 인터넷쇼핑몰인 CJ몰도 최근 웨딩 특집기획전을 실시하기 위해 사전에 대대적인 마케팅조사를 시행해 눈길을 끌었다.

CJ몰이 최근 오픈한 '100명의 결혼 선배들이 말한다-2009 해피 웨딩 페스티벌'의 경우, '결혼을 앞둔 사람들, 이미 결혼한 결혼 선배들'의 스토리를 생생히 담아내 예비 신랑 신부들의 마음을 움직이고 있다.

CJ몰은 지난 2월 결혼 의향이 있는 28~33세 사이의 여성고객 200명을 대상으로 결혼에 관한 웹 서베이를 진행했으며 최근 1년 이내에 결혼한 자사의 여성 고객 100명을 대상으로 FGD(Focus Group Discussion, 고객 심층 좌담회) 및 전화설문을 진행했다.

FGD에 참석한 고객들에게는 미리 결혼준비 시 구입한 살림살이 목록을 작성하게 하고 거실, 부엌, 안방 등 주요 살림살이를 중심으로 실제 집안 사진도 찍어올 것을 요청해, 조사에 도움이 되도록 했다.

CJ몰은 이러한 조사결과를 바탕으로 결혼할 때 고민했던 점과 살림장만 순서, 결혼예산, 가장 유용했던 사은품 등을 파악해 기획전에 반영했다.

그 결과 해당 기획전 오픈 후 10일 간 일 매출이 작년 비슷한 시기에 진행했던 웨딩 기획전보다 무려 40~50% 이상 증가한 것으로 나타났다.

송재훈 CJ몰 마케팅팀 과장은 "실제로 결혼한 고객들이 결혼준비과정에서 느꼈던 부분, 결혼을 앞둔 고객들의 니즈를 반영해 기획전을 꾸민 것이 공감을 얻고 있는 것으로 보인다"고 말했다.

자료원 : EBN, 2009, 3, 24.

주요용어

1. 국내마케팅조사(domestic marketing research)
2. 국제마케팅조사(international marketing research)
3. 문제해결적 조사(problem solving research)
4. 의사결정지향적 조사(decision oriented research)
5. 사실지향적 조사(fact oriented research)
6. 소비자조사(consumer research)
7. 국제제품조사(international product research)
8. 국제가격조사(international price research)
9. 국제유통조사(international distribution research)
10. 국제광고조사(international advertising research)
11. 제품개념(product concept)
12. 전략적차원의 의사결정(strategic decision)
13. 전술적차원의 의사결정(tactical decision)
14. 2차자료(secondary data)
15. 1차자료(primary data)
16. 공적인 정보원천(public sources)
17. 사적인 정보원천(private sources)
18. 타당성(validity)
19. 신뢰성(reliability)
20. 불편부당성(impartiality)
21. 질문조사법(survey method)
22. 사실질문법(factual survey)
23. 의견질문법(opinion survey)
24. 해석질문법(interpretative survey)
25. 관찰조사법(observation method)
26. 실험조사법(experimental method)

연습문제

1. 국제마케팅조사와 국내마케팅조사의 차이점에 대하여 설명하시오.
2. 국제마케팅조사의 범주에 대하여 설명하시오.
3. 국제마케팅조사의 목적에 대하여 설명하시오.
4. 국제마케팅조사의 과정에 대하여 논하시오.
5. 국제마케팅조사의 자료원에 대하여 설명하시오.
6. 1차자료 수집상의 문제점에 대하여 설명하시오.
7. 2차자료 수집상의 문제점에 대하여 설명하시오.
8. 1차자료와 2차자료의 차이점을 비교 설명하시오.
9. 전략적차원의 의사결정과 전술적차원의 의사결정을 비교 설명하시오.

참고문헌

1. 김동기 · 한선민, 국제마케팅론, 박영사, 1998.
2. 김성욱, 신무역경영, 진명문화사, 1975.
3. 김 철 · 박주욱, 국제마케팅론, 신영사, 1998.
4. 김희철, 글로벌시대의 국제마케팅, 도서출판 두남, 2007.
5. 박기안, 국제마케팅, 무역경영사, 2002.
6. 박창식, 국제마케팅, 일조각, 1980.
7. 안태호, 국제마케팅론, 박영사, 1983.
8. 옥선종, 다국적기업론, 법문사, 1983.
9. 원종근 · 현인규 · 지남웅, 국제마케팅론, 법문사, 1995.
10. 이승영, 국제마케팅, 일신사, 1993.
11. 이장로, 국제마케팅, 무역경영사, 2003.
12. 정헌배, 국제마케팅, 법문사, 1998.
13. 한희영, 수출마케팅론, 박영사, 1975.
14. Bennett, R., *International Marketing : Strategy, Planning, Market Entry and Implementation*, Kogan Page, 1999.
15. Cateora, P. R., *International Marketing*, 7th ed., Homewood, Ill. : Richard D. Irwin. Inc., 1990.
16. Douglas, S. P. and Craig, C. S., *International Marketing Research*, Englewood Cliffs, N. J. : Prentice-Hall Inc., 1988.
17. Fayerweather, J., *International Marketing*, Englewood Cliffs, N. J. : Prentice-Hall Inc., 1970.
18. Jain, S. C., *International Marketing Management*, 3rd ed., Boston : PWS-KENT Publishing Company, 1990.
19. Kotabe, M. and Helsen, K., *Global Marketing Management*, John Wiley and Sons, Inc., 1998.
20. Kotler, P., *Marketing Management : Analysis, Planning, Implementation, and Control*, 7th ed., Englewood Cliffs, N. J. : Prentice-Hall Inc., 1980.
21. Kumar, V., *International Marketing Research*, Prentice-Hall Inc., Upper Saddle River, New Jersey, 2000.
22. Majaro, S., *International Marketing*, New York : John wiley and Sons, 1978.
23. Stanton, W. J., *Fundamentals of Marketing*, New York : McGraw-Hill Co., 1978.
24. Still, R. S. and Cundiff, E. W., *Essentials of Marketing*, Englewood Cliffs, N. J. : Prentice-Hall Inc., 1966.
25. Terpstra, V. and Russow, L., *International Dimensions of Marketing*, 4th ed., South-Western College Publishing, 2000.
26. Terpstra, V. and Sarathy, R., *International Marketing*, 7th ed., The Dryden Press, 1997.

제8장

해외시장 세분화와 표적시장의 선택

해외시장은 소득, 나이, 직업, 구매행동 등에 있어서 서로 다른 특성을 지니고 있는 소비자들로 구성되어 있기 때문에 모든 소비자들의 욕구를 충족시킨다는 것은 대개의 경우 불가능한 일이다. 또한 소비자 개개인간의 특성간 차이를 전혀 무시하고 오직 하나의 마케팅전략을 수행하는 것도 매우 위험한 일이다. 이러한 문제를 해결하기 위하여 해외시장의 소비자들을 일정한 기준에 따라 크게 몇 개의 시장으로 나누어 각각의 해외시장에 차별적인 마케팅전략을 구사하는 방법이 바로 세분화마케팅전략이다. 이 전략의 과정은 시장의 세분화, 표적시장 선정, 제품포지셔닝의 세 단계를 밟게 되는데, 이 장에서는 이에 대해 구체적으로 살펴보기로 한다.

제1절 해외시장 세분화

1. 시장세분화의 개념 및 이점

어떤 기업이든지간에 해외시장을 대상으로 국제마케팅활동을 전개할 경우, 해당 시장에서의 모든 소비자들을 대상으로 활동하기에는 현실적으로 상당히 어려운 일이다. 그렇기 때문에 기업들은 해외시장을 공략할 때 전체시장을 대상으로 경쟁하기 보다는 그 기업의 제품을 효율적으로 제공할 수 있는 가장 유망한 시장을 파악하여 공략하게 되는 것이다.

그러나 어느 한 기업이 특정시장에서 독점적인 위치를 차지한다는 것은 쉬운 일이 아니다. 그래서 기업들은 시장을 쪼개서 보고, 쪼개진 부분들 중에서 그 기업이 가장 잘할 수 있는 시장에 진입하여 독점력을 갖고자 노력하게 되는 것이다. 따라서 기업은 전체시장을 세분화하고, 소비자의 욕구가 무엇인지를 정확하게 파악하여 소비자가 원하는 방향으로 제품을 개발하고 그에 따른 마케팅전략을 수립하게 된다.

이처럼 시장세분화(market segmentation)는 특정의 소비자집단을 그들의 필요와 욕구에 따라 구분하는 것에서부터 출발하게 된다. 한마디로 시장세분화란 여러 측면에서 파악된 소비자 개개인을 유사한 성향을 보이고 있는 특정집단으로 묶어 분류하는 것을 말한다.

즉 일정기간에 걸쳐 특정제품의 마케팅활동에 대한 소비자들의 반응이 유사할 것으로 예상되는 고객들을 집단화하는 것을 의미한다. 그리고 이렇게 해서 시장세분화한 결과 분할된 시장을 세분시장이라고 한다.

이러한 시장세분화는 제품(product), 가격(price), 유통경로(place), 촉진(promotion) 등 4P와 더불어 마케팅전략의 핵심적인 분야 중의 하나이지만, 아직까지 그 개념에 대한 정의가 체계적으로 통일되어 있지 않다. 해외시장의 세분화개념은 해외시장을 보는 관점에 따라 크게 두 가지로 나누어 생각할 수 있다. 즉 다수의 국가시장을 유사한 국가집단으로 구분하는 거시적 세분화와 개별국가 내에서 시장을 세분화하는 미시적 세분화로 나누어진다.

그런데 이러한 해외시장의 세분화는 일반적으로 다음과 같은 세 가지의 가정에 입각하여 이루어지게 된다.

첫째, 모든 소비자들은 서로 차이가 있다는 가정이다. 즉 모든 소비자들은 나이, 소득, 개성, 취미, 욕구 등이 서로 다르다는 것이다.

둘째, 모든 소비자들은 서로 차이가 있기 때문에 그들의 구매형태도 각각 상이하다는 가정이다. 즉 소비자들의 특성이 다르면 그 결과 구매행위에도 차이가 생기게 된다는 것이다.

셋째, 서로 다른 소비자들은 유사한 특질을 가지고 있는 소비자들을 기준으로 집단화할 수 있다는 가정이다.

한편, 이와 같은 가정에 입각한 시장세분화는 기업에게 다음과 같은 여러 가지 이점을 주게 된다.

첫째, 시장을 세분화함으로써 소비자들의 욕구나 구매동기 등을 보다 정확히 파악할 수 있다.

둘째, 시장을 세분화함으로써 변화하는 소비자수요에 창조적으로 대응할 수 있는 경쟁전략을 수립할 수 있다.

셋째, 경영자는 기업의 경쟁적 강점과 약점을 평가하여 유리한 세분시장을 선택할 수 있다.

넷째, 기업은 시장세분화를 통해서 기업의 제품에 대한 소비자들의 반응을 알 수 있기 때문에 기업이 가지고 있는 자원을 보다 효율적으로 배분할 수 있다.

다섯째, 기업은 시장을 세분화함으로써 목표시장(target market)을 보다 확실하게 설정할 수 있기 때문에 국제마케팅전략을 효율적으로 수행할 수 있게 된다.

(사례) PC업계 이젠 '타깃 마케팅'

PC제조업체들이 시장을 세분화하는 타깃 마케팅에 적극 나서고 있다. 이른바 대상 그룹을 잘게 쪼개는 '세그먼트(segment·분할) 마케팅' 전략에 나서고 있는 것.

24일 업계에 따르면 노트북업계는 게임시장에 초점을 맞추고 있다. LG전자는 지난 6월 '엑스노트 R580'를 선보였다. 이 제품은 영화나 3D게임에 최적화된 HD급(고화질) 화질을 갖췄다. 발광다이오드(LED) 백라이트 기술에 16대9의 HD급 고해상도 LCD가 탑재됐으며, 블루레이 디스크 드라이브를 적용해 HDTV와 간단하게 연결만 해도 대화면으로 게임, 영화 등을 즐길 수 있다. 같은 달 델인터내셔널은 고사양 3D 게임을 즐길 수 있는 게임 전용 노트북 '델 에이리언웨어 M17x'를 국내에 선보였다. 델코리아 관계자는 "'에이리언웨어 M17x'는 화려하고 생동감 넘치는 고사양 게임을 즐기려는 게이머들을 위한 야심작"이라고 말했다. HP와 아수스코리아도 지난 3월에 각각 '파빌리온 dv2'와 'G50VT'를 선보이고 시장 공략에 나서고 있다.

어린이용 PC시장에서도 업체들의 경쟁이 본격화되고 있다. 디지털교과서 시범사업이 본격화되고 각종 멀티미디어 기기를 활용한 e-클래스가 확산되면서 일찌감치 IT기기에 눈을 뜨는 어린 고객을 잡기 위해서다. 지난 5월 삼보컴퓨터가 선보인 어린이 전용PC '루온 키즈컴(K1/U1)'은 한달 평균 2000대가 넘게 팔려나간다. 이는 당초 회사측 기대를 크게 뛰어넘는 수치다. 특히 출시 초기보다 주문이 20% 이상 느는 등 입소문이 나면서 판매에 탄력을 받고 있다. 중소PC제조업체인 대우루컴즈는 태생부터 교육도우미(클라스 메이트)를 표방한 '루키드(LUKID)'시리즈를 내놨다. 현재 온라인을 중심으로 29만원이란 초저가에 판매되고 있다. 델도 지난 5월 유치원생에서 초등학생, 중학생까지 아우르는 전용 넷북 '래티튜드 2100'을 내놨다.

기업시장 공략에도 적극 나서고 있다. 삼성전자는 지난해 하반기부터 초슬림, 초경량 제품 'X360', 'X460'으로 프리미엄 기업용 노트북PC 시장을 공략하고 있다. HP는 기업용 넷북 'HP 미니(Mini)5101'을 조만간 출시할 예정이다. 델은 '래티튜드 E'시리즈로 기업용 노트북PC 시장을 공략하고 있다. 업계가 기업시장에 눈독을 들이는 것은 분기별 기업용 노트북시장 규모가 14만~15만대에 달할 정도로 커지고 있기 때문이다. 전체 분기 노트북 시장 규모가 70만~80만대 수준인 점을 감안할 때 약 20%를 차지한다.

글로벌 경기침체로 수요 부진속에서 시장경쟁이 치열해지면서 특화마케팅도 한층 가열된 전망이다. 업계 관계자는 "경기침체로 PC 수요가 줄어들면서 틈새시장을 겨냥한 특화 PC 개발 경쟁도 한층 가열될 것"으로 전망했다.

자료원 : 파이낸셜뉴스, 2009, 7, 25.

2. 시장세분화의 기준

시장을 세분화하는 과정에서 가장 중요한 것이자, 첫 출발점은 과연 소비자들을 어떠한 기준을 가지고 나눌 것이냐 하는 문제라 할 수 있다. 일반적으로 시장을 세분화하는 기준은 소비자의 욕구, 성격, 개성, 나이 등과 같이 기업이 제공하는 제품과는 무관하게 소비자 특성을 시장수요와 연결시켜 구분하는 경우와 기업활동에 대한 소비자의 반응을 중심으로 구분하는 경우로 크게 나누어 볼 수 있다([그림 8-1]과 [표 8-1]참조).

[그림 8-1] 시장세분화의 기준

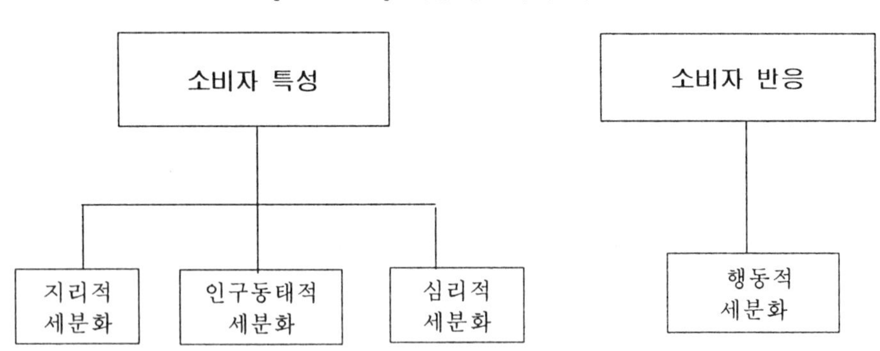

자료원 : P. Kotler, *Marketing Management, Analysis, Planning, Implementation and Control*, 6th ed., Englewood Cliffs. N. J., : Prentice-Hall Inc., 1988, p. 286.

1) 지리적 세분화(geographic segmentation)

지리적 세분화란 전체시장을 지리적 위치에 따라 세분화하는 것을 말한다. 즉 소비자들의 욕구와 반응은 지역적으로 차이가 있기 때문에 전체시장을 국가나 주, 지역, 군, 도시, 인구밀도, 기후 등과 같은 서로 다른 지리적 단위로 구분하는 것을 말한다.

이러한 지리적 변수에 의한 세분화는 각 지역특성에 따라 제품에 대한 요구수준의 차이가 있다는 것에 바탕을 두고 있다. 이처럼 해외시장을 지리적 기준에 따라 세분화하는 주된 이유는 아마도 지리적 인접성을 바탕으로 하는 교통 및 커뮤니케이션의 용이성과 이에 따른 관리의 효율성, 또한 세분화 작업이 비교적 용이하고,

적은 비용으로 목표시장에 접근할 수 있다는 이점이 있기 때문일 것이다.

지리적 세분화의 대표적인 예는 다국적기업이 여러 국가를 대상으로 동일한 제품을 판매하는 경우 그 제품의 판매를 촉진시키기 위한 광고를 실시하는데 있어서 그 나라의 사회문화적인 관습, 전통 등을 고려하여 서로 다른 광고문안이나 광고매체를 사용하는 경우를 들 수 있다.

2) 인구동태적 세분화(demographic segmentation)

인구동태적 세분화란 전체시장을 연령, 성별, 가족수, 소득, 교육수준, 종교 등과 같은 인구동태적 변수들을 기초로 하여 소비자들을 세분화하는 것을 말한다. 이러한 인구동태적 변수에 의한 세분화는 소비자의 욕구 및 구매행동과 밀접한 관련이 있기 때문에 시장세분화 변수로서 가장 널리 사용되고 있다.

그러면 구체적으로 인구동태적 변수가 시장세분화의 기준으로서 가장 많이 사용되는 이유에 대해서 살펴보면 다음과 같다.

첫째는 인구동태적 변수는 소비자 욕구, 선호 및 사용빈도 등과 밀접한 관련이 있기 때문이다.

둘째는 변수측정이 다른 변수에 비해 용이하고 객관적인 측정이 가능하기 때문이다.

셋째는 다른 변수로 세분화한 경우에도 목표시장의 규모를 알고 이에 효과적으로 대처하려면 다시 인구동태적 요인과 관련지어야 하기 때문이다.

인구동태적 세분화의 주요 예는 소비자들을 나이, 성에 따라 나누는 것인데, 음료시장의 경우 남성을 타겟으로 하는 '게토레이'와 여성을 타겟으로 하는 '2% 부족할 때'가 대표적인 예라 할 수 있다. 화장품 시장의 경우에도 우선적으로 소비자를 남성과 여성으로 구분하여 남성용 화장품과 여성용 화장품으로 시장을 세분화하고 있다. 우리나라의 경우에도 최근에 와서 남성의 자기관리욕구의 증대로 남성용 화장품수요가 급증해 기존의 여성용 화장품만 제조하던 기업들이 남성용 화장품판매에 참여하고 있는 추세를 보이고 있다. 또한 여성용 화장품시장의 경우에도 그 나이에 따라 성인여성용과 소녀용으로 구분하여 각 고객특성에 맞는 화장품의 제조와 판매가 이루어지고 있는 것이 대표적인 예라고 할 수 있다.

3) 심리적 세분화(psychographic segmentation)

동일한 인구동태적 집단에 속하는 사람들도 서로 다른 심리적 특성을 가지고 있기 때문에 심리적 세분화가 필요하다. 심리적 세분화란 소비자들을 사회계층이라든지, 생활양식, 개성 등에 따라 서로 다른 몇 개의 집단으로 세분화하는 것을 말한다.

이러한 소비자들의 심리적 변수는 인구동태적 변수의 약점을 보완하고 소비자에 대한 보다 구체적인 정보를 얻기 위해 사용되고 있다. 즉 인구동태적 변수는 기초적인 정보를 수집할 때 주로 쓰이지만, 심리적 변수는 구매자의 태도나 생활스타일을 반영하기 때문에 개성을 중요시하는 소비자들을 분석할 때 매우 의미가 있는 변수라 할 수 있다.

예를 들어 에반스(F. B. Evans)라는 사람은 소비자들의 개성에 따라 자동차 브랜드인 포드(Ford)와 시보레(Chevrolet)의 선택상황을 실증적으로 조사하였는데 그 결과, 포드를 선택하는 소비자들은 비교적 남성적이고, 독립적, 충동적이며 변화에 민감한 성격을 가지고 있는 것으로 나타났다. 이와 반면에 시보레를 선택하는 소비자들은 보수적이며, 검소하고, 극단적인 것을 피하고, 체면을 중요시하는 경향이 있다는 것을 밝혀냈다.

4) 행동적 세분화(behavior segmentation)

행동적 세분화는 제품관련 세분화라고도 하는데 제품이나 제품속성에 대해 소비자가 가지고 있는 지식이나 태도, 용도, 반응에 따라 서로 다른 집단으로 세분화하는 것을 말한다.

일반적으로 행동적 세분화는 기업이 판매하는 제품과 직접적인 관련이 있고, 기업이 실행하는 전략에 대한 소비자들의 반응과 관련이 있기 때문에 어떻게 보면 가장 효율적인 세분화변수라고 할 수 있다.

그런데 이러한 행동적 세분화를 하는데 고려하는 변수로서는 여러 가지를 들 수 있는데, 이 중에서 대표적인 변수 몇 가지를 살펴보면 다음과 같다.

(1) 구매상황

먼저 대표적인 행동적 세분화변수로서 소비자들의 구매상황을 들 수 있다. 소비자들의 구매상황에 의해 시장을 세분화함으로써 기업들은 제품의 사용을 조장할 수가 있다. 예를 들어 소비자가 제품을 구매할 때, 본인이 직접 사용하기 위해서 구매하는 것이냐, 그렇지 않으면 다른 사람에게 선물을 하기 위해 선물용으로 구매하는 것이냐에 따라 제품의 평가기준이 달라질 수 있다. 따라서 일반적으로 이러한 포장용 선물세트는 구매상황에 따른 세분화라고 할 수 있다.

(2) 혜익추구

혜익추구는 제품이 주는 혜택이나 소비자들이 제품으로부터 추구하려는 다양한 이점에 따라 시장을 세분화하는 것을 말한다. 행동적 세분화에 가장 널리 이용되는 변수가 바로 이 혜익추구라고 할 수 있다. 대표적인 예로서 치약시장을 들 수 있다. 일반적으로 기업들은 치약이 충치예방의 혜익이냐, 그렇지 않으면 구취제거용 혜익이냐, 또는 치약의 맛과 향기에 의한 혜익이냐에 따라 시장을 세분화하고 있다. 할리(R. J. Haley)와 같은 사람도 치약시장을 치약이 주는 혜익에 따라 ① 소비자가 맛과 향기를 중요시하는 감각적 시장, ② 치아가 희게 빛나는 것을 중요시 여기는 사교적 시장, ③ 충치예방을 주된 치약의 효용으로 생각하는 시장, ④ 치약의 가격을 중요시하는 시장으로 구분하였다.

(3) 태도

이것은 어떤 시장 안에 있는 소비자들이 특정제품에 대해 열광적이고 긍정적인 태도를 보이고 있느냐, 그렇지 않으면 무관심하고, 부정적이며 적대적인 태도를 보이고 있느냐에 따라 시장을 세분화하는 경우를 말한다. 예를 들어 청바지 제품의 경우, 이 제품에 대한 소비자들의 태도가 다르게 나타난다. 즉 찢어지고, 빛이 바랜 청바지가 젊은 청소년들에게 열광적이고 긍정적인 선호제품이라면, 이와 반면에 나이가 많은 노인들에게는 그러한 청바지는 아마도 부정적이고, 적대적인 제품이 될런지 모른다.

따라서 이와 같은 마케팅상황에서 소비자들의 태도는 기업이 시장을 세분화하는 데 있어서 아주 효과적인 변수가 될 수 있을 것이다.

[표 8-1] 전형적인 시장세분화 변수

변 수	분 류 방 법
1. 지리적 세분화	
지 역	태평양 연안지역, 산악지역, 서북중부지역, 남서중부지역, 동북중부지역, 동남중부지역, 남대서양연안지역, 중대서양연안지역, 뉴글랜드지역
도시근교 규모	A, B, C, D
도시규모	5,000명 이하, 20,000명 이하, 50,000명 이하, 100,000명 이하 250,000명 이하, 500,000명 이하, 1,000,000명 이하, 4,000,000명 이상
인 구 밀 도	도시, 교외, 농촌
기 후	북부, 남부
2. 인구통계적 세분화	
연 령	6세 미만, 6~11세, 12~19세, 20~34세, 35~49세, 50~64세, 65세 이상
성 별	남성, 여성
가족구성원수	1~2명, 3~4명, 5명 이상
가족생활주기	청년 미혼, 청년부부 무자녀, 청년부부 막내자녀 6세미만, 청년부부 막내자녀 6세 이상, 노년부부 자녀동거, 노년부부 18세 이하 자녀 없음, 노년독신, 기타
소 득	10,000달러 미만, 10,000~15,000달러 미만, 15,000~20,000달 미만, 20,000~30,000달러미만, 30,000~50,000달러미만, 50,0 달러 이상
직 업	전문직 및 기술직, 경영자, 공무원, 자영업자, 사무직 및 판매원, 기능공 및 감독, 농민, 퇴직자, 학생, 실업자
학 력	대학원졸, 대학졸, 대학중퇴, 고졸, 고중퇴, 중졸, 초졸
종 교	천주교, 기독교, 유태교, 기타
인 종	백인, 흑인, 동양인
국 적	미국, 영국, 프랑스, 독일, 스칸디나비아, 이탈리아, 라틴아메리, 중동, 일본
3. 심리적 세분화	
사회적 계층	하~하, 하~상, 중~하, 중~상, 상~하, 상~상
생활 양식	활동가, 명예·지위추구자, 평범형
성 격	강제적, 사교적, 권위주의적, 야심적
4. 행동적 세분화	
사 용 경 우	규칙적, 특수적
추구하는 편익	품질, 서비스, 경제성
사 용 여 부	비사용자, 전사용자, 잠재적 사용자, 최초사용자, 규칙적 사용자
사 용 율	소량사용자, 보통사용자, 다량사용자
충성도(애호도)	전무, 보통, 강함, 절대적
구매준비태세의 단계	비인지, 인지. 정보 가짐, 관심 있음, 구매의욕 있음
제품에 대한 태도	열정적, 긍정적, 무관심, 부정적, 적대적

자료원 : P. Kotler & G. Armstrong, *Principles of Marketing*, Prentice-Hall Inc. , 6th ed., 1994, p. 242.

(사례) 중국진출 기업들 '10억 거대시장' 환상서 벗어나라, 타킷별 공략전략 달리해야

2000년대 초반, 중국진출 한국 의류업체 사이에는 중국 고급백화점에 매장을 개설하는 붐이 불었다. 매출이 미미한데도 1년 이상 매장을 열어두는 업체도 있었다. 중국소비자들에게 고급 브랜드로 인식되기 위한 노력이었다.

그 이전에도 한국 의류업체 중엔 중국시장에 안착한 곳이 적잖았다. 그러나 중고·중저가 시장에서는 성공을 거둬도 수익률이 저조하다는 데 업체들의 고민이 있었다. 결국 값비싼 수업료를 내고 최고급 시장을 개척하는 쪽으로 방향을 전환한 것이다.

중국진출을 노리는 기업가들은 늘 '10억 시장'이라는 말에 현혹된다. 그러나 정말 중국이 10억 인구의 거대 단일시장일까. 미국 펜실베이니아대 와튼비즈니스스쿨이 발행하는 이메일잡지 'Knowledge@ Wharton'은 10월 16일자에 중국 소비시장을 해부한 '중국시장 뚫기'(Selling in China) 특집을 실었다. 특집에 참여한 보스턴컨설팅그룹(BCG)과 와튼스쿨 전문가들은 중국시장을 구(舊)중국과 신(新)중국, 도시와 농촌, 가난한 농민과 백만장자, 사회주의와 자본주의 등 온갖 양극단의 요소가 공존하고 있는, 수없이 잘게 쪼개진 시장(市場)의 조합으로 규정한다. 특집의 주요 내용을 요약한다.

■ 자산 1억원 이상 159만 가구 남짓

중국의 소비자는 10억명이 넘지만, 이들은 전혀 다른 사람들로 구성돼 있다. 13억 인구 중에 도시 거주자는 4억명에 불과하다. 도시민들 소득은 매년 경제성장률과 비슷한 10% 수준으로 늘고 있지만, 농촌소득은 고작 1% 증가에 그치고 있다. 따라서 중국소비자를 일반화한다는 것은 불가능한 일이다.

BCG에 따르면 2004년 중국에서 50만 달러 이상의 자산을 보유한 가구는 전체의 0.1%인 35만 가구다. 10만~50만 달러의 자산가는 124만 가구(0.34%). 자산규모가 10만 달러(약 1억 원)가 넘는 부유층이 159만 가구로 전체 가구의 0.44% 정도라는 얘기가 된다. 인구로 환산하면 500만~600만 명 가량이다. 그러나 이들이 소유하고 있는 부(富)는 중국 전체의 61%(8230만 달러)나 된다. 나머지 99.56%의 비(非)부유층의 자산 5270만 달러를 훌쩍 뛰어넘는다.

BCG 아·태지역 본부 허버트 쉬 부사장이 "중국에는 가진 자와 못 가진 자만 있다"고 말할 정도이다.

비부유층도 꾸준히 소득은 늘고 있지만, 부부가 맞벌이를 해도 빠듯한 살림에 시달리고 있다. 의료비와 교육비, 천정부지로 치솟는 부동산 가격 때문이다. 게다가 급격한 노령화로 인해 이들은 평소 은퇴 이후까지 대비해야 한다. 저축률은 무려 50%를 넘어가고 있다.

와튼스쿨 마샬 메이어 교수는 "(중국시장에 진출하려는 기업들은) 대부분의 중국인이 여전히 가난하며 맞벌이 부부조차도 수지를 맞추기가 쉽지 않다는 사실을 유념해야 한다"고 말했다.

■ 성장하는 중산층

그나마 중산층의 빠른 성장이 위안거리다. BCG는 중국 중산층을 2500만~3500만 명 정도로 추산했다. 연간 가구당 소득이 4300 ~8700달러인 계층이다. 이들은 컬러TV와 휴대전화·개인용 컴퓨터 · 맥주의 주 소비층이다. 고도성장으로 해마다 적잖은 중국인들이 이 중산층으로 상향 이동하고 있다.

중산층은 '소비자이자 저축자'라는 이중성을 지닌다. 바로 직전 세대에 문화대혁명 등으로 어려운 시절을 겪은 이들은 검약한 생활이 몸에 배어 있다. 또 금융서비스가 뒤처져 있고 소비자 신용도 거의 제공받을 수 없기 때문에 한번 고가품을 사려면 오랫동안 돈을 모아야 한다. 소비 행태도 제품의 기능을 중시하는 실용적 태도를 고집한다.

그러나 정반대 측면도 없지 않다. 중산층이나 부유층은 임의로 쓸 수 있는 소득이 생기면 아낌없이 자기과시적 소비에 투자한다. 중국 중산층 가정을 방문해 보면 이런 현상을 잘 볼 수 있다. 아이가 없는 집의 경우 주로 옷이나 휴대전화, 향수 · 화장품 등의 구입에 돈을 쓴다. 사회적 지위가 높아진다는 느낌을 주는 물건들이다. 반면 윈덱스(유리세정제)나 키위(구두광택제) 같은 유명 브랜드 생활용품을 사는 데는 인색하다. 친구나 이웃에게 과시하기 힘든 제품이기 때문이다.

■ 부유층을 공략하라

P&G와 GM · 까르푸 등 일부 다국적기업을 제외한, 상당수 고급소비재 업체들은 아직 중국 부유층을 제대로 공략하지 못하고 있다. 업체들 스스로 기회를 놓치고 있다. 이 업체들의 중국 내 점포를 가보면 진열된 상품의 숫자가 뉴욕이나 홍콩 점포의 3분의 1 수준밖에 안 된다. 중국 부자들은 차라리 뉴욕이나 런던에 가서 같은 물건을 산다. 2004년 영국의 고급차 벤틀리가 가장 많이 팔린 곳이 중국이다. BCG 허버트 쉬 부사장은 "현금 100만 달러를 만질 수 있는 인구가 적어도 100만 명은 된다"고 말했다.

덩샤오핑(鄧小平)의 개혁 · 개방 이전에 중국인에게 돈은 안전 · 보호장치의 의미를 갖고 있었다. 하지만 최근 들어서는 '무엇이든 가능하게 하는 것'(enabler), '브랜드의 유혹에 넘어갈 자유를 주는 것'이라는 인식이 확산되고 있다.

영국 광고기획사 BBDO의 중국전략기획 담당 임원 싱(Singh)은 한발 더 나간다. 중국 부유층은 스스로의 명예나 품위보다 그 제품을 쓰는 다른 사람과 대등해지기 위해 브랜드 제품을 구입한다는 것이다. 이에 따라 전례 없는 '소비불안' 현상이 나타나고 있다. 브랜드 제품 구입에 있어 '남들에게 뒤처지지 않을까'하는 불안이 부유층 내에 확산되고 있다는 것이다. 그렇다면 게임의 승패는 누가 먼저 부유층 집단 내에서 '인기'를 장악하느냐에 달려있다.

■ 중소도시는 외국기업의 '블루오션'

외국기업들은 대체로 30~40개의 주요 대도시만을 타깃으로 삼는다. 그러나 조금 눈을 돌려 보면 500개의 거대한 시장이 있다. 바로 인구 300만 명 이하의 중소도시들이다. 이 시장은 대도시보다 훨씬 빠른 속도로 성장하고 있다. 이런 중소도시에 진출하려면 한 단계 진전된 현지화가 필요하다. 까르푸는 중국 유통시장진출을 위해 과감하게 '재래시장'(wet market)을 매장 내로 끌어들였다. 점두에 물건을 내놓는 중국식 점포 개념도 고려해볼 필요가 있다. 중국의 낙후한 금융서비스를 감안해 컴퓨터업체 레노보(lenovo)처럼 소비자들에게 다양한 대금 지불 옵션을 주는 것도 한 방법이다.

자료원 : 조선일보, 2006, 10, 21.

제2절 표적시장의 선택

1. 표적시장 선정의 기준

해외시장을 적절하게 세분화한 다음에는 어떠한 세분시장에, 그리고 얼마나 많은 세분시장에 진출할 것인가를 결정해야 한다. 이 문제가 바로 표적시장의 선택이다. 표적시장(target market)이란 특정기업이 진입을 결정한 하나 또는 그 이상의 세분시장을 말한다. 즉 표적시장은 전체시장 모두가 될 수도 있고, 두 세 개의 세분시장이 될 수도 있으며, 때로는 전체시장 중 단 하나의 세분시장만이 될 수도 있다. 만약 지나치게 적은 세분시장을 표적시장으로 선정하게 되면, 시장기회를 상실하게 되고, 매출과 수익이 감소하게 될 것이며, 지나치게 많은 세분시장을 표적시장으로 선정하게 되면, 마케팅활동이 분산되어 매출과 수익이 증가하기 보다는 더 많은 추가적 비용이 발생할 가능성이 높아진다.

그런데 기업이 세분시장을 평가하여 표적시장을 선정하는데 고려해야 하는 기준은 다음과 같이 크게 세 가지로 나누어진다.

1) 세분시장의 규모 및 성장률

기업은 제일 먼저 세분시장들에 대한 현재의 판매량, 예상 성장률, 그리고 예상 수익률에 대한 자료를 수집하고 분석해야 한다. 즉 기업이 선택할 수 있는 세분시장은 충분한 규모와 높은 성장률을 보이는 시장이어야 한다. 일반적으로 기업들은 시장규모가 큰 시장에 진입하기를 원한다. 아무리 세분시장이 매력적이라 하더라도 그 규모가 매우 작거나, 혹은 앞으로 시장규모가 커질 가능성이 없다면 굳이 그러한 세분시장에 진입할 필요가 없다. 이런 의미에서 세분시장의 규모와 성장률을 파악하는 것은 기업이 진입할 세분시장의 경제성을 평가하는 것이다. 그러나 어느 기업에게나 규모가 크거나, 높은 성장률을 보이는 세분시장이 매력적인 것만은 아니다. 소규모의 기업은 규모가 큰 세분시장을 감당하기에는 기술이나 자원이 부족하며, 또한 규모가 큰 세분시장은 기업간 경쟁이 치열하기 때문에 소규모의 기업이 성공할 가능성이 낮을 수 있다. 따라서 이러한 기업들은 잠재적으로 높은 수익률을 얻을 수 있는 보다 작고, 덜 빠르게 성장하는 시장을 선택하기도 한다.

2) 세분시장의 구조적 매력도

적절한 규모와 성장가능성이 높은 세분시장 중 수익성의 관점에서 구조적 매력도가 있는 것이 기업의 목표시장으로서 적합하다. 아무리 세분시장의 규모가 크고, 높은 성장률을 가지고 있다 하더라도 수익성 측면에서 매력적이지 못한 시장일 수도 있기 때문에 장기적인 수익성에 영향을 주는 구조적 요인들을 고려해 보아야 한다. 일반적으로 그러한 구조적 요인 중에서 가장 큰 영향을 미치는 요인은 세분시장에 있어서의 경쟁상황이다. 따라서 기업은 현재 및 잠재적인 경쟁자들에 대한 분석을 실시해야 하며, 그 결과 해당시장에 강력한 경쟁자들이 많다고 판단되면 그 세분시장은 그다지 매력적이지 못하다고 판단하게 된다.

국제마케팅 관리자들은 또한 대체상품의 위협을 고려해야 한다. 실질적인 대체상품이 있거나 잠재적 대체상품이 있다면 그 세분시장은 매력성이 매우 떨어지게 된다. 대체상품들은 세분시장에서 얻을 수 있는 수익과 기업이 소비자들에게 제시할 수 있는 가격에 제한을 가하게 된다.

구매자의 힘 또한 세분시장의 매력도에 영향을 미친다. 만약 세분시장에서의 구매자들이 판매자에 비하여 높은 구매자 교섭력을 가진다면, 가격할인에 대한 압력을 줄 수 도 있고, 기업에 대하여 보다 좋은 제품의 질이나 서비스 제시를 요구할 수도 있다.

끝으로 세분시장의 매력도는 공급자(supplier)의 상대적인 힘에 의해 좌우된다. 세분시장에서 원료, 자재, 노동력, 그리고 서비스 등에 대해 공급자가 마음대로 가격을 올리거나, 제품의 질 또는 수량을 낮출 수 있는 정도로 큰 공급자 교섭력을 가지고 있다면 그 세분시장은 매력도가 떨어진다. 공급자들은 그 규모가 매우 크고 독점적일 때, 대체상품이 거의 없을 때, 또는 공급하고 있는 제품이 매우 중요한 원료일 때에는 강력한 힘을 가지게 된다.

3) 기업의 목표와 자원

비록 세분시장의 규모가 적절하고, 성장가능성이 높으며, 구조적인 매력도가 있다고 하더라도 기업은 세분시장과 관련된 자사의 목표와 자원을 고려하여 시장의 매력도를 평가해야 한다. 세분시장이 그 자체로서 매력적이더라도 기업의 주요 목표와 부합되지 않는 세분시장이라면 기업은 그 시장을 선택할 수 없을 수도 있으며, 경우에 따라서는 환경적 · 정치적 · 사회적 책임이라는 시각에서 볼 때 세분시장이 그다지 바람직하지 못하다면 기업은 그 세분시장으로의 진입을 포기할 수도 있다. 예를 들어 현대와 삼성과 같은 대기업들은 중소기업에서 운영하기에 적절하다고 생각되는 사업에 이익을 낼 수 있다고 판단되어도 진입을 자제하는 경우도 있다. 그것은 법적인 규제 이외에도 그 시장에 진입했을 때 여론의 비난을 받아 기업의 이미지를 해치는 것을 두려워하기 때문이다.

일단 세분시장이 기업의 목표와 부합된다면 그 기업은 세분시장에서 성공할 수 있는 기술과 자원이 있는지를 평가해 보아야 한다. 만약 기업이 세분시장에서 성공적으로 경쟁할 수 없다고 판단된다면 그 시장으로 진입하지 말아야 한다. 기업이 세분시장에서 요구하는 만큼의 자원을 가지고 있다 하더라도 세분시장에서 경쟁적 우위를 누릴 수 있을 만큼 경쟁자들보다 기술이나 자원이 풍부하지 않은 경우에도 기업은 그 세분시장으로의 진입을 신중히 고려해야 한다. 따라서 기업은 그 세분시장에서 경쟁자들보다 우위를 얻을 수 있고, 시장에 진입했을 때 잃는 것보다 얻는 것이 더 많다고 판단될 경우에 그 세분시장에 진입하여야 성공할 수 있다.

2. 세분화전략의 유형

표적시장이 선정되고 나면 이러한 표적시장을 대상으로 여러 가지 전략을 구사할 수 있는데, 일반적으로 많이 다루어지는 시장세분화에 따른 전략에는 다음과 같은 세 가지를 들 수 있다.([그림 8-2]참조)

1) 비차별적 세분화전략

이 비차별적 세분화전략은 엄밀한 의미에서 시장세분화의 의미를 살리지 못한 전략이라 할 수 있다. 이 전략은 소비자들의 특성이나 욕구가 모두 비슷하다고 가정하고 전체 소비자를 대상으로 하나의 전략을 구사하는 것을 말한다. 예를 들어 코카콜라의 경우 모든 소비자들에게 동일한 효익을 주는 단일의 제품이라 할 수 있는데 이는 소비자들의 욕구나 특성이 유사하다고 보기 때문이다. 즉 소비자들을 특정의 세분화기준에 의거해 세분화하는 것보다도 단일의 표준품을 생산·판매하는 것이 규모의 경제와 같은 이점을 누릴 수 있기 때문에 더 유리하다고 보는 전략이다.

이 비차별적 세분화전략은 시장 내에 존재하는 소비자들의 다양한 욕구를 무시하고 시장자체를 동질적인 것으로 보고 하나의 전략을 구사하는 것을 말한다.

[그림 8-2] 세분화전략의 유형

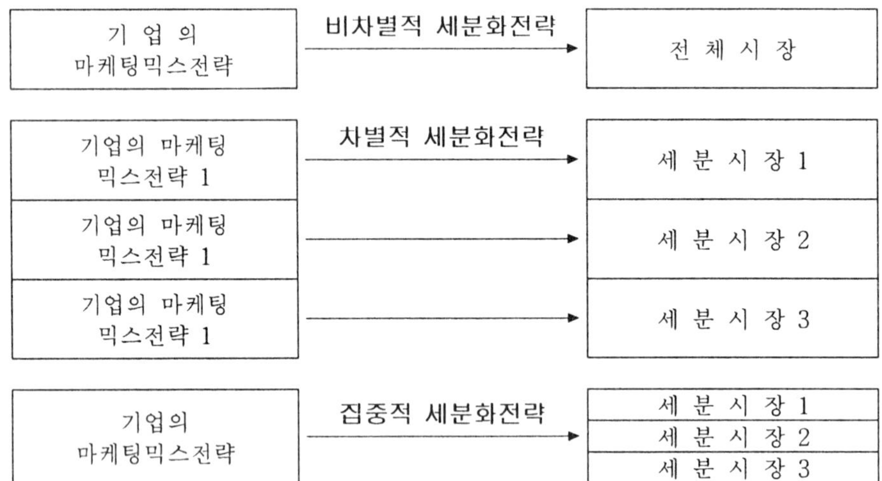

2) 차별적 세분화전략

차별적 세분화전략은 복수목표시장 추구전략이라고도 하는데, 이 전략은 세분화된 시장별로 소비자 특성에 맞는 전략을 구사하는 것을 말한다.

오늘날 대부분의 기업들은 소비자의 욕구나 특성이 다양해짐에 따라 소비자를 특정의 세분화기준에 따라 세분화하고, 세분된 시장에 적합한 제품을 생산·판매하고 있다. 대표적인 예로서 우리나라의 맥주시장의 경우에도 소비자들을 대상으로 이러한 차별화 세분화전략을 구사하고 있다. 즉 맥주시장을 그 맛과 제품형태에 따라 병맥주라든지 생맥주, 드라이 맥주, 라이트 맥주, 흑맥주 시장으로 구분하여 각각의 세분시장에 맞는 제품을 판매하고 있다. 또한 알코올의 소비를 금지하고 있는 중동지역 수출의 경우에는 맥주에서 알코올 성분을 제거한 형태로 판매하여 지리적 세분화도 활용하고 있다.

3) 집중적 세분화전략

집중적 세분화전략은 달리 단일목표시장 추구전략이라고 하는데, 이 전략은 전체 시장의 한 부분인 단일 세분시장에 초점을 맞추거나 집중하는 전략을 의미한다. 앞에서 기술한 차별적 세분화전략과 이 집중적 세분화전략이 특히 시장세분화의 의미를 잘 살린 전략이라고 할 수 있다. 집중적 세분화전략은 흔히 기업의 자원과 능력이 모든 세분시장에 대응하기에는 미약한 경우, 그리고 자기 기업의 경쟁적 우위가 실현될 수 있는 특정 세분시장에서만 활동하고자 할 경우에 많이 이용되는 전략이라고 할 수 있다. 예를 들어 스포츠용품 시장의 경우 모든 스포츠용품을 제조·판매하는 종합 스포츠용 기업도 있지만, 많은 스포츠용품 중에서 이를테면 골프용품만 전문적으로 생산·판매하는 전문적인 기업도 존재하게 되는데 후자가 바로 집중적 세분화전략을 택하는 대표적인 예라고 할 수 있다.

지금까지 세 가지의 세분화전략을 살펴보았는데, 이 중에서 기업에 가장 적합한 전략을 선택하기 위해서는 다음과 같은 사항들을 고려해야 한다.

첫째, 기업의 자원이 한정되어 있을 경우에는 집중적 세분화전략을 선택하는 것이 바람직하다.

둘째, 제품수명주기에서 자사제품이 해외시장에서 어떠한 위치에 있는가에 따라 거기에 적합한 서로 다른 전략을 구사하는 것이 바람직하다. 예를 들어 자사제품이 해외시장에서 도입기 단계에 있을 경우에는 일차적 수요를 흡수하기 위해 비차별적 세분화전략을 수행하는 것이 바람직하다. 그러나 자사제품이 해외시장에서 성장기, 성숙기, 쇠퇴기 단계에 있을 경우에는 차별적 세분화전략을 수행하는 것이 효과적이라고 할 수 있다.

셋째, 소비자들의 욕구라든지 구매관습 등이 유사할 경우에는 비차별적 세분화전략을 구사하는 것이 바람직하지만, 이와 반면에 이질적인 경우라면 집중적 또는 차별적 세분화전략을 구사하는 것이 보다 유리하다.

제3절 제품포지셔닝전략

1. 제품포지셔닝의 개념 및 중요성

표적시장을 선택하게 되면, 그 다음 과제는 원하는 표적고객들에게 상품을 어떻게 알리느냐 하는 것을 결정해야 한다. 즉 자사제품이 경쟁사의 제품과는 다른 고유한 특성을 가지고 있다는 점을 소비자들의 마음속에 심어 주어야 하는데, 이것을 제품포지셔닝(product positioning)이라고 한다. 다시 말하면 제품포지셔닝이란 제품의 중요한 속성이나 혜익 특성이 소비자의 마음속에 정의되어지고, 경쟁자의 그것과는 구별되고 더 낫다는 것을 심어주는 것을 말한다.

포지셔닝이라는 용어는 1972년 미국의 알 리스(Al Rises)와 잭 트라우트(Jack Trout)가 마케팅과 광고에 관련된 저서라든지 잡지에 처음 소개한 이후 치열한 경쟁을 하고 있는 소위 무한경쟁시대에 처해 있는 요즈음에 그 중요성이 점차적으로 높아지고 있다. 최근 해외시장에서 우리나라 기업의 제품포지셔닝을 보더라도 가격에 비해 고품질이라는 평가를 받고 있고, 많은 기업들이 글로벌 시장환경에서 경쟁적 이미지구축을 위해 포지셔닝의 전략적 중요성을 인식하기 시작했다.

일반적으로 제품특성에 대한 소비자인식은 국가마다 다르기 때문에 진출할 해외시장에 대한 자사제품의 올바른 위치와 작업을 위해 국제마케팅 관리자는 새로운 제품포지셔닝전략을 개발해야 한다. 예를 들어 스웨덴의 볼보 자동차회사의 경우, 미국시장에서는 자동차의 경제성, 내구성 및 안전성을, 프랑스에서는 품위와 여유를, 독일에서는 자동차의 성능을, 그리고 스위스에서는 안정성을 강조하는 등 나라마다 각각 다른 제품포지셔닝전략을 구사하였다. 또한 문화권에 따라 소비자의 기호가 차이가 있고, 동일한 제품조차도 그 용도가 달라 질 수 있다. 예를 들어 유럽의 경우 치즈를 사용하는 방법도 나라에 따라 상이하게 나타난다. 즉 이탈리아에서는 피자나 스파게티 등과 같이 더운 음식을 요리하는데 사용하지만, 독일의 경우 빵위에 얹어서 같이 먹는 등 치즈의 사용이 상이하다. 자전거의 경우 일부 국가에서는 레크레이션의 용도로서 인식되어지나 중국, 베트남 등의 국가에서는 기본적인 교통수단으로서 인식된다.

한편, 기업이 자사제품을 해외시장에 있는 소비자들에게 포지셔닝하기 위해 다양한 기준이 사용되고 있는데, 일반적으로 제품의 가격이나 품질, 스타일, 그리고 편익 등과 같은 제품의 속성이 활용된다. 그 외에 경쟁제품을 이용하거나, 주요 사용자, 이미지, 사용상황 등도 사용된다.

2. 제품포지셔닝의 과정

제품포지셔닝의 과정은 기업이 처한 상황과 여건에 따라 각기 상이하지만, 일반적인 과정은 [그림 8-3]과 같이 다섯 단계를 거치게 되는데 이를 구체적으로 살펴보면 다음과 같다.

1) 소비자 욕구 및 경쟁제품에 대한 파악

제품포지셔닝의 첫 번째 단계는 표적시장의 소비자 욕구를 정확히 파악하는 것이다. 자사제품이 경쟁제품에 비해 비교우위를 갖는 차별적 요인을 파악하여 소비자에게 정확하게 전달하여도 그 요인이 표적시장의 소비자에게 중요하지 않은 것이라면 기업의 마케팅노력은 허사가 된다. 예를 들어 싱가포르의 한 호텔은 아시아에서 가장 높은 호텔임을 강조하였지만 이는 호텔을 이용하는 고객입장에서는 큰 의미를 갖지 못하여 실패한 포지셔닝전략이 되고 말았다. 따라서 세계적인 포지셔닝전략의 수립을 위해서는 무엇보다 표적시장 내의 많은 소비자들이 중요하게 생각하면서 현재 충족되지 않은 욕구(편익)를 찾아내야 한다.

이러한 소비자 욕구의 파악과 함께 경쟁제품에 대한 파악도 이루어져야 한다. 이를 위해 기업은 먼저 누구를 경쟁자로 볼 것인가를 규명해야 한다 즉 어떤 제품들이 현재 우리와 동일한 세분시장을 표적으로 하고 있으며, 향후 추가 진입이 예상되는 경쟁자들은 누구인지에 대한 정보가 수집되어야 한다.

2) 경쟁제품의 포지션분석

구체적인 경쟁제품에 대한 파악이 이루어지면 이러한 경쟁제품들이 소비자들에게 어떻게 포지션되어 있는지, 그리고 전반적인 이미지는 어떠한지를 파악하여야 한다. 이 때 요인분석이나 다차원척도법 등의 통계적 분석방법을 활용하여 포지셔닝 맵(positioning map)을 작성하면 경쟁제품에 대한 소비자들의 인식도를 파악할 수 있다. 만약 소비자들이 중시하는 특정한 속성에서 현재 적절하게 포지션된 제품이 없다든지 호의적인 이미지를 구축한 제품이 없다면 이것은 바로 그 시장에 진입할 수 있는 좋은 기회가 된다는 것을 의미한다.

3) 자사제품의 포지셔닝 개발

경쟁제품의 포지션을 정확히 분석한 후 자사제품의 포지셔닝을 개발해야 하는데, 이를 결정하기 위해서는 두 가지의 선택방안이 있을 수 있다. 그 한 가지는 경쟁제품의 포지션에 근접하여 경쟁제품이 차지하고 있는 소비자들을 탈취하려고 하는 것이다. 이러한 전략이 성공하려면 다음과 같은 몇 가지의 전제조건이 충족되어야 한다.

① 경쟁자에 비해 기술적으로 보다 우수한 제품을 생산할 수 있어야 하고, ② 경쟁자와 경쟁하더라도 수익을 창출할 수 있을 정도로 소비자집단의 규모가 커야 하며, ③ 경쟁자에 비해 생산에 필요한 자원이 충분해야 하고, ④ 그러한 위치를 차지함으로써 기업의 능력이나 평가가 유지될 수 있어야 하는 것이다.

또 하나의 방안은 경쟁기업들이 아직 진입하지 않은 시장에 자리를 잡는 것이다. 이처럼 한 기업이 표적시장에서 경쟁자에 비해 유리한 포지션을 차지하기 위해서 국제마케팅 관리자는 자사제품에 대해 소비자들이 어떤 지각 또는 연상을 갖도록 할 것인가를 결정해야 한다. 이러한 포지셔닝의 개발은 소비자분석과 경쟁제품 포지션분석에 의한 정보를 토대로 하여 경쟁자에 비해 소비자의 욕구를 더 적절하게 충족시킴으로써 자사제품이 경쟁적 우위를 차지할 수 있도록 자사제품의 포지션을 결정하는 과정이다.

이러한 과정을 통해 자사제품의 적절한 포지션이 결정되면 목표포지션에 도달하기 위한 구체적인 접근방법이 필요하다. 이러한 목표포지션에 효율적으로 접근하는 방법으로는 앞에서 기술한 바와 같이 제품의 속성, 주요 사용자, 이미지, 사용상황, 경쟁제품에 의한 포지셔닝 방법 등이 있다.

4) 제품포지셔닝의 실행

앞에서 설정한 포지셔닝에 따라 제품을 개발하고, 제품믹스를 결정한다. 자사제품이 경쟁제품에 비하여 비교우위의 차별적 특성을 가지고 있다 하더라도 소비자들이 이를 받아 들여야 한다. 따라서 기업은 광고 등과 같은 촉진활동 및 커뮤니케이션 노력에 의해 소비자들의 마음속에 자사제품을 정확히 포지션해야 한다.

기업들이 일단 하나의 포지션을 개발한 후에는 표적소비자들을 대상으로 적절하게 의사소통을 하며, 또 그 내용을 적절히 전달해 줄 수 있는 강력한 조치를 취하여야 한다. 또한 기업들의 모든 마케팅믹스 수단들은 이러한 포지셔닝전략을 지원하는데 집중하여야 한다. 기업이 포지셔닝전략을 수행하려면 보다 구체적인 행동이 필요하다. 예컨대 만약 어느 기업이 보다 나은 서비스를 제공함으로써 하나의 위치를 구축하는데 목적을 두고 있다면, 보다 질이 높은 서비스를 제공할 수 있는 종업원들을 채용하고, 이들을 훈련시키며, 서비스분야에 대해 명성이 높은 소매상들을 찾아내어야 할 것이다. 또한 보다 나은 서비스를 전달할 수 있는 판매수단을 개발하고, 광고메시지들을 개발하는 일들이 필요할 것이다.

5) 제품포지셔닝의 평가 및 재포지셔닝

국제마케팅 관리자는 자사제품이 목표한 위치에 포지셔닝이 되었는지를 조사하고 그렇지 못한 경우에는 이를 시정하도록 해야 한다. 뿐만 아니라 소비자 욕구와 경쟁을 포함한 여러 가지 환경요인들이 시간이 경과함에 따라 끊임없이 변화하기 때문에 계속적인 조사를 통해 자사제품이 적절하게 포지셔닝이 되었는지를 확인해야 하고, 필요한 경우 적절히 수정해 나가야 한다. 이처럼 자사제품의 포지셔닝이 소비자 욕구와 경쟁제품에 비추어 적절하지 않은 포지션으로 변화하는 경우 포지션전략의 반복적인 수행을 통해 자사제품의 목표포지션을 다시 설정하고, 적절한 포지션으로 이동시키는 재포지셔닝(위상재정립 : repositioning)이 필요하다.

국제마케팅 관리자는 효과적인 포지셔닝의 평가와 재포지셔닝을 위해서는 정기적으로 포지셔닝 맵을 작성하여 자사제품과 경쟁제품들의 변화추세를 분석하는 동태적 포지셔닝 분석이 필요하다.

[그림 8-3] 제품포지셔닝의 과정

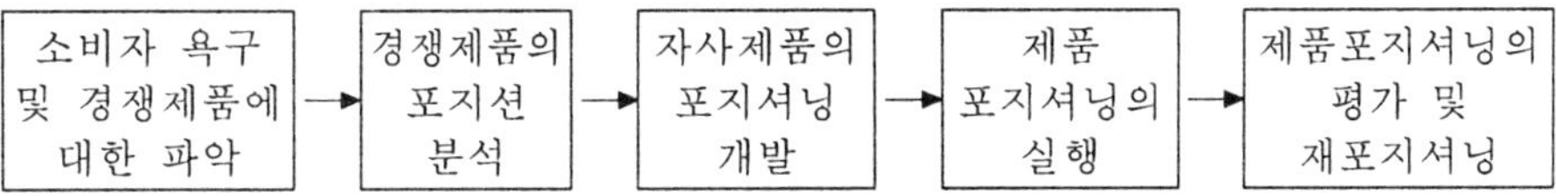

주요용어

1. 시장세분화(market segmentation)
2. 지리적 세분화(geographic segmentation)
3. 인구동태적 세분화(demographic segmentation)
4. 심리적 세분화(psychographic segmentation)
5. 행동적 세분화(behavior segmentation)
6. 표적시장(target market)
7. 제품포지셔닝(product positioning)
8. 포지셔닝 맵(positioning map)
9. 세분시장(segment market)

연습문제

1. 시장세분화의 개념 및 이점에 대하여 설명하시오.
2. 해외시장 세분화의 기준을 사례를 들어 논하시오.
3. 행동적 세분화의 대표적인 변수에 대하여 설명하시오.
4. 표적시장의 선정기준에 대하여 설명하시오.
5. 세분화전략의 유형에 대하여 설명하시오.
6. 제품포지셔닝의 개념 및 중요성에 대하여 설명하시오.
7. 제품포지셔닝의 과정에 대하여 설명하시오.

참고문헌

1. 김주헌, 국제마케팅, 문영사, 2009.
2. 권익현 · 임병훈 · 안광호, 마케팅, 경문사, 2001.
3. 안광호 · 하영원 · 박흥수, 마케팅원론, 학현사, 2002.
4. 이장로, 국제마케팅, 무역경영사, 2003.
5. 임종원, 현대마케팅관리론, 무역경영사, 1991.
6. 정헌배 · 김희철, 지구촌마케팅, 법문사, 1997.
7. 조동성 · 이광현, 경쟁에서 이기는 길, 교보문고, 1994.
8. 홍성헌, 글로벌경쟁시대의 국제마케팅, 우용출판사, 2008.
9. Bennett, R., *International Marketing : Strategy, Planning, Market Entry and Implementation*, Kogan Page, 1999.
10. Evans, F. B., "Psychological and Objective Factors in the Prediction of Brand Choice ; Ford versus Chevrolet," *Journal of Business*, October 1959.
11. Haley, R. J., "Benefit Segmentation : A Decision Oriented Research Tool," *Journal of Marketing*, July 1963.
12. Kotabe, M. and Helsen, K., *Global Marketing Management*, John Wiley and Sons, Inc., 1998.
13. Kotler, P., *Marketing Management, Analysis, Planning, Implementation and Control*, 7th ed., Englewood Cliffs, N. J. : Prentice-Hall Inc., 1991.
14. Kotler, P. and Armstrong, G., *Principles of Marketing*, 6th ed., Englewood Cliffs, N. J. : Prentice-Hall Inc., 1991.
15. Porter, M. E., *Competitive Advantage*, The Free Press, 1985.

제9장

해외시장 진출방식

기업이 어느 해외시장에 진출할 것인가를 선택하는 일과 더불어 국제마케팅에서 전략적으로 가장 중요한 의사결정 중의 하나는, 어떤 방식으로 선정된 국가의 시장 또는 지역에 진출할 것인가를 결정하는 일이다. 통상적으로 볼 때 국제기업이 해외시장에 진출하는 방식은 수출방식, 계약방식, 그리고 해외직접투자방식 등 크게 세 가지로 구분되는데, 본 장에서는 이에 대해 구체적으로 살펴보기로 한다.

기업이 국제마케팅활동을 수행하기 위하여 해외시장에 진출하는 방식으로는 크게 수출방식, 계약방식, 그리고 해외직접투자방식 등 세 가지 유형으로 구분할 수 있다. 그러나 이들을 보다 세분화하여 살펴본다면, [표 9-1]과 같이 수출방식에 의한 진출로는 간접수출과 직접수출이 있으며, 계약방식에 의한 진출로는 라이센싱, 프랜차이징, 계약생산, 관리계약, 턴키계약 등이 있으며, 해외직접투자방식에 의한 진출로는 단독투자와 합작투자로 나누어 볼 수 있다.

[표 9-1] 해외시장 진출방식

수출방식에 의한 진출
- 간접수출(indirect export)
- 직접수출(direct export)

계약방식에 의한 진출
- 라이센싱(licensing)
- 프랜차이징(franchising)
- 계약생산(contract manufacturing)
- 관리계약(management contract)
- 턴키계약(turnkey contract)

해외직접투자방식에 의한 진출
- 단독투자(sole venture)
- 합작투자(joint venture)

제1절 수출방식

기업이 해외시장으로 진출할 때에는 진입방식을 선택해야 하는데, 수출의 경우 특정 제조업체가 해외시장에 진출할 때 활용할 수 있는 여러 전략적 대안 중에서도 가장 기본적인 전략이라고 할 수 있다. 즉 수출은 국내에서 생산된 제품을 해외시장의 소비자들에게 판매하는 것으로서 가장 기본적인 국제마케팅활동이라고 할 수 있다. 해외시장에 처음 진출하고자 하는 기업은 대부분 수출방식을 우선적으로 고려하는데 이는 계약방식이나 해외직접투자방식에 비해 위험이 비교적 적고 해외시장에 대한 큰 경험이 요구되지 않는 편이기 때문이다.

이러한 수출은 수출과 관련된 업무와 기능을 직접 수행하느냐, 그렇지 않으면 외부조직을 통해 대신 수행하느냐에 따라 직접수출과 간접수출로 구분할 수 있는데 주요한 직·간접 수출경로를 살펴보면 [그림 9-1]과 같다.

[그림 9-1] 주요 직·간접 수출경로

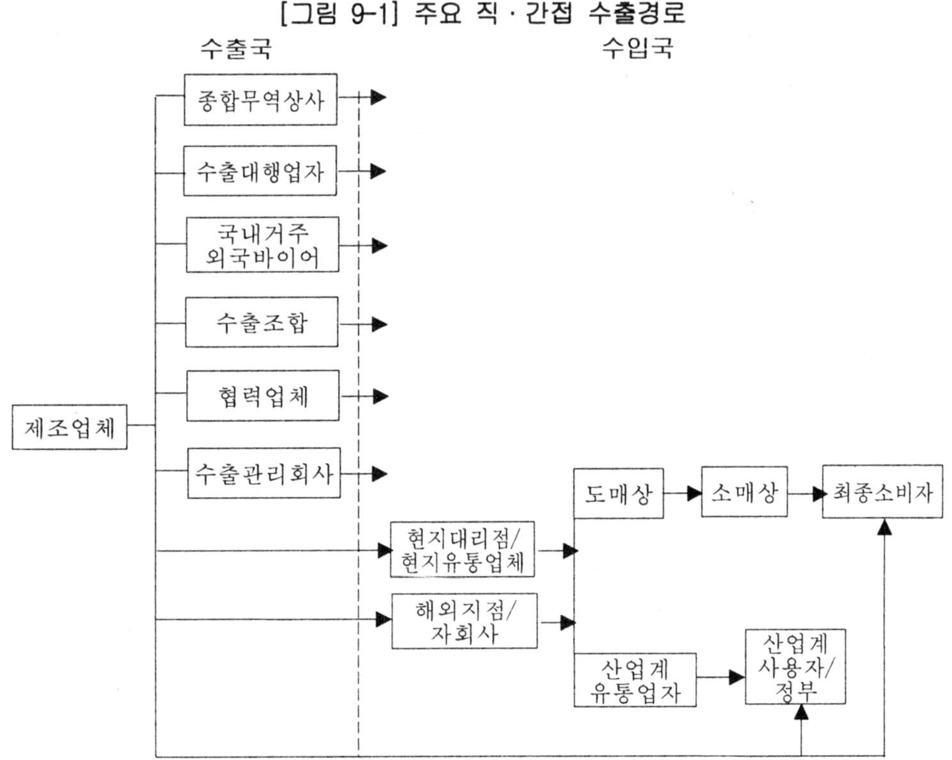

자료원 : F. R. Root, *Foreign Market Strategies*, New York : AMCOM, 1982, p. 67.

1. 간접수출(indirect export)

간접수출이란 종합무역상사, 수출대행업자, 수출조합 또는 국내에 거주하고 있는 외국바이어 등을 통하여 수출함으로써 수출국 내에서 요구되는 수출관련 업무와 기능을 직접 수행하지 않으면서 제품을 해외시장에 판매하는 방식이다. 간접수출은 기업이 단순히 제품을 납기에 맞추어 수출중간상에게 공급하면 모든 의무가 종료되므로 본질적으로 국내시장 판매와 별다른 차이가 없다. 일반적으로 간접수출은 수출경험이 전혀 없거나 수출전문인력이 없는 경우, 생산규모나 재정능력면에서 직접수출을 할 수 없는 경우에 이용된다. 보다 구체적으로 간접수출의 장·단점을 살펴보면 다음과 같다.

1) 장점

(1) 마케팅 활동비용의 절감

제조업체는 별도로 수출과 관련된 부서라든지 해외지사 등을 직접 운영하지 않아도 되기 때문에 수출운영비와 광고활동에 따른 촉진비용을 절감할 수 있을 뿐만 아니라 수출업무와 관련된 관리비용(계약, 선적, 통관)도 절감할 수 있다.

(2) 해외시장진출의 용이성

수출업무에 전문적인 지식을 가지고 있고, 경험이 풍부한 수출중간상을 활용하기 때문에 큰 위험부담이 없이 비교적 쉽게 해외시장에 진출할 수 있다.

(3) 현지시장의 정보입수 및 활용

종합무역상사와 같은 대규모 무역전문회사를 이용함으로써 최신의 우수한 해외시장정보의 입수·활용이 가능할 뿐만 아니라 해외시장의 거래선과 접촉이 많고, 명성이 높기 때문에 그들에 편승하여 수출을 증대시킬 수 있다.

(4) 클레임과 환율변동의 위험회피

간접수출은 재화의 소유권이 판매하는 시점에서 중간수출상에게 이전되기 때문에 무역클레임이나 환차손과 같은 위험을 회피할 수 있다.

2) 단점

(1) 판매에 대한 통제권 상실

수출이 간접적이기 때문에 일단 제조업체가 수출업체에게 제품을 판매한 후에는 그 제품의 해외마케팅에 대한 통제권을 상실하게 되고, 또한 그 기업이 제공한 제품이 해외의 어느 시장에서, 누구에게 어떤 가격으로 유통되었는지에 대해서도 알 수 없는 경우가 많다.

(2) 제품판매기회의 상실

제조업체와 중간수출상간에 이해가 충돌되거나 분규가 발생하면 중간수출상이 수출대행을 포기할 가능성이 있기 때문에 이런 경우 제품판매의 기회가 상실되거나 판매노력이 한계에 부딪힐 수 있다.

(3) 해외시장 격리 가능성

간접수출방식을 장기간 채택할 경우 해외시장으로부터 격리될 우려가 있고, 또한 중간수출상과 계약이 해지된 이후에는 그들이 확보한 단골 바이어들과의 연계가능성이 희박해 진다.

(4) 여타 회사제품의 동시 취급

중간수출상들은 자사의 제품만을 판매하는 것이 아니라 여러 제조업체들의 제품을 동시에 취급하기 때문에 수출액이 소규모이거나 수익성이 낮은 제품에 대해서는 큰 관심을 갖지 않을 우려가 있다.

(5) 해외시장 기반구축의 어려움

수출이 간접적이기 때문에 해외시장의 소비자나 경쟁기업과 직접적으로 접촉할 수 없기 때문에 해외시장기반을 구축하기가 어렵다. 또한 해외시장에 대한 경험, 지식, 시장정보의 축적이 어렵고, 수출과 관련된 전문인력의 양성도 어렵다. 그 결과 국제마케팅활동에 대한 적절한 계획을 수립하고 집행하기가 어렵게 된다.

(6) 수출이익의 감소

간접수출의 경우 중간수출상에게 높은 수수료를 지불하게 되거나, 그들이 큰 폭의 중간 마진을 얻게 되기 때문에 그만큼 제조업체의 이익이 줄어들게 된다. 또한 제조업체는 가격, 수요 등에 대한 해외시장정보가 어둡기 때문에 중간수출상이 이를 이용하여 지나치게 많은 이익을 올리고 제조업체의 수익을 감소시킬 수가 있다.

2. 직접수출(direct export)

간접수출활동이 순조롭게 진행되고 간접수출을 통해 어느 정도 해외시장에 대한 지식과 경험을 얻게 되면 기업은 더욱 적극적인 수출활동, 즉 직접적인 수출경로로의 전환을 모색하게 된다. 직접수출은 간접수출과는 달리 국내의 중간수출상을 개입시키지 않고 직접 제조업체가 현지시장의 유통업체나 대리점과 판매계약을 맺거나, 또는 자사의 수출전담부서라든지 자사의 판매지사나 법인의 설립을 통하여 해외시장개척, 판촉활동 등 수출과 관련된 업무와 기능을 직접 수행하기 때문에 자사제품에 대해 강한 통제력을 갖는다. 또한 직접수출은 해외지사나 판매법인을 통하여 자신의 상표와 같은 무형자산을 보호할 수 있으며, 해외시장의 수요변화나 시장변화에 대한 정보를 지속적으로 본사에 보고하는 것이 가능할 뿐만 아니라 해외의 주요 소비자들과 직접적인 접촉을 통해 해외시장기반을 구축하고 수출경험을 축적할 수 있다. 그러나 직접수출을 위해서는 수출입업무에 대한 지식이 필요하고, 국제마케팅활동을 수행할 수 있는 능력을 가진 인적자원이 필수적이다.

또한 직접수출을 하게 되면 제조업체가 해외시장조사를 포함한 제품에 대한 국제마케팅활동에 보다 적극적인 노력을 기울이게 되기 때문에 일반적으로 간접수출의 경우보다 수출판매액이 늘어나게 된다.

이외에 직접수출의 장·단점은 대체적으로 간접수출과 비교하여 반대이기 때문에 여기에서는 이에 대한 구체적인 설명은 생략하기로 한다.

(사례1) 한국경제 성장엔진 수출 신루트를 뚫어라

한국경제 활력회복에 우리 기업들이 앞장서 뛰고 있다. 1930년대 미국 대공황 이후 처음 겪는 글로벌경제 위기 속에서도 올(2009년) 상반기 사상 최대의 무역흑자를 달성한 힘은 기업들의 땀과 열정에서 나왔다. 한 단계 업그레이드된 '메이드 인 코리아'로 전 세계시장을 밤낮없이 누빈 결과다.

하반기에 돌입한 기업들은 다시 신발끈을 동여매고 있다. 원자재 가격상승, 원화가치 상승, 보호무역주의 확산 위험 등 글로벌무대의 환경이 녹록지 않아서다. 그러나 한편으로 세계경기 회복에 대한 기대감이 높아지고 각국의 경기부양 정책효과가 가시화하고 있는 호기를 절대 놓치지 않겠다는 결의도 다지고 있다. 사공일 한국무역협회 회장은 올 하반기를 "전략적인 해외 마케팅 노력과 경쟁력강화에 힘쓸 때"라며 새로운 수출시장과 아이템 발굴의 필요성을 강조했다. 미국과 유럽 등 그동안 우리가 크게 의존했던 전통 수출시장이 경기불황에 휘둘리고 있는 사이, 중국 및 브릭스, 아프리카, 서남아시아 등이 적극적인 경기 부양책과 풍부한 자금력을 바탕으로 새로운 성장동력으로 떠오르고 있기 때문이다.

이 같은 신시장개척의 중요성은 올해 상반기 수출실적에서도 엿볼 수 있다. 무역협회가 우리나라의 지역별 수출실적을 집계한 결과 아프리카, 서남아시아, 중동, 오세아니아 등에서 지난해 같은 기간 대비 비슷하거나 다소 많은 수준의 수출을 했던 것으로 나타났다. 미국과 유럽 등이 30%가 넘는 감소율을 보인 것과 대조되는 모습이다.

▶ 중국 · 일본 이웃 시장이 블루오션=사공일 무협 회장은 지난 5월 기자간담회에서 "올 상반기 수출은 지난해보다 500억 달러 이상 줄어드는 등 비상국면이 좀처럼 풀리지 않고 있다"며 "일본과 중국 내수시장에 초점을 맞춘 수출촉진에 적극 나서겠다"고 강조했다. 소비자 직접지원을 통해 가전과 자동차 등 물품구매를 독려하고 있는 중국과 상대적으로 고평가된 엔화의 영향으로 소비가 탄탄한 일본 내수시장을 불황극복 비결로 꼽은 것이다.

일본의 경우 탄탄한 소비층, 그리고 우리 제품의 품질과 가격경쟁력을 잘 활용한다면 단기적인 수출증가뿐 아니라 중장기적으로 안정적인 판로확보가 가능한 곳으로 분석됐다. 무협 관계자는 "일본의 내수시장 규모는 약 5조 달러로 미국에 이어 세계 2위를 차지하고 있다"며 "323조 엔, 324만 가구의 두터운 상류층, 3500억 엔의 독특한 오타쿠(무엇인가 한 가지에 광적으로 집착하는 사람) 시장 등은 일본진출을 노리는 우리 기업들에게 매력적"이라고 강조했다.

최근 무협이 도쿄와 오사카 상품전을 통해 확인한 결과 생들깨기름, 디지털기기 방수팩, 코 마스크, 내피 없는 가발 등의 제품이 현지 바이어들로부터 큰 인기를 얻었다. 또 김치에 건강 키워드를 가미하거나, 세제에 에코기능을 강조하는 등 톡톡 튀는 아이디어나 팬시 제품으로 틈새시장을 공략하게 되면 의외로 히트를 칠 것이라고 덧붙였다.

지난해 글로벌 경제위기 속에서도 13%라는 놀라운 성장률을 보여준 중국 내륙지방도 우리 기업에는 기회의 땅이다. 무협 국제무역연구원 관계자는 "앞으로는 내륙에 있는 산시성, 후베이성, 후난성이 중국 경제성장을 주도할 것"이라며 "중국정부의 내수확대를 위한 경기부양이 주로 내륙지역 중소도시에 거주하는 중저소득층을 중심으로 하고 있으며, 그간 추진해온 중국 농업

제도 개혁과 내륙지방의 도시화 정책 등으로 소득수준의 향상이 기대된다"고 전했다.

일본 평화당백화점의 후난성 안착 사례는 중국 내수시장 개척을 노리는 우리 기업들에도 시사하는 바가 크다. 이 백화점은 일본에서는 서민층을 대상으로 한 슈퍼마켓이지만 중국에서는 부유층을 타깃으로 한 고급백화점으로 자리잡았다. 내륙지역일수록 계층문화가 익숙한 점을 발견해 고급고객을 위한 차별적인 포인트카드 발행 등으로 로열티를 끌어낸 결과다. 평화당백화점의 주 고객층은 월 수입 2500위안 이상 회사 임직원들로 현지에서는 여기서 쇼핑하는 것이 부의 상징으로 인식되고 있다고 한다. 지금도 이 백화점에서는 주말마다 1만 5000명에 달하는 고객이 평균 400위안이 넘는 돈을 쓰고 있다.

▶ 제3세계, 더 이상 낯선 곳 아니다=중동의 오일머니, 인도와 브라질의 놀라운 경제성장 속도, 남아공 월드컵을 앞둔 아프리카 대륙의 IT 바람 등 그동안 우리가 주목하지 못했던 새로운 시장들이 세계경제의 새로운 활력으로 떠오르기 시작했다.

업계 한 관계자는 "이제까지 우리는 선진국만 너무 바라봤다"며 "더 큰 기회는 오히려 제3세계에 있다"고 강조했다. 특히 경제성장 경험이 부족한 이들 제3세계 시장에 앞선 우리의 경험을 내세워 공략한다면 어떠한 불황에도 흔들리지 않는 탄탄한 지원군이 될 것이라고 덧붙였다.

이런 제3세계 시장에 한 발 앞서 진출해 이미 가시적인 성과를 내고 있는 우리 기업들도 있다. 남아공과 아프리카 대륙의 취약한 전력 인프라를 보고 2000년 남아공에 M-TEC이라는 합작회사를 설립한 대한전선은 이제 현지 2위 전선업체로 자리매김했다. 현지정서에 맞춰 흑인이 최대주주로 있는 합작사와 손잡고 현지인 공장장을 임명하는 등 철저한 현지화 전략이 성공비결이다. 이제 이곳은 대한전선의 남아공 진출 교두보를 넘어 아프리카대륙 전체를 향한 전초기지 역할까지 톡톡히 해내고 있다.

▶ 수출 못할 것은 없다…'새 아이템을 찾아라'=올 상반기 우리 수출시장 히트상품 중 하나는 막걸리다. 농수산물유통공사에 따르면 지난 5월까지 147만 달러가 넘는 막걸리가 현해탄을 건너가 일본 젊은이들을 사로잡았다. 이런 막걸리 열풍에 힘 입어 우리 술의 일본수출은 지난해 같은 기간 대비 17%가량 늘었다. 평판TV, 휴대폰, 자동차 등 우리가 자랑하는 수출 품목들도 맥없이 고개 숙이고 마는 일본시장에서 수출 신입생인 막걸리가 이룬 성공은 기적이라 표현할 만한 것이다.

눈에 보이지 않는 무형의 서비스도 수출 효자 노릇을 톡톡히 할 수 있다. 국내 최대 전시컨벤션 공간인 코엑스가 올해 상반기 유치한 7건의 대형 국제회의에는 모두 2만 4500명가량의 외국인이 참석했다. 이들 외국인이 우리나라에서 쓰고 간 돈은 1500cc 승용차 8000여 대, 21인치 컬러TV 34만대를 수출한 것과 버금가는 규모다.

무협 관계자는 "새로운 시장을 개척하는 것 못지않게 그동안 소홀했던 새 아이템을 발굴하는 것도 수출을 늘리는 데 큰 도움이 될 것"이라며 "놀이터를 수출한 중소기업, '멜라민 파동' 등 먹을거리 불안이 고조될 때 중국에 수출해 히트한 생우유 등은 우리에게 시사하는 바가 크다"고 강조했다.

자료원 : 해럴드 생생뉴스, 2009. 7. 17.

(사례2) 벤츠 · 토요타에 한국산 부품 직수출 추진

유럽의 명차 메르세데스-벤츠와 일본 토요타에 한국부품을 직수출하는 방안이 추진된다. 역 샌드위치 상황 덕에 한국산 자동차부품에 대한 관심이 높아지면서 벤츠 · 토요타를 대상으로 한 구매상담회가 처음 열릴 전망이다.

민경선 코트라(KOTRA) 구주지역본부장은 11일 코트라 본사에서 열린 '무역투자확대전략 해외센터장회의'에서 "벤츠와 한국 자동차부품사의 구매상담회를 열기 위해 의견을 조율하고 있다"고 밝혔다.

한정현 일본지역총괄 센터장은 "오는 9월 토요타 본사에서 한국 부품사 30개사를 파견해 전시 수출 상담회를 개최할 계획이다"고 설명했다.

한국산 자동차부품이 벤츠 혹은 토요타의 협력업체에 간접수출된 경우는 있었으나 본사와 직접 납품 협의를 벌이는 것은 이번이 처음이다.

민 본부장은 "유럽 자동차 메이커들은 상당히 보수적이기 때문에 신규 협력업체로 선정되기가 상당히 어렵다"며 "세계적인 경기불황으로 협력업체를 교체하고자 하는 움직임이 있어 벤츠와 상담회 개최가 가능할 것"이라고 설명했다.

자동차 메이커들은 기존 협력업체를 바꾸는 것을 상당히 꺼린다. 품질에 대한 검증이 어렵기 때문이다.

그러나 전세계적인 불황으로 품질이 우수하면서 가격이 상대적으로 저렴한 부품구매가 필요해졌고, 한국산 부품이 대안으로 제시되고 있다.

물론 기존에 생산되고 있는 모델용 부품을 단시일 내에 납품하는 것은 사실상 불가능하다. 이번 구매상담회를 통해 신차를 개발하는 과정에 한국 부품사들이 참여할 방안을 추진하게 된다.

민 본부장은 "당장 납품이 성사되긴 어렵겠지만 신차를 설계하는 과정에서 부품생산능력을 검증받고 2년 가량 지나야 첫 납품이 이뤄질 것"이라며 "벤츠 혹은 토요타와 납품계약을 맺는 것은 최고 수준의 부품이라고 인정받는 것이어서 다른 메이커에 부품을 수출하는 과정에서 큰 도움을 얻게 될 것"이라고 강조했다.

한편 코트라는 지난해 10월 독일의 GM-오펠 본사 로비에서 한국 자동차 부품사들 27개사가 참여하는 구매상담회를 개최한 바 있다. 이외에 아우디, 폭스바겐, 스코다 등 일부 유럽 메이커들과 자동차 부품 구매상담회를 열고 한국산 자동차 부품의 납품을 추진하고 있다.

자료원 : 머니투데이, 2009. 1. 11.

제2절 계약방식

계약에 의한 진출방식이란 기업이 자신의 무형자산인 기술, 상표, 저작권과 같은 지적소유권, 컴퓨터 소프트웨어와 같은 기술적 노하우, 경영관리 및 마케팅과 같은 경영적 노하우 등 경영자산을 하나의 상품으로 취급하여 현지기업과 일정한 계약에 의해 국제마케팅활동을 수행하는 방식이다.

계약에 의한 진출방식은 수출기회를 창출할 수도 있지만, 이는 본질적으로 기술이나 노하우의 판매를 주요 대상으로 하고 있기 때문에 일반상품의 수출방식과는 근본적으로 다르다. 또한 주식투자가 수반되지 않는다는 점에서 해외직접투자에 의한 진출방식과도 확연히 구분된다. 여기에서는 수출방식과 해외직접투자방식의 중간성격을 지니고 있는 다양한 계약에 의한 진출방식의 종류와 각각의 구체적인 내용에 대해 설명하기로 한다.

1. 라이센싱(licensing)

라이센싱이란 특정기업(licensor)이 보유하고 있는 기술이나, 특허, 등록상표 및 상업적 자산 등을 다른 기업(licensee)에게 사용권을 부여하고 그 대가로 일정한 수수료를 받도록 체결하는 계약을 말한다. 크래머(R. L. Kramer)는 라이센싱을 "한 나라의 라이센서에 의해서 제공되는 제조, 가공, 상표, 노하우, 지식 등을 다른 나라의 라이센시가 사용하기 위한 목적으로 라이센서와 라이센시가 협약하는 국제기업간 계약의 한 방법"이라고 정의하고 있다. 오늘날 이와 같은 국제라이센싱은 각국의 생산 및 산업구조상에 큰 변혁을 초래할 뿐만 아니라 세계교역의 확대에도 크게 기여하고 있기 때문에 국제라이센싱의 활용은 계속 늘어날 것으로 전망되고 그 범위도 더욱 확대될 것으로 예상된다.

1) 라이센싱의 동기

라이센싱은 높은 생산원가 때문에 제품을 국내에서 생산하는 것이 비효율적이거나, 제품의 해외운송이 불가능하거나 고비용이 소요될 경우, 또는 관세나 쿼터 등과 같은 수입장벽이 높거나, 그리고 현지정부의 규제 때문에 현지생산이 불가능한 경우에 활용된다. 계약방식에 의한 해외시장진출의 대표적인 유형이라고 할 수 있는 라이센싱의 동기는 라이센서와 라이센시 양측에서 상호이익이 발생할 수 있기 때문에 성립되는데 이하에서는 양측의 입장에서 국제라이센싱이 성립되는 동기를 각각 살펴보기로 한다.

(1) 라이센서(licensor)의 동기

① 추가이익 발생

라이센서는 추가이익발생의 원천으로서, 이미 개발하였거나 확보하고 있는 기술이나 지식 등을 수출함으로써 새로운 추가이익이 발생된다.

② 마케팅이익

라이센서에게는 국제라이센싱(international licensing)거래를 통하여 해외고객의 필요를 충족시킬 수 있고, 완제품의 수입에 대한 무역장벽을 극복할 수 있는 수단과 기회가 주어지기 때문에 앞으로 시장에서 이익을 얻을 수 있는 마케팅이익 효과가 있다.

③ 기술보호효과

기술보호에 대한 인식이 낮은 시장에 진출할 경우에는 기술유출이 심각한 문제로 제기된다.그러한 경우 라이센싱을 체결하면 기술을 제공받는 라이센시가 자신의 권리침해를 방지하기 위하여 기술보호에 노력하게 되므로 라이센서가 직접적으로 대응을 하지 않더라도 기술유출을 방지할 수 있는 효과가 발생하게 된다.

④ 조립부품수출

라이센서는 어떤 경우에 라이센시에게 라이센싱 계약제품 이외에 원료나 공급제품의 조립부품 등을 수출할 수 있는 기회가 늘어나 조립부품수출이 확대된다.

⑤ 기술인력수출

라이센서는 라이센싱 이전과 관련하여 특정기간 동안 라이센시에 대한 훈련 및 감독을 담당할 수 있는 기술인력을 수출할 수 있는 기회가 있다. 이에 따라 그 대가를 받을 수 있는 이점이 있다.

⑥ 상업정보효과

라이센서는 라이센싱을 통하여 라이센시의 기술에 접근할 수 있고, 라이센시의 상업정보와 시장지식을 얻을 수 있기 때문에 상업정보의 효과가 있다.

이처럼 국제라이센싱을 통하여 직접수출이나 해외직접투자가 어려운 여건에서도 국제시장 또는 특정 해외시장으로 진출하기 위한 수단으로서 라이센싱을 이용하고 있다. 또한 국제라이센싱을 통하여 해외시장 진출가능성을 테스트하고 국제마케팅 활동의 경험을 쌓는데 비교적 안전한 수단이 되기 때문에 라이센싱을 많이 이용하고 있다.

(2) 라이센시(licensee)의 동기

① 기술활용효과

라이센시는 기술적으로 복잡하거나 반대급부가 주어질 수 있는 공업소유권(industrial property rights), 특허권(patent rights) 및 높은 개발비 등으로 인해서 직접 개발할 수 없는 기술의 경우 라이센싱을 통하여 이를 활용할 수 있는 효과가 있다.

② 추가이익 발생

라이센시(licensee)는 라이센싱을 통하여 추가이익을 발생시킬 수 있다. 예를 들어 기술개발비 등의 막대한 투자를 그보다 적은 국제라이센싱 비용을 가지고 활용하고 습득할 수 있는 기회도 있기 때문이다.

③ 낮은 투자비용

라이센시는 기술개발에 소요되는 고액의 투자비용을 투입하지 않고도 기술 또는 지식을 전수받을 수 있다.

④ 상업신용혜택

라이센시는 자기의 명성이나 신용이 약하다고 하여도 라이센서가 갖고 있는 높은 명성이나 신용에 편승하여 높은 상업신용혜택을 누릴 수 있다.

⑤ 기술인력훈련

라이센시는 라이센서로부터 필요한 경우 기술요원의 파견을 보장받을 수 있는 이점이 있으므로 기술인력 훈련효과가 있다.

⑥ 마케팅채널

라이센시는 라이센서가 확보하고 있는 마케팅채널에 의하여 제품의 마케팅 기회를 확보할 수 있는 마케팅채널 확대효과가 있다.

2) 라이센싱의 장·단점

수출방식이나 해외직접투자방식에 비해 라이센싱을 통하여 해외시장에 진출할 경우 발생할 수 있는 대표적인 장·단점을 살펴보면 다음과 같다.

(1) 장점

① 관세, 쿼터 등의 현지국 수입장벽을 회피할 수 있고, 경쟁이 치열하여 수출로는 채산성을 맞추기 어려운 경우 차선책으로 라이센싱을 활용할 수 있는 신축성이 있다.

② 해외직접투자방식에 비해 정치적 위험에 덜 노출된다. 즉 현지국 정부에 의한 국유화, 재산몰수 등의 정치적 위험으로부터 회피할 수 있다. 아울러 현지국의 독점금지법에 덜 저촉되고, 경기변동 등의 현지경영환경의 변화에 크게 영향을 받지 않는다.

③ 비교적 적은 비용으로 해외시장에 진출할 수 있기 때문에 소규모 제조업체에게 효과적이다.

④ 기업의 내적 요인으로 인해 수출이나 직접투자방식으로는 해외시장진입이 불가능한 경우 라이센싱은 매우 유용하게 활용될 수 있다. 특히 서비스산업에 속해 있는 기업의 경우는 기업의 속성상 라이센싱을 통해서만 해외진출이 가능하며, 또한 경영관리, 기술, 자본 등의 기업자원 측면에서 볼 때, 중소기업 형태의 기업에게는 매우 적합한 방식이다.

⑤ 라이센싱방식은 현지국의 시장조건에 비교적 쉽게 적응할 수 있고, 또한 현지국의 시장잠재력이 극히 미약한 경우에는 수출, 해외직접투자 등의 여타 진입방식보다는 더 안전한 방식이 된다.

(2) 단점

① 기술을 제공받은 라이센시가 장래 경쟁상대가 될 가능성이 있다. 왜냐하면 라이센싱 계약기간동안 라이센서는 라이센시가 혼자 운영할 수 있도록 충분한 전문성을 전수하기 때문에 경우에 따라서는 라이센시에게 그 시장이나 연관되는 시장을 빼앗기는 수가 있다. 그러나 강한 브랜드와 트레이드 마크를 가진 경우에는 이러한 위험에 해당되지 않는다.

② 라이센서의 계약만료 전에 라이센시가 계약위반을 하는 등의 제반 사유로 로열티 지급을 일방적으로 중단하거나, 라이센서 제품을 라이센서가 이미 수출하고있는 제3국 시장이나 라이센서의 본국시장에까지 무단으로 수출을 강행할 경우에는, 라이센서는 피해를 입을 가능성이 있다.

③ 라이센시가 라이센서 제품의 현지생산과 마케팅을 제대로 실행하지 못할 경우에는, 라이센서의 기업, 제품, 상표의 이미지를 손상시켜 세계시장에서 판매력을 저하시킬 우려가 있다.

④ 외환통제가 심한 개발도상국의 경우에는 라이센싱으로부터 발생한 소득을 라이센서 본사로 송금하는 것이 어렵거나 또는 불가능한 사태에 직면할 수도 있다.

⑤ 영업상 기밀이 누출될 위험이 있다. 특히 라이센싱의 수혜기업이 공여기업의 기밀을 의도적으로 제3자에게 유출시킬 경우 상업적 위험은 매우 크다.

(사례1) 풀무원, 네슬레서 로열티 '눈길'

풀무원이 세계적인 식품회사 네슬레로부터 로열티를 받아 눈길을 끌고 있다.

글로벌 'NO 1' 식품브랜드가 세계시장 100위에 못 미치는 국내브랜드 풀무원에 로열티를 지급하는 것은 이례적이다.

풀무원샘물에 따르면 네슬레가 100% 지분을 보유하고 있는 풀무원샘물이 '풀무원'의 상표를 쓰는 대가로 연간 10억원대의 로열티를 풀무원홀딩스에 지급하고 있다.

풀무원샘물은 풀무원홀딩스와 지난해 체결한 상표사용계약 체결에 따라 지난해 풀무원 측에 9억 7122만 원의 수수료를 지급했다.

그동안 국내 식품기업들이 글로벌브랜드에 로열티를 지급하는 경우가 많았지만 반대의 경우는 드문 일이다.

지난해 10월 풀무원이 보유지분을 네슬레 측에 양도한 점과 풀무원샘물이 지난해 매출 345억 4000만 원을 기록한 점을 감안할 때 지급수수료율이 매출 대비 2.6%에 달해 수수료 비율도 상당히 높은 편이다.

풀무원샘물은 2003년 10월 풀무원건강식품과 네슬레 워터스가 손잡고 설립했으나 지난해 10월 풀무원 측이 지분(49%)을 네슬레 SA에 양도하면서 네슬레 SA와 프랑스 소재 네슬레 워터스 등이 100%의 지분을 보유하고 있는 네슬레의 국내투자법인이다.

네슬레 측은 국내소비자들이 식품에 대해서는 국산선호도가 워낙 강해 네슬레가 보유하고 있는 '페리에'나 '비텔' 등 브랜드로 국내에서 생수사업을 전개할 경우 오히려 '마이너스'라고 판단하고 높은 로열티를 감수하고도 국내에서 좋은 이미지를 구축한 '풀무원' 브랜드를 유지하기로 결정한 것으로 알려졌다.

자료원 : 파이낸셜뉴스, 2009. 5. 19.

(사례2) SK케미칼, 국내 최대규모 혈우병 치료제 라이선싱 수출계약 체결

SK케미칼이 호주 글로벌 제약사와 바이오 혈우병 치료제에 대한 6억 달러 규모 라이선싱 수출계약을 체결한 것으로 알려졌다. 2007년 동화제약이 골다공증 치료제로 5억 달러의 기술수출료를 벌어들인 이래 국내 최대규모다.

이 계약은 미국 식품의약국 임상실험을 통과하는 조건으로 각 단계마다 총 6억 달러의 기술사용료를 받는 조건인 것으로 알려졌다. 업계관계자는 "SK케미칼이 개발한 신약이 동물세포를 활용한 바이오 약품이라 독성실험 단계인 1상실험은 무난히 통과할 것"이라며 "동물 임상실험인 전(前)임상에서 확실한 효능이 발견돼 효능을 따지는 2차임상에서도 통과될 가능성이 높다"고 밝혔다. 통상 3상으로 진행되는 임상실험은 혈우병 등의 희귀질병에 대해서는 2상실험까지 요구하는 게 일반적이다.

SK케미칼이 개발한 혈우병 치료제는 기존약품이 매주 일회 주사제를 투입해야 했던 데 반해 4주에 한번만 투약해도 동일한 효과를 거둘 수 있다는 점에서 혈우병치료제 시장을 독점하게 될 것으로 보인다. SK케미칼이 제약과 화학부분을 포함한 2008년 전체 순이익이 66억 원 수준임을 비춰봤을 때 이번 라이선싱 계약으로 벌어들일 수 있는 6억 달러(8000억 원 규모)는 회사 펀더멘털을 크게 향상시킬 수 있다는 평가다. 라이센싱 수출료 같은 특허사용료는 비용이 거의 들지 않아 매출의 대부분이 순이익으로 잡혀 수익성 개선에 큰 보탬이 된다.

하지만 SK케미칼 담당자는 "아직 아무것도 확정된 게 없다"는 입장이다. 그는 "글로벌 제약사와 라이센싱 본계약을 진행 중이고 6월 중순에는 결과물이 나올 수 있다"면서도 "금액과 계약 상대방 치료제의 종류에 대해서는 아직 말할 수 있는 상황이 아니"라고 말했다.

자료원 : 매일경제, 2009. 5. 25.

(사례3) '뿌까' '세계 170여 개국 진출, 2008년 한해 해외 로열티 수익만 160억 원'

국내 인기 캐릭터 뿌까가 세계적인 패션 아이콘으로 성장하고 있다.

2004년 한국문화콘텐츠진흥원(안경모 대표)의 스타프로젝트 선정작 ㈜부즈의 '뿌까'는 최근 브라질과 멕시코 등 남미지역 에이전시인 워너브라더스와 손잡았다. ㈜부즈는 이번 계약을 통해 계약금 26억 원과 상품판매시 발생하는 수익의 일정 부분을 로열티로 받게 된다.

이로써 '뿌까'는 '뽀로로와 친구들'과 함께 한국문화콘텐츠진흥원이 선정한 스타프로젝트 가운데 세계에서 인정받은 캐릭터로서의 명성을 재확인했고 유럽에서는 '디즈니', 남미에서는 '워너브러더스'라는 세계 메이저급 에이전시와 공동으로 사업하는 글로벌캐릭터가 됐다.

'뿌까'는 이미 브라질에서 10대 캐릭터에 선정될 만큼 청소년들 사이에서 패션 아이콘으로 돌풍을 일으키고 있다. 작년 9월에는 브라질에서 10대들을 타깃으로 하는 최대 규모의 패션쇼 'Teen Fashion for S/S 2009'에 참가해 현지 여론의 주목을 한 몸에 받은 바 있다.

또 유럽지역에서도 프랑스와 이탈리아를 중심으로 큰 인기를 얻고 있다. 특히 지난해 6월부터 이탈리아 의류업체 베네통(Benetton)과 라이센싱 계약을 맺고 전 세계 1796개의 매장에서 티셔츠, 가방, 스니커즈 등 39종의 아이템을 판매, 국내에서도 4월경부터 시판될 예정이다.

이밖에도 미국 인기 의류브랜드 '피프스 선'(Fifth Sun) 및 '마이티 파인'(Mighty Fine)과도 차례로 캐릭터 라이센싱계약을 맺으며 고급 패션브랜드로의 입지를 넓혀 나가고 있다.

워너브라더스 브라질의 마르코스 사장은 "브라질 여성타깃 캐릭터 1위 브랜드인 '뿌까'는 이번 라이센싱계약을 통해 남미시장에서 지속적으로 사랑받는 캐릭터로 재탄생하게 될 것이다"며 "앞으로 정기 패션쇼와 같은 다양한 프로모션으로 '뿌까'가 10대들의 아이콘이 될 수 있도록 활발한 마케팅전략을 펼칠 계획이다"고 '뿌까'에 대한 높은 기대감을 드러냈다.

한국문화콘텐츠진흥원 김진규 산업진흥본부장 역시 "'뿌까', '뽀로로'등 진흥원이 지원한 프로젝트가 어려운 경제상황에서 외화벌이에 앞장서고 있어 자랑스럽다"며 "제2의 '뿌까', '뽀로로'가 탄생할 수 있도록 올해도 킬러콘텐츠 제작지원을 아끼지 않을 것이다"고 밝혔다.

자료원 : 뉴스앤, 2009. 3. 24.

(사례4) 외국계 편의점 로열티 부담 만만찮네

주요 편의점업체 로열티 또는 브랜드 사용료 지급내용

편의점업체	지급한 로열티		로열티·브랜드 사용료 지급 관련 계약 내용
	2008년	2007년	
코리아세븐	58	47	순매출의 0.6~1.0% 로열티로 지급
미니스톱	21	19	직영점 및 가맹점 소비자매출액의 0.4% 로열티로 지급
훼미리마트	25.5	22.5	매출액의 0.05~0.25% 기술도입료로 지급
GS25	16	13	GS홀딩스에 매출액의 0.1% 브랜드 사용료로 지급

* 훼미리마트의 경우 2007년, 2008년 매출액의 0.05~0.25% 중간금액 자료 : 각 사

외국계 브랜드의 편의점에서 1000원 짜리 제품을 구매할 경우 기술도입료(로열티)나 브랜드 사용료 등으로 최고 10원이 외국으로 빠져 나가고 있는 것으로 나타났다.

백화점, 대형 마트, 홈쇼핑, 오픈마켓, 인터넷쇼핑몰 등의 유통채널 중 외국에 로열티를 지급하는 업태는 편의점이 유일하다.

1989년 국내업체들이 일본이나 미국의 편의점 브랜드를 들여 와 국내에 첫 선을 보였기 때문이다.

가게 하나(편의점) 운영하는데 무슨 로열티까지 주느냐는 의견이 있을 수 있지만 로열티 또는 브랜드 사용료는 대부분 사명과 관련된 것이어서 사명을 변경하지 않는 한 계속해서 지급해야 하는 상황이다.

외국으로 빠져 나가는 로열티나 브랜드 사용료는 편의점 업체들이 최근 몇 년새 급성장하면서 큰 폭으로 늘고 있다.

편의점 가맹점수가 늘면서 매출과 수익성도 개선되고 있어 로열티, 브랜드 사용료가 부담이

되는 수준은 아니지만 성장세가 둔화될 경우에는 수익성에 부담을 줄 것으로 우려되고 있다.

업계에 따르면 훼미리마트, 세븐일레븐, 미니스톱 등 외국계 브랜드를 도입한 주요 편의점 업체는 매년 브랜드 상표권 보유업체에 로열티 또는 브랜드 사용료를 지급하고 있다.

코리아세븐은 순매출의 0.6~1%를 미국 세븐일레븐에 지급하고 있다.

지난해의 경우 로열티 등의 명목으로 58억 원을 지급했다. 이는 지난 2007년 47억 원에 비해 11억 원(23.4%) 늘어난 규모다. 매출규모가 지난 2007년 5516억 원에서 지난해 6291억 원으로 늘면서 지급한 금액도 증가했다.

미니스톱은 직영점 및 가맹점 소비자매출액의 0.4%를 일본 미니스톱사에 지급하고 있다.

미니스톱이 지난해 지급한 로열티 등은 21억 원으로 2007년 19억 원에 비해 2억 원(10.5%) 증가했다. 미니스톱의 매출은 지난 2007년 4377억 원에서 지난해 4783억 원으로 늘었다.

업계 1위 훼미리마트는 매년 일본 훼미리마트에 로열티 등을 내고 있다.

매년 매출액의 0.05~0.25%를 제공하기로 계약을 체결해 지난해 최소 8억 원, 최대 43억 원을 로열티 등의 명목으로 일본 훼미리마트에 지급했다. 지난 2007년에 최소 7억 원, 최대 38억 원을 로열티 등으로 지급했던 훼미리마트는 지난해 매출규모가 전년에 비해 2208억 원(14.40%) 늘어나면서 지급해야 할 규모도 커졌다.

업계 한 관계자는 "창업열풍이 불면서 매출액과 수익성이 확대되는 것은 좋지만 그만큼 지급해야 할 수수료가 커지는 것은 부담"이라면서 "회사 이름을 바꾸지 않는 한 로열티 등은 계속 지급해야 하는 상황"이라고 덧붙였다.

한편, 업계 2위인 GS25는 그룹 지주사인 GS에 매년 매출액의 0.1%를 브랜드 사용료로 지급하고 있다.

1조 3327억 원의 매출액을 기록한 지난 2007년 13억 원을 브랜드 사용료로 냈던 GS25는 지난해 1조6221억 원의 매출액을 올려 브랜드 사용료도 16억 원으로 늘었다. GS는 외국기업과 합자해서 설립한 자회사의 경우 매출액의 0.05%, 독자 설립한 계열사는 매출액의 0.1%를 브랜드 사용료로 받고 있다.

자료원 : 파이낸셜뉴스, 2009, 6, 22.

2. 프랜차이징(franchising)

프랜차이징은 넓은 의미에서 라이센싱의 한 형태로서 제공기업(franchisor)이 어떤 표준화된 제품이나 시스템, 경영 서비스 등을 특정기업이나 개인(franchisee)에게 제공하고 특별한 이름이나 상표를 포함하여 상품을 판매하도록 허가해 주는 사업방식이다. 때로는 상품제조를 위한 특별한 절차를 제공하기도 하며 프랜차이징 계약 아래 모기업은 어느 정도는 경영통제권을 유지한다.

이처럼 프랜차이지는 프런차이저의 상호와 상표를 가지고 사업활동을 전개하며 후자가 마련한 정책과 절차를 따르는 것이 일반적이다 그 대가로 프랜차이저는 수수료, 로열티 혹은 다른 형태의 보상을 프랜차이지로부터 받게 된다. 좁은 의미의 라이센싱이 주로 제조업과 관련된 생산기술이나 특허권 등을 대상으로 하는데 비해 프랜차이징은 페스트 푸드를 비롯한 식음료 산업과 호텔, 모텔, 자동차 렌트 등의 서비스 산업에서 활발히 이루어지고 있다. 이외에 라이센싱과 프랜차이징의 구체적인 차이점을 살펴보면 [표 9-2]와 같다.

프랜차이징의 장점으로는 적은 자본지출로도 해외시장확산이 가능하다는 점과 표준화된 마케팅전략을 사용하여 세계시장에 자사의 독특한 이미지를 구축할 수 있다는 점, 그리고 적극적이고 의욕적인 가맹점을 확보할 수 있다는 점을 들 수 있다. 그럼에도 불구하고 제공업체가 가맹점의 운영에 대한 완전한 통제가 어렵다는 점과 가맹점 기업들이 장차 경쟁기업이 될 우려가 있다는 점, 그리고 프랜차이즈 계약조건에 현지국 정부의 제한이 가해질 수 있다는 단점이 있다.

[표 9-2] 라이센싱과 프랜차이징의 차이점

라 이 센 싱	프 랜 차 이 징
1. 대가를 로열티로 지급함. 2. 특정제품의 생산기술에 관한 계약임. 3. 이미 설립되어 있는 생산기업이 기술도입 자가 됨. 4. 기술도입자의 선정에 있어서 기술도입자 측의 역할이 큼. 5. 기존기술만이 계약의 대상이 되며, 새로 개발되는 기술은 이전되지 않음. 6. 성가(goodwill)는 전적으로 기술제공자가 누림. 7. 기술도입자의 교섭력에 의해서 로열티 수준이 달라짐.	1. 대가를 관리수수료로 지급함. 2. 노하우, 지적소유권, 상표, 경영자원 등을 포함하는 사업전반에 관한 계약임. 3. 계약을 통해 사업이 처음 시작됨. 4. 전적으로 사업본부측(franchisor)이 가맹점(franchisee)을 선정하며, 교체에 대한 통제권이 있음. 5. 가맹점은 계약의 일부로서 사업본부측의 새로운 연구개발의 혜택을 받을 수 있음. 6. 가맹점이 현지에서 어느 정도의 성가를 누림. 7. 표준화된 수수율 체계가 있음. 가맹점간에 차이가 날 경우 혼란이 야기될 수 있음.

자료원 : J. S. Perkins, *How Licensing, Franchising Differ*, Englewood Cliffs, N. J. : Prentice- Hall Inc., 1990, pp. 146~149 ; 김시종, 국제경영전략론, 형설출판사, 1998, p. 358.

3. 계약생산(contract manufacturing)

계약생산이란 한 기업이 외국의 다른 기업에게 생산 및 제조기술을 제공하면서 특정제품의 생산을 주문하여 그 주문 생산된 제품을 공급받아 현지시장이나 제3국의 시장에 판매하는 사업방식으로서 라이센싱과 해외직접투자의 중간 형태라 할 수 있다. 즉 오늘날 흔히 볼 수 있는 주문자상표 부착방식(original equipment manufacturing : OEM)도 일종의 계약생산방식에 속한다.

계약생산의 이점으로는 비교적 적은 자본과 경영자원의 투입으로도 해외시장에 신속하게 진출할 수 있고, 일반적인 라이센싱과는 달리 애프터서비스를 포함한 마케팅활동에 대한 통제가 가능하다는 장점이 있다. 이러한 계약방식은 현지시장의 규모가 직접투자로 진출하기에는 너무 협소하거나, 또는 본국에서의 수출을 통한 진출이 수입장벽으로 인하여 사실상 어려울 때 특히 유용하게 활용될 수 있다. 이와 반면에 계약생산의 단점으로는 적합한 현지 제조업체를 발굴하기가 어렵고, 설사 적합한 제조업체를 발굴하였더라도 그들로 하여금 일정수준의 생산량과 품질을 유지할 수 있게끔 하기 위해서는 상당한 기술지원을 해 주어야 한다. 또한 계약생산에서는 라이센싱의 경우와 마찬가지로 기술을 제공받은 기업이 미래의 경쟁자가 될 가능성이 있다는 위험부담도 따르게 된다.

4. 관리계약(management contract)

관리계약이란 계약에 의해 한 기업이 일정기간 외국의 특정기업의 경영업무를 대신 맡아 관리해 주고 그 대가를 받는 형태의 시장진입방식이다. 그러나 관리계약 하에서는 신규투자, 장기차입, 배당, 소유권 등의 주요 정책결정사안에는 관여하지 않으며, 대리관리는 단지 일상적인 업무에만 국한되는 것이 보통이다. 이러한 관리계약은 호텔, 레스토랑, 병원 등의 서비스분야에서 주로 활용된다. 예를 들어, 호텔신라는 업계 처음으로 1992년에 개관된 중국의 동북아시아호텔에게 객실, 식음, 조리, 연회부문에 걸쳐 기술 및 경영기법을 전수키로 하는 경영관리계약을 체결하였다.

관리계약은 자사의 관리기술과 자원을 활용하여 부가적인 수익의 달성 및 시장에서 자사의 위치를 높이기 위한 적극적인 동기와 현지정부가 외국인 소유권을 규제할 경우 차선적인 진입방식의 성격을 띠는 방어적 동기를 가진다. 이러한 관리계약은 독자적으로 이루어지기보다는 주로 합작투자 또는 턴키계약 등에 연계되어 이루어지는 수가 많다. 합작기업에 있어서 경영관리 수수료는 총수입의 극히 일부분을 차지하지만, 턴키계약에서의 경영관리 수수료는 총수입의 상당 부분을 차지한다. 그 자체로만 볼 때 관리계약은 적은 위험부담으로 해외시장에 참여할 수 있는 기회를 제공하지만, 수입면에서 일정기간에 걸쳐 일정액의 수수료에 한정된다는 단점이 있다. 해외시장 진출전략 차원에서 볼 때 관리계약은 기업에게 장기적인 시장구축의 기회를 부여하지 않으므로 합작투자나 턴키계약 등의 여타 다른 계약방식들과 병행하여 사용할 때 더욱 바람직한 효과를 기대할 수 있다.

5. 턴키계약(turnkey contract)

턴키계약은 일반적인 진입방법의 하나라기보다는 진출대상국 정부, 혹은 상대 기업의 요청에 의해 특정 산업분야에서 활용되는 해외시장 진입방법이다. 대개 중화학공업 분야의 공장이나 여타 설비를 건설하여 가동 직전의 단계까지 준비해준 후 인도하는 방식으로서 보통 플랜트(plant) 수출이라 일컫기도 한다. 여기에서 한 걸음 더 나아가 설비시설이 완료된 후에도 소유주가 프로젝트를 수행할 수 있도록 경영관리 및 종업원 훈련 등의 제반 서비스가 수반되어져야 하는데, 이러한 서비스 일체를 포괄하는 계약방식을 턴키 플러스(turnkey plus)라 부른다.

턴키계약은 대체적으로 그 규모가 방대하여 상당한 자본과 시간의 투입을 요한다. 따라서 턴키계약의 체결에 있어서는 전문적인 법률적 자문을 받는 것이 좋다. 일반적으로 턴키계약시에는 시설 및 장비, 양측의 의무와 책임, 천연재해의 범위, 계약위반시 법적 조치 및 분쟁해결절차 등이 주요 사안으로 다루어진다. 한편 턴키계약은 현지국 정부에 의한 계약 취소, 강압적인 재협상, 일방적 은행보증요구 등의 정치적 위험에 노출되기가 쉽다. 즉 계약상에 어떠한 하자가 없는 데도 불구하고 현지국 정부의 일방적인 사업중지 요청과 대금결제방식의 변경, 그리고 현지국의 정치적 불안정으로 인하여 사업수행이 곤란하게 되는 경우가 빈번히 발생된다. 따라서 기업들은 턴키계약시에 이러한 제위험에 대한 대비책을 강구해 놓아야만 한다.

일시불이 아닌 일정기간별 분납결제조건 하에서는 현금흐름위험(cash flow exposure)에 노출되기 십상이다. 비록 양호한 현금결제조건이라 할지라도 정치적 위험 등으로 인하여 턴키계약이 취소될 경우 하청업자들에 대한 배상, 은행보증금 및 여타 계약취소에 따르는 총예상손실이 총계약금액보다 높게 나타날 수 있다. 물론 기업들은 턴키계약시에 분쟁해결방안을 명시해 놓거나, 정부나 관련기관이 제공하는 보험에 가입함으로써 어느 정도 현금흐름위험을 커버할 수는 있다. 그러나 대부분의 턴키계약에 있어서 기업들은 정치적 및 환위험 등에 따른 일정의 현금흐름 위험을 감수해야만 한다. 따라서 기업들은 턴키계약 체결 전 현지국의 정치적 위험 및 환위험을 평가하여 계약을 체결할 것인가의 여부를 결정해야 한다.

(사례) '플랜트수출 살려라', 2012년 700억불 수주, 세계 5대 강국 진입목표

정부가 플랜트 수출확대를 위해 올(2009년) 하반기에 10조 6000억 원에 달하는 대규모 자금을 지원한다. 이를 통해 올해 400억 달러 수준의 플랜트수출을 달성한다는 목표다.

또한 수주규모만 늘리는 것이 아니라 외화가득률 등 플랜트수주의 질을 높이는 작업도 병행된다.

외화가득률은 전체 수주금액에서 기자재 등을 수입한 액수를 뺀 순수하게 수출한 비율을 말한다. 선진국의 경우 외화가득률이 40~45%에 달하지만 우리나라는 기자재와 핵심인력을 해외에 의존하고 있어 외화가득률이 30% 수준이다.

기술력을 높이고 국산 기자재 사용이 많아질수록 외화가득률이 높아지고, 외화가득률이 높아지면 같은 수주금액이라도 외화유입 규모가 커지게 된다.

국산 기자재 사용을 확대하기 위해 정부는 중소 기자재업체 지원방안을 마련했다. 중소 기자재업체의 연구개발과 안정적인 판로확보를 위해 올해 390억 원 규모의 구매조건부 기술개발비를 지원하고 정부와 대기업이 함께 참여하는 협력펀드 조성도 확대할 계획이다.

공공기관의 중소기업 기자재 구매비율을 20% 이상으로 높이고, 신뢰성보험 지원규모도 올해 100억 원에서 내년에는 500억 원으로 늘린다. 국산기자재를 활용하는 기업에 대해서는 수출보험 한도를 20% 확대하고 보험료는 10% 인하하는 방안도 추진한다.

또 핵심 기술력도 높인다는 계획이다. 우리나라 플랜트에서 기공능력은 선진국에 육박하는 경쟁력을 가지고 있지만 원천기술 부분에서는 선진국의 50%, 기자재는 65% 수준에 불과한 실정이다.

따라서 장기적으로는 핵심기술 개발을 위해 성장가능성이 높은 ▲오일&가스 ▲담수 ▲원전 ▲화력발전 ▲석탄가스화복합발전 ▲해양 등 6대 플랜트분야를 선정해 오는 2019년까지 총 8780억 원의 연구개발비를 지원키로 했다. 개발된 기술의 사업화를 위한 인프라구축도 마련할 계획이다.

이밖에도 시장조사, 정보제공 등을 제공하고 공기업과의 동반진출을 장려해 효율적인 시장접근을 지원하고, 고급 기술인력 양성기반도 마련한다는 계획이다.

이 같은 대책들을 통해 정부는 상반기 74억 달러에 그친 플랜트수출을 하반기에 330억 달러로 확대해 올해 400억 달러 전후의 수출을 달성한다는 목표다. 이는 전년대비 13% 감소한 수준이다.

이 실장은 "7월 한 달 플랜트 수주액이 110억 달러에 달하고 상반기에 비해 유가가 회복되면서 중동지역의 플랜트수주가 다시 살아나고 있다"며 "앞으로 5개월간 200억 달러의 수주는 가능할 것으로 본다"고 말했다. 또 정부는 2012년까지 수주액 700억 달러, 시장점유율 8%, 외화가득률 37%라는 목표치도 제시했다.

이 실장은 "플랜트산업은 외화가득액 규모가 반도체산업에 버금가는 등 경제성장의 핵심동력 중 하나이고, 특히 오일쇼크, 외환위기 때에 중동 오일머니 등 외화를 벌어들여 위기극복에 기여했다"며 "최근 부진한 상황이지만 금융공급 확대와 기술개발을 통해 세계 5대 플랜트 수출국으로 진입할 것"이라고 말했다.

자료원 : 이데일리, 2009. 7. 23.

제3절 해외직접투자방식

앞에서 언급한 수출방식이나 계약방식에 의한 해외시장 진출방법은 목표시장 국내에서의 생산활동을 위한 지분투자 없이 현지시장을 대상으로 경영활동을 수행하는 것이었다. 이에 비해 해외직접투자(foreign direct investment : FDI)는 목표시장 내의 제조 및 생산시설에 대한 지분참여와 함께 직접 경영활동을 담당하는 형태의 시장진출방식이다. 다시 말하면 투자기업이 외국의 투자 대상기업에 대한 경영참여를 목적으로 자본뿐만 아니라 무형의 경영자원인 기술, 특허, 상표권, 경영 또는 마케팅 노하우 등 기업의 제반 자원을 패키지(package) 형태로 현지시장에 이전시키는 방식이라고 할 수 있다. 따라서 해외직접투자는 기업체들이 활용할 수 있는 해외시장 진출방식 중에서 위험도가 가장 높은 전략이다.

이처럼 해외직접투자의 요체는 투자 대상기업의 경영활동에 직접 참여하여 통제권을 행사한다는 점과 여러 가지 복합적인 기업자원을 패키지 형태로 이전한다는 점이다. 그런 점에서 볼 때 제품을 판매할 목적으로 이전하는 수출이나 제품생산에 필요한 무형자산 자체를 이전하는 라이센싱과 차이가 있으며, 경영참여 목적이 아닌 해외간접투자와 비교된다. 해외간접투자(foreign indirect investment : FII)는 국내시장의 주식이나 채권투자와 마찬가지로 배당수익 또는 이자수익 등의 자본이득의 수취를 목적으로 외국의 증권에 투자하는 국제증권투자(international portfolio investment)라 할 수 있다. 물론 해외직접투자와 해외간접투자 모두 주식에 의한 투자로 나타날 수 있지만 근본적인 차이점은 주된 투자목적을 경영권 획득에 두느냐, 그렇지 않으면 경영참여의사가 없는 자본이득 수취에 두느냐 하는데 있다.

1. 합작투자(joint venture)

합작투자란 서로 다른 국적을 가진 2개 이상의 기업체가 특정한 사업목적을 달성하기 위하여 각 기업의 경영자원과 능력을 결합하여 공동사업체를 설립하는 것이다. 이 경우 기업체의 소유 지분율에 따라 과반수의 지분을 갖는 다수 지분(majority ownership), 50 대 50의 동일 지분(equality ownership), 그리고 50% 미만의 소수 지분(minority ownership)의 세 가지 형태로 나누어진다. 이 때 합작기업의 지분상대는 현지기업, 현지 정부기관, 제3국 기업 중 누구를 선정하든 상관은 없으나 가능한 한 현지국에 우호적이고 긍정적인 영향력을 미칠 수 있는 상대와 결합하는 것이 사업수행상 유리할 것임은 두말할 필요가 없다. 합작투자는 현지파트너가 복잡한 법률적 문제를 해결하고 외국투자가가 문화적 차이를 이해하는데 도움을 주는 것이 일반적이기 때문에 국제기업이 법적으로, 그리고 문화적으로 익숙하지 않은 지역에 진출할 때에는 합작투자방식을 많이 사용한다.

이러한 합작투자는 단독투자에 비해 다음과 같은 장 · 단점을 지니고 있다.

1) 장점

합작투자를 통한 진출시에는 현지파트너가 제공하는 공헌, 즉 투자위험의 공유, 현지국의 사업환경에 대한 지식, 그리고 현지의 공급업자, 소비자, 은행 및 정부관료와의 유대관계와 아울러 현지의 경영관리, 생산 및 마케팅의 노하우를 얻을 수 있는 이점이 있다. 현지파트너가 제공하는 공헌과 외국투자기업의 강점(기술, 자본 등)이 결합될 경우 단독투자시 보다 더 신속히 그리고 더 효과적으로 현지국 시장에 침투할 수 있다. 이러한 합작투자의 장점을 요약하면 다음과 같다.

① 투자비용 반감
② 사업위험부담 반감
③ 정치적 위험부담 반감
④ 폭넓은 해외시장다변화 가능
⑤ 만일 현지파트너가 유통시스템을 구축하고 있다면 신속한 시장침투 가능
⑥ 현지에서의 유리한 정치적 입장과 현지화, 현지정부 및 국민과의 공고한 유대관계 구축
⑦ 현지인을 주주로 영입함에 따라 국유화의 위험 경감
⑧ 외국기업에 대한 적대감을 줄이고, 현지 정부기관과 구매자들에 대한 판매증진
⑨ 현지국의 법률적 규제를 덜 받고, 현지정부의 인센티브를 비교적 쉽게 획득
⑩ 현지파트너의 인적자원이 풍부할 경우 쉽게 인적자원문제 해결

2) 단점

단독투자의 경우에는 경영과 이익관리에 대한 전면적인 통제가 가능하나 합작투자시에는, 특히 외국투자기업의 소유지분율이 낮은 경우에는 경영과 이익관리에 대한 통제가 어려울 뿐만 아니라 기술과 노하우 등이 기업외부로 유출될 수 있다. 또한 단독소유 자회사인 경우에는 공업소유권의 보호가 가능하며, 또한 본사와 자회사들간에 거래 및 의사소통이 원활하게 이루어질 수 있는 데 반하여, 합작자회사인 경우에는 외국투자기업과 현지파트너간에 경영전반에 걸쳐 수시로 이해상충이 발생된다. 이러한 합작투자의 단점을 요약하면 아래와 같다.

① 이익금의 공유
② 독점금지 및 수출통제 관련법에 저촉되기 쉬움
③ 건전치 못한 재무 및 영업상태를 가진 파트너 선정에 따른 위험
④ 재투자, 판매, 관리방식, 인사문제 등에 걸쳐 현지파트너와의 갈등
⑤ 임직원 순환 근무의 어려움
⑥ 복잡한 회계 및 세금문제

2. 단독투자(sole venture)

합작투자의 경우와는 달리 단독투자는 지분전체를 보유함에 따라 100% 통제권을 행사할 수 있기 때문에 완전한 경영권의 장악은 물론이려니와 투자에 따른 수익도 독점할 수 있는 이점이 있다. 반면에 그에 따른 위험부담도 클뿐만 아니라 현지국 정부와의 갈등도 심화되는 경우도 많다. 일반적으로 투자환경이 불안정한 국가의 경우 투자기업에 대한 국유화나 파산의 위험이 크기 때문에 완전소유보다 합작투자가 많지만, 정치, 경제, 사회 등 제반 투자환경이 안정적인 경우에는 단독투자에 의한 완전소유 자회사가 바람직하다. 또한 투자기업이 보유하고 있는 제품이 기술적으로 복잡하거나 기술이 그 기업의 경쟁적 우위요소라면 해외자회사에 대해 완전소유권이 선호된다. 이외에 단독투자의 장·단점은 대체적으로 합작투자와 비교하여 반대이기 때문에 여기에서는 이에 대한 구체적인 설명은 생략하기로 한다.

(사례1) 해외직접투자 사상 첫 300억 달러 돌파, 국내투자 대신 해외로 눈 돌려

지난해 우리나라의 해외직접투자가 사상 처음으로 300억 달러를 넘어선 327억 9000만 달러를 기록하며 전년대비 18.1%가 늘어난 것으로 나타났다.

이는 기업경영환경이 악화된 대기업들이 국내투자에 등을 돌리고 해외로 투자를 늘렸기 때문으로 풀이된다.

기획재정부는 6일 '2008년 중 해외직접투자 동향' 보고서를 통해 해외직접투자는 2003년 59억 4000만 달러를 기록한 이후 매년 크게 늘어 5년 사이 6배 가까이 늘어난 것으로 나타났다.

기획재정부는 1997년 외환위기 이후 정체됐던 해외직접투자가 규제완화, 제조업체의 해외공장이전과 현지기업 인수합병(M&A), 해외자원개발 확대에 힘입어 늘어나고 있다고 설명했다.

업종별로는 주요자원 확보를 위한 활발한 해외자원개발로 광업투자가 크게 증가하여 광업투자가 제조업투자규모를 능가했다. 특히 삼성물산과 한국석유공사의 멕시코만 해상유전개발(12억 달러), 한국석유공사의 쿠르드 유전개발(45억 7000만 달러), 포스코의 호주 광산업체(석탄) 맥아더사 지분(4억 1000만 달러)와 브라질 광산업체(철광석) 나미사 지분(5억 달러)을 인수했다.

투자비중은 금액기준으로 광업(27.7%), 제조업(26.2%), 사업서비스업(12.8%), 부동산과 임대업(12.6%), 도소매업(11.8%), 건설업(3.9%), 운수업(1.8%).

국가별로는 증감률은 이라크는 쿠르드 유전개발과 관련한 투자증가로 전년 100만 달러에서 45억 7000만 달러로 가장 크게 늘어났지만 중국(-35.4%), 베트남(-27.8%)은 크게 줄었다.

투자비중은 금액기준으로 미국(17.5%), 이라크(13.9%), 중국(12.7%), 홍콩(9.4%), 베트남(5.8%), 캄보디아(3.6%), 네덜란드(2.3%), 인도네시아(2.1%)였다.

투자주체별로는 대기업의 투자가 46.2%로 크게 증가했지만 중소기업은 -19.0%, 개인 등 -7.2%로 크게 줄었다.

기획재정부 관계자는 "지난해 미국발 금융위기로 4분기 이후에는 부동산을 중심으로 기업들의 해외투자가 다소 주춤하는 양상이지만 자원개발과 지분인수 관련투자는 활발히 이뤄진 모습"이라고 말했다.

자료원 : 이투데이, 2009, 2, 6.

(사례2) 포스코 – 인도·中 등 연계 글로벌판매 네트워크 구축

포스코는 내부적인 체질에서부터 경영전략에 걸친 전천후 글로벌화 작업을 통해 명실공히 글로벌 철강기업으로의 도약에 나서고 있다.

글로벌 톱3·빅3 목표를 달성하기 위해 국내 4,000만톤 생산체제 구축을 포함해 아시아 비즈니스 허브를 구축하고, 해외투자도 적극 추진할 계획이다. 특히 글로벌 철강허브인 포항제철소와 광양제철소를 중심으로 인도, 중국, 베트남, 멕시코 등을 연계해 글로벌생산 및 판매 네트워크를 구축함으로써 해외투자의 시너지효과를 극대화할 계획이다.

포스코는 글로벌화를 위해 우선 정준양 회장 취임을 계기로 조직내부에 '글로벌 DNA'를 이식하는 작업에 주력하고 있다. 우선 글로벌 비즈니스의 최전방이라 할 수 있는 해외법인 주재원들의 커뮤니케이션 역량을 높이기 위해 의사소통을 법인별 여건을 고려해 영어 또는 현지어를 기본으로 사용하도록 했다.

외부적으로는 글로벌생산 및 서비스체제 구축에 적극적으로 나서고 있다. 철강공장 신규건설 외에도 글로벌 철강산업 구조조정기를 활용해 철강 및 원료회사 인수합병, 합작, 지분참여 등 다양한 투자도 모색하고 있다.

포스코는 베트남, 멕시코, 미국, 인도 등 전세계에 걸친 철강생산 및 유통체제 구축을 최우선 목표로 삼고 있다. 현재 신흥시장으로 급성장하고 있는 베트남에 연산 120만톤 규모의 냉연공장이 오는 10월 완공될 예정이다. 또한 베트남 유일의 스테인리스 냉연공장인 ASC사를 인수키로 했다.

포스코 한 관계자는 "베트남은 2010년 이후 냉연제품의 공급부족현상이 심화될 것으로 전망되기 때문에 시장선점과 경쟁우위를 확보할 수 있을 것으로 기대된다"며 "베트남의 생산기지는 동남아시장에 본격적으로 진출할 수 있는 교두보 역할을 할 것"이라고 설명했다.

포스코는 베트남 이외의 지역에도 올해 다수의 신공장을 준공할 예정이다. 인도의 경우 지난 4월 중서부의 푸네시에 철강 가공센터를 준공한 데 이어 최근에는 인도 마하라스트라주에 연산 45만톤 규모의 아연도금강판공장을 2010년까지 건설하기로 확정했다. 특히 인도 오리사주에 일관제철소 건설도 추진 중이어서 모든 투자가 완료되면 철광석을 이용한 철강제품 생산에서 냉연제품까지 모두 생산할 수 있는 체제를 갖추게 된다.

포스코는 이외에도 올해 연산 40만 톤 규모의 멕시코 자동차강판 공장을 준공하고, 미국 API 강관공장 역시 준공할 예정이다. 특히 일본, 태국, 인도, 일본 등에 7개의 가공센터를 신설해 글로벌마케팅 네트워크를 강화함과 동시에 전략제품 판매를 계속 확대해 나갈 계획이다.

특히 멕시코 자동차 강판공장은 세계 최대 자동차시장인 북미지역과 성장 잠재력이 높은 브라질시장에 접근성이 뛰어나 포스코가 글로벌 자동차강판 메이커로서의 위상을 더욱 확고히 하는데 기여할 것이라 기대된다.

또한 지난 4월 '카 아일랜드'(Car Island)라 불리는 일본 큐슈지역에 자동차강판 전문 가공센터인 POSCO-JKPC(POSCO-Japan Kyushu Processing Center) 2공장을 준공하며 일본 시장공략을 강화했다. 일본의 경우 세계적인 자동차, 전자회사인 토요타 · 소니와 최근 공급계약을 체결하는 등 현지시장에서 높은 품질력을 인정 받으며 브랜드파워를 높여가고 있다.

포스코 한 관계자는 "현재 포스코는 전세계 12개국에 39개의 철강가공센터를 운영하고 있다"며 "전세계 생산기지는 현지인들을 주로 채용하고 현지시장을 공략하는 데 주력할 방침이기 때문에 명실공히 글로벌 철강기업으로 자리잡을 것"이라고 말했다.

포스코 글로벌화의 또 다른 축은 해외 광산업체들과의 전략적 제휴, 지분투자 등을 통한 원료확보. 철광석, 원료탄 등 철강원료 가격변동이 심한데다, 광산업체들이 대형화하면서 공급자 파워가 커지고 있는 상황에서 저렴하고 안정적인 원료확보를 위해서는 다양한 원료확보 채널을 확보해야 한다는 판단에 따른 것이다.

이에 따라 포스코는 스테인리스의 주요 원료인 니켈을 안정적으로 확보하기 위해 지난 2006년 세계 최대 니켈 보유국인 뉴칼레도니아의 SMSP사와 공동으로 광산개발회사와 제련회사를 설립했으며, 30년간 사용가능한 니켈광석을 안정적으로 확보했다.

또한 지난해에는 연산 3만톤 생산규모의 페로니켈공장도 준공했다. 포스코는 앞으로 해외 광산개발 참여를 확대하고 기존광산의 지분인수 등을 통해 해외직접개발을 통한 원료확보 비율을 현재의 17%에서 30%까지 끌어올릴 방침이다.

자료원 : 서울경제, 2009, 7, 30.

(사례3) 토종기업일까 글로벌기업일까 삼성전자 · LG전자 해외매출 비중 90% 육박

'해외공장에서 올리는 매출비중이 84%를 넘는 기업은 한국기업일까, 다국적기업일까'.

한국의 대표적 전자업체인 삼성전자와 LG전자의 글로벌화가 가속화하고 있다. 본사만 한국에 있을 뿐 점점 다국적기업으로 진화하고 있는 것이다. LG전자의 2006년 매출액(385억 달러) 중 해외매출비중은 84%에 달했다. 이 회사는 올해 해외비중은 1%포인트 더 늘어날 전망이라고 밝혔다. LG전자는 매출이 약 730억 달러가 되는 2010년엔 해외매출비중을 90%까지 끌어올릴 계획이다. 삼성전자는 해외비중이 더 높다. 2005년 글로벌매출액(80조 6000억 원) 중 87%를 해외에서 올렸다.

◆ 생산 거점을 해외로 해외로=전자업체의 해외비중이 크게 늘어나는 것은 2000년대 들어 해외에 집중적으로 생산거점을 마련했기 때문이다. LG전자의 경우 1998년 41곳이던 해외 법인 수가 현재 80곳으로 늘어났다. 지난해 폴란드 므와바에 연 72만 장의 PDP를 생산할 수 있는 모듈공장을 세워 유럽 공략에 나서는 한편 인도, 브라질, 남아공 등 신흥시장에 대한 투자도 늘리고 있다.

해외거점이 늘어나면서 외국인 직원 수도 크게 증가했다. 지난해 말 기준으로 이 회사의 임직원은 8만 3000명 수준. 이 가운데 외국인이 60%인 5만 2500명에 달한다. 국내직원의 1.5배가 넘는 것이다. 2010년에는 외국인이 6만 명으로 국내인력의 두 배에 이를 전망이다. 세계 48개국에 97곳에 달하는 현지 법인과 지사를 둔 삼성전자는 외국인 직원이 5만 2000명으로 LG전자와 비슷하다. 다만 본사 직원이 8만 5000명 수준이라 아직 한국인 직원이 더 많다. 최근 인도 TV공장과 슬로바키아 LCD공장을 가동했으며 미국 오스틴의 반도체공장, 헝가리의 TV공장, 중국 쑤저우의 LCD공장 증설을 추진 중이다.

◆ 비용절감과 무역장벽을 피하기 위해=전자업체들이 해외공장을 늘리는 것은 비용절감을 통해 경쟁력을 높이고 무역장벽을 피하기 위해서다. 특히 인건비와 물류비비중이 큰 가전제품의 경우 현지생산이 필수적이다.

최근 이건희 삼성 회장이 "가전은 한국에서 할 만한 사업이 아니다"고 언급한 것도 이 같은 점을 고려했다. 국내에서는 내수품 위주로 생산하고 수출물량은 해외공장으로 넘기겠다는 것이다. 앞으로 삼성전자의 해외생산비중은 더 높아질 수밖에 없는 상황이다.

이영하 LG전자 생활가전 사업본부 사장은 "세탁기, 냉장고, 에어컨 등 백색가전은 물류비가 원가의 6%에 달한다"며 "10초에 한 대꼴로 제품을 만드는 높은 생산성을 자랑하는 창원공장에서도 고급제품 외에는 가격경쟁이 어려울 정도"라고 말했다. 한국보다 인건비가 싼 뿐 아니라 각국 정부가 일자리를 늘리기 위해 투자유치에 적극적으로 나서고 있는 것도 해외공장 증가의 한 원인이다.

이와 함께 무역장벽을 피할 수 있다는 이점이 있다. D램을 생산하는 삼성전자의 오스틴 반도체 공장이나 LG전자의 폴란드 TV공장은 각각 미국과 유럽시장을 공략하는 전초기지 역할을 하고 있다. LG전자 관계자는 "현지 고급인력확보에 적극적으로 나서는 한편 최근에는 중국에서 뽑은 인력이 미국에서 일할 수 있는 통합 인사시스템을 갖췄다"며 "해외법인은 단순한 제조, 판매를 담당하는 데서 벗어나 해당 국가에 뿌리 내리고 자생력을 갖추도록 할 방침"이라고 말했다.

자료원 : 중앙일보, 2007, 3, 13.

주요용어

1. 간접수출(indirect export)
2. 직접수출(direct export)
3. 라이센싱(licensing)
4. 프랜차이징(franchising)
5. 계약생산(contract manufacturing)
6. 관리계약(management contract)
7. 턴키계약(turnkey contract)
8. 단독투자(sole venture)
9. 합작투자(joint venture)
10. 라이센서(licensor)
11. 라이센시(licensee)
12. 주문자상표 부착방식(original equipment manufacturing : OEM)
13. 해외직접투자(foreign direct investment : FDI)
14. 해외간접투자(foreign indirect investment : FII)
15. 국제증권투자(international portfolio investment)

연습문제

1. 해외시장의 진출방식에 대하여 논하시오.
2. 계약에 의한 진출방식에 대하여 설명하시오.
3. 직접수출과 간접수출의 장·단점을 비교 설명하시오.
4. 라이센싱의 동기에 대하여 간략히 설명하시오.
5. 라이센싱의 장·단점을 설명하시오.
6. 라이센싱과 프랜차이징의 차이점을 설명하시오.
7. 합작투자와 단독투자의 장·단점을 비교 설명하시오.

참고문헌

1. 김동기 · 한선민, 국제마케팅론, 박영사, 1998.
2. 김시종, 국제경영전략론, 형설출판사, 1998.
3. 김주헌, 국제마케팅, 문영사, 2009.
4. 김중배 · 김숙웅, 글로벌시대의 국제마케팅, 형설출판사, 1998.
5. 김재범 · 문병준 · 문철우 · 서용구 · 차태훈 · 최진아, 글로벌마케팅, 경문사, 2001.
6. 김 철 · 박주욱, 국제마케팅론, 신영사, 1998.
7. 권영철, 국제경영, 무역경영사, 2000.
8. 박기안, 국제마케팅, 무역경영사, 2002.
9. 이강헌, 국제경영학, 무역경영사, 2000.
10. 이승영, 국제마케팅, 일신사, 1993.
11. 이장로, 국제마케팅, 무역경영사, 2003.
12. 이 철 · 장대련, 글로벌시대의 국제마케팅, 학현사, 2008.
13. 장세진, 글로벌경쟁시대의 경영전략, 박영사, 1996.
14. 홍성헌, 글로벌경영시대의 국제마케팅, 우용출판사, 2008.
15. Bennett, R., *International Marketing : Strategy, Planning, Market Entry and Implementation*, Kogan Page, 1999.
16. Doole, I. and Lowe, R., *International Marketing Strategy : Analysis, Development and Implementation*, 3rd ed., Thomson Learning, 2001.
17. Kotabe, M. and Helsen, K., *Global Marketing Management*, John Wiley and Sons, Inc., 1998.
18. Kramer, R. L., *International Marketing*, South-Western Publishing Company, 1992.
19. McAuley, A., *International Marketing : Consuming Globally, Thinking Locally*, John Wiley and Sons, Ltd., 2001.
20. Perkins, S., *How Licensing, Franchising Differ*, Englewood Cliffs, N. J. : Prentice-Hall Inc., 1990.
21. Root, F. R., *Foreign Market Entry Strategies*, New York : AMACOM, 1982.
22. Terpstra, V. and Sarathy, R., *International Marketing*, 7th ed., The Dryden Press, 1997.

제4부

국제마케팅믹스전략

제10장

국제제품전략

국내제품의 경우이건 국제제품의 경우이든지간에 기업의 제품관리에 앞서 무엇보다도 고려해야 할 핵심사항이 있다면 그것은 시장에서 전개될 제품전략의 구사여하라 할 수 있다. 따라서 국제기업의 경우는 해외시장에서의 국제제품전략의 구사여하가 곧 국제제품관리의 효율성여하와 직결된다고 할 수 있다. 이와 같은 의미에서 본 장에서는 국제제품전략의 중요성을 재인식하고자, 국제제품의 핵심전략이라고 할 수 있는 PLC전략, 신제품개발전략, 표준화제품전략과 적응화제품전략, 그리고 브랜드전략에 대해 구체적으로 살펴보기로 한다.

(사례) 한국, 세계 1위제품 127개

반도체, TFT-LCD 등이 여전히 세계 1위 품목으로 한국의 위상을 높이고 있는 것으로 나타났다. 이들의 세계시장점유율은 40~50%다.

비디오테이프의 경우 점유율이 80%를 넘는 압도적 1위다. 이같이 한국제품이 세계 1위를 기록하고 있는 것은 총 127개다.

지식경제부는 올해 수출 4천억 달러를 돌파한 가운데, 세계시장점유율 5위 이내의 세계일류상품 반열에 진입한 수출품목이 계속 증가하고 있고 점유율 1위 품목도 127개에 이르는 것으로 조사됐다고 발표했다.

지경부가 일류상품으로 선정했던 제품 중 2007년 기준 세계시장점유율 1위를 기록한 것은 총 127개.

삼성전자와 하이닉스의 메모리반도체의 세계시장점유율은 49.1%로 50%에 육박하고 있고, 삼성전자와 LG디스플레이의 TFT-LCD의 세계시장점유율은 38.5%다.

이외 LG전자 등의 전자레인지(22.2%), 삼성전자 CD롬 드라이버(42%), 두산중공업의 해수담수설비(43%), 현대중공업 등의 범용상선(65%), 삼성중공업 등의 LNG운반선(80.5%) 등은 물론 신발용접착체나 극세사클리너, 자전거용신발 등도 세계 1위 제품이다.

아울러 지경부는 최근 세계일류상품발전심의위(위원장 지경부차관) 심의를 거쳐 메모리모듈용 기판(심텍), 플랜트용 관이음쇠류(태광) 등 56개 품목과 56개 생산기업을 세계일류상품 및 생산기업으로 추가 지정했다.

LG전자의 텔레매틱스용 차량제어 플랫폼이 세계시장점유율 2위(35%)로 새롭게 현재일류상품에 선정됐고 삼성전자의 CDMA용 초소형기지국, 한경희생활과학 스팀청소기 등은 차세대일류상품에 이름을 올렸다. 또 지난 2001년 일류상품으로 선정된 CDMA휴대폰은 같은해 삼성전자가 선정된데 이어 올해 LG전자가 추가 지정됐다.

세계일류상품 생산기업으로 선정되면 기술과 디자인개발부터 금융 · 인력 · 해외마케팅까지 종합적인 지원을 받을 수 있다. 수출품목의 다양화 · 고급화와 미래 수출동력 확충을 위해 2001년부터 시행하고 있다.

지경부는 "오는 2009년에는 세계일류상품의 글로벌 경쟁력 강화에 역점을 두고 지원해 나갈 계획"이라고 밝혔다.

한편 2008년 기준 세계일류상품을 10개 이상 보유한 기업은 현대중공업, 삼성전자, LG전자, LG화학 등이다. 현대중공업과 삼성전자는 각각 26개의 일류상품을, LG전자와 화학은 13개와 12개를 보유하고 있다.

세계시장점유율1위 주요품목 자료:지식경제부

품목	점유율	2007년 생산	주요 기업
일반선박	65.0%	150척	현대중공업 · 삼성중공업 · 대우조선해양
컬러모니터	24.0%	412억 7900만 달러	삼성전자 · LG전자
TFT-LCD	38.5%	348억 9500만 달러	삼성전자 · LG디스플레이
D램	49.1%	154억 5400만 달러	삼성전자 · 하이닉스
전자레인지	22.2%	88억 달러	LG전자 · 삼성전자 · 대우일렉트로닉스
플래시메모리	53.7%	82억 9600만 달러	삼성전자 · 하이닉스
LNG운반선	80.5%	61억 4100만 달러	삼성중공업 · 대우조선해양 · 현대중공업
선박용 대형 디젤엔진	59.6%	35억 1000만 달러	현대중공업 · 두산엔진 · STX중공업
해수 담수화 설비	43.0%	22억 7600만 달러	두산중공업
DVD홈시어터	36.0%	8억 3000만 달러	삼성전자

그런데 세계 1위 상품이 늘었다고 마냥 좋아할 일은 아니다. 지식경제부 통계와 달리 한국의 세계 1위 제품이 중국 등에 밀려 자꾸 줄어든다는 조사결과도 나온다. 지난달 한국무역협회 산하 국제무역연구원이 발표한 보고서에 따르면 2006년 우리나라의 세계 1위 품목 수는 2002년에 비해 10%가량 줄었다.

이런 차이가 생긴 것은 조사방법과 인용한 통계가 다르기 때문이다. 무역연구원의 보고서는 유엔통계를 분석한 것이다. 매년 같은 품목을 놓고 세계 1위가 어느 나라 제품인지를 조사한다. 반면 지식경제부는 해마다 수십 개씩 일류상품을 더 지정하면서 이 중 세계 1위가 어떤 것들인지를 잡아낸다. 일류상품 개수가 늘어나니 점유율 1위인 제품도 늘어날 수밖에 없다. 이 때문에 지식경제부의 통계는 실제 국산제품의 수출경쟁력이 향상됐는지를 판단하기는 적절하지 않다는 지적이 나오고 있다. 지식경제부가 선정한 세계일류상품은 2006년 523개에서 지난해 584개로 11.7% 늘었으나 이 중 세계시장점유율 1위 제품은 같은 기간 121개에서 127개로 5% 증가하는 데 그쳤다.

자료원 : 아이뉴스, 2009, 12, 11일자와 중앙일보, 2008, 12, 12일자의 기사 내용을 편집함.

현재 전 세계는 이념대결 구조의 붕괴와 함께 경쟁제일주의와 경쟁우위의 시대로 급속히 변화하고 있으며, 각국의 정부와 기업은 정치, 경제 등 각 부문에 걸쳐 과감한 개혁을 통하여 살아남기 위한 경쟁에 나서고 있다.

이처럼 급변하는 국제경제환경 하에서 국제마케팅활동을 성공적으로 수행하기 위해서는 신제품의 개발이 절대적이라 할 수 있다. 즉 해외시장 점유율의 확보, 확대 내지 만회를 위해서는 신제품의 끊임없는 개발이 그 전제조건이 되며, 또 그것이 해외고객의 창조를 위한 국제기업활동의 핵심전략이라고 할 수 있다. 특히 오늘날과 같은 고도산업사회에 있어서는 이른바 하이테크(high-tech)라고 일컬어지는 첨단과학기술의 소산으로서의 신제품의 개발은 더욱 더 절대적이다. 또한 치열한 경쟁을 하고 있는 해외시장에서 경쟁우위를 계속 확보하기 위해서는 끊임없는 기술혁신과 품질개선을 통해 세계적인 초일류상품을 개발하는 것도 중요하지만, 적극적인 마케팅활동을 통해 해외시장에 있는 소비자들에게 신뢰감을 심어 줄 수 있는 강력한 브랜드를 구축하는 것도 기업입장에서 무엇보다도 시급한 과제라 할 수 있다.

그리고 국제제품전략을 실시하는데 있어서 핵심을 이루는 중요한 문제중의 하나는 전세계를 대상으로 표준화된 제품전략을 택할 것인가, 그렇지 않으면 각국의 환경에 맞추어 적응화된 제품전략을 택할 것인가를 결정하는 것이다. 이들 양자의 제품전략간에는 제각기의 장단점이 있기 때문에 국제제품의 표준화와 적응화 문제는 국제기업의 제품관리상 가장 중요한 의사결정상의 문제가 될 수밖에 없다. 끝으로 국제제품에 관한 글로벌전략을 구사하는데 있어 그 기초로서 무엇보다도 중요한 것은 제품수명주기의 올바른 파악이다. 이러한 제품수명주기의 파악은 국제제품전략의 방향에 관한 결정적인 보조수단이 됨과 동시에 기업의 국제제품 수익성에 관한 결정적인 예측수단이 된다고도 할 수 있다.

그러면 이와 같은 내용에 대해 구체적으로 살펴보면 다음과 같다.

제1절 제품의 개념과 분류

1. 제품의 개념

기업에서 제품(product)은 가장 중요한 마케팅믹스요소 중의 하나라고 할 수 있다. 기업에서 소비자들에게 무엇을 제공할 것인가를 결정하는 것이 제품이다. 소비자들이 원하는 제품을 제공하고, 소비자들이 만족하는 제품을 제공하는 것만이 시장에서 유리한 위치를 점하고, 기업이 장기적으로 매출을 늘리고 이익을 올릴 수 있기 때문이다. 반대로 잘못 개발되거나, 잘못 선정된 제품은 기업에게 막대한 손실을 가져다 주고, 경우에 따라서는 그 제품으로 말미암아 기업이 파산으로 연결되기도 한다.

그러면 제품이란 과연 무엇인가? 제품은 전통적으로 제품 및 서비스로 함께 불리면서 제품은 유형의 재화를, 서비스는 무형의 재화를 일컬어 왔다. 재화는 경제학에서 인간의 욕구를 충족시켜 줄 수 있는 것을 말하는데, 제품을 정의할 때 협의로 정의하면 형체가 있는 재화를 말하지만 광의로 정의할 때는 재화 전체를 말하기도 한다. 그래서 협의의 제품은 물리적 형태를 갖추고 눈으로 볼 수 있고 손으로 만져 볼 수 있는 것을 말한다. 그러나 광의로 정의하자면 Kotler와 같은 학자들은 소비자의 욕구를 충족시킬 수 있는 것이면 무엇이나 제품이라고 하였고, 물체뿐만 아니라 서비스, 장소, 아이디어, 사람, 조직체 등도 제품이 될 수 있다고 하였다. 요즘은 제품의 정의를 점점 확대해석하여 관광상품, 금융상품, 문화상품 등 다양하게 사용하고 있다. 제품과 상품이라는 용어는 일반적으로 혼용되어 사용되고 있지만 구분을 하자면 제품은 생산단계의 개념이고 상품은 판매단계의 개념으로 구분하기도 하고, 어떤 학자들은 제품은 협의로, 상품은 협의의 제품과 서비스를 포괄하는 광의의 제품으로 정의하기도 한다.

제품은 소비자의 욕구를 어느 정도 충족시키느냐에 따라 [그림 10-1]에서 보는 바와 같이 핵심제품, 유형제품, 확장제품 등 세 가지 차원으로 나누어 생각해 볼 수 있다. 여기에서 제품의 가장 기본적인 구성요소인 핵심제품(core product)이란 소비자가 그 제품으로부터 원하는 편익(benefit)을 말한다. 즉 핵심제품차원에서 소비자의 자동차구매를 설명한다면 그 소비자는 출퇴근용으로 편리하고 안전한 수송을 구매하기를 원한다는 것이다.

유형제품(tangible product)은 소비자가 제품으로부터 추구하는 편익을 구체적인 물리적 속성(특성)들의 집합으로 유형화시킨 것이다. 예를 들어 소비자는 파워 핸들, 강력한 엔진, 제동력이 높은 브레이크와 타이어, 다양한 선택사양을 부착한 계기판과 같은 물리적 속성들로 구성된 자동차를 구매하게 된다는 것이다. 이러한 유형제품의 구성요소에는 포장, 상표명, 스타일, 품질, 제품의 기타 특성 등이 있다. 기업들은 유형적인 제품특성들을 경쟁사와 다르게 결합함으로써 소비자의 욕구를 충족시킬 수 있는 차별화된 제품을 제공할 수 있다.

그러나 시장경쟁이 치열해짐에 따라 마케터는 소비자가 원하는 핵심제품과 유형제품을 제공하는 것만으로 경쟁우위를 확보하기 어렵게 되었다. 소비자는 우수한 제품속성을 가진 유형제품의 구매만으로 만족하지 않고 즉각적인 배달과 충분한 기간 동안의 품질보증 등을 추가적으로 제공하는 제품을 원하게 되었다. 이처럼 유형적 제품속성 이외의 부가적인 서비스 제공물들이 포함된 제품을 확장제품(augmented product)이라고 한다. 이를테면, 위의 자동차의 예에서 친절한 판매원 서비스, 낮은 이자율의 신용조건, 24시간 자동차 정비서비스, 1년간의 품질보증 등의 여러 서비스들이 부가된 것을 말한다. 이러한 확장제품에는 제품의 배달, 설치, 신용구매, 품질보증, 애프터서비스 등이 포함된다.

[그림 10-1] 제품의 세 가지 차원

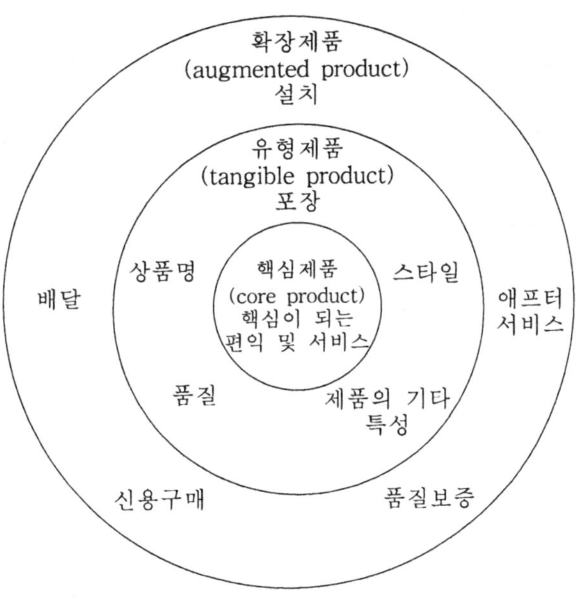

자료원 : P. Kotler & G. Armstrong, *op. cit.*, p. 277.

2. 제품의 분류

제품은 여러 가지 기준에 따라 다양한 유형으로 분류할 수 있다. 이처럼 제품을 여러 유형으로 분류하는 이유는 각 유형마다 서로 다른 마케팅전략이 적용되어야 한다고 생각하기 때문이다. 〔표10-1]은 제품을 네 가지의 다른 기준에 따라 분류해 놓은 것을 보여주고 있다.

[표 10-1] 제품의 분류

분 류 기 준	제 품 의 종 류
공 급 시 장	현지제품, 국제제품, 다국적제품, 범세계적제품
제품의 용도	소비재, 산업재
구 매 습 관	편의품, 선매품, 전문품
내구성의 정도	내구재, 비내구재

1) 공급시장에 따른 분류

제품의 공급시장에 따라 현지제품(local product), 국제제품(international product), 다국적제품(multinational product), 범세계적제품(global product) 등으로 분류할 수 있다.

여기에서 현지제품이란 특정기업과 관련하여 단일국가 시장에서만 판매가능성이 있는 것으로 지각되는 제품을 말하고, 국제제품은 여러 해외시장으로 판매를 확대할 가능성이 있는 것으로 지각되는 제품이다. 또한 다국적제품은 현지시장의 특성에 적응되는 제품이며, 범세계적제품은 범세계적 세분시장의 욕구를 충족시키기 위해 설계된 제품을 말한다.

2) 제품의 용도에 따른 분류

제품의 용도에 따라 소비재(consumer goods)와 산업재(industrial goods)로 분류할 수 있다. 여기에서 소비재는 제품을 구매하는 소비자가 자신의 생활을 위해 최종적으로 사용하는 제품을 말하고, 반면에 산업재는 개인이나 기업(또는 조직)이 다른 제품을 생산하는데 사용하거나 혹은 사업활동을 영위하기 위하여 구매하는 제품을 말한다.

산업용품의 대부분은 원료나 부품, 완제품 생산을 위한 자본재, 작업용 소모품, 수선 및 유지를 위한 소모품이나 서비스 등이 포함된다. 소비용품에 비해 산업용품은 금액이 크고 품목이 산업적 특성과 관련된다. 즉 생산과 분배의 연결선상에서 각 조직이나 기업은 많은 종류의 제품이나 서비스를 구입하기 때문에 소비용품보다 더 복잡한 구매과정을 거치기도 한다. 예를 들어, 자동차 생산을 위해서는 철이 필요한데, 이것을 구입하기 위해 제철소와 거래를 해야 하며, 제철소에서 생산한 철은 철관을 생산해내는 공장으로 이동하게 되며, 철관이나 철판은 다시 차체 모형 제작소로 옮겨간다. 자동차 내부의 유리, 플라스틱, 의자의 카바 등도 여러 산업재를 가공하여 구매되어지며, 조립과정을 거쳐 자동차업체에서 대리점을 통해 판매한다. 소비자들은 단지 자동차를 하나의 제품으로 이해하지만 자동차 제조업체의 입장에서는 수많은 다른 기업과 구매관계를 이루고 있는 것이다.

이처럼 소비재와 산업재를 구분하는 기준은 제품의 용도에 있으므로 똑같은 제품이라도 구매목적에 따라 소비재일 수도 있고 산업재일 수도 있다.

예를 들어 가정주부가 구매하는 밀가루는 소비재이지만, 제과회사에서 빵을 만들기 위해 구매하는 밀가루는 산업재가 된다. 소비재와 산업재가 구매되는 과정에는 상당한 차이가 있기 때문에 국제마케팅 관리자는 자사가 판매하는 제품의 용도가 무엇인가에 따라 마케팅전략을 달리해야 한다.

한편, 산업재는 설비품과 도구, 원재료와 부품 그리고 소모품으로 나눌 수 있다.

설비품은 기계와 같은 공장 생산설비를 말하고, 도구는 공구, 계산기 등이며, 설비품과 도구를 합쳐서 자본재라고도 한다. 원재료는 가공되지 않은 1차 생산품을, 부품은 1차 가공은 되어 자체로도 완제품이 되기도 하지만 다른 상품을 만들기 위한 부분으로 들어가는 제품으로 타이어가 좋은 예이다. 소모품은 연료, 윤활유, 전구, 나사, 사무용품 등이 여기에 속한다.

3) 구매습관에 따른 분류

위에서 언급한 소비재는 소비자의 구매습관에 따라 다시 편의품(convenience goods), 선매품(shopping goods), 전문품(specialty goods)으로 나누어진다.([표 10-2] 참조)

편의품은 소비자가 자주 구매하며, 구매 전에 이미 충분한 제품지식을 가지고 있기 때문에 제품구매에 많은 노력을 기울이지 않는 제품으로서 가격이 저렴하다. 편의품은 설탕, 커피, 화장지, 케찹, 치약, 세제, 비누 등과 같이 정규적으로 구매되는 필수품(staple goods)과 수퍼마켓이나 약국, 할인점 등에서 사전계획 없이 충동적으로 구매되는 잡지나 껌과 같은 충동구매품(impulsive goods), 정전시 플래쉬나 폭설시 부츠, 비올 때 우산처럼 비상시에 즉각적으로 구매되어야 하는 제품인 비상용품(emergency goods)으로 나누어진다.

선매품은 소비자들이 제품을 구매하기 전에 몇 개의 점포들을 방문하여 제품의 가격, 품질, 스타일 등을 비교하여 구매하는 제품을 말한다. 예를 들어 의류, 가구, 가전제품 및 자동차 등의 주요 내구재가 선매품에 속한다.

선매품은 대체로 고가격이며 편의품에 비해서 구매빈도가 그리 높지 않다. 또한 소비자가 구매계획과 정보탐색에 많은 시간을 할애하는 제품이다. 선매품은 상대적으로 고가격이기 때문에 지역별로 소수의 판매점을 통해 유통되는 선택적 유통경로전략이 유리하며, 불특정다수에 대한 광고와 특정 구매자 집단을 표적으로 하는 인적판매가 사용된다.

[표 10-2] 소비재의 분류와 마케팅전략

	편 의 품	선 매 품	전 문 품
구매빈도	높음	중간	낮음
구매관여 수준	낮은 관여수준	비교적 높은 관여수준	매우 높은 관여수준
문제해결 방식	습관적 구매	복잡한 의사결정에 의한 구매	상표애호도에 의한 구매
제품유형	치약 세제 커피 비누	가전제품 의류 승용차 가구	Rolex Nikon 카메라 Gucci 핸드백 전문적 의료서비스
마케팅 전략	저가격 광범위한 유통 낮은 제품 차별성 빈번한 판매촉진 높은 광고비 지출 빈번한 이미지 광고	고가격 선택적 유통 제품 차별성 제품특징을 강조하는 광고 인적판매의 중요성	매우 높은 가격 독점적(전속적)유통 높은 상표 독특성 구매자의 지위를 강조하는 광고 인적판매의 중요성

자료원 : 권익현·임병훈·안광호, 마케팅, 경문사, 2001, p. 225.

전문품은 소비자가 그 제품을 구매하기 위해서 특별한 노력을 기울이는 제품으로서, 높은 제품차별성, 높은 소비자 관여도, 특정 상표에 대한 강한 상표애호도(brand loyalty)로 특징 지워진다. 예를 들면 특별한 상표의 기호품(고급시계, 향수, 카메라, 핸드백 등), 전문적인 의료서비스 등이 이에 해당된다. 전문품은 일반적으로 고가격 제품이며 소비자들이 구매를 위해 많은 노력을 기울이기 때문에 제조업자나 소매업자 등은 구매력이 있는 소비자들만을 표적시장으로 선정해서 이들을 겨냥한 광고나 판촉활동을 실시해야 한다. 전문품을 구매하는 소비자들은 특정 상표에 높은 충성도를 보이므로 그 상표를 취급하는 점포의 방문에 상당한 시간이 소요되더라도 이를 기꺼이 감수하려는 경향이 있다. 그러므로 소수의 전속 대리점이 넓은 상권을 포괄하는 전속적 혹은 선택적 유통경로전략이 바람직하다.

4) 내구성의 정도에 따른 분류

내구성의 정도에 따라 내구재(durable goods)와 비내구재(nondurable goods)로 분류할 수 있다. 내구재는 오랫동안 사용할 수 있는 것으로서 자동차, 가구, 가전제품 등이 이에 속한다. 이러한 내구재는 인적판매와 서비스의 역할이 중요하며, 제조업자의 품질보증 및 명성이 중요시 된다. 그리고 내구재는 고관여 의사결정 하에서 구매가 이루어진다. 반면에 비내구재의 경우에는 소비자들이 자주 구매하고 빨리 소비하기 때문에 빈번한 광고와 많은 수의 점포를 통해 판매하는 전략이 필요하다. 이러한 비내구재에 속하는 제품으로는 빵, 신문, 맥주, 담배 등을 들 수 있다. 그리고 비내구재는 저관여 의사결정 하에서 구매가 이루어지는 것이 보통이다.

제2절 제품수명주기전략

1. 제품수명주기의 개념

제품에 대한 글로벌전략을 구사하는데 있어서 제일 중요한 것은 자사제품이 해외시장에서 제품수명주기상의 어떠한 위치에 있느냐 하는 것을 정확하게 파악해야 하는데 있다. 그런데 여기에서 글로벌전략(global strategy)이란 "국제기업이 계획에 따라 세계적인 기회, 선택, 장래의 성과를 고려하는데 있어서 기본적인 기업결정을 행하는 것"이라고 정의할 수 있다. 다시 말하면 국제마케팅을 전개하는데 있어서 국제기업이란 국내적 시야에서 탈피하여 세계적 시야에서 국제기업환경에 적응하기 위한 대책을 강구해야 한다는 것을 뜻한다. 그러지 않고서는 하루가 멀다하고 급변하는 국제적인 환경변수에 즉각 대응할 수 있는 기업능력이 전혀 발휘될 수 없기 때문이다.

결국 국제마케팅은 국내마케팅과는 달리 그 활동이 전개되는 환경공간이 국내공간을 초월한 해외공간으로 이어지고, 또 그러한 해외공간으로서의 환경공간이 국내공간과는 아주 이질적이라는데 그 특징이 있다. 따라서 그러한 해외시장에서의 기업환경에 대응 내지 적응하기 위해서는 글로벌전략적인 관점을 앞세워야 하는 것이다.

그런데 제품수명주기 또는 PLC(product life cycle)란 무엇인가? PLC란 "신제품으로 해외시장에 도입된 후 매출액이 점차 증가하다가 일정기간이 지나면 매출액이 점차 감소하여 쇠퇴하게 되는 과정을 거치게 되는 제품수명주기"라고 할 수 있다. 즉 모든 제품은 신제품으로 개발되어 해외시장에 처음 판매되기 시작해서 판매량이 점차 증가하다가 감소되고 다른 신제품으로 대체되는 시점까지 일정기간을 거치게 된다.

제품수명주기는 마케팅에서 널리 알려진 개념이다. 그러나 제품수명주기 개념 자체가 실제적인 매출 증가율이나 증가율의 변화시점을 예측해 주지는 않는다. 실제로 매출증가율이나 증가율의 변화시점은 제품에 따라서 커다란 차이를 보인다. 기본적으로 이 개념은 현재 시장에서 진부화된 제품, 즉 제품이 시장에 소개되었다가 현재 쇠퇴기에 이른 제품을 기반으로 하고 있다. 오늘날에는 제품이 시장에서 성공하기 위해서는 제품을 수명주기에 맡겨 두는 것보다도 제품을 계속적으로 개선하고 고객에게 제공되는 제품의 가치를 계속 증대시키는 것이 절대적으로 필요하다.

이처럼 제품의 수명주기를 연장시킬 수 있을 때 제품은 계속 시장에서 수명을 유지 할 수 있게 된다.

국제마케팅에 있어서 제품수명주기 개념의 중요성은 전 세계의 모든 시장이 동일한 주기에 있지 않다는 사실에 있다. 즉 자국시장에서는 이익에 압박을 받고 판매가 하향적인 시장성숙단계에 도달한 제품이 다른 국가에서는 시장도입단계에 있을 수도 있거나 아직 시장에 도입되지 않을 수도 있다. 이것은 특정제품의 생산 및 마케팅에 전문지식을 가진 판매자로 하여금 시장성장 및 이익의 전망이 높고 경쟁이 적은 새로운 시장에 그 제품을 시장도입할 수 있게 한다.

해외시장의 잠재력을 분석함에 있어서 중요한 최초의 단계는 각 시장이 제품수명주기의 어느 단계에 있는 지를 확정하는 일이다.

즉 자사제품이 해외시장에서 도입기에 있는 제품인지, 성장기 또는 성숙기에 있는 제품인지 그 위치를 정확하게 파악하는 것이 무엇보다도 중요하다고 할 수 있다.

만약 기업이 제품수명주기의 초기단계에 있는 새로운 시장에 신제품을 도입하고자 한다면, 그 시장에서의 기술혁신의 수용과정을 파악하도록 해야 한다. 기술혁신의 수용과정은 시장에 신제품을 도입하는 초기단계에 도달할 수 있도록 표적소비자를 결정할 수 있게 한다.

요컨대, 제품수명주기에 관한 충분한 이해는 국제마케터에게는 필수적인 개념이며, 상이한 시장개발단계를 통하여 제품이 시장에서 나아가는 것을 파악하게 하고 그에 따라 마케팅전략을 결정할 수 있게 할뿐만 아니라, 신속한 투자회수노력을 계획할 수 있게 한다.

2. 제품수명주기의 단계별 특징

제품수명주기는 대체로 ① 도입기(introduction stage), ② 성장기(growth stage), ③ 성숙기(maturity stage), ④ 쇠퇴기(decline stage) 등 4단계로 구분되는 것이 일반적이라 하겠으나, 논자에 따라서는 3단계 또는 5단계로 구분하는 경우도 많다. 이를테면 3단계설로는 ① 개척기(pioneering), ② 경쟁기(competitive), ③ 유지기(retentive) 등으로 나누어지게 되는 경우, ① 탄생과 확립(birth and establishment), ② 확장과 성숙(expansion and maturation), ③ 안정과 쇠퇴(stabilization and death) 등으로 구분하게 되는 경우 등 여러 가지이다. 또 5단계설로는 ① 도입기(introduction), ② 성장기(growth), ③ 경쟁기(competitive), ④ 진부화(obsolescence), ⑤ 종말(termination)의 경우가 있는 등 그 외에도 허다하다. 다만 제품수명주기의 각 단계가 어떻게 구분되든지간에 그러한 단계에는 여러 가지 관점에서의 특징이 있게 된다.

그러면 제품수명주기의 가장 대표적인 단계인 도입기, 성장기, 성숙기, 쇠퇴기에 나타날 수 있는 각 단계별 특징에 대해서 살펴보면 다음과 같다.([그림 10-2]참조)

[그림 10-2] 대표적인 제품수명주기

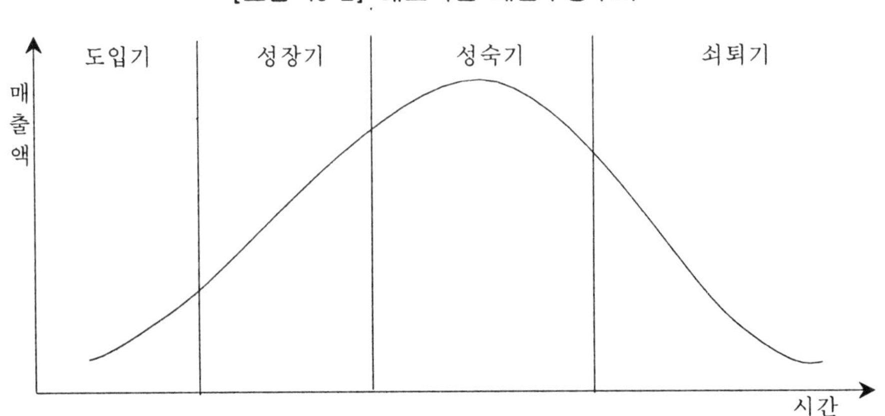

자료원 : R. Bennett, *International Marketing : Strategy, Planning, Market Entry and Implementation*, Kogan Page, 2nd ed. , 1999, p. 285.

1) 도입기(introduction stage)

도입기 제품의 경우 성장률이 저조하고 이익은 소규모이거나 오히려 손실이 발생할 수도 있다. 마케팅전략의 기본 목표는 소비자의 인지도 향상과 시용(試用)구매를 유도하는 것이다. 자사의 브랜드보다는 제품 자체에 대한 일차적 수요(primary demand)를 자극할 필요가 있다. 가격전략으로는 가격에 상대적으로 둔감한 고소득층을 대상으로 고가격전략(skimming strategy)을 채택하는 것이 일반적이지만 시장점유율을 조기에 확보하고 경쟁업체 진입을 억제하기 위한 저가격전략(penetration pricing)을 택할 수도 있다.

2) 성장기(growth stage)

성장기는 판매가 급속히 증가하는 시기를 말한다. 즉 이 제품에 대한 소비자들의 인지도가 높아지고, 또한 그 제품을 취급하는 유통기관도 늘었기 때문에 판매가 급속히 증가한다. 이때는 이미 경쟁자들이 시장에 들어와 경쟁이 치열해 지기 시작한다. 성장기에는 높은 촉진비용, 제품개선, 새로운 유통기관 개척으로 인하여 많은 비용이 소요된다. 그러나 판매가 급속히 증가하고, 대량생산에 따른 원가절감으로 인해 이익은 급상승하게 된다.

성장기의 마케팅전략은 촉진비용(특히 광고와 판매촉진)을 계속 높은 수준으로 유지하되, 그 목표는 경쟁사의 제품에 비해 자사제품의 좋은 점을 강조한다. 또한 제품개선에 주력하며, 유통은 취급점포수를 늘리는 개방정책을, 그리고 가격은 현 수준을 유지하거나 경쟁사를 의식하여 약간 낮춘다. 그리고 제품전략은 제품의 품질이나 기능을 꾸준히 개선함으로써 고객층의 범위를 확대시키는 것이 바람직하다.

3) 성숙기(maturity stage)

제품의 매출성장률이 지속적으로 둔화되기 시작하는 시점이 제품의 성숙기에 해당된다. 성숙기 단계에서는 판매량의 절대적 크기는 증가하지만 증가율은 감소하며, 가장 높은 매출을 실현하게 된다.

경쟁기업들이 가격을 인하하고 광고와 판촉비용을 증가시키는 공격적 마케팅을 실행하고, 보다 고급스럽고 우수한 제품의 개발을 위해서 연구개발비용을 늘릴 것이기 때문에 자사제품의 이익은 줄어들게 된다. 이 단계에서는 취약한 경쟁제품들은 시장에서 도태되고 경쟁구조가 재조정된다. 따라서 기업은 성숙기제품을 방어하기 위해 시장개발, 제품개선, 마케팅믹스 수정 등의 적극적인 전략이 요구된다.

4) 쇠퇴기(decline stage)

쇠퇴기는 제품이 성숙기를 지나 판매가 줄어드는 시기를 말한다. 거의 모든 제품은 기술의 진보, 소비자 욕구와 기호의 변화, 경쟁제품 등으로 인해 언젠가는 쇠퇴기를 맞이한다. 이 시기에는 공급과잉 현상이 더 심해져 전체적으로 가격이 인하되며 모든 기업들의 이익이 감소한다. 따라서 몇몇 기업은 시장을 떠나게 되고, 남은 기업들은 마케팅비용을 줄이고 철저한 원가관리에 입각한 자구책을 강구하게 된다.

기업이 쇠퇴기에 있는 제품을 계속 판매하는 경우, 기업은 투입되지 않아야 할 마케팅비용을 투입함으로써 나타나는 재무적 손실뿐만 아니라 임직원들의 시간낭비를 초래할 수 있다. 또한 경우에 따라서는 이 제품을 대체할 수 있는 신제품개발의 타이밍을 놓침으로써 보다 큰 손실을 가져올 수 있기 때문에 쇠퇴기에 접어든 제품관리에 신중을 기할 필요가 있다.

지금까지 제품수명주기의 각 단계별 특징에 대해서 살펴보았는데 모든 제품들이 이와 같은 단계를 거치는 것은 아니다. 때에 따라서는 제품이 시장에 도입되어 성장 및 성숙기를 거치지 않고 바로 쇠퇴해 버리는 경우도 발생하게 된다.

하여튼 국제기업은 해외시장에서 자사제품의 수명주기를 정확히 파악하는 것이 중요하다. 그래서 만약 자사제품이 쇠퇴기에 있을 경우에는 신제품을 개발하여 시장에 투입하는 적극적인 제품전략을 모색해야 할 것이다.

(사례1) 30년 넘은 장수제품 '불황시대 효자'

오랫동안 소비자들의 입을 즐겁해 해준 '장수식품'이 불황의 버팀목이 되고 있다. 경기가 좋지 않을 때는 검증되지 않은 신제품보다는 익숙한 제품을 구매하는 경향이 있기 때문이다. 또 장수제품들은 광고 등 마케팅 비용이 크게 들지 않아 가격경쟁력도 있다.

23일 유통업계에 따르면 지난해 먹거리 파동으로 흰우유 소비가 살아나면서 가공 우유의 판매는 다소 주춤했다. 반면 올해로 35주년을 맞은 빙그레 '바나나맛우유'는 지난해 전년 대비 약 10% 정도 판매가 늘어 1200억 원의 매출을 올렸다. 이 제품은 국내 바나나우유 판매량 중 80%를 차지하고, 편의점에서도 개별상품 중 판매량이 가장 많다.

올해 35살이 된 서울우유의 '삼각커피우유'도 지난해 매출이 3% 늘어, 이 업체의 다른 가공유가 정체(0%)를 보인 것과 대조를 이뤘다. 특히 두 우유는 모두 각 제품의 상징이라고 할 수 있는 독특한 '단지' '삼각형 팩' 모양의 플라스틱 패키지를 수십년째 고수하고 있다.

서울우유 관계자는 "플라스틱 삼각형 팩은 제품차별화에도 효과적이고, 현재 보편화된 종이팩과 달리 우유가 스며들지 않아 맛을 유지하는 데 도움이 된다"며 "원유함량도 다른 커피우유가 60%인 데 비해, 삼각커피우유는 80%로 예전 레시피대로 맛을 유지하고 있다"고 말했다.

대표적 장수 과자인 오리온 '초코파이'는 불황일수록 강하다고 한다. 초코파이는 외환위기 때였던 1998년에도 한 해 동안 무려 720억 원 어치가 팔렸다. 97년에 비해 판매가 49%나 늘어난 것이다.

오리온 초코파이는 1974년 4월 세상에 나왔다. 35년이 지나는 동안 초코파이는 자일리톨, 신라면과 함께 한국 대표 상품이 됐다. 초코파이는 2008년 국내매출 710억 여원, 해외매출 1300억여원을 올렸다. 그 인기의 비결은 무엇일까.

문영복 오리온연구소 파이개발팀장은 "독창적인 맛이 장수의 비결"이라고 했다. 초코파이는 상품포장 후 습도와 온도가 조절되는 창고에서 3일간 숙성시킨다. 이 과정에서 비스킷과 마시멜로에 있던 수분이 조화를 이뤄 부드러운 맛을 낸다.

대표적인 간식거리로 여겨지는 것도 인기의 원인이다. 초코파이는 상대적으로 가격이 싸다.

게다가 낱개로 포장돼있어 나눠주기 편리하다. 초코파이는 12개들이 한 박스가 3200원으로, 개당 가격이 250원 정도다. 낱개당 155㎉로 허기를 채울 수도 있다.

권형준 리치몬드과자점 생산팀장은 "초코파이는 보존기간이 길고 배가 안 부를 정도의 적당한 사이즈인데다 휴대가 편리해 간식으로 적당하다"고 했다. 실제로 개성공단에서는 하루에 15만개의 초코파이가 소비되고 군대에서도 많은 양의 초코파이가 간식으로 사용되고 있다.

올해 30돌을 맞은 롯데제과의 '빠다코코넛'도 지난해 말까지 판매량이 전년 같은 기간보다 21% 늘었다. 74년 출시된 해태제과 '에이스'도 지난해 하반기 매출이 전년대비 30% 정도 뛰었다.

해태제과 관계자는 "장수브랜드는 소비자들이 좋은 시절의 추억을 연상하게 하는 감성적인 부분이 있다"며 "이 때문에 제품충성도가 높아져 불황에도 큰 변동 없이 일정한 구매를 하게 되는 것"이라고 말했다.

자료원 : 경향신문, 2009, 2, 23일자와 조선일보, 2009, 5, 2일자 기사 내용을 수정 편집함.

(사례2) 장수브랜드 농심 신라면

1986년 농심 신춘호 회장은 이렇게 말했다. 직원들은 깜짝 놀랐다. 얼마 전 경쟁회사에서 사람의 성(姓)을 딴 라면을 내놨다가 문중의 항의를 받고 제품을 중단한 적이 있었기 때문. 또 마케팅 담당자들은 "오너의 성을 딴 라면으로 오해받을 수 있다"며 말렸다. 그러나 신 회장은 "우린 '매울 신' 아닌가"라며 밀어붙였다. 당시 신참 연구원으로 신라면 개발에 참여했던 농심 최호덕(49) 연구개발실 부장은 그해를 쉴 새 없이 라면 국물과 면을 먹으며 보냈다. 10.5g, 한 숟갈 분량의 스프에 어떻게 한국인이 좋아하는 매운 맛을 담을 것인가가 숙제였다. 매운 맛이 너무 날카로워도 안 되고 단맛과 구수한 맛이 조화를 이뤄야 했다. 청양고추는 맛이 너무 강해 제쳐놨다. 산지와 생산시기, 건조방법이 다른 20여 종의 고추를 다 실험했다. 그냥 고춧가루로만 만들면 텁텁했다. 고민 끝에 육개장 고춧가루를 기름에 볶는다는 것에서 힌트를 얻었다. 볶은 고춧가루와 그냥 고춧가루, 그리고 고추를 직접 농축시켜 만든 농축 엑기스 3가지를 섞어 입에 착 붙는 배합의 매운 맛을 찾았다.

라면하면 지방과 탄수화물만 많다는 선입견을 깨기 위해 쇠고기를 이용해 국물을 내기로 했다. 면발도 쫄깃한 식감을 위해 기존의 사각형에서 원형으로 바꿨다. 연구원 4명이 하루 30여 회, 한 번 먹을 때 5분의 1 그릇을 시식하는 과정 끝에 그해 10월 신라면이 태어났다. 된장과 간장 맛이 주였던 라면시장에 첫 등장한 매운 맛 라면이었다. 난관은 또 있었다. 식품위생법에 제품명으로 한자나 외래어를 쓸 경우 한글보다 작아야 한다는 규정이었다. 이에 농심은 '辛'자를 크게 쓰게 해 달라고 정부에 건의를 거듭했고, 이듬해 규정변경까지 이끌어냈다.

소비자들의 입맛은 세월 따라 변한다. 농심 이정근 마케팅 팀장은 "1000여 명의 모니터 요원에게 수시로 의견을 물어 몇 년에 한 번씩 배합을 미세하게 조정한다"고 공개했다. 86년 당시 만들어졌던 것보다 지금의 신라면 맛이 전체적으로 진해졌다고 한다. 외환위기 때 매운 맛의 강도를 눈에 띄게 높인 적이 있다. 스트레스가 심할수록 더 매운 맛을 찾는 소비자들 때문이었다. 10년 만에 닥친 이번 불황에 또 한번 매운 맛을 높여야 할지를 놓고 고심 중이다.

신라면은 출시된 뒤 88년부터 21년 동안 1위 자리를 한 번도 놓치지 않았다. 지금까지 180억 봉지가 팔렸다. 차곡차곡 쌓아 올리면 에베레스트를 18만 6483번 왕복하는 양이다. 국내에선 지난해 3700억 원의 매출을 올렸고, 올해도 매출이 10% 늘어날 전망이다. 70여 개국에 수출도 한다.

자료원 : 중앙일보, 2009, 3, 25.

(사례3) 장수기업, 이것이 달랐다. 애경 55년 수십 년 장수브랜드 수두룩

"애경의 역사는 곧 생활용품의 역사입니다."

애경㈜ 관계자에게 회사의 역사에 대해 물었더니 이런 대답이 돌아왔다. 1954년 국내 제1호 석유화학 등록업체인 '애경유지공업주식회사'로 시작해 55년 동안 생활용품 제조라는 한 우물을 파왔기 때문이다. 그래서 애경에는 20년 이상 팔리고 있는 장수브랜드가 많다. 장수 브랜드들은 '불황엔 오래 된 제품이 잘 팔린다'는 유통업계 통념에 따라 최근 회사의 매출을 늘리는 데 효자 노릇을 하고 있다.

○ 기술개발과 시설투자로 만든 장수브랜드

6·25전쟁의 포연이 채 가시지 않은 1954년 6월. 가정에서는 빨래를 할 때 비누보다 양잿물을 더 많이 쓰고 있었다. 번듯한 세탁비누 생산시설 하나 없을 정도로 당시 한국의 유지공업 분야는 낙후돼 있었다. 창업주인 고 채몽인 사장은 당시 중화학공업을 육성하는 정부의 지원을 발판 삼아 인천에 있던 작은 비누제조회사 '애경사'를 인수해 세탁비누를 만들기 시작하며 유지 시장에 처음 진출했다. 2년 뒤인 1956년 이 회사는 국내 최초의 미용비누 '미향(美香)'을 자체기술로 생산하는 데 성공한다. 애경㈜의 사사(社史)에 기록된 최고 판매 기록은 한 달에 100만 개. 당시 인구나 경제규모를 감안하면 쉽게 나올 수 없는 기록이다.

비누제조로 기초를 탄탄하게 닦은 애경유지공업은 1966년 합성세제 생산라인을 가동하기 시작했다. 세계적으로 합성세제 사용량이 증가하는 추세를 읽고 이에 대응한 것이다. 세탁용 세제 '크린엎' '써니'와 함께 이 공장에서 생산된 국내 최초의 주방세제는 40년이 지난 지금까지 생산되고 있는 '트리오' 제품이다.

1972년 사장으로 취임한 장영신 회장은 애경유지공업의 사세를 확장시키는 데 큰 역할을 했다. 장 회장의 취임 1년여 뒤인 1973년 11월은 1차 석유파동이 세계를 휩쓸며 세계 경기가 크게 가라앉던 때였다. 그런 상황에서도 장 회장은 일본, 미국 등을 직접 찾아다니며 원재료 공급 계약을 체결하고, 비누와 세제를 수출하는 등 성과를 올렸다. 이를 바탕으로 애경유지공업은 울산, 대전 등지에 공장을 추가로 설립하며 사세를 크게 확장할 수 있었다.

1980년대에 들어서며 애경유지공업은 1970년대 양적 성장을 발판 삼아 질적 성장을 꾀했다.

1982년에는 저공해 세제원료를 개발하고 다국적기업 유니레버와 기술제휴해 1983년 중앙연구소를 설립했다. 1985년 사명을 애경산업으로 변경한 뒤에는 러시아와 수출계약을 하는 등(1989년) 기술력 향상에 쏟은 노력이 결실을 보았다.

○ 디자인과 친환경으로 100년 기업을 그린다

2004년 회사명을 애경㈜으로 변경한 이 회사의 올해 1분기(1~3월) 매출은 1030억 원. 이 중 36%인 372억 원은 주방세제 '트리오', 세탁세제 '스파크', '2080치약'을 팔아 벌었다. 각각 44년, 23년, 12년 된 장수브랜드이다. 특히 지난해 미국발 금융위기로 시작된 장기불황 때문에 소비자들이 오래된 브랜드를 믿고 구입하는 심리가 확산되면서 이 제품들이 더욱 빛을 발하는 것으로 회사 측은 보고 있다. 실제 애경의 1분기 영업이익은 113억 원으로 1분기 실적으로는 창사 이래 최대였다.

100년 기업을 다음 목표로 잡은 애경은 앞으로의 미래 동력을 '디자인'으로 설정했다. 앞으로는 디자인이 제품을 차별화하는 데 가장 중요한 역할을 할 것으로 예상했기 때문이다. 이에 따라 애경은 2007년 서울 마포구 연남동에 디자인센터를 열고 제품개발 초기단계부터 디자인을 연구하는 등 집중적인 투자를 하고 있다. 지난해 '스파크'가 국제 패키지 디자인 공모전 '펜타어워드'에서 1위를 차지한 것도 이런 투자의 결과물이다.

환경경영에도 관심을 기울여 회사 자체적으로 환경오염을 줄이는 포장재를 개발하고 있다. 협력업체와는 '그린파트너십' 제도를 만들어 친환경적으로 제품을 생산할 수 있도록 지원하고 그렇게 생산된 제품을 우선 공급받고 있다.

이 밖에도 '좋은 직원이 좋은 기업을 만든다'는 신념에 따라 어학교육비와 대학원 학비를 보조해 주거나, 3개월간 미국 연수지원 등 다양한 교육 프로그램을 제공하고 있다. 양성진 홍보담당 상무는 "모든 임직원에게 1년에 책 12권을 구입해 주는 등 지식과 감성을 동시에 계발할 수 있도록 회사 차원에서 적극 지원하고 있다"고 말했다.

자료원 : 동아일보, 2009. 6. 20.

(사례4) 장수브랜드 아가방

1977년 대우실업의 이란 테헤란 지점장 근무를 마치고 귀국한 김욱(66) 현 아가방앤컴퍼니 회장은 의아함을 느꼈다. 업무상 해외근무가 많았던 그에게 유아용품과 유아옷 전문 매장이 없는 국내현실이 이해되지 않았던 것이다. 당시 만 세 살과 두 살이었던 큰딸과 둘째 딸에게 옷을 사주려면 재래시장을 뒤져야 했다. 1년 뒤 셋째 딸이 태어나자 배냇저고리는 원단 가게에서 천을 떼다가 직접 만들어 줘야 했다. 이불과 요 역시 침구매장과 재래시장에서 따로따로 구입하는 수고를 거쳐야 했다. 젖병은 약국에서 파는 수입젖병이 아니면 정식 수입절차를 거치지 않고 들어온 젖병을 구해다 써야 했다.

김 회장은 이런 현실이 오히려 사업기회가 될 것으로 보고 아기용품 개발에 나섰다. 브랜드

이름은 창업주역들이 머리를 맞대고 의논한 결과 '아가방'으로 짓기로 했다. 순 한글로 기억하기 쉬운 데다 아가의 모든 것을 취급하는 매장이라는 의미가 잘 전달된다며 다들 무릎을 쳤다. 하지만 아기용품의 종류가 워낙 다양한 데다 국내기술로는 개발할 수 없다는 것이 난관이었다.

일단 유명 수입업체인 이탈리아 치코와 수입계약을 한 뒤 79년 4월 아가방을 선보였다. 그러고는 하나 둘씩 치코의 제품을 벤치마킹해 국산화에 나섰다. 한국 아이들의 체형에 맞추기 위해서라도 국산화가 시급했다. 서양아기들은 태어날 때 작은 반면 금방금방 컸고, 한국아기들은 태어날 때는 크지만 자라는 속도는 느렸다.

또 한국아기들은 서양아기들에 비해 머리가 더 컸고 팔다리도 더 통통했다. 월령이 적은 아기 옷은 전체 사이즈에 비해 머리 사이즈는 커야 한다는 사실조차 잘 파악되지 않았다. 30년 전 신입사원으로 입사한 황은경 홍보부장은 "가봉하는 날 옷을 입어보러 회사로 온 직원 아이들의 머리에 티셔츠가 딱 걸렸다"며 "디자이너들이 옷을 입히기 위해 안간힘을 쓰자 아기들은 울음을 터뜨렸다"고 회고했다. 당시엔 직원들이 자녀와 조카를 비롯한 주변 아이들을 총동원했다. 10~15명의 다양한 연령대 아이들이 수시로 회사 안에서 북적댔고 울어댔다.

제품종류가 워낙 다양하다 보니 하청업체를 찾는 것도 힘들었다. 양말공장과 모자공장을 수소문해 제품을 의뢰했다. 단추 · 지퍼 등 부자재 전문 소싱업체도 따로 찾아 나섰다. 이렇게 조금씩 국산화를 시작해 수입하던 의류와 젖병의 국산화를 82년에 마쳤다.

아가방은 현재 시장점유율 30% 이상을 차지하는 이 분야 선두 주자다. 지난해 매출 1723억 원, 영업이익 131억 원을 올렸다.

자료원 : 중앙일보, 2009, 5, 6.

제3절 신제품개발전략

1. 신제품개발의 중요성

신제품개발은 어떤 기업이든지 간에 그 기업이 생존하고 성장해 나가기 위해서는 필연적인 작업이라 할 수 있다. 왜냐하면 소비자는 끊임없이 새로운 제품을 원하기 때문이다. 따라서 기업이 생존하고 성장해 나가기 위해서는 계속적으로 신제품을 개발하지 않으면 안된다. 특히 해외시장에서는 경쟁이 치열하기 때문에 기업이 계속적으로 성장하고 이익을 증대시키기 위해서는 무엇보다도 독자적인 신제품을 계속해서 개발할 수 있어야 한다. 따라서 기업의 입장에서는 국제적으로 경쟁력이 있는 신제품을 어떻게 개발하여 상품화할 것인가를 끊임없이 연구할 필요성이 있다.

이와 같은 신제품개발의 중요성 및 당위성, 즉 신제품을 개발하는 것이 중요하고, 또한 신제품을 개발해야 한다는 당위성에도 불구하고 신제품개발의 실패율은 아주 높은 편이다. 왜냐하면 신제품개발이 기업의 생존과 성장을 위해 절대적으로 필요하기는 하지만 그 자체에 커다란 위험을 수반하고 있기 때문이다.

즉 신제품을 개발하기 위해서는 개발비용이 상당히 많이 들어가게 되는데, 그러한 막대한 개발비용을 쓰면서도 성공하면 괜찮은데 실패하는 수가 자주 있기 때문이다.

이처럼 신제품개발이 자주 실패하는데, 신제품개발이 자주 실패하는 가장 큰 이유는 국제마케팅조사활동이 철저하지 못한데 그 원인이 있다고 할 수 있다. 이외에 신제품개발의 실패이유를 들면 다음과 같다.

① 불충분한 시장분석

② 제품의 결함

③ 예상보다 높은 개발비용

④ 제품출하시기의 착오

⑤ 기업간 치열한 경쟁

⑥ 국제마케팅전략의 실패

⑦ 판로의 약체 등을 들 수 있다.

이러한 실패요인도 넓게는 국제마케팅조사활동이 철저하지 못한데 그 원인이 있다고 할 수 있다. 따라서 신제품개발의 실패율을 최소화하고 성공율을 높이기 위해서는 이러한 국제마케팅조사활동의 활성화와 함께, 될 수 있으면 타의 추종을 불허한, 그러면서도 독창적인 신제품을 개발하는 것이 중요하다고 할 수 있다.

2. 신제품개발과 기술혁신

신제품개발과 기술혁신은 상호 아주 밀접한 관계가 있다고 할 수 있다. 다시 말해서 기술혁신이 없는 신제품은 개발된다 하더라도 시장성을 유지할 수 없기 때문에 기업이 국제마케팅활동을 수행하는데 있어서 기술혁신에 의해 개발된 신제품이어야 전략상 유리하다고 할 수 있다. 어쨌든 신제품개발의 속도는 곧 기술혁신의 속도와 정비례한다고 할 만큼 신제품개발에 있어서 기술혁신이 차지하는 비중은 아주 크다고 할 수 있다.

그런데 이러한 기술혁신에 대해서 기업이 어떠한 태도를 취하느냐에 따라 세 가지 기업의 형태로 나누어 볼 수 있다. 즉 선도적(pioneering), 적응적(adaptive), 그리고 모방적(imitative)인 세 가지 기업으로 나눌 수 있다. 여기에서 선도적 기업은 처음으로 상품을 개발하려고 하는 기업이다. 적응적 기업은 선도적 기업처럼 기술혁신을 주도하지는 않지만, 선도적 기업에 의해 개발된 신제품을 제품의 기능이나 제조공정면에서 개선하려는 기업이다. 제품자체를 개발하거나 기능을 개선하는 혁신을 제품혁신(product innovation)이라 하고 제품의 제조공정을 개선하는 혁신을 공정혁신(process innovation)이라고 한다. 모방적 기업은 나름대로의 제품혁신 노력이나 개선노력을 하지 않고 다른 기업이 이미 이루어 놓은 혁신내용을 모방하게 된다.

결론적으로 기업이 이러한 세 가지 형태 중 어떠한 태도를 취하느냐 하는 것은 그 기업이 처한 상황과 여건에 따라, 그리고 기업의 기술적인 능력과 사용할 수 있는 각종 자원의 양과 질에 따라 각기 달라진다고 할 수 있다. 기업이 혁신에 대하여 어떤 태도를 갖느냐에 따라 비용, 위험, 기대이익 수준이 각기 달라지게 된다.

(사례) 지난 30년간 최고 혁신발명품은 무선 인터넷

미국 경제전문지 포브스는 지난 30년 간 일상생활에 가장 큰 변화를 몰고온 세계적인 발명품으로 광대역 무선통신 인터넷과 PC, 휴대전화, 이메일 등 30가지를 선정, 소개했다.

22일 포브스에 따르면 1979년 사람들은 신문과 잡지를 손에 들고 읽어야 했지만 지금은 대부분이 데스크톱 컴퓨터 또는 랩톱 컴퓨터로 정보를 읽고 구한다. 아이폰과 블랙베리가 랩탑 컴퓨터를 대신할 날이 멀지 않아 보인다.

포브스는 세계 각국 250개 이상의 주요 시장고객 등을 대상으로 지난 30년 간 사람들의 생활에 영향을 끼친 혁신적인 제품에 대한 설문조사를 벌였고 1천 200개가량의 제품이 추천됐다.

가장 많은 추천을 받은 최고의 발명품으로 광대역 무선통신 인터넷이 1위로 뽑혔고 PC와 랩톱 컴퓨터, 휴대전화, 이메일, 인간게놈지도 등이 5위내에 이름을 올렸다.

자기공명 단층촬영장치(MRI), 마이크로프로세서, 내시경 등에 사용되는 광섬유, 워드프로세서 또는 스프레드시트(데이터 처리 프로그램), 레이저로봇 수술장치 등이 10위내에 포함돼 있다.

생활에 혁명적인 변화를 가져온 발명품 11위는 리눅스나 위키피디아 등으로 대표되는 `오픈 소스' 소프트웨어 또는 인터넷 서비스가 차지했고 발광다이오드(LED)가 12위를 차지했다.

액정표시장치(LCD), GPS 장치, 이베이 등을 비롯한 온라인 쇼핑, 미디어 파일 압축장치(MPEG 등), 마이크로 크레디트(무담보 소액 금융 지원), 광전지 태양 에너지, 풍력 발전기, 소셜 네트워킹 서비스 등이 20위내에 들었다.

30위 이내에는 디지털 카메라와 비디오, 상품정보 인식기술인 RFID, 유전자 변형식물, 바이오연료, 바코드와 스캐너, 플래시 메모리 등이 이름을 올렸다.

포브스는 "최고의 혁신제품으로 선정된 상품들이 당대의 경제성장을 주도하는 역할을 했다는 평가를 받았다"고 전했다.

자료원 : 아시아투데이, 2009, 2, 23.

3. 신제품개발과정

국제마케팅에서의 신제품개발과정은 국내마케팅의 경우와 동일하다고 할 수 있는데, 그 과정은 [그림 10-3]과 같이 일반적으로 아이디어의 창출(idea generation), 아이디어의 심사(initial screening), 사업성 분석(business analysis), 제품개발(develop the product), 시장시험(market testing), 상품화(commercialization)등 6단계로 분류할 수 있다.

1) 아이디어의 창출

신제품개발 첫 단계는 다양한 정보원으로부터 신제품에 관한 아이디어를 창출하는 것으로부터 시작된다. 이 과정은 우연에 의존해서는 안되며 조직적이고 체계적이어야 한다. 그렇지 않을 경우 아이디어의 수는 많으나 실제로 적절하지 못할 경우가 많게 되어 비용만 투입하게 되는 결과를 가져 올 위험이 있다.

신제품에 관한 아이디어를 입수할 수 있는 정보원에는 여러 가지가 있다. 가장 대표적인 예로서 기업 자체 내에서 아이디어를 구할 수 있는 경우가 많다. 그리고 소비자들 자신이 가장 중요한 정보원이 될 수도 있다.

소비자의 욕구나 욕망은 소비자조사, 집단토론, 소비자들의 서신 및 불만사항을 입수하여 알 수가 있다. 또한 과학자들로부터 독창적인 제품이나 제품개량에 관한 정보를 입수할 수 있을 것이다. 그리고 경쟁자의 제품동향도 주시하여 어느 제품이 고객에게 매력을 주고 있는가를 파악하여야 한다. 그 밖에도 판매원이나 유통부문에 종사하는 사람들로부터도 아이디어에 관한 정보를 입수할 수가 있는데 이들은 일상적으로 고객과 접촉하고 있기 때문이다.

2) 신제품 아이디어의 심사

이 단계는 신제품의 아이디어가 그 기업의 기본목표에 어울리는 것인지를 심사, 검토하는 단계이다. 즉 그 아이디어가 제품으로서의 독특한 아이디어인가 혹은 그 제품을 만들기 위한 원료, 생산시설이 있는가? 현재의 회사능력으로 가능한가? 기존제품과 잘 조화될 수가 있는가? 등을 검토하여 그 아이디어를 다음 단계로 넘기든가 아니면 그 아이디어를 철회하여야 한다. 아주 좋은 아이디어를 철회하여 기각오류(drop-error)를 만들거나 나쁜 아이디어를 채택하는 채택오류(adoption-error)를 만들어서도 안될 것이다.

3) 사업성 분석

이 단계에서 경영자는 아이디어가 매출액, 시장점유율, 수익성 등에서 회사의 목표를 달성할 수 있는가를 평가하는 사업성 분석(business analysis)을 한다. 아이디어가 아무리 좋더라도 그 아이디어에서 나온 제품이 회사에서 설정한 목표를 달성할 수 없다고 판단되면, 경영자는 그 아이디어를 이 단계에서 과감히 버려야 한다. 이와 같은 방법으로 다음 단계인 제품개발과 시장시험에서 소요되는 엄청난 비용을 절약할 수 있기 때문이다.

4) 제품개발

이 단계에서는 제품아이디어를 제품으로 구체화시키는 제품개발(product development)이 이루어진다. 이 단계에서는 앞의 세 단계와 비교가 안 될 만큼 많은 시간과 비용이 소요된다. 제품개발은 주로 제품개발부(product development department)에서 담당하였으나, 최근에는 마케팅 부서를 비롯한 다른 부서들도 이 과정에 참여하는 경우가 대부분이다.

제품개발은 제품의 성능과 안전도를 시험하는 기능테스트(functional test)와 소비자들의 반응을 알아보는 소비자테스트(consumer test)에서 만족스러운 결과가 나올 때까지 반복한다. 때문에 시제품을 만들기까지 많은 시간과 비용이 소요된다. 그러나 좋은 시제품을 만들기 위한 노력은 후에 시장에서 반드시 많은 보상을 받게 된다.

5) 시장시험

개발된 신제품을 시장에 본격적으로 출시하기에 앞서 시장의 반응을 시험해 볼 필요가 있다. 왜냐하면 잘못된 제품을 출시함으로 인해 기업에 막대한 손실을 미칠 위험이 항상 내재해 있기 때문이다. 시장시험(test marketing)은 신제품을 본격 출시하기에 앞서 신제품의 시장반응을 점검해보는 마케팅으로 장래의 매출에 대한 신뢰성 있는 예측, 대체적인 마케팅계획의 사전시험, 제품개발단계에서 간과한 제품의 하자를 발견할 수 있다.

6) 상품화

이제까지의 단계가 성공적으로 달성되면 기업은 생산과 마케팅을 실제로 행함으로써 신제품을 상품화하게 된다. 이 단계에서 경영층은 신제품의 시판여부에 대한 최종결정을 내려야 한다. 그러나 제품의 상품화가 결정되었다고 해서 모든 과업이 끝나는 것은 아니다. 신제품개발과 관련하여 시판된 제품을 끊임없이 추적하고 감독함으로써 조그마한 허점이라도 조기에 찾아 이를 수정하는 것이 국제마케팅 관리자가 수행해야 하는 중요한 과업 중의 하나이다.

따라서 시장시험까지 무사히 통과된 제품이라 할지라도 상품화에 성공하는 것은 아니기 때문에, 국제마케팅 관리자는 시장시험의 단계에서 얻은 자료와 경험을 최대한 활용하여 신제품의 시판에서 실패하는 일이 없도록 최선을 다해야 한다.

[그림 10-3] 신제품 개발과정

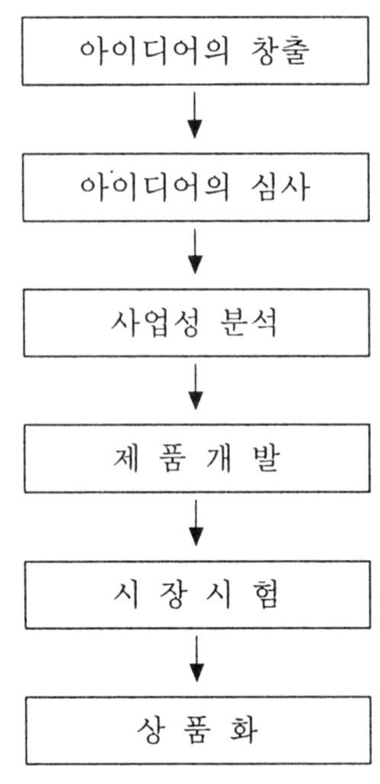

자료원 : G. D. Harrell & G. L. Frazier, *Marketing : Connecting with Customers*, Upper Saddle River, N. J. : Prentice-Hall inc., 1999, p. 284.

제4절 표준화제품전략과 적응화제품전략

1. 중요성

국제제품전략을 수립하는데 있어서 가장 중요한 문제중의 하나는 이미 있는 제품에 아무런 변경을 하지 않고 그대로 해외시장에 판매하는 제품전략을 택할 것인가, 그렇지 않으면 각국의 상이한 제품의 사용조건이라든지 고객의 욕구에 따라 제품을 변경시켜서 해외시장에 판매하는 제품전략을 택할 것인가를 결정하는 것이다.

전자를 표준화제품전략(standardizational product strategy)이라고 하고, 후자를 적응화제품전략(adaptational product strategy)이라고 한다.

즉 표준화제품전략이란 국내시장에 판매하고 있는 제품에 아무런 변경을 하지 않고 그대로 해외시장에 판매시키고자 하는 제품전략이라고 할 수 있으며, 이와 반면에 적응화제품전략이란 각국의 이질적인 해외시장의 욕구에 맞추어 거기에 알맞는 제품으로 변경하여 해외시장에 판매시키고자 하는 전략을 말한다.

그런데 학자들은 이러한 표준화제품전략과 적응화제품전략에 대해서 상반된 견해를 보이고 있다.

표준화제품전략을 지지하는 학자들은 통신수단의 급속한 발달로 인해서 예술, 문학, 기호, 문화, 언어, 생활수준 등이 동질화되어 간다는 가정 하에 제품도 표준화하는 것이 바람직하다고 주장한다. 즉 이러한 견해는 각국 소비자들의 특성이 서로 상이하다고 하더라도 그들의 근본적인 욕구는 동일하다는 가정에 근거를 두고 있는 사고이다.

이와 반면에 적응화제품전략을 지지하는 학자들은 표준화 지지론자들과는 달리 인간의 기본적인 욕구와 동기는 전세계적으로 차이가 있기 때문에 각국의 상황이나 소비자들의 특성에 따라 제품도 적응화시키는 것이 바람직하다는 견해를 표명하고 있다. 다시 말하면 적응화 옹호론자들은 각국간에 문화, 경제발전의 정도, 정치 및 법률제도, 그리고 소비자들의 가치관과 생활양식 등이 큰 차이가 있기 때문에 현지시장에 알맞는 적응화된 제품전략이 필요하다는 점을 강조하고 있다.

결국 국제제품의 표준화와 적응화 문제는 국제기업의 제품관리상 가장 중요한 의사결정상의 문제가 될 수밖에 없다. 왜냐하면 이들 양자의 제품전략간에는 제각기의 장단점이 있기 때문이다. 비근한 예로 제품표준화는 규모의 경제(economies of scale)적인 이점이 크게 부각되며, 무엇보다도 생산설비의 유효적절한 활용에서 경제효율이 보다 커질 수도 있을 것이다.

제품표준화의 이점으로 이외에도 광고와 제품디자인의 효율성도 높아질 수 있다. 세계적으로 동일한 광고에 의한 표준화제품은 동시에 전 세계의 소비자로 하여금 코스모폴리탄(cosmopolitan)적인 경향을 지니게 하며, 그 제품의 이미지 업(image up)이 전세계적으로 확립되기도 한다는 것이다. 사실 실제에 있어서도 표준화제품전략을 앞세움으로써 성공하게 된 다국적기업의 예는 수두룩하다는 것이다.

그러나 이와 반면에 제품적응화에도 그 나름대로의 이점이 있다. 무엇보다도 이질적인 국제시장에서는 제각기 이질적인 소비자욕구에 적응되는 제품만이 수용될 것이기 때문이다.

이를테면 오로라월드는 초기 미국법인 설립 후 제품개발과정에서 가장 중요하게 생각한 미국인 정서에 맞는 여러 상품을 개발하면서 높은 인기를 얻었다. 한국전통의 오자미 장난감에서 아이디어를 얻어 인형에 솜뭉치 대신 콩을 사용한 플럽시 인형이 대표적이다. 9.11 테러 직후에는 당시 사태복구에 참여한 군인, 경찰, 소방관, 간호원 등의 복장을 한 '아메리칸 히어로즈(American Heroes)'인형을 출시해 미국시장에서 선풍적인 인기를 얻었다. 현지사람의 감성과 트랜드가 반영된 이 같은 상품은 현지 디자이너 인력을 고용한 덕분이었다. 미국을 포함한 9개 국가에 리서치센터 및 디자인센터를 운영하면서 현지 디자이너가 대거 채용됐고, 그 결과 현지 소비자의 특성과 취향에 맞는 디자인, 색상, 표정 등 고유의 특성을 제품개발과정에 반영함으로써 현지시장에서의 경쟁력을 확보할 수 있었다. 현재 자체 브랜드 'Aurora & America Plus'는 미국시장을 공략하여 소비자 인지도 4위를 기록하고 있으며, 주요 백화점에 자체브랜드로 입점해 있다.

1997년 단독투자로 인도에 진출한 LG전자는 지속적인 판매성장으로 컬러TV, 냉장고, 세탁기, 에어컨 등 많은 품목에서 시장점유율 1위를 차지하고 있다. LG전자는 표준화된 제품을 생산했던 기존의 글로벌기업(소니, 파나소닉 등)과는 달리 인도인의 생활과 문화를 최대한 반영한 인도 소비자에 알맞은 제품을 진출 초기에서부터 출시했다. 음악을 좋아하는 인도인들을 위해 우퍼를 기본사양으로 장착한 TV를 선보이고, TV에 인도인들이 가장 좋아하는 스포츠인 크리켓을 컴퓨터게임으로 즐길 수 있도록 기본사양에 내장했다. 또한 인도인들의 옷이 엉키기 쉽다는 점을 감안해 중앙 회전날개가 없고, 인도 전력시장을 감안해 세탁 중에 정전 시에도 전기공급 이후 남은 시간만큼만 세탁하는 세탁기도 개발했다. LG전자 인도법인의 경우는 제품개발 후 현지화에 필요한 후속 R&D는 약 90%가 인도에서 수행되고 있다.

1999년 중국 청도에 합작투자로 진출한 (주)한국야쿠르트는 현재 중국 동부 연안 전 지역에서 사업을 진행 중에 있으며, 매년 100%에 육박하는 성장률을 기록하고 있다. 중국기업들이 이용하지 않는 고객을 직접 찾아가는 방문판매 방식을 도입해 시장을 빠르게 확대해 나가고 있다. 맞벌이 가정이 많고 외부인의 방문을 꺼려 판매에 어려움이 클 거라 예상했으나, 시간이 지나면서 브랜드 신뢰도가 형성된 후에는 유통이 빠르게 진행돼 새로운 방식의 유통채널로 자리 잡았다. 베이징의 환경미화원 작업복과 동일하고 중국인들의 노란색 선호도가 저조하다는 것을 감안해 배달원의 유니폼 색상은 설문조사를 참고해 연두색으로 변경됐다. 배달원에게는 캉스(康使, 건강대사)라는 칭호를 붙여 '건강을 전달하는 사람'이라는 뜻으로 통용되고 있다.

초코파이는 1993년 중국 북경에 사무소를 개설했는데 초코파이는 그 과정에서 철저하게 현지화됐다. 초코파이는 중국 초콜릿 코팅 파이류 시장에서 85%를 차지하고 있다. 독보적인 오리온 초코파이의 중국 이름은 하오리유파이, 오리온의 중국 법인 이름인 '하오리유(好麗友 · 좋은 친구)'에 파이를 붙여 만든 이름이다.

붉은색을 좋아하는 중국인들을 겨냥해 파란색 패키지였던 초코파이를 붉은색 패키지로 바꾼 컬러 마케팅도 오리온의 철저한 현지화 전략의 하나.

한국에서 '정(情)'이라는 컨셉트를 중국인에게 맞게 '인(仁)'으로 바꿔 중국 초코파이 포장지에 인 자를 새겨넣은 것도 유명하다.

초콜릿을 좋아하는 러시아에서는 초코파이를 더 달게 만들고 날씨가 습한 베트남에서는 초콜릿이 잘 녹지 않도록 단단하게 만든 것이다. 이런 노력 끝에 초코파이의 2008년 해외매출은 국내매출의 두 배가 됐다. 오리온은 향후 미국, 일본, 중동에도 진출할 계획이다.

이처럼 그 나라의 소득수준의 차이, 사회문화적 가치관의 상이, 교육수준의 격차 등을 비롯하여 기타 이질적인 국제시장에서의 소비자 기호의 차가 국제기업으로 하여금 적응화제품전략을 내세우게 하는 요인이 되고 있다. 그럼에도 불구하고 현실적으로는 이러한 적응화제품전략에 그다지 관심을 보이지 않는 다국적기업이 의외로 많다. 그러나 국제제품전략에 있어서 표준화제품전략을 사용할 것이냐, 그렇지 않으면 적응화제품전략을 사용할 것이냐 하는 문제는 국제기업의 고유한 사정에 따라 의사결정을 해야 하기 때문에 보다 글로벌전략적인 관점에서도 거기에는 양자택일에 관한 그 어떤 일률적인 모델이라는 것이 없다.

2. 촉진요인

국제마케팅에서 표준화제품전략과 적응화제품전략을 촉진하는 요인들을 구체적

으로 살펴보면 다음과 같다.([표 10-3]참조)

1) 표준화제품전략의 촉진요인

(1) 생산시 규모의 경제성

특정제품의 생산입지가 한 곳에 위치하고 있을 경우에는 장기간에 걸친 대량생산의 경제성을 활용하기 위해 제품을 표준화시키는 것이 유리하다. 물론 이는 세계수요를 충족시키기 위해 총생산량을 증대시키는데 있어서 총체적인 생산비는 증가하더라도 단위당 생산원가는 감소한다는 전제 하에서만 성립된다.

그러나 생산비의 합리화를 위해 세계 여러 곳에 생산시설을 갖추게 되고 특정국에서의 생산규모가 줄어들어 규모의 경제효과를 달성하기 어렵다면 제품표준화의 필요성은 크게 감소하게 된다.

(2) 제품연구개발의 경제성

만일 기업이 동일제품을 전세계시장에 제공하게 되면, 제품의 단위당 연구개발비용을 줄일 수 있는 이점 때문에 연구개발자금과 노력을 좀 더 효과적으로 활용할 수 있게 된다. 제품표준화를 유지하면 시장별로 다양한 수요에 맞추어 제품을 변경할 필요가 없기 때문에 기업은 그만큼 신제품개발에 더 주력할 수 있게 된다.

(3) 마케팅활동의 경제성

제품표준화는 마케팅활동 측면에서도 규모의 경제효과를 가져온다. 예를 들어, 비록 사용언어가 각국마다 다를지라도 판매책자, 판매원훈련, 광고, 판매촉진 등은 제품을 현지시장에 적응시킬 경우에 비해 훨씬 표준화된 양상을 띠게 되므로 보다 경제적으로 현지 마케팅활동을 수행할 수 있다. 이 밖에도 고객서비스, 부품의 재고관리 등도 표준화제품이 훨씬 쉬워진다. 특히 동일한 언어 및 광고매체의 활용으로 인해 특정시장에서 다른 시장으로 촉진의 파급효과가 존재할 경우 제품 판매단위당 광고비의 절감과 함께 부수적인 광고효과도 기대할 수 있다.

(4) 소비자들의 이동성

오늘날 소비자들의 국제간의 이동이 자유롭게 이루어짐에 따라 범세계적으로 표준화된 제품을 도입하게 되면 특정제품의 상표명성도 또는 상표충성도(brand loyalty), 즉 상표에 대한 선호도가 높아지게 된다. 이는 세계 어디를 가더라도 동일한 제품과 서비스를 접하므로 그 상표제품에 대한 신뢰성이 높아지기 때문이다. 그러므로 만일 소비자가 해외여행중에 흔히 구입하는 제품이라면 상표충성도의 유지를 위해 제품을 표준화해야 할 필요가 있다. 이러한 제품을 예로 들면, Gillette의 면도날, Kodak의 필름, Hilton호텔의 서비스 등이 있다.

(5) 생산국 및 기업체의 이미지

미국의 첨단기술제품, 일본의 가전제품, 프랑스의 향수와 와인, 스위스의 시계, 독일의 자동차 등은 생산국 내지 기업체가 갖고 있는 좋은 이미지 때문에 해외시장에서 많은 혜택을 보고 있다.

이와 반면에 제품자체의 품질은 보통이거나 좋지만 그 생산국의 이미지가 나쁘거나 별로 좋지 않아서, 해외시장에서 잘 안 팔리거나 팔리더라도 싼값에 팔리는 경우도 있다.

따라서 특정 기업체가 생산국의 좋은 이미지를 활용할 수 있는 위치에 있다면, 포장이나 상표명을 포함한 제품의 여러 속성들과 제품 자체를 표준화하는 것이 바람직하다.

(사례) "한국하면 삼성, LG, 현대 떠올라"

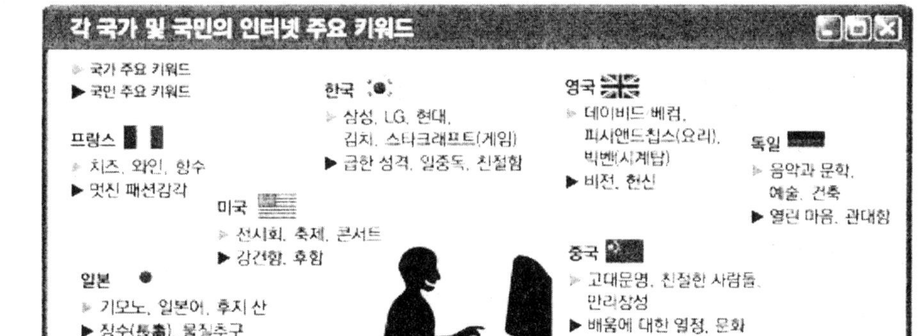

최근 세계 인터넷에서 한국을 대표하는 키워드는 '삼성, LG, 현대'로, 한국인의 대표 키워드는 '급한 성격'으로 밝혀졌다.

동아일보 산업부가 세계적 검색업체인 구글에 의뢰해 한국을 비롯한 경제협력개발기구

(OECD) 회원국 30개국, 중국 등 모두 31개국과 국민에 대해 대표적 키워드를 조사한 결과 한국은 △삼성, LG, 현대 △김치 △스타크래프트 △도자기 △직물(織物) △보아(가수) △태권도 △개인용 컴퓨터(PC) 게임 등이 상위에 올랐다.

한국, 미국, 중국, 일본, 영국, 프랑스, 독일 등 주요국 가운데 유일하게 한국만 상위 3대 키워드에 기업 이름이 포함돼 외국인들은 한국의 대표적 글로벌기업들을 통해 우리나라를 인식하는 사례가 많은 것으로 나타났다.

또 한국인의 대표적 이미지로는 '급한 성격'과 '일중독' '부지런하고 야심이 있음' '친절함과 친근함' 등이 꼽혔다. 특히 '새벽기도'도 주요 키워드로 꼽혀 눈길을 끌었다.

이번 조사결과는 구글코리아가 '어느 국가 또는 국민은 무엇으로 알려졌다 또는 유명하다'라는 질문을 영어로 작성해 16일 오후 10시를 기준으로 수천억 개에 이르는 웹페이지를 자동 검색한 내용이다.

일본은 기모노와 일본어, 후지산, 근면성, 닌자, 만화, 스시, 전자제품 등이 주요 키워드로 검색됐다. 일본인에 대한 키워드는 장수(長壽)와 물질 추구, 낮은 심장병 발병률 등이었다.

중국은 고대문명과 친절한 사람들, 만리장성, 병마용, 양쯔 강, 기발한 요리법 등이 꼽혔고 중국인은 배움에 대한 열정과 문화, 다양한 자연요법 등이 주요 키워드였다.

미국의 국가 키워드는 색달랐다. 전시회와 축제를 필두로 콘서트, 공연예술, 오락, 역사적 건축물, 기념비, 박물관 등 상위 10개의 키워드가 모두 문화와 관련이 있었다. 세계 누리꾼에게 비친 미국인의 대표적 이미지는 강건함과 후함이었다.

영국의 1위 키워드는 축구선수 데이비드 베컴이었으며 대표적 요리인 '피시 앤드 칩스'와 영국 국회의 시계탑 빅벤, 빨간 버스 등도 상위권에 포함됐다.

프랑스는 치즈와 와인 및 향수, 프랑스인에 대해서는 멋진 패션감각이 주요 키워드로 조사됐다. 구글코리아 측은 "구글은 검색어와 웹페이지의 관련성 및 인용빈도 등 5억여 개의 변수와 20억여 개의 용어로 된 세밀한 공식을 사용해 객관적으로 결과를 산출한다"면서 "검색 시점에 따라 결과에 변동이 있으나 삼성, LG, 현대 등 글로벌기업이 최근 한국의 대표적 키워드 가운데 하나인 것은 확실하다"고 분석했다.

자료원 : 동아일보, 2008. 11. 18.

(6) 기술의 영향

기업은 기술적 규격(technical specification)이 상당히 중요한 소비재와 산업재일수록 제품을 가급적 표준화하는 것이 좋다. 글로벌마케팅환경의 차이는 주로 인간이 중심이 되는 문화적 차이에서 기인하기 때문에 물리적 및 화학적 처리과정은 국경을 넘더라도 크게 변화하지 않는 것이 보통이기 때문이다. 대형여객기, 핵발전소, 전략무기 등이 그 예이다.

그러므로 기업들은 기타 조건이 같을 때에 비내구성 소비재보다는 내구성 소비재를 가급적 표준화하고, 소비재보다는 산업재를 더욱 표준화하는 것이 바람직하다. 그리고 만일에 시장별 수요의 이질성 때문에 표준화된 제품을 개량·개조할 필요가 있다면, 공업표준만을 적응시키면 된다.

(7) 수출만을 통한 해외시장판매

만일 특정기업체가 수출을 통해 해외시장에 진출할 경우, 당해 기업체는 표준화제품을 세계시장에 내놓게 될 가능성이 높다. 왜냐하면 이러한 기업체는 비록 해외시장의 특성에 대해 잘 알고 있다 하더라도 해외시장에 제품을 공급하기 위해 필요한 제품적응비용이나 노력의 부담을 꺼리게 되기 때문이다. 실제로 인도의 수출업체를 대상으로 분석한 한 연구에 따르면 이들은 주로 제품적응의 필요성이 없는 시장국을 수출대상국으로 선정해 왔다고 한다.

2) 적응화제품전략의 촉진요인

(1) 제품사용조건상의 차이

특정제품이 여러 나라에서 유사한 기능적 니즈(functional needs)를 만족시킬 수 있도록 만들어 졌다 할지라도, 그 제품이 실제로 사용되는 환경조건은 시장별로 다를 수도 있다. 어떤 제품은 온도나 습도에 민감하여, 예컨대 열대지역시장에 판매하려면 높은 온도와 습도에 견딜 수 있게 그 제품을 개량할 필요가 있다.

기후와 연관된 또 하나의 예를 든다면, 동일형의 승용차라 하더라도 추운 지역에 판매하는 것에는 난방장치를 표준기기로 부착하고, 더운 지역에 판매하는 것에는 냉방장치를 표준기기로 부착하는 등 제품을 적응시킬 필요가 있다.

제품적응을 촉진케 하는 또 하나의 요소는 사용자들의 기술수준이다. 선진국들의 사용자들은 일반적으로 개도국들의 사용자들보다 기술수준이 높기 때문에 사용자들의 기술수준에 맞게 제품의 기술 함유도(technological content of product)를 적응시켜야만 한다. 예컨대 VCR을 수출할 때에도 개발국에 수출하는 VCR에 대해서는 기술함유도를 높이고, 개도국에 수출하는 VCR에 대해서는 기술함유도를 낮추고 조작방법도 단순화시킬 필요가 있다.

(2) 시장여건의 차이

진출대상국의 소득수준, 관습, 소비자기호 등의 시장여건이 다르기 때문에 제품적응의 필요성이 제기되기도 한다. 세계의 여러 국가들의 1인당 소득은 각 국가별로 많은 차이가 있다. 또한 소비자의 기호가 세계적으로 동일하지 않다. 특히 식품, 의류, 가구 등 품목들은 바로 이웃국가라고 하더라도 각 시장별로 소비자 기호가 다르기 때문에 국제제품의 적응화가 필요해 진다. 예를 들어 독일인들은 2도어형의 승용차를 좋아하는 데 비해서 프랑스인들은 4도어형의 모델을 아주 선호한다.

(3) 정부의 영향

어느 시장에서나 정부는 어떤 형태로든지 수출입을 규제하고, 기업간의 경쟁규칙을 정하여 적용하고, 소비자와 생활환경을 기업행위로부터 보호하려는 등의 목적으로 기업과 그 제품의 생산을 규제하고 있다.

즉 국가에 따라서는 특정제품을 수입한다든가 외국인기업이 현지생산하는 것을 불허하고 국내기업이 국내생산한 것만을 허가하는 경우가 있다.

또한 외국인기업에게 제품의 현지생산을 허가한다 하더라도 현지산 부품을 많이 포함시켜야 한다는 조건이 있는 경우에는 그 외국인기업은 제품의 설계, 품질, 성능 등을 변경해야만 현지판매가 가능해 진다.

또한 정부의 조세정책이 제품의 변경에 영향을 미치기도 한다. 예를 들면 EU와 NAFTA뿐만 아니라 대부분의 국가에서는 자동차와 그 엔진의 크기 및 설계가 세금 때문에 상당한 영향을 받고 있다. 즉 중·대형차에 막대한 세금을 부과함으로써 정부들이 소형차 생산을 강요하고 있다는 뜻이다. 따라서 그러한 지역에 자동차를 많이 팔려면 가급적 소형차를 생산해야 하고, 그것도 시장별로 서로 다른 자동차규격에 맞도록 적응시켜야 한다. 특히 의약품이나 식품의 경우에는 제품의 포장, 성분, 효능, 안전, 위생 등에 대한 정부규제가 시장별로 차이가 있지만, 개발국들일수록 더욱 강력하게 규제하고 있다. 따라서 그 나라의 정부규격에 맞추어 필수적으로 제품을 적응시켜야 되는 경우가 많다.

(4) 기업의 역사와 국제경영경험

이미 오래 전부터 여러 해외 시장국에 생산시설을 갖추고 국제마케팅활동을 전개해 온 기업들은 본국에서 제품을 생산하여 수출하는 기업에 비해 제품을 훨씬 용이하게 적응시킬 수 있다. 왜냐하면 여러 국가에 생산시설을 갖추고 있는 기업일수록 규모의 경제적인 운영을 할 수 있기 때문에 수출업체에 비하여 제품적응비용이 적게 들며, 일반적으로 제품적응능력을 보유하고 있어 제품적응이 그다지 어렵지 않다.

이와 반면에 수출위주의 해외시장운영을 하고 있어서 국제화의 수준이 낮은 기업들일수록 일반적으로 제품적응능력이 적고, 제품적응이 어렵고, 제품적응에 따르는 문제와 추가 비용도 많이 발생한다. 따라서 그런 기업들일수록 시장별로 이질적인 수요에 부응할 수 있을 정도로 제품적응을 충분히 실천할 수는 없다고 보아야 한다.

[표 10-3] 국제제품의 표준화와 적응화전략의 촉진요인

표준화 촉진요인	적응화 촉진요인
1. 생산시 규모의 경제성 2. 제품연구개발의 경제성 3. 마케팅활동의 경제성 4. 소비자들의 이동성 5. 생산국 및 기업체의 이미지 6. 기술의 영향 7. 수출만을 통한 해외시장판매	1. 제품사용조건상의 차이 2. 시장여건의 차이 3. 정부의 영향 4. 기업의 역사와 국제경영경험

(사례1) CJ해찬들 '태양초 골드 고추장', 현지화전략 통해 세계인 입맛에

CJ 해찬들은 명실상부한 국내 최대 장류 브랜드이다. 장류 제품으로만 연간 2,000억 원 이상의 매출을 기록하고 있다. 2007년부터는 고추장, 된장, 쌈장 등 장류 전 분야에서 1위를 기록하고 있다.

CJ해찬들의 '태양초 골드 고추장'은 연간 2,800억 원대로 추정되는 국내 고추장 시장에서 50%의 시장점유율을 기록하고 있는 대표브랜드다. 해찬들이 가정에서 해먹는 고추장을 상품화하기 시작한 것은 1978년. 이후 꾸준히 제품개발에 공을 들인 해찬들은 1992년 '태양초 골드 고추장'을 내놓았다.

품질의 고급화와 차별화를 목표로 양질의 안동 태양초 고추를 원료로 사용, 재래식 고추장의 빛깔을 띠면서도 차지면서도 고추장 특유의 발효향을 함유하고 있어 당시로서는 생소했던 고추장 브랜드의 초석을 만들어 놓았다. 또 기존 가공 고추장 제품의 단점으로 여겨졌던 달고 텁텁한 맛을 없애고, 맵고 칼칼한 맛을 재현해내는데 성공했다.

마케팅도 차별화했다. 기존 고추장 제품들이 천편일률적으로 강렬한 붉은 색만을 강조하는 것과 달리 CJ 해찬들은 2006년부터 제품 패키지를 리뉴얼, 녹색 띠를 전 제품에 그려 넣었다. 자연과 들녘의 풍성함을 담아낸 녹색띠는 이제 해찬들만의 고유이미지가 됐다. 이로 인해 고추장의 경우 2006년 산업자원부(현 지식경제부)에 의해 세계 일류상품으로 선정되기도 했다.

보다 업그레이드된 제품을 만들어 내기 위한 준비작업도 진행중이다. 첫 번째 제품은 모든 원료를 국산재료로만 사용한 프리미엄 고추장으로, 8월 출시를 앞두고 있다. 국산 태양초, 찹쌀, 밀 등 품질이 우수한 우리 농산물을 100% 사용하게 된다. 중국산 원료파동으로 발생할 수 있는 소비자 우려를 없애겠다는 의지이다. 국내 된장 명가들과 연계, 명품 된장과 명품 고추장을 개발중이며, 국내 · 외 동시 출시를 계획하고 있다.

세계시장 진출목표도 당차다. CJ 해찬들은 최근 '글로벌 고추장 프로젝트' 착수를 선언, 한국 고추장을 타바스코 소스나 스리랏차(월남쌈, 쌀국수 등에 사용하는 태국식 전통 핫소스), 칠리소스와 같은 '글로벌 핫 소스'로 개발키로 했다. 향후 5년간 제품개발 및 연구 등에 연간 30억 원씩 총 150억 원을 투자할 계획.

이를 위해 모기업인 CJ제일제당은 최근 글로벌마케팅, 연구개발, 국제물류 담당인력으로 TF팀을 구성, 본격적인 업무에 착수했다. 각 지역별로 매운 맛의 강도를 조절하고 맞춤형 제품개발 등 철저한 현지화전략을 통해 지난해 해찬들 고추장 수출액인 800만 달러를 2013년에는 5,000만 달러까지 늘릴 계획이다.

글로벌 핫소스로 유명한 매킬헤니(McIlhenny)의 타바스코 소스는 현재 160여 국가에서 연간 2억 5,000만 달러의 매출을 올리고 있다. CJ제일제당은 우리나라 전통식품인 고추장 역시 타바스코, 스리랏차 소스와 비슷한 매운 맛을 기반으로 갖고 있어 다양한 국가의 음식에 어울릴 것으로 판단하고 있다.

CJ 관계자는 "최근 미국인들을 대상으로 한 맛 평가 결과에서 부드럽게 매운 맛을 낮춘 해찬들 고추장이 스리랏차 소스보다 높은 점수를 얻었다"며 "고추장의 글로벌화는 한식의 세계화도 연계가 되는 만큼 중요한 사안이기 때문에, CJ제일제당 측은 향후 5년간 다양한 제품에 대한 연구개발 및 글로벌마케팅, 영업 시스템을 확립해 해찬들 고추장 수출을 비약적으로 늘리겠다"고 밝혔다.

CJ제일제당이 고추장 글로벌 프로젝트에서 최우선으로 두고 있는 것은 철저한 현지화이다. 예를 들면 미국시장에는 바비큐 소스로 활용될 수 있도록 한국 고추장 고유의 깊은 맛을 살리면서 다소 부드럽게 만들고, 동남아시아권 시장에서는 스리랏차 소스를 대신할 수 있는 칼칼한 매운 맛을 낼 계획이다. 몽골은 고기나 만두를 즐겨 먹는 점을 착안한 주력 상품으로 초고추장을 개발한다.

CJ제일제당 식품사업본부장인 김주형 부사장은 "최근 한식의 세계화가 화두인데, 이를 위해서는 김치와 함께 고추장 등 장류의 글로벌화가 필수적이며, 해찬들 고추장의 본격적인 활동무대는 국내가 아닌 전 세계 소스시장이 될 것"이라며 "타바스코 소스처럼 글로벌 핫소스 브랜드로 해찬들 고추장이 도약할 수 있도록 모든 역량을 집중할 계획"이라고 밝혔다.

자료원 : 한국일보, 2009, 6, 9.

(사례2) 한국야쿠르트 '도시락' 점유율 60%… 러시아 라면시장 장악

러시아의 라면시장을 장악한 건 어느 나라일까? 바로 한국이다. 그것도 한 제품이 전체 라면 시장의 40%를 차지하고 있다. 용기면 시장만으로 놓고 보면 무려 60% 가까운 점유율로 타의 추종을 불허하고 있다. 그런데 놀랍게도 이 제품은 한국에서 라면의 대명사처럼 돼있는 농심 신라면이 아니다. 한국야쿠르트의 '도시락'이 주인공이다.

블라디보스토크와 모스크바를 잇는 시베리아 횡단철도(TSR)에선 사각모양의 한국 컵라면인 '도시락'을 먹는 승객들을 흔히 볼 수 있다. 도시락은 러시아에서 가장 인기 있는 간편식으로 철도여행의 별미로 통한다. 러시아에서는 인스턴트 라면을 한국말 그대로 '도시락(DOSIRAC)'이라고 부른다. 제품이름이 보통명사가 될 정도로 인기를 끌고 있다.

지난해에는 도시락 단일품목으로 러시아에서만 1600억 원대의 매출을 올리기도 했다. 도시락은 어떻게 러시아의 국민라면이 될 수 있었을까?

첫 번째 성공요인은 현지화전략이다. 한국야쿠르트는 현지인이 가장 선호하는 소고기·닭고기 맛 도시락을 개발했다. 도시락에 들어가는 모든 재료도 러시아에서 조달, 현지인에게 거부감이 없는 맛을 내도록 했다. 또 냄비를 사용하지 않는 러시아인들의 식문화(食文化) 특성을 고려해 뜨거운 물만 부어 살짝 익혀 먹을 수 있도록 면발을 가늘게 개량했다.

한국야쿠르트 관계자는 "국내시장에서는 이미 선두업체 제품의 맛에 길들여져 있는 소비자가 많지만, 해외는 그렇지 않다. 매운 것보다 짠 음식을 좋아하는 현지소비자 입맛에 맞게 마케팅을 펼쳤다"고 말했다.

이 같은 현지화는 2005년 모스크바 인근에 라면공장을 준공했기 때문에 가능했다. 3만평 부지에 설립된 현지공장에서는 현재 6개 라인에서 연간 3억 2000만 개의 라면을 생산 중이다.

두 번째 성공요인은 적극적인 시장개척이다. 도시락의 러시아진출은 91년 말 오퍼상을 통한 간접수출형식으로 시작됐다. 당시 내수시장에서 어려움을 겪고 있던 한국야쿠르트의 라면사업부는 97년 블라디보스토크에 사업소를 개소하는 등 러시아수출을 본격화했다. 그러나 위기는 곧바로 닥쳤다. 98년 러시아가 금융위기로 모라토리엄(대외채무 지불유예)을 선언하기에 이르렀기 때문이다. 당시 대부분의 외국기업들은 철수했다. 그러나 한국야쿠르트는 남았다. 러시아시장의 미래 잠재력에 투자한다는 신념으로 오히려 공격적인 마케팅을 펼쳤다. 러시아경제가 차츰 안정화되면서 한국야쿠르트는 매년 20% 이상의 신장세를 유지해오고 있다.

세 번째는 품질의 고급화와 끊임없는 변화다. 한국야쿠르트는 경쟁업체인 일본·베트남 업체에 맞서 원료를 고급화했다. 한국야쿠르트 최동일 홍보팀장은 "1위에 안주하지 않고 소비자 입맛에 맞춰 다양한 제품개발 및 품질고급화를 지속적으로 추진한 것이 현재 러시아 라면시장에서 1위를 유지하는 원동력"이라고 말했다. 현재 도시락의 제품가격은 지역에 따라 차이가 나지만 평균 23루블(966원) 안팎으로 프리미엄라면으로 자리 잡았다. 현지 버스 이용요금이 15루블, 감자 1kg이 39루블, 돼지고기 1kg이 208루블임을 감안할 때 다소 비싼 금액이지만 중상류층을 중심으로 매출이 계속 늘고 있다는 것이 회사 측의 설명이다. 이주헌이사는 "러시아시장에서 1위를 유지하는 것이 일차 목표이고, 다음으로는 동유럽과 중앙아시아 라면시장 장악"이라며 "이미 판매망을 정비 중"이라고 말했다.

자료원 : 조선일보, 2009, 7, 31일자와 머니투데이, 2009, 8, 21일자의 기사내용을 편집함.

(사례3) 해외에서 더 잘 나가는 기업들… 이랜드, 뚜레주르, 롯데리아 등

국내시장에선 비록 선두를 차지하진 못했지만 밖으로 눈을 돌려 해외시장에서 성공을 거둔 기업들이 여럿 있다. 이랜드와 뚜레주르, 롯데리아 등이 바로 주인공이다. 이들 기업은 국내 시장에 안주하지 않고 새로운 시장개척에 힘을 쏟았다.

패션업계에서 국내 1위는 아니지만 해외에서 독보적인 두각을 나타내는 기업으로는 이랜드가 대표적이다. 1980년 이화여대 앞 6㎡(2평)짜리 보세 옷 가게에서 시작해 굴지의 대기업으로 성장한 이랜드는 국내에서는 제일모직, LG패션 등 '패션명가'에 비해 아직 입지가 좁지만 해외에서는 성과를 보이고 있다.

중저가 중심의 의류를 생산, 판매해온 이랜드의 박성수 회장은 고가브랜드 위주의 백화점 문턱 앞에서 일찌감치 해외로 눈을 돌리는 게 낫다고 판단했다.

1994년 중국 상해에 법인을 설립하며 중국시장에 진출한 이랜드는 의류 브랜드 '이랜드', '스코필드', '티니위니' 등을 잇따라 런칭, 고급의류 반열에 올려놓았다. 중국에서 이랜드의 옷값은 현지 근로자의 한 달 월급에 맞먹을 정도다. 현재 중국전역에 3000여 개 매장에서 총 18개 자사브랜드를 판매하고 있다.

올해는 중국에서 매출 1조 원을 달성하겠다는 목표를 세우고 있다. 이랜드 관계자는 "6월 중국 누적 매출이 4500억 원으로 경기불황에도 전년대비 50% 이상의 높은 성장세를 이어가고 있다"며 "해외에서 패션사업으로 연간 1조원 매출은 이랜드가 최초로 내년에는 국내패션 매출을 넘어설 것"이라고 말했다.

뚜레주르는 베트남에서 '잘 나가는' 브랜드다. 뚜레주르는 국내 베이커리 업계서 2위지만 한류가 강한 베트남에서는 최고급 베이커리 전문점으로 승승장구하고 있다. 지난 2007년 6월 1호점을 낸 후 지난해부터 매년 2개씩 더 출점해 모두 5개 매장을 운영 중이다. 베이커리 전문점이 활성화되지 않은 베트남에서 고급스런 이미지와 맛, 깔끔한 매장 분위기로 어필하는데 성공했다.

뚜레주르 관계자는 "뚜레주르는 기본적으로 해외진출시 현지인들의 입맛에 가장 잘 맞는 제품을 개발해 선보인다는 전략인데 베트남 사람들이 좋아하는 피자 빵이나 소시지 빵으로 입맛을 사로잡고 고급스러운 분위기로 호응을 얻었다"고 설명했다.

뚜레주르 외에 베트남에서 성공을 거둔 외식업체로 롯데리아를 꼽을 수 있다. 롯데리아는 베트남에서 세계적 패스트푸드인 맥도날드와 버거킹을 누르고 시장점유율이 40%에 달할 정도다. 구매고객층 자체가 국내 패밀리 레스토랑과 비슷한 것도 강점이다. 호치민이나 하노이 같은 대도시에서는 단순히 햄버거 전문점이 아니라 고급외식을 즐기는 레스토랑으로 자리 잡고 있다.

롯데리아 관계자는 "국내서 인기 있는 새우버거나 불고기버거는 그대로 가져가면서도 치킨을 좋아하는 베트남 사람들의 식성에 맞게 치킨 메뉴를 다양하게 개발했던 것이 주효했다"고 전했다. 98년 호치민에 첫 진출한 이해 매년 15개 점포씩 공격적으로 오픈했고 매출도 매년 10% 이상씩 성장해 지난해 점포당 월 평균 매출이 2500만 원에 달했다.

자료원 : 머니투데이, 2009, 8, 21.

제5절 브랜드전략

1980년대 이전까지만 하더라도 기업 실무자들과 학계에서는 기업과 소비자의 관계가 브랜드를 중심으로 이루어진다는 사실을 미처 깨닫지 못했거나, 인식하고는 있었더라도 그다지 중요하지 않은 것으로 간주했다. 그 결과 대부분의 기업들은 경험과 직관에 의존하여 즉흥적으로 브랜드 의사결정을 내려왔던 것이다. 그러나 1980년대 중반 이후 사정은 크게 달라졌다. 실무에서 브랜드에 대한 관심과 그 중요성이 크게 부각되었고, 학계에서도 브랜드확장, 브랜드자산, 브랜드아이덴티티, 브랜드컨셉트, 브랜드전략 등에 대한 연구가 활발하게 진행되어 그 성과가 축적되기에 이르렀다. 또한 기업들이 점차 경쟁우위를 확보하는데 있어 브랜드의 전략적 중요성을 깨닫게 됨에 따라 앞으로는 제품관리, 가격관리, 유통관리, 마케팅 커뮤니케이션관리 등 브랜드와 직접 관련된 분야뿐만 아니라 기업전략에서도 브랜드전략과 관리가 차지하는 비중이 대단히 커질 것으로 예상된다. 이처럼 브랜드를 사용한 역사는 꽤 오래되었지만 실제로 브랜드가 경쟁우위확보의 전략적 수단으로 인식된 것은 비교적 최근의 일이다. 따라서 브랜드파워의 중요성 역시 우리나라는 물론이고 외국에서도 최근에야 주목받기 시작했다. 미국을 포함한 구미 선진국의 기업들도 그 동안 브랜드를 제품 구성요소의 일부분으로만 인식해 왔을 뿐 아니라 주로 경쟁제품과의 차별화를 위한 수단으로 간주하여 왔다. 기업들은 최근에 들어와서야 브랜드의 전략적 역할에 주목, 자사브랜드에 대한 높은 인지도와 강력한 연상작용에 의해 구축된 브랜드자산을 경쟁우위확보의 수단으로 인식하게 되었던 것이다.

이와 같은 관점에서 이 절에서는 국제마케팅활동을 전개하는데 있어서 브랜드전략의 중요성을 재인식하고자, 브랜드 의사결정의 기초가 되는 브랜드의 개념과 기능을 이해한 후에 브랜드전략의 유형을 제조업자와 유통업자브랜드전략, 개별브랜드와 공동브랜드전략, 자사브랜드와 타사브랜드전략, 그리고 국제브랜드전략 등 크게 네 가지로 분류하여 살펴보기로 한다.

1. 브랜드의 중요성과 법적보호

1) 개념 및 기능

브랜드(brand)라는 단어는 앵글로 색슨(Anglo-Saxon)족이 불에 달군 인두로 자기 소유의 가축에 낙인을 찍어 소유물을 확인하는데서 유래되었다. 옛날부터 사람들은 이러한 화인(火印)의 방법으로 자기들의 가축에 표시를 해왔다. 가축뿐만 아니라 자기 소유의 물건에도 일정한 표시를 해왔는데, 이러한 표시의 기원은 5000여년 전으로까지 거슬러 올라가는 것으로 알려지고 있다. 이집트, 그리스, 로마와 같이 고대문명이 발견되는 곳에서는 여러 가지 옛날 항아리와 식기, 접시 등이 발굴되는데, 이들 물건에는 도공의 이름이나 특정 상징이 새겨져 있다. 이러한 상징은 접시뿐만 아니라 벽돌이나 기와에도 새겨져 있다. 이러한 표시가 현재는 자기 기업의 제품과 다른 기업의 제품을 구별하기 위해서 사용되고 있다.

브랜드는 상품의 얼굴이다. 특히 브랜드 이름은 상품이 갖는 브랜드이미지를 소비자들에게 전달하는 연결고리의 역할을 한다. 셰익스피어는 로미오와 쥴리엣에서 장미는 다른 이름으로 불러도 장미라고 말했다. 그렇지만 광고인들은 흔히 셰익스피어의 이 같은 표현이 잘못이라고 말한다.

장미가 만일 장미가 아닌 다른 이름으로 불리워졌다면 그 향기가 지금처럼 향긋하게 느껴지지는 않았을 것이라는 주장이다. 사실 장미가 아름답고 향기로운 것은 장미라는 이름에서 풍기는 이미지 때문일 수도 있다. 장미를 혹시 할미꽃이라고 이름지었다면 장미에서 느껴지는 정열적인 아름다움은 반감될 수도 있다. 마찬가지로 상품도 상품의 이름인 브랜드에 따라 판매에 상당한 영향을 미치게 된다.

Toyne과 Walters는 이러한 브랜드를 "판매업자의 상품 및 서비스를 경쟁업자의 상품이나 서비스와 구별할 수 있도록 하기 위해서 만든 이름, 용어, 기호, 상징, 또는 디자인이나 이 같은 요소들의 결합체"라고 정의하고 있다.

여기에서 브랜드를 구체적으로 브랜드 네임(brand name)과 브랜드 마크(brand mark), 그리고 트레이드 마크(trade mark)를 포괄하는 개념이다. 브랜드 네임은 말로 소리내어 부를 수 있는 낱말·문자·숫자 등으로 된 상표의 표현을 말하는 반면, 브랜드 마크는 말로 표현할 수 없는 기호·도형·색채·디자인 또는 이들의 결합체를 말한다. 또한 트레이드 마크는 브랜드를 특허청에 등록함으로써 발생되는 것으로서 법적으로 브랜드에 대한 독점권이 부여되어 보호를 받게 되는 상표의 일부분을 말한다.

우리나라 상표법에서는 "브랜드라 함은 상품을 생산 · 가공 · 증명 또는 판매하는 것을 업으로 영위하는 자가 자기의 업무에 관련된 상품을 타인의 상품과 식별하도록 하기 위하여 사용하는 기호 · 문자 · 도형 또는 이들을 결합한 것을 말한다"라고 정의하고 있으며, 브랜드의 범주에 상품과 서비스를 포함시키고 있다. 또한 미국의 상표법에서는 브랜드를 "제조업자 또는 상인이 자기의 상품을 다른 경쟁업자의 상품과 식별하기 위하여 사용하는 모든 단어 · 명칭 · 상징 · 기호 또는 이들의 결합체"라고 정의하고 있으며, 동시에 서비스 마크(service mark)는 "자기의 서비스와 타인의 서비스를 확인하고 차별화하기 위하여 서비스의 판매 또는 서비스의 광고에 사용한 마크를 의미한다"라고 정의함으로써 브랜드의 범주에 상품과 서비스를 동시에 포함하고 있다. 그리고 일본 상표법에서는 "브랜드라 함은 문자 · 도형 · 기호 또는 이들의 결합이 색채와 결합된 것으로 직업으로서 상품을 생산 · 가공 · 증명 또는 양도하는 자가 그 상품에 대하여 사용하는 것을 말한다"라고 정의하고 있으며, 여기에서는 무형의 서비스를 상표법에서 제외시키고 있다.

한편 브랜드의 기능은 제품에 브랜드를 부과함으로써 직접 얻게 되는 기능으로서 식별기능, 신분표시기능, 자산기능, 품질보증기능 및 광고기능을 들 수 있다.

우선, 식별기능은 한 기업의 제품이나 서비스가 다른 기업의 제품이나 서비스와 구별될 수 있는 기능이다. 생산자는 자기의 것과 비교, 차별화시켜 우수성과 특이성을 소비자에게 쉽게 전달할 수 있으며, 또한 소비자는 자신이 원하는 제품이나 서비스를 쉽게 식별할 수 있게 된다.

신분표시기능은 상품이나 서비스의 출처를 밝혀주는 기능을 말한다. 브랜드는 어떤 기업이 제조 · 판매한다는 사실을 표시하고 때로는 과시하는 기능을 갖는다. 특히 이 기능에 의하여 기업은 자신의 제품과 서비스의 우수성이나 특이성을 소비자에게 인식시켜 마케팅하고 소비자의 신용을 축적할 수 있다.

자산기능은 브랜드가 상표법에 의해 등록상표가 되었을 때 발생되는 기능으로 상표소유자의 성가(goodwill)가 인정되는 자산기능과 법적보호기능을 포함한다. 특히 성가와 관련된 브랜드의 자산기능은 최근 들어 더욱 중요시되고 있으며, 브랜드는 각국의 상표법 또는 국제간 협정이나 협약에 따라 법률적 보호를 받을 수 있다.

품질보증기능은 소비자와 생산자 모두에 대해 갖는 기능이다. 소비자는 모든 제품의 특성을 판단할 수 없기 때문에 특정 브랜드의 상품을 선택하게 되는데, 이는 과거의 경험 혹은 소비자 자신이 갖고 있는 정보에서 나오는 기대감을 자신이 선택한 브랜드가 만족시켜 주리라는 생각 때문이다. 따라서 브랜드의 유명도는 보다 많은 소비자들이 그 상품의 품질에 대하여 만족감을 갖고 있다는 증거이다. 또한 생산자의 경우에는 브랜드를 붙임으로써 자기제품에 대한 신용과 명성을 유지하기 위해 동일 상표를 붙인 상품의 품질을 동일하게 유지하려고 노력하게 된다.

마지막으로 광고기능은 브랜드를 붙인 상품이 시장에 출하되거나 선전되면 상품의 신용이 깃든 브랜드가 구매자의 두뇌에 기억되어 구매자는 브랜드자체에서 상품의 이미지를 생각해 낼 수 있게 되는 것을 말한다. 이 기능은 단지 브랜드를 붙인 상품을 구매한 자에게 다시 구매하도록 유도한다는 것만이 아니라 매스 미디어를 통해 브랜드 자체를 선전하고 브랜드를 구매자에게 인지시킴으로써 판매촉진을 꾀하는 것도 가능하다.

(사례1) 로고, 심볼, 그리고 색깔(Logo, Symbol & Color)

로고, 심볼, 그리고 색깔((Logo, Symbol & Color)이란 브랜드의 여러 가지 구성요소 중 언어 이외의 다른 요소를 말하는 것으로 브랜드네임이 청각적으로 전달하는 요소라면 로고와 심볼은 시각적으로 표현되는 브랜드요소이다. 로고는 사실상 서체로 표현되어 있기 때문에 언어적인 표현이라고 생각할 수도 있다. 그러나 언어를 문자화하여 표현한 서체가 독특하여서 어떤 고유의 이미지처럼 여겨진다. 반면에 심볼은 상징적인 표현으로서 순수한 시각적인 효과를 얻을 수 있는 요소이다. 이제는 어느 정도 기술의 평준화로 인해 품질은 거의 평준화가 이루어지고 있다.

그래서 품질로 차별화하기에는 어려움이 있다. 그리고 비슷한 품질의 제품과 서비스로 경쟁되는 시장에서 네임만으로 차별화하기는 어렵기도 하지만 일반적으로 시각이미지가 문자보다 더 기억하기 쉽기 때문에 브랜드네임과 연관된 심볼과 로고를 함께 사용하면 브랜드인지도를 높이는 데 큰 도움이 된다.

왜냐하면 로고와 심볼은 브랜드를 외적으로 보여주는 수단일 뿐 아니라, 그 브랜드의 개성과 문화를 반영하기 때문이다. 그러므로 잘 설계된 심벌과 로고는 브랜드에 많은 의미를 부여하고 브랜드파워 구축에 중요한 역할을 수행하게 된다.

물론 로고나 심볼은 그 자체로서는 독립된 실체를 가지는 것은 아니지만 소비자들의 경험과 기대와 밀접히 관련되어 있어서 강력한 로고와 심볼이 소비자들의 마음 속에 한번 자리 잡게 되면 강력한 브랜드인지와 연상을 창출할 수 있는 핵심요소가 된다.

또한 로고나 심볼에 사용된 색상은 소비자의 주목을 끌고, 실제적인 현실감을 증대시키며, 또는 브랜드의 개성을 시각화하는데 도움을 주는 요소이다.

실제로 맥도널드의 황금색과 코카콜라의 빨간색 등 브랜드만의 고유한 색깔은 기업들이 자사의 브랜드이미지를 일관되게 유지하기 위해 효과적으로 사용하는 전략중의 하나다. 예를 들어 맥도널드의 황금색 아치는 햄버거 속의 맛 있는 치즈를 연상시키며 소비자들을 유혹하고, 코카콜라의 정열적인 빨간색도 톡 쏘는 청량감과 맛의 강렬함을 떠올리게 할 정도로 강력하다. 말보로도 역시 빨간색으로 여성들의 담배에서 터프한 남성들을 위한 담배로 색깔을 이용하여 포지션 변신에 성공했다.

이처럼 많은 브랜드들이 자신만의 고유한 색으로 소비자들에게 독특한 이미지를 커뮤니케이션 한다. 티파니(Tiffany)의 하늘색 보석상자, 까르띠에(Cartier)의 짙은 자주색, 에르메스(Hermes)의 주황색, 샤넬(Chanel)의 금색 로고가 박힌 검정색 등은 각각 명품의 상징처럼 되었다. 이처럼 브랜드의 고유한 색깔을 일관되게 커뮤니케이션 하다보면 심볼이나 로고만으로도 브랜드를 알리는데 커다란 도움이 된다.

실제로 나이키(Nike)는 이제 더 이상 문자를 사용하지 않고도 심볼만으로 일반 소비자들에게 커뮤니케케이션이 가능하다. 왜냐하면 그 동안 지속적으로 단순한 심볼을 커뮤니케이션해 오면서 일반 소비자들이 심볼만으로도 나이키라는 것을 알 수 있을 만큼 파워와 식별력을 갖게 되었기 때문이다.

그래서 이처럼 강력한 지위를 확보한 심볼은 브랜드의 단서가 되기 때문에 모든 메시지를 단순화시킬 수 있는 파워를 지니게 되는 것이다.

자료원 : 이관수, 브랜드 만들기, 미래와 경영, 2003, pp. 46~48.

(사례2) 이름 잘 지으면 '저절로 마케팅'

시장경쟁이 치열해지고 경쟁제품 간 품질차이가 줄어들고 있어 브랜드를 통해 제품을 구매하는 소비자가 늘어나고 있다. 각 업계에서도 제품 브랜드의 중요성을 인지하고, 브랜드 이름만으로 소비자의 마음을 사로잡기 위해 안간힘을 쏟고 있다. 연음기법, 문장기법, 한음절기법, 지명기법 등 다양한 브랜드 네이밍전략만 해도 수십 가지다.

▲ 소리 나는 대로 표기한다=식품업계에서는 '연음기법'을 주로 사용한다. 연음기법은 소리 나는 대로 표기하는 기법으로 발음의 용이성, 상표등록의 이점을 보이는 기법으로 식품업계에서 주로 사용하는 브랜드 네이밍전략이다. 김치 제조업체인 한성식품의 '정드린 김치'는 '정성을 들인 김치'의 줄임말로 발음이 쉽고 제품의 특성을 정확히 전달한다는 평가를 듣고 있다. 삼립식품의 '누네띠네'는 '눈에 띄는'의 줄임말이며, 롯데칠성의 '모메존'은 '몸에 좋은'의 줄임말이다.

식품업계에서는 제품의 특성과 속성을 길게 표현, 소비자들이 쉽게 제품의 특성 및 속성을 인지할 수 있도록 하는 '문장기법'도 많이 사용한다. '미녀는 석류를 좋아해' '못생긴 호박의 달콤한 반란' '2% 부족할때' '갈아만든 배' '아낌없이 담은 라면' 등이 대표적이다.

음료업계는 문장에다 숫자까지 더하고 있다. '자연은 365일 레드 오렌지' '몸이 가벼워지는 17차' 등은 제품의 기능성을 한층 부각시키기 위해 문장형태에다 숫자를 넣어 사실적 표현을 원하는 젊은층 심리에 접근하고 있다.

▲ 짧고 강하게=최근 통신업계 브랜드 네이밍의 특징은 '한 음절'이다. 'SHOW' 'T'에 이어 최근에는 'QOOK'도 한 음절 네이밍 성공사례에 이름을 올리고 있다. 한 음절 브랜드는 짧은 만큼 강력한 인상을 주며, 다양한 해석이 가능한 장점이 있다.

▲ 영어 아니면 한글=아파트의 경우 좀더 고급스럽고 우아한 네이밍을 적용하고 있다. '힐스테이트' '자이' '아이파크' '더 샵' 'SK 뷰' 등이 있다. 반면 '어울림' '하늘채' '참누리' '뜨란채' 등과 같이 한글로 지어진 아파트 브랜드도 있다.

▲ 유명 지명을 찾아라=자동차 업계의 경우 해외 유명관광지나 휴양지의 지명을 차명으로 선택하는 경우가 많다. '베라크루즈'는 멕시코 중동부 카리브해 최대 항구도시명이며 '싼타페'는 미국 뉴멕시코주 지역의 관광지다. '투싼'은 미국 남서부의 애리조나주 관광지, '쏘렌토'는 '돌아오라 쏘렌트'로 유명한 이탈리아 나폴리항 근처 항구도시다. '로체'는 히말라야산맥 로체봉, '모하비'는 미국 캘리포니아주 사막지대에서 유래됐다.

자료원 : 스포츠칸, 2009, 6, 16.

2) 브랜드의 중요성

오늘날과 같이 경쟁적인 기업환경 하에서는 기업 상호간에 제품을 모방함으로써 거의 대부분의 제품이 유사하다고 해도 과언이 아닐 정도이다. 그러나 제품의 이름인 브랜드만은 경쟁기업의 것을 사용할 수 없는 유일한 제품의 한 부분이며 특성이라고 할 수 있다. 이처럼 특정제품을 다른 제품과 구별하도록 하는 브랜드는 제조기업, 중간상, 그리고 소비자 모두에게 편익을 제공한다.

먼저 제조기업은 자사제품을 소비자에게 중간상이 다른 제품과 혼동하는 것을 방지함으로써 오직 자사제품만을 원하는 고객들로 하여금 지속적으로 자사제품을 구입하도록 할 수 있다. 제조기업의 입장에서는 소비자나 중간상이 자사제품에 대해 브랜드충성도(brand loyalty)를 유지하는 것이 무엇보다도 필요한데, 이러한 브랜드 없이 이를 유지할 수 없게 된다. 또한 강력한 브랜드의 구축은 신제품의 도입을 용이하게 하며 유통업자와의 거래에서 우위를 제공한다. 즉 중간상의 협조를 쉽게 얻을 수 있고 경쟁사보다 나은 진열위치를 확보할 수 있다. 다음으로 중간상의 편익을 보면, 첫째로 소비자들에게 얼마나 높은 브랜드 충성도를 갖는 제품을 취급하고 있느냐에 따라 찾아오는 고객의 수가 결정되고 고객들의 점포에 대한 충성도(store loyalty)도 아울러 높아진다. 둘째로 브랜드는 중간상들로 하여금 재고관리 등 제품의 취급을 용이하게 한다. 소비자의 입장에서도 브랜드는 중요한 역할을 한다. 우선 쇼핑의 편의를 제공한다. 소비자들은 브랜드를 통하여 제품과 서비스의 구별, 가격과 품질의 구별이 가능하여 쇼핑의 노력을 감소시킨다. 또한 특정브랜드에 대한 자기의 의사를 제조업자에게 반복구매행동이나 재구매 포기행위 등을 통해 간접적으로 전달하는 역할을 수행한다.

3) 브랜드의 법적 보호

브랜드의 보호는 첫째로 국가적 차원에서, 둘째로 국제적 차원에서 이루어진다. 실제로 아프리카, 아시아, 그리고 라틴 아메리카 등의 후진국을 포함한 대부분의 국가들은 국내뿐만 아니라 해외에서도 브랜드를 등록하고 보호하는 제도를 가지고 있다. 국제기업은 자사브랜드를 해외의 어느 시장에서 어떻게 보호할 것인가를 결정하기 위해서는 상표권에 대한 각국의 법적 제도를 파악하고 등록 및 사용에 따르는 비용과 시장기회를 고려하여야 한다.

현재 세계 각국은 상표의 중요성을 인식하고 법적 제도를 통해 상표소유자의 권리를 보호하고 있다. 각국의 상표보호 관련제도의 유형을 살펴보면 다음과 같다.

(1) 등록우선주의(priority-in-registration doctrine)

상표권이 먼저 등록된 사람에게 있는 것으로 성문법체계를 지니고 있는 많은 국가들이 이 원칙을 따르고 있다. 그러나 이러한 국가에서도 상표권을 보호받기 위해서는 등록상표의 지속적인 사용을 요구하는 국가가 늘어나고 있다. (예 : 프랑스, 독일, 볼리비아, 한국, 일본 등)

(2) 사용우선주의(priority-in-use doctrine)

상표권이 누가 먼저 상표를 사용했느냐에 따라 상표권이 인정되는 것으로 관습법 체계를 지니고 있는 많은 국가들이 이 원칙을 따르고 있다. (예 : 미국, 영국, 대만, 캐나다, 필리핀 등)

(3) 절충주의(compromise doctrine)

어떤 국가에서는 절충주의를 사용하는데, 예를 들어 이스라엘에서는 등록이나 사용 중 먼저 한 사람이 상표권을 인정받는다. 그리고 일본이나 프랑스, 독일 같은 경우에도 등록신청을 먼저 한 기업이 상표권을 인정받으나, 다른 기업이 상표등록 이전에 그 상표를 널리 사용해 왔으면 계속해서 그 상표를 사용할 수 있다.

외국기업의 상표를 보호하기 위한 쌍무적 또는 국제협정은 많이 있는데 그 중 가장 중요한 협정은 산업자산 보호법정(International Convention for the Protection of Industrial Property : 파리협약 이라고도 하며 가맹국은 국내조치를 다른 가맹국의 사업에도 그대로 적용하도록 규정하고 있다)과 마드리드 협정(Madrid Agree- ment for the International Registration of Trademark : 20여 개국 이상이 참가하고 있으며 유럽국가는 그 중 4개국이다. 가맹국의 어느 한 국가에 상표를 등록한 기업은 다른 가맹국에도 그 상표를 등록할 수 있는 권리가 부여되어 있다) 등이다.

(사례) '아오모리' '사누키'가 중국 브랜드라고?

일본 유명 특산품 · 지명, 중국에 상표권 선점 당해

대만 타이베이에서 사누키 우동집을 운영하는 가바시마 야스다카(樺島泰貴 · 35)는 지난해 11월 한 중국기업으로부터 내용증명을 받았다. "사누키라는 상표를 이미 등록했으니 더 이상 같은 이름으로 우동을 팔지 말라"는 내용이었다.

사누키우동으로 유명한 일본 가가와(香川)현의 유명 우동집에서 기술을 닦고 가가와현이 해외 점포 운영자들에게 발급하는 '사누키 대사관' 인증서를 받은 그였다. 그러나 세 차례에 걸친 경고장과 변호사의 최후통첩을 받고는 간판에서 '사누키'라는 글자를 지울 수밖에 없었다. 몇 달 뒤 그의 가게에서 얼마 떨어지지 않은 곳에 현지기업의 '대만 유일의 사누키우동'이 문을 열었다.

13일 마이니치(毎日)신문과 일본무역진흥기구(JETRO)에 따르면 중국과 대만에서 일본 특산품명은 물론 지명까지 현지기업이 줄줄이 선점하고 있다. JETRO가 올 들어 중국과 대만의 상표등록현황을 조사한 결과 시즈오카(静岡)와 아오모리(青森) · 가고시마(鹿兒島) 등 일본의 47개 도도부현(都道府縣) 중 중국에 36개, 대만에 29개 지역명이 상표로 출원되거나 이미 등록됐다. '사누키'(우동) '고시히카리'(쌀) '히토메보레'(쌀) 같은 농산품 브랜드들도 영어와 일본어 · 한자 모두 현지인에 의해 등록이 완료됐다. 다만 널리 알려진 지명의 상표등록을 금지한 중국과 대만의 상표법에 따라 도쿄(東京)는 상표신청이 취하됐다.

중국의 상표권은 한 번 취득하면 10년간 유효하다. 이 때문에 정작 일본기업이 고시히카리와

히토메보레를 판매하려면 적어도 10년간은 이들의 생산지 이름을 따 각각 '니가타(新潟)산' '미야기(宮城)산'으로 상표등록을 해야 하는 상황이다.

상품권 분쟁에서 피해를 본 일본기업은 중국기업이 악의로 상표를 선점했고, 등록 당시 중국에서 이미 상표의 지명도가 있었음을 입증해야 한다. 따라서 상표권 침해문제는 '짝퉁' 단속과 비교해 볼 때 그 해결이 더욱 어렵다. 사과 생산지로 유명한 아오모리현도 소송을 제기한 지 5년 만에 중국에서 '아오모리 사과'의 상표를 되찾았다.

이에 따라 일본정부는 역사와 전통·문화가 담긴 전통상표들이 위협받고 있다고 판단, 대응책 마련에 나섰다. 농림수산성은 농산물의 지적재산을 담당하는 조직을 신설, 특허청과 함께 현지조사에 나설 방침이다.

자료원 : 중앙일보, 2008, 4, 14.

2. 브랜드전략

1) 제조업자 브랜드전략과 유통업자 브랜드전략

(1) 제조업자 브랜드전략

제조업자 자신이 상표명을 소유하며, 생산된 제품의 마케팅전략을 제조업자가 직접 통제하는 브랜드전략을 말한다.

제조업자 브랜드의 특성은 제조업자가 직접 철저하게 품질관리를 함으로써 브랜드인지도와 브랜드 로열티를 폭넓게 획득할 수 있다는 것이다. 또한 딜러(dealer)와 소비자 대중을 상대로 많은 광고비와 판촉비를 지불하지 않으면 안 되는 것도 제조업자 브랜드의 특성이다. 삼성, LG, 현대, 대우, 코카콜라, IBM 등은 우리에게 많이 알려진 제조업자 브랜드의 예이다.

(2) 유통업자 브랜드전략

도소매업자 등 중간상이 하청을 주어 생산된 제품에 중간상의 브랜드를 부착하는 전략을 말한다. 이 경우 제조업자의 신분은 밝혀지지 않는다. 유통업자 브랜드(PB : Private Brand)란 유통업체인 할인점·백화점·TV홈쇼핑·인터넷쇼핑몰 등이 스스로 브랜드를 만들어 붙이고, 물건은 외부 생산업체에서 만드는 방식을 말한다. 유통업자 브랜드는 제조업자에 구애받지 않고 자유롭게 특정 수준의 품질을 보다 싼 가격으로 구매할 수 있다는 것이 그 특징이다. 또한 제조업자 브랜드에 비해 제한된 지역을 상대로 판촉, 광고하기 때문에 마케팅활동의 집중도가 높아진다.

현재 신세계 이마트는 이플러스, 자연주의 등의 브랜드로 3천5백여가지 PB제품을 판매하고 있으며, 홈플러스는 이지클래식(의류) 등 1천8백여개, 롯데마트는 위드원(의류) 등 750여가지 PB제품을 갖고 있다.

유통업체들이 유통업자 브랜드의 보유 필요성을 느끼게 된 이유로는 ① 시장에서의 안정적 지위확보, ② 고객으로부터의 차별화 이미지 구축, ③ 자주적인 가격 결정권 확보, ④ 이익의 증대 등을 가져올 수 있기 때문 등이다.

(사례1) '싼 티' 벗는 PB제품… 이젠 가격 아닌 품질로 승부한다

대형마트들이 값싼 제품으로만 생각돼온 유통업체 자체 브랜드(PB) 제품의 품질 향상을 선언하고 나섰다. 이에 따라 대형마트 간 경쟁뿐 아니라 제조업체 브랜드(NB)와의 경쟁도 치열해질 것으로 전망된다.

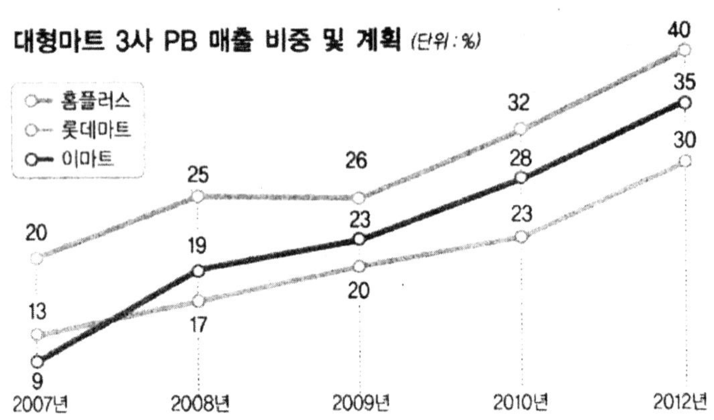

세계 5대 유통업체 PB 매출 비중 (단위 : 조원, 자료 : 이마트)

회사명	PB매출(비중)	전체매출
1 월마트(미)	126(40%)	316
2 까르푸(프)	24(25%)	94
3 메트로(독)	26(35%)	73
4 테스코(영)	36(50%)	71
5 크로거(미)	15(24	61

롯데마트 노병용 대표는 6일 서울 소공동 롯데호텔에서 기자간담회를 갖고 "제3세대 PB제품을 통해 NB제품과 한마디로 '맞짱'을 뜨겠다"고 말했다. '와이즐렉'으로 대표되는 자사 PB제품을 업그레이드해 '제3세대 PB'를 만들겠다는 게 노 대표의 얘기다.

롯데마트는 제3세대 PB의 핵심 포인트로 '기존 가격 의존형에서 품질 우선으로 전환' '소비자 욕구에 충실' '중·소 협력업체와의 상생' 등을 꼽았다. 그동안 대형마트의 PB제품은 NB 제품에 비해 값이 싼 만큼 품질도 떨어진다는 인식이 많았다. 실제로 지난해 원유 함량이 다른 바나나 우유나 원재료의 원산지가 다른 고추장 등이 문제가 되기도 했다.

이런 인식을 불식하고 NB제품과 어깨를 나란히 할 만큼 소비자가 만족하고 신뢰할 수 있는 제품을 제공하겠다는 것이 대형마트들의 계획이다.

이를 위해 롯데마트는 일차적으로 올해 말까지 기존 성분·함량·핵심원료 비율 등에서 NB와 차이가 나는 일부 PB의 품질을 NB 이상으로 끌어올리겠다고 밝혔다. 품질관리기준도 한국생활환경시험연구원과의 제휴를 통해 자체 '롯데 스탠더드'를 제정해 관리하는 한편, 위해상품 판매차단 시스템도 도입키로 했다. 아울러 건강·친환경·소용량·어린이 등 빠르게 변화하는 소비자의 관심을 반영하는 PB개발에도 나설 계획이다.

이마트와 홈플러스 역시 품질 관리·강화에 중점을 두고 있다.

대형마트 1위 업체인 신세계 이마트에서도 PB는 정용진 부회장이 각별히 챙기고 있을 정도로 신경을 쓰는 분야다. 정 부회장은 지난 5월 독일에서 기자간담회를 갖고 PB제품의 전략으로 단지 가격이 아니라 고객의 신뢰를 얻을 수 있는 '다양화' '전문화' '세분화'를 제시한 바 있다. 이마트 측은 "이제는 대형마트 제품이라고 해서 가격으로 승부할 시기는 지났다"며 "이달 중 한 단계 더 업그레이드된 PB를 선보일 예정"이라고 밝혔다. 이마트는 PB제품의 매출비중을 현재 23%에서 2012년까지 35% 이상으로 높인다는 목표다. 홈플러스 역시 현재 26% 수준인 PB제품 매출비중을 2012년까지 40%로 높인다는 목표를 갖고 있다.

이를 위해 홈플러스는 대부분 중소기업인 PB 제조업체의 품질·생산 관리를 지원하고 전문 디자인 업체(이노GDN)와 제휴, 디자인을 강화하고 있다. 홈플러스 측은 특히 모기업인 영국 테스코와의 협력을 통해 전 세계로 상품 구매처를 확대, 국내에서 개발하기 힘든 상품을 보다 더 저렴하게 공급할 계획이라고 설명했다.

홈플러스 측은 "가격과 품질 면에서 다양한 종류의 PB제품을 내놓는 과정에서 홈플러스만의 경쟁력이 축적되고 있다"면서 "엄격한 품질관리를 통해 소비자들이 PB제품을 믿고 구매할 수 있도록 노력할 것"이라고 말했다.

자료원 : 경향신문, 2009, 10, 7.

(사례2) 편의점 PB

최근 10년간 국내 편의점은 2800개에서 1만 2900개로 4배 이상 급증했다. 올해 들어서도 하루에 3.3개꼴로 늘어나고 있는 추세다. 편의점을 이용하는 고객은 하루 평균 600만 명이나 된다. 한 편의점업체는 강남 역 인근에만 14개 점포를 운영 중이다. 이처럼 좁은 상권을 기반으로 하는 편의점의 각축전은 치열해지고 있다. 그렇다면 불황기에 편의점이 나아갈 방향은 무엇일까. 편의점업계는 PB브랜드의 확대를 그 해답 중 하나로 찾고 있다. 실제로 편의점 전체매출에서 PB상품 매출이 차지하는 비율은 20% 안팎에 달한다.

◆ PB 다양화로 고객 구미 맞춰

외환위기 이후 소비자들의 지갑을 열기 위해 개발된 PB상품 매출의 대부분은 삼각김밥, 샌드위치 등 간단한 먹거리가 주류를 이룬다. 훼미리마트는 아이스크림 품목에선 '파르페디저트'(280㎖ · 1200원)가, 과자 품목에선 '훼미리안스낵 왕소라스낵'(176g · 1000원)이 판매량 1위를 기록하고 있다. 세븐일레븐의 경우 패스트푸드류가 전체 PB품목의 30%를 차지하고 있다. 미니스톱은 1년에 800만 잔의 아이스커피 매출을 올린다. 웬만한 NB(내셔널브랜드)의 매출을 훌쩍 뛰어넘는다.

이에 따라 편의점업계는 먹거리 PB상품을 강화하기 위해 △불황기 저가 상품 △유명 브랜드와 제휴한 프리미엄 상품 △고객 맞춤형 상품을 개발하는 것을 전략으로 삼고 있다.

훼미리마트는 기존상품보다 가격을 30% 낮춘 '소불고기도시락'(320g · 2000원)을 4월 출시해 5일 만에 6만개 이상을 판매했다. 세븐일레븐은 '롯데샌드' '제크' 등 인기 과자의 용량과 가격을 절반가량 줄여 부담을 줄인 '미니 과자 시리즈'(50g · 500원) 9종을 지난해 9월 출시했다. 소비자의 반응이 좋자 5종류의 미니 과자를 추가로 내놓았다.

편의점업계는 또 유명업체와 단독제휴를 통해 '편의점 only' 프리미엄 상품출시에 적극적이다. 세븐일레븐은 '엔제리너스 커피'와 손잡고 컵커피(200㎖ · 1500원) 2종을 3월에, 병커피(250㎖ · 2000원) 2종을 4월에 내놓았다. 바이더웨이는 홍초불닭으로 유명한 ㈜홍초원과 제휴, '홍초불닭'(170g · 3800원)과 '홍초불오징어'(170g · 3200원)를 출시했다. 이에 더해 '장충동 왕족발'과 제휴한 PB상품을 올여름 선보일 계획이다.

여성 및 아동용 제품을 따로 제작한 상품도 눈길을 끈다. 훼미리마트는 지난 달 1식 4찬 콘셉트로 맞춤영양설계 '어린이도시락'(350g · 3000) 2종을 출시했다. 바이더웨이는 '미니3종(sandwiSHE's)'세트를 6월 말 내놓을 예정이다. 햄버거와 샌드위치, 삼각김밥의 양을 절반으로 줄이고 지방함유량, 칼로리와 함께 가격을 낮춰 여성층을 공략하겠다는 전략이다.

◆ PB확대는 매출신장을 위한 장기전략

편의점 매출에서 PB가 차지하는 비율은 지속적으로 늘었다. GS25의 경우 2006년 PB매출은 전체매출의 15.5%를 차지했으나 올해 매출은 전체의 28%, 내년에는 전체매출의 31%에 달할 것으로 예측하고 있다. 훼미리마트는 현재 11개 브랜드, 450여 종의 상품을 판매하고 있다. 올해에는 370여종의 신규 PB상품을 출시하고, PB상품이 차지하는 비중도 20% 이상으로 늘릴 방침이다.

미니스톱은 장기적으로 담배매출을 제외한 전체매출의 40%를 PB상품으로 채우겠다는 계획도 세웠다. 업계 관계자는 "업체들마다 유명브랜드 또는 캐릭터 · 지자체 등과 제휴해 스토리를 만들고 공격적 마케팅을 전개해 PB상품을 카테고리별 상위품목으로 키우는 데 열을 올리고 있다"고 말했다.

훼미리마트와 GS25는 이미 라인업을 상당부분 확장한 상황이다. 훼미리마트는 '리굿'(legood)이라는 생활용품 브랜드와 '광수생각' 캐릭터 상품을 선보였다. 강원도 · 제주도와 양해각서를 체결하고 '제주愛' '강원愛'라는 이름으로 지역 특산물을 10% 싸게 판매하고 있다. GS25는 '베니건스' 및 '틈새라면'과 합작한 제품을 선보이고 있으며 디즈니, 김구라 등 다양한 캐릭터를 상품에 접목시켰다. 시중가보다 30% 저렴한 와인을 내놓기도 했다.

세븐일레븐과 미니스톱은 고품질 · 소용량 제품을 기반으로 편의점 주 고객층인 20~30대 이외에도 전 세대를 공략하는 상품개발에 주력할 예정이다. 바이더웨이 관계자는 "스테프 핫도그를 편의점에 들여온 것처럼 소비자가 기존 편의점에서 접하기 어려운 상품위주로 개발해 소비자가 PB상품의 진정한 가치를 느낄 수 있도록 하겠다"고 말했다.

자료원 : 한국경제, 2009, 6, 9.

(사례3) 홈플러스 PB상품, 중국 대형마트서도 판매

홈플러스의 PB(자체상표)상품이 중국의 대형마트에서도 판매된다.

홈플러스는 3일 자사의 PB상품을 제조하는 꽃샘종합식품이 중국 테스코와 월마트 전 점포에 PB상품을 납품하게 됐다고 밝혔다.

꿀 · 차류를 주로 만드는 식품업체인 꽃샘종합식품은 지난 2001년 '홈플러스 프리미엄 아카시아'를 출시하면서 연매출 20억 원 수준이었던 기업매출을 2003년 100억 원, 지난해 185억 원으로 끌어올렸다.

홈플러스와 꽃샘종합식품은 지난달부터 중국 테스코 67개 전 점포에 PB 액상차 4종을 납품(50만 달러)해 판매 중이며, 이달부터 중국 월마트 300개 전 점포에 PB 액상차 6종을 납품(120만 달러)해 판매할 예정이다.

지난 2007년 최첨단 위생 및 기계시설을 갖춘 6000㎡ 규모의 신규공장을 준공한 꽃샘종합식품은 중국 월마트의 품질관리시스템 및 위생시설 점검결과 100점 만점에 98점이라는 높은 점수를 받았다고 홈플러스는 전했다.

이번에 중국 테스코에 납품되는 상품은 홈플러스 PB완제품에 테스코 브랜드를 붙여 판매되며, '韓國進口(진짜 한국상품)' 문구와 함께 태극문양 라벨이 표기됐다.

중국 월마트에 납품하는 상품은 월마트 브랜드로 판매된다. 특히 이번 중국 테스코 및 월마트 납품 상품에는 국산 꿀 150여 t , 유자 450여 t 이 사용돼 한국 농산물의 우수성을 알리는 계기가 될 전망이다.

> 홈플러스 김진국 바이어는 "해외 테스코는 물론 월마트까지 홈플러스 PB상품의 경쟁력을 인정했다는 데 의미가 있다"고 말했다.
>
> 홈플러스는 앞으로도 국내의 우수한 PB 협력업체들을 지속적으로 발굴하고 중국, 터키, 이탈리아 등 테스코 관계사들과 협력해 우리 기업들이 전 세계로 판로를 확대할 수 있도록 적극적으로 지원할 방침이다.
>
> 자료원 : 한국경제, 2009, 8, 3.

(3) 무브랜드전략

기업이 생산한 제품에 포장을 한 후 오직 맥주, 콜라, 설탕, 커피와 같은 제품의 내용물을 표현하는 것 이외에는 별다른 표시를 하지 않는 브랜드전략을 말한다. 무브랜드(no brand)제품은 평범하게 포장되어 있고 제품광고를 하지 않으므로, 제조업자 브랜드나 유통업자 브랜드보다 훨씬 저렴하게 판매된다. 이러한 무브랜드 제품은 종이제품, 쓰레기용 비닐봉지, 1회용 기저귀, 냉동식품, 땅콩버터, 통조림, 종이타월, 동물용 사료 등과 같이 품질보다는 아무 것이나 그냥 있으면 되는 제품에서 늘고 있다. 한국에도 무브랜드 제품의 매출액 규모가 상당한 것으로 알려지고 있다. 예를 들어 남대문이나 동대문 의류상가의 저가 의류, 염천교시장의 저가 구두 등이다.

2) 개별브랜드전략과 공동브랜드전략

(1) 개별브랜드전략

개별브랜드(individual brand)전략은 제조업자나 유통업자가 생산, 관리하는 모든 제품품목에 대해 독자적인 브랜드를 붙이는 전략을 말한다. 품목 각각에 대해 브랜드를 달아주기 때문에 기업에서 생산하는 제품이 가격이나 품질면에서 각기 이질적일 때, 제품의 유통경로가 다양할 때 적합하다. 이러한 전략은 특정브랜드가 시장에서 신뢰를 잃어 실패하더라도 다른 브랜드에 영향을 미치지 않는다는 장점이 있고, 또한 비교적 브랜드의 수명이 짧은 제품군에서는 성격을 쉽게 파악할 수 있는 브랜드를 사용하면 짧은 시간 내에 브랜드자산을 구축할 수 있는 장점이 있다.

(사례) LG전자 트롬의 개별브랜드전략

드럼세탁기의 대표 브랜드 '트롬'은 지난 2002년 런칭 이후 브랜드인지도, 브랜드선호도, 매출, 소비자평가 등 모든 부분에서 매년 확고한 1위를 지키고 있다.

세계 최초 DD모터, 세계 최대 15kg 대용량 , 세계 최초 스팀트롬, 세계 최초 알러지케어, 인체공학적 디자인, 모던 플라워 디자인 등이 '트롬'에 적용됐다.

'트롬'은 소비자의 드럼세탁기 구매성향을 정확히 파악해 이를 최고 기술로 전달함으로써 1등 브랜드의 자부심을 지키고 있다.

'트롬'은 드럼세탁기의 대명사로 성장하고 있다. 휴대용 카세트가 '워크맨'으로 불리듯 드럼세탁기도 점차 '트롬'으로 지칭하는 주부들이 늘고 있다.

'트롬'은 독일어로 드럼을 뜻하는 트롬(Trommel)에서 유래했다. 어감에서 바로 드럼세탁기 연상이 가능하도록 만든 브랜드다. 브랜드 의미는 'True Riches Of My Mind(내 마음 속의 진정한 풍요)'로서, 트롬의 특별 관리로 가족이 삶이 더욱 풍요로워 진다는 가치를 전달하고 있다. 로고 디자인 또한 'O'자를 크게 부각해 드럼세탁기의 큰 창이 쉽게 연상되도록 하면서 유럽풍의 세련됨을 전달토록 했다. '트롬'은 소비자 마음속에 깊게 자리 잡고 있는 '드럼세탁기는 외국산으로 비싸다' 라는 인식의 고리를 끊었다.

대신 소비자가 드럼세탁기를 사용해야 하는 명분을 제시함으로써 '드럼세탁기는 비싼 만큼 나에게 필요한 제품'이라는 인식을 심어주게 했다.

외산과 브랜드경쟁에서도 우위를 차지하기 위해 LG전자 브랜드를 사용하지 않고 '트롬'을 독립적으로 내세우는 철저한 개별브랜드전략을 구사해 주요한 성과를 냈다.

드럼세탁기의 대명사로 자리 잡은 '트롬'은 미국을 비롯한 북미지역은 물론 유럽과 호주 등 전 세계에서 글로벌 넘버원 브랜드로서의 위상을 높이고 있다.

자료원 : 파이낸셜뉴스, 2008, 3, 26.

(2) 공동브랜드전략

공동브랜드(family brand)전략은 개별브랜드와는 달리 제조업체나 유통업체가 생산, 관리하는 모든 제품에 대해 동일한 브랜드를 붙이는 전략을 말한다. 공동브랜드전략에 이용된 초기의 제품이 강한 이미지가 구축되면 후속제품의 이름이 사용되는 것이 부적합해 질 수 있으며, 동일제품군 내에 있는 브랜드의 제품이 새로이 출시되면 동일제품군 내에 다브랜드전략을 사용하는 것에 비해 기존의 제품매출에 대한 자기잠식효과가 크게 나타날 가능성이 있다.

그런데 이 전략은 개별브랜드전략과 비교하여 다음과 같은 장점을 가지고 있다.

첫째, 공동브랜드전략의 가장 큰 이점은 마케팅비용을 절감할 수 있다는 것이다. 이미 브랜드자산을 구축한 공동브랜드를 가지고 있는 기업은 신제품을 출시할 때 소비자의 마음속에 축적된 공동브랜드에 대한 높은 지식(인지도나 이미지 등)을 잘 활용할 수 있으므로 적은 비용으로도 마케팅활동을 효과적으로 수행할 수 있다. 또한 아직 공동브랜드가 잘 구축되어 있지 않은 경우라고 해도 각 브랜드에 대한 개별적인 마케팅활동이 필요하지 않기 때문에 상대적으로 적은 비용이 소요된다.

둘째, 같은 브랜드명이 여러 제품범주에 함께 사용될 때, 소비자들은 해당 기업이 자사의 제품 품질에 자신감을 가진 것으로 추론할 수 있다. 기업이 품질에 대한 자신감을 가지고 있지 않다면 같은 이름을 지속적으로 사용하는 위험부담을 감수하지 않을 것이기 때문이다.

셋째, 같은 브랜드명을 사용하는 여러 제품중 한 가지가 시장에서 성공을 거둔다면, 이는 동일한 브랜드명의 다른 제품들에 대한 소비자의 관심과 구매율을 높일 수 있다. 한 제품이 품질에 있어서 우수성을 인정받았거나 시장에서 아주 좋은 평을 받았을 때, 이 제품에 대한 신뢰감은 같은 브랜드명의 다른 제품에도 쉽게 전이될 것이다.

예를 들어, 어떤 기업이 세계 최초로 대용량의 반도체를 개발하는데 성공했다면 같은 브랜드를 이용하는 컴퓨터관련 제품은 물론이거니와 성격이 다른 제품에도 상당히 긍정적인 영향을 줄 수 있다.

이와 반면에 공동브랜드전략은 다음과 같은 단점도 있다.

첫째, 한 가지 제품이 시장에서 좋지 않은 반응을 얻거나 어떤 사건으로 인해 브랜드이미지가 나빠졌을 때, 그 영향이 같은 브랜드명을 사용하는 다른 제품들에게 급격히 파급될 수 있다. 과거 두산전자가 페놀사건으로 인해 이미지가 실추되어 두산이라는 이름을 별로 강조하지 않던 맥주의 판매량에까지도 악영향을 미쳤던 것이 대표적인 예라 할 수 있다. 이러한 부정적 효과는 '아우디 5000'의 사례에서도 극명하게 드러난다. 소비자들이 아우디 5000의 브레이크에 대한 문제점을 제기하자 아우디 4000의 매출도 크게 줄어들었던 것이다. 그러나 같은 회사 제품이지만 다른 브랜드가 부착된 쿼트로(Quattro)의 매출에는 별로 영향을 미치지 못했다.

둘째, 공동브랜드전략이 사용된 초기의 제품들이 소비자들에게 강한 이미지를 구축하게 되면, 기존의 이미지와 다른 후속제품에 같은 이름을 사용할 경우 그 효과가 반감될 수도 있다. 청바지를 주로 만들던 리바이 스트라우스(Levi Strauss)사는 캐주얼하고 거칠며 야외에서 활동하기에 적합한 옷을 만드는 회사라는 이미지가 소비자들에게 강력하게 심어져 있었다. 그리하여 고전적이고 개인적인 취향을 가진 고객집단을 표적으로 한 리바이 스트라우스 테일러드 클래식스(Levi Strauss Tailored Classics)라는 옷을 생산하였을 때 소비자들은 기존의 브랜드이미지와 상반되는 이 제품을 쉽게 받아들이지 않았다. 마찬가지로 대웅제약은 우루사에서 비롯된 곰의 이미지가 너무 강하기 때문에 브랜드 아이덴티티(brand identity)를 체계적으로 변경하지 않는다면 기존의 이미지와 연관되지 않는 신제품들에 대해 동일한 브랜드명을 적용하기가 쉽지 않을 것이다.

(사례) 브랜드도 뭉쳐야 산다… 통합브랜드 관리가 '대세'

브랜딩과 관련하여 불황기는 공든 탑이 한 순간에 무너질 수 있는 위기이기도 하지만, 효과적인 브랜딩을 통해 위기를 기회로 바꿀 수 있는 호기이기도 하다.

국내 최초 B2B 브랜드 컨설팅 전문그룹 케이아이디어소시에이츠(이하 케이아이디) 주미정 대표는 "전 세계적인 경기침체 속에 경영환경이 악화되고 있지만 위기를 극복할 수 있다는 희망을 갖고 브랜드통합 등 마케팅강화 활동에 집중한다면 불황을 슬기롭게 극복할 수 있다"고 말했다.

한때 소비재 기업들을 중심으로 제품별로 다양한 개별브랜드를 활용하는 브랜딩전략이 각광받던 시기가 있었다. 각 제품 단위로 개별브랜드를 운영하는 전략이 특정한 소비자층에 효과적으로 대응할 수 있다는 점에서 호응을 얻었다. 그러나 근본적으로 여러 개별브랜드를 운영하기 위해서는 많은 비용이 수반되는데, 특히 요즘과 같은 불황에는 특정 세분시장에서 개별브랜드들이 수익을 올리지 못한다면 이는 기업차원의 경영성과 악화로 이어질 수밖에 없다. 또한 소비자의 입장에서도 브랜드의 홍수 속에 유사 브랜드의 난립으로 혼란에 빠질 가능성마저 존재한다.

개별브랜드 운영의 한계를 극복하기 위해 다양한 제품 라인업 및 다수의 개별브랜드를 보유하고 있는 기업들을 중심으로 브랜드통합전략이 주목받고 있다. 인지도가 높은 대표 브랜드를 중심으로 혹은 유사성이 높은 제품군을 새로운 브랜드로 통합하여 브랜드관리의 효율성 및 효과성 제고를 꾀할 수 있기 때문이다. 기업이미지의 일관성 결여와 소비자 혼란을 막을 수 있고, 오랜 된 브랜드의 경우 새 브랜드를 내놓으면서 기존의 노쇠한 이미지를 벗을 수도 있다. 또한 하나의 브랜드 아래 다양한 제품출시가 가능해 불황기에 리스크를 줄이고 마케팅비용 절감 등의 효과를 극대화 할 수 있다.

기업이 판매하는 여러 제품과 서비스에 동일한 대표 브랜드를 사용하는 통합브랜딩전략이 전 산업계에 널리 확산되고 있다. 대표적인 사례로 마쓰시타는 사명을 '파나소닉'으로 바꾸고 내수용 백색가전에 사용해온 '내셔널' 브랜드도 파나소닉으로 단일화했다. 1918년 창업한 이래

90년 동안 유지해온 '마쓰시타'라는 사명과 80년 역사를 자랑하는 내셔널 브랜드이지만, 마쓰시타 경영진은 여러 개의 이름이 기업 및 브랜드이미지를 분산시킨다는 판단아래 해외에 가장 널리 알려진 파나소닉 브랜드로 통합한 것이다. 이런 브랜드통합전략은 아시아 가전경쟁에서 삼성전자, 소니 등과 맞서기 위한 자구책이기도 하다.

국내사례로는 SK 텔레콤이 하나로 텔레콤 인수 후 기존 SK 커뮤니케이션즈의 각종 인터넷 서비스 브랜드와 함께 하나의 브랜드로 통합했다. 최근 하나로 텔레콤은 SK브로드밴드로 사명을 변경하고 기존의 '하나포스'는 'broad&'으로, 하나폰은 'broad&fone', 하나TV는 'broad&tv'로 모든 브랜드 명을 'broad&' 기반으로 변경했다. 브랜드통합 작업으로 성격이 유사한 개별브랜드와 서비스들을 단일브랜드로 통합하여 소비자에게 동일브랜드로 노출함으로써 브랜드의 시너지효과를 기대하고 있다.

경기가 어려울 때 일수록 시장지배력이 약한 브랜드는 위기 속에 도태되고 마는 것이 냉엄한 시장경제의 현실이다. 시장에서 살아남기 위해서는 브랜드파워를 키우기 위해 경영역량을 집중해야 하며, 브랜드인지도를 높일 수 있는 브랜드마케팅이 중요한 생존전략이다. 불황 일수록 브랜드의 중요성이 더욱 커지면서 브랜드가 소비자에게 어떻게 인식되느냐에 따라 시장에서의 성패가 결정된다.

케이아이디 윤용호 이사는 "경기가 어려운 때 일수록 오히려 시장을 선도하는 파워브랜드들은 더욱 빛을 발하기 마련이다. 소비자들에게 확고한 신뢰를 심어놓는데 성공한 파워브랜드들은 불황일수록 소비자들의 든든한 지지 속에 여타 브랜드들과 격차를 벌려 시장점유율을 높일 수 있다. 힘든 시기일수록 적극적이고 긍정적인 브랜딩마인드가 무엇보다 중요하다"고 강조했다.

자료원 : 비즈플레이스, 2009. 1. 7.

(3) 복수브랜드전략

이 전략은 동일한 제품에 두 가지나 그 이상의 브랜드를 붙여서 판매하는 것을 말한다. 이 경우 브랜드들 간에 경쟁이 벌어지는 것이 사실이지만 다음과 같은 이점이 있다.

첫째, 각 브랜드는 고유한 시장을 개척하고 확대할 수 있기 때문에 기업입장에서는 한 개의 브랜드만을 사용할 때보다 동일 제품의 총판매고와 전체시장 점유율을 상당히 증대시킬 수 있다.

둘째, 소매점에서 제품을 진열할 때는 브랜드에 따라서 진열공간을 배분하므로 여러 가지 브랜드를 사용하는 기업체는 동일 제품으로도 더 넓은 진열공간을 차지할 수 있다.

셋째, 브랜드충성도가 낮거나 여러 가지 브랜드를 골고루 사용해 보고자 하는 고객들을 유치할 수 있다.

넷째, 브랜드별로 관리자를 임명하게 되면 관리자들 간에 판매경쟁이 벌어져 단일 브랜드를 채택할 때보다 판매효율이 개선된다.

다섯째, 기존브랜드의 가격을 인하하지 않고도 경쟁품을 가격인하전략으로 공격하고자 할 때는 동일 제품이지만 가격을 인하시킬 별도의 공격브랜드(fighting brand)를 개발할 수 있다.

3) 자사브랜드전략과 타사브랜드전략

(1) 자사브랜드전략

국제기업이 자체 개발한 독자적인 고유브랜드를 제품에 붙여서 판매하는 전략으로서 자사제품을 타사제품과 차별화 시킬 수 있는 강력한 수단이 되고 있으며, 해외시장에 자사의 브랜드이미지를 구축하기 위해서는 많은 비용과 시간, 그리고 적극적인 마케팅노력이 요구된다.

(사례1) 락앤락‥100여 국가에 수출…세계 주방문화 선도

락앤락은 1978년 설립 이후 신개념 4면 결착 밀폐용기 '락앤락'을 전 세계 100여 개국에 수출하며 주방생활 문화를 선도하는 글로벌기업으로 성장해왔다.

급변하는 소비자욕구에 맞춰 연 매출의 5% 이상을 연구개발(R&D)에 투자해온 게 지속적인 성장비결로 꼽힌다. 밀폐용기뿐만 아니라 진공밀폐기, 생활 수납함, 압축백, 발효용기 등 새롭고 혁신적인 기능을 갖춘 다양한 제품을 연간 100여 가지 이상 생산하고 있다. 68개국에서 1022건의 특허, 상표, 의장도 획득했다.

락앤락은 생산 및 판매 조직도 글로벌화시켰다. 충남 아산과 중국 웨이하이, 만산, 쑤저우 지역에 생산공장을 가동하고 있으며 오는 4월에는 베트남 생산공장도 가동할 예정이다. 미국, 중국, 인도, 베트남, 태국 등에 법인 및 지사를 설립했으며 중국시장에만 무려 50여 개의 직매장을 운영하고 있다. 이를 통해 '2010년 글로벌 넘버 원'을 달성한다는 게 락앤락의 목표다.

락앤락은 제품의 장점과 잘 맞는 브랜드를 이용해 혁신적인 밀폐용기라는 독자적인 브랜드 이미지를 구축하는 데 성공했다는 평가를 받고 있다.

락앤락과 기존 밀폐용기 제품의 가장 큰 차이는 직사각형 모양 용기의 4개 면에 각각 잠금장치가 있다는 점이다. 가로와 세로 양 방향에서 이중 잠금이 돼 보다 안전하게 밀폐가 이뤄지는 게 장점이다.

뚜껑의 4면 잠금장치는 한국 생활환경시험연구원에서 실시한 300만회의 작동 테스트를 거치고도 아무런 이상이 없었을 정도로 내구성이 강하다. 미국 재료학회의 시험에서는 다른 제품에 비해 밀폐 성능이 200배 이상 뛰어난 것으로 증명됐다. 미국 식품의약국의 위생 및 안전검사도 통과했다.

락앤락은 뛰어난 품질을 바탕 삼아 각국 업체들의 OEM(주문자상표부착생산) 제안을 거절하고 독자적인 브랜드로 국내는 물론 해외시장에 진출하는 전략을 선택했다.

자료원 : 한국경제, 2009. 3. 11.

(사례2) 부산 신발업계, 특수기능화 개발 및 독자브랜드 확보로 새 활로

부산의 신발업계가 웰빙화, 첨단IT신발 등 고부가가치 특수기능화 개발 및 독자브랜드 확보 노력을 통해 새로운 활로를 찾고 있다.

7일 부산시와 관련업계에 따르면 특수기능화를 부산에서 생산하고 있는 건강신발 브랜드인 '린코리아'는 올해 초 아랍에미리트연합 국왕 소유의 '알파제르그룹'과 100억 원 상당의 기능성 신발 18만 족 공급계약을 체결했다.

또 첨단 IT기술력을 접목 '키 크는 신발'(GTS · Grow Taller System)을 개발한 부산기업 'SM코리아'도 일본과 중국의 바이어와 80억 원의 규모계약을 앞두고 있다. LS네트웍스와 (주)화승 역시 지난해 '듀플렉스보이'와 '키우미슈즈'라는 키 크는 아동신발을 각각 개발 출시, 기존 아동신발보다 15% 이상의 매출신장세를 기록하고 있다.

등산화 브랜드로 유명한 트렉스타 '코브라'의 경우도 원터치 신발끈 조임장치(VOA 시스템)를 부착한 신제품을 출시, 국내 백화점 매장에서 30%의 매출 신장세로 고급화전략에 성공했다. 이와 함께 부산시가 주문자상표부착방식(OEM)의 한계를 극복하기 위해 지난 2006년부터 지원해 온 독자브랜드 확보를 통한 신발명품화 사업도 잇단 성과를 올리고 있다.

시는 지난해 학산(비트로 · 신개념 충격흡수구조 배드민턴화), 삼덕통상(스타필드 · 아치지지 기능성 건강신발), 트렉스타(트렉스타 · 피팅력 향상 트레일 러닝화), 아이손(아이런 · 칼로리 소모량 측정 IT 신발), 성신신소재(Taw&Toe · 친환경 소재 컴포트 신발) 등 5개 업체에 신발명품화 사업을 지원, 올해 15만 4000족, 31억 원의 매출을 기대하고 있다.

시는 이밖에 첨단기능화 공동협력개발사업으로 자이로(스피드 레이싱 인라인스케이트 부츠), 원광JFC(안정성 증대 기능성 골프화), 에이로(발보호용 IP 신발), 에이앤케이(다목적 발가락 신발) 개발을 지원했다.

시 관계자는 "부산의 신발산업은 지난 1980년대 세계 유명브랜드 주문자상표부착 생산기지로서 전 세계 생산량의 80%를 차지하는 등 전성기를 누리다 생산라인이 동남아 등으로 대거 이전, 어려움을 겪었으나 최근 고부가가치 특수기능화 개발 등 자구노력으로 새 활로를 찾기 시작했다"고 말했다.

한편 부산지역 신발업체의 독자브랜드는 르까프(화승), 트렉스타(트렉스타), 스타필드(삼덕통상), 비트로(학산), 퍼펙트(영풍제화) 등 50여 가지에 달한다.

자료원 : 파이낸셜뉴스, 2009. 4. 7.

(2) 타사브랜드전략

① 도입브랜드전략

국제기업이 로열티를 지급하고 세계적으로 널리 알려진 유명한 브랜드를 도입하여 해외시장에 판매하는 전략으로서 세계적으로 널리 알려진 브랜드이기 때문에 국제촉진활동에 따르는 비용을 절감할 수 있고 해외시장에 진입하는데 별 다른 어려움이 없는 장점이 있다. 이와 반면에 다른 기업의 브랜드를 도입하여 사용하기 때문에 자기 기업의 이미지를 구축하기가 어려운 단점이 있다.

② OEM브랜드전략

외국바이어들이 요구하는 브랜드를 제품에 부착하여 공급하는 방식으로서 해외기업은 하청업체에게 기술명세서(technical specification)뿐만 아니라 디자인, 규격, 제품에 부착할 브랜드까지 지정해 주게 된다.

한국기업들을 비롯한 어느 나라 기업들이든지 간에 국내에서 생산한 제품을 외국바이어들이 요구하는 OEM브랜드를 수출하는 것은, 그리고 자체 소유 해외생산 자회사에서 생산한 제품을 OEM브랜드로 현지국시장과 제3국 시장에 공급하는 것 역시 다음과 같은 장점이 있을 수 있다.

i) 미국 등 대규모 국가시장들과 EU · NAFTA 등 지역시장들의 대규모 제조업체 · 유통업체 · 실수요자 등으로부터 OEM주문을 받게 되면 단기간 내에 OEM수출을 늘릴 수 있어서 단기간 내에 막대한 수출액과 수출이익을 실현할 수도 있다.

ii) 기존 생산시설의 가동률을 제고하여 생산원가를 절감할 수도 있다.

iii) OEM주문자가 생산기술을 제공하고, 생산된 제품을 판매해 주기 때문에 우리 기업은 생산에만 전념하고 OEM브랜드제품의 디자인, 생산공정, 조립, 가공 등과 관련된 선진기술을 배울 수 있는 장점이 있음

iv) OEM방식으로 현지 기업에게 수출하면 해외시장의 소비자들이 한국제품에 대하여 느낄 수 있는 거부감을 회피할 수 있음

이와 반면에 OEM브랜드수출의 잠재적인 문제점들인 동시에 한국기업들에게 현실적으로 당면하고 있는 심각한 문제점들은 다음과 같다.

i) OEM브랜드만을 생산하여 수출하는 것은 채산성에 한계가 있다. 실제로도 한

국기업들의 OEM브랜드수출 이익마진은 계속 감소하여 제품에 따라서는 이익이 거의 없든지 적자까지 발생하고 있다. 그 이유를 살펴보면, 첫째는 동남아 · 중국 등의 OEM브랜드 공급업체들과의 가격경쟁 때문에 한국기업들은 원가상승에도 불구하고 가격인상을 요구하기가 어려운 실정이기 때문이다.

둘째, 가격 등 거래조건에 대한 협상력이 취약하기 때문이다. 실질적인 해외시장기반이 없거나 취약하여 협상력마저 취약한 한국 OEM브랜드 수출업체들의 대부분은 수출가격 등을 포함한 불리한 거래조건을 계속 감수해야만 하는 OEM수입업체들의 "잡아 놓은 공급업체들"로 전락할 가능성이 높다. 많은 한국기업들은 실제로도 그런 위치로 전락하고 있다.

셋째, 특정 한국기업체가 고유브랜드제품을 수출할 때에는 OEM바이어의 이익마진을 흡수할 수 있어서 생산원가가 상승하더라도 어느 한도까지는 가격경쟁력을 유지할 수도 있고 채산성 역시 유리할 수가 있다. 그러나 OEM수출가격은 일반적으로 협상력이 강력한 OEM바이어측이 좌우하므로 OEM바이어가 제시하는 가격에 수출을 해야만 하는 한국 OEM수출업체의 채산성은 악화될 수밖에 없기 때문이다.

ii) OEM브랜드 수출은 기술전수에도 한계성이 있다는 것이 또 하나의 문제점이다. 예컨대, 한국 신발기업들의 경우 생산기술이 취약했던 1990년대와 1980년대에는 OEM브랜드를 생산함으로써 신발생산기술을 전수 받을 수 있었다.

그런데 이미 풍부한 신발생산기술을 보유하고 있는 한국 신발기업들이 현재 필요로 하는 것은 디자인기술 및 핵심기술인데, OEM브랜드 생산만으로 그런 기술을 전수 받는데는 한계가 있다.

iii) OEM브랜드 수출에 지나치게 의존하게 되면 해당 한국기업들은 자체 고유브랜드의 개발을 등한시하게 된다.

iv) OEM바이어측으로부터의 불규칙적인 주문으로 인해 생산계획을 장기적으로 수립하는데 어려움이 있다.

v) OEM브랜드 수출에 의존하게 되면 상품기획이나 광고, 유통 등의 국제마케팅 능력을 배양할 수 있는 기회를 상실하게 된다.

vi) OEM브랜드로 수출하게 되면 현지시장에 대한 정보축적이 어렵기 때문에 수요량의 변동이나 소비자기호의 변화에 적절히 대응하지 못하게 된다.

(사례1) "30개 브랜드 명품백 우리가 만듭니다"

버버리 · DKNY · 코치 · 마크 제이콥스…. 핸드백 제조업체 시몬느의 제품을 공급받는 글로벌 명품브랜드들이다. 이들 회사를 포함해 30가지 명품 메이커가 시몬느의 고객이다. 의류 · 신발 · 모자 등을 해외에 납품하는 기업은 숱하다. 하지만 이처럼 전 세계 해외 명품브랜드만을 주요 고객으로 삼는 경우는 드물다. 박은관 시몬느 회장의 이런 전략은 1980년대 후반 회사 설립 때부터 지금까지 흔들림 없는 경영 원칙이다. 당시만 해도 국내 납품업체들의 '상식'은 중저가 제품이었다.

박 회장은 시몬느 설립 전에 '청산'이라는 중저가 핸드백 제조업체의 해외영업담당으로 뛰며 핸드백과 인연을 맺었다. 그가 독립을 결심한 것은 단순 납품업체로서의 한계를 절감한 때문이다. '청산' 제품을 납품받는 고객업체들은 "왜 우리 말고 다른 업체들과 거래하느냐"고 따지기 일쑤였다.

때마침 한 글로벌 명품브랜드 회사의 고위 인사한테서 "직접 회사를 차려 우리에게 납품하면 어떻겠느냐"는 제안을 받았다. 그래서 고민 끝에 세운 것이 시몬느다. 시몬느는 박 회장이 부인 오인실씨를 부르는 애칭이다. 10년 넘게 핸드백을 만든 '장인' 열다섯 명과 함께 창업했다. 박 회장은 "청산의 고객과 겹치지 않게 주문을 받겠다는 생각도 있었지만 유럽에서 고급 핸드백이 잘되는 걸 보고 '바로 이거다' 싶었다"고 회고했다.

박 회장의 예상은 적중했다. 캘빈 클라인, 도나 카렌 등 의류 브랜드가 액세서리를 포함한 토털 패션업체로 변신을 꾀하기 시작한 것이다. 10년 가까이 해외 영업을 하면서 쌓은 글로벌 인맥도 큰 무기가 됐다. "로즈마리 버버리 회장 등 당시 알고 지내던 실무 담당자들이 지금은 '결정권'을 가진 자리에 올랐어요." 하지만 자존심 세고 까다롭기로 이름난 글로벌 명품브랜드, 그것도 30곳이나 고객으로 '모시는' 것은 녹록지 않은 일이었다.

박 회장은 "상호 경쟁관계에 있는 명품브랜드들이지만 납품 과정에서 이해가 상충하는 '교통사고'를 낸 적은 없다"고 말했다. "가장 중요한 것은 제품력, 그리고 이에 못지않게 중요한 것은 브랜드 간의 정보보안과 독보성을 지켜 주는 일"이라고 설명했다.

시몬느가 단순히 외국브랜드가 제시한 디자인대로 제품만 만들어 보내는 주문자상표 부착생산(OEM·Original Equipment Manufacturing) 방식을 따랐다면 지금과 같은 성공은 꿈도 꾸기 어려웠을 것이다.

외국 유명 디자이너가 핸드백 디자인 상담을 요청할 정도로 성장한 데는 타의 추종을 불허하는 스타일 개발능력이 자리 잡고 있다. 제품생산뿐만 아니라 디자인과 소재개발까지도 직접 하는 제조자개발생산(ODM·Original Development Manufacturing) 방식으로 회사를 꾸려온 것이 성공의 열쇠였던 것.

박 회장은 "시몬느는 무려 13만 5000가지 핸드백 스타일을 보유하고 있다"며 "외국 디자이너가 새로운 디자인이라며 스케치 100가지를 보내와도 그 가운데 98%는 이미 우리가 보유하고 있는 디자인을 조금 변형한 수준"이라고 설명했다.

전 직원 2700명 가운데 개발실 인력만 무려 80명에 달하고 연구개발(R&D) 비용에만 매년 600만 달러를 쏟아붓다 보니 이 같은 자신감이 절로 생겨날 수밖에 없다.

박 회장은 "손기술을 활용해 봉제만 잘 하면 일감 걱정이 없던 것은 1960~1970년대 이야기"라며 "지금은 스타일과 소재 개발력 없이는 살아남을 수 없는 시대"라고 말했다.

이미 중국 인도네시아 베트남의 봉제실력이 한국과 비슷한 수준에 도달했기 때문에 실제 승부는 R&D에서 판가름난다는 것이다.

시몬느가 단 하나 가지지 못한 것이 있다면 제 브랜드다. 그러나 아직까지 독자브랜드를 내지 않은 것은 `적당한 브랜드를 만들어 적당히 파는 것`이 박 회장의 평소 신념에 어긋나기 때문이다.

박 회장은 "시몬느는 소재와 디자인 개발능력이라는 소프트웨어와 제조공장이라는 하드웨어를 모두 갖췄기 때문에 이탈리아나 프랑스 분위기를 풍기는 이름으로 백화점과 자체브랜드(PB) 상품을 내려고 했다면 이미 어제라도 가능했던 일"이라면서도 "아직 브랜드 정체성과 마케팅부문이 부족하기 때문에 연구를 거듭하고 있다"고 말했다.

그는 "제품경쟁력에 자신이 있어도 브랜드를 시작해 실패하는 사례가 제조업 분야에서는 비일비재하다"며 "특히 패션은 일반 공산품과 달리 브랜드 정체성이 매우 중요하다"고 지적했다. 소비자들은 브랜드 제품을 구매할 때 단순히 물건만 사는 것이 아니라 그 브랜드에 내재된 스토리와 판타지를 간접 체험하기를 원한다는 것이다.

프랑스, 이탈리아 등 유럽지역에서 유명 명품브랜드가 많이 나올 수 있었던 것도 스토리와 판타지를 키워낼 수 있는 문화적 토양이 비옥했던 덕분이라는 것이 박 회장 생각이다.

박 회장은 그러나 "역사와 전통이 중요한 요소이긴 하지만 역사와 전통에도 시작은 분명 있었다"며 "현업에 종사하는 동안 세계에 내놓을 만한 한국 브랜드를 만드는 것이 꿈"이라고 말했다.

자료원 : 매일경제, 2009. 3. 17일자와 중앙일보, 2007. 10. 1일자의 기사내용을 편집함.

(사례2) ODM(제조업자 설계생산) 넘어 예술 녹여낸 브랜드로 승부

바인코리아. 생소한 이름이다. 하지만 미국 유명 패션브랜드 엑스프레스(EXPRESS)의 65%에 달하는 의류가 이 회사가 만든다고 하면 고개가 끄덕여진다. 게다가 게스(GUESS), BCBG 등 한국에서도 잘 알려진 브랜드에 납품하는 회사라고 하면 '저력 있다'란 생각이 절로 든다.

사실 세계 톱 패션브랜드들은 품질관리가 까다롭기로 유명하다. 그런 환경을 뚫고 주문자 상표 부착생산(OEM)을 넘어 디자인까지 역제안하는 제조업자설계생산(ODM) 업체로 이름을 날리고 있는 곳이 바로 바인코리아다.

연평균 30%의 성장률을 기록하고 있는 이 업체의 수장은 김연화 대표다. 필리핀의 작은 마을 '라구나(Laguna)'에서 현지직원 50명과 재봉기계 20대로 사업을 시작한 것이 88년이었다. 당시 이름을 '바인드레서'로 짓긴 했지만 작은 봉제공장 수준에 불과했다는 것이 김 대표의 설명이다.

이후 김 대표는 99년 무역회사 형태로 여직원 2명과 함께 한국법인을 만들며 지금의 이름인 바인코리아로 본격적인 사업을 시작했다. 한국법인 설립 당시 홍콩에 있는 연락사무소를 통해 이뤄진 첫 계약이 카린스티븐스(KARIN STEVENS)에 납품한 의류 제품. 그해 최초 매출은 약 20만달러(약 2억 6000만원) 규모였다.

이후 성장세는 가팔랐다. 한국법인 10주년째를 맞은 현재, 한국 본사에 25명, 필리핀 공장에 2500명의 임직원이 일하는 강소기업으로 키워냈다. 특히 올해는 미국 수출 5000만 달러를 무난히 넘길 것으로 예상될 정도로 성장세를 지속하고 있다.

바인코리아는 유럽의 '피터 드러커'로 불리는 헤르만 지몬 런던비즈니스스쿨 교수가 말하는 '히든 챔피언(강소기업)'의 요건을 갖춰 가는 회사라 할 수 있다. 지몬 교수는 히든 챔피언의 요건으로 △글로벌 1인자가 되겠다는 원대한 목표 △한 가지만 깊이 파고드는 선택과 집중 △글로벌마케팅과 판매망을 통한 국제화 의지 △강하고 혁신적인 리더십 △성과중심의 인재 확보를 꼽았다.

실제로 10년 전 김연화 대표는 사양산업으로 분류되는 섬유산업에서 국내경쟁이 아니라 세계적인 기업들과 경쟁해 살아남을 것이란 다짐으로 사업을 시작했다. 물론 초기에는 어려움이 많았다. 주로 필리핀 공장에서 제품을 생산해 미국으로 수출하는 방식으로 매출을 키웠는데 사업 초기에는 대형 주문을 받는다 해도 소화할 수 없을 정도로 영세했다.

하지만 김 대표는 독자브랜드로 승부하리란 원대한 목표를 설정하고 과감하게 경영혁신을 단행했다. 우선 세계적인 브랜드를 파트너로 삼아 선진 비즈니스 모델을 몸소 익히는 데 주력했다. 2002년 중장년층 여성 의류에서 인지도 높은 JC페니(JC PENNY), 앤테일러(ANN TAYLOR)를 고객으로 삼으며 1000만 달러 수출발판을 마련했다.

이후 그간 직물위주로 생산하던 공장시스템을 지난 2000년대 중반 니트상품 중심으로 재편하며 사세를 본격적으로 확장했다는 게 회사 측 설명. 엑스프레스의 니트 대부분은 바인코리아가 직접 디자인을 제안하고 공급한 것이 상품화됐을 정도다.

최근 바인코리아는 필리핀에 현지법인을 세웠다. 한국에서 국외시장을 공략하는 것보다 필리핀법인으로 뉴욕 등 미주시장을 공략하는 것이 보다 효과적이라는 판단 때문이다.

김 대표는 "현재 유럽에서 히트 하고 있는 '포에버21'이란 한국계 회사가 벤치마킹 모델이다. 포에버21은 국외법인으로 시작해 10대 중저가 시장을 파고들어 성공가도를 달리고 있는데 바인코리아 역시 국외시장 특히 미국의 20대를 공략할 수 있는 중고가 아이템을 바탕으로 도전할 것"이라고 말했다.

한국시장은 미국시장에서의 성공이 확인되면 독자브랜드를 역수입하는 방식으로 국내에 들여올 예정. 김 대표는 "지금은 매출 5000만 달러지만 향후 1억 달러에 도전해볼 것"이라고 말했다.

자료원 : 매경이코노미, 2009. 7. 8.

(사례3) 베트남 최대 의류업체…한세실업 "미국인 4명중 1명 우리 옷 입어요"

"이곳에서 연간 생산되는 옷이 약 9000만 벌입니다. 미국인 4~5명 중 1명은 여기서 만든 옷을 사 입는 셈이죠."

지난 16일 베트남 남부 호찌민시 외곽에 있는 섬유전문기업 한세실업(대표 이용백)의 현지법인 한세베트남공장의 김석훈 한세베트남 총괄법인장은 한국경제신문과의 인터뷰를 통해 "2차 하도급까지 줘야 할 정도로 바쁘다"며 이같이 말했다.

약 33만㎡ 규모의 부지에 들어선 길이 100m, 너비 45m 크기의 공장 10개 동에서는 1만 2000여 명에 이르는 베트남 현지근로자들의 원단선별과 봉제작업이 한창이었다.

베트남공장에서 하루에 만들어지는 옷은 약 30만 벌. 연평균 약 3억 달러어치가 나이키, 아베크롬비, 아메리칸이글, 갭 등 미국의 유명 캐주얼 의류업체의 주문자상표부착생산(OEM)과 미국의 대형 유통체인인 월마트, 타깃 등의 자체브랜드(PB)를 통해 팔려나간다. 회사 측은 글로벌 경제불황에도 불구하고 연초부터 주문이 쏟아져 올해는 지난해(3억 달러)보다 26%가량 증가한 3억 8000만 달러의 매출이 예상된다고 밝혔다. 한세실업이 사양산업으로 취급받는 섬유봉제 OEM부문에서 이처럼 승승장구하는 데는 이유가 있다. 차별화된 품질관리법과 자체디자인 상품개발 및 과감한 투자 때문이다. 회사는 지난해 말부터 '신호등시스템'이라는 독창적인 품질관리 기법을 개발해 제품단가를 20% 이상 낮췄고 평균 3%가량 발생하던 불량률도 약 2%로 낮추는 데 성공했다. 올해 수주량도 20% 정도 늘었다.

이 시스템은 품질관리 전문직원이 일정한 시간마다 한 번씩 공정별로 문제 유무를 점검하고 이상이 없으면(파란불) 생산을 계속하고 이상이 생겼을 때(빨간불)는 라인을 멈추는 조치를 취해 기계를 수리하거나 문제점을 찾아 해결하는 방식이다. 이를 통해 바이어들의 신뢰가 높아지면서 주문이 증가하고 있다는 것이 회사 측 설명이다.

한세실업은 바이어의 디자인을 받아 생산만 하는 OEM의 한계를 넘고 더 큰 부가가치를 창출하기 위해 지난해부터 자체 개발한 디자인을 적용해 생산, 납품하는 제조자개발생산(ODM) 체제 구축에 주력하고 있다. 회사는 지난해 전문 디자이너 20여명을 고용, 미국 뉴욕에 디자인센터를 개설해 올해부터 일부 메이커에 회사의 ODM 제품을 공급하기 시작했다. 김 총괄법인장은 "OEM보다 값을 더 받을 수 있는 ODM 제품에 대한 바이어들의 반응이 좋아 OEM만 집중하던 지난해보다 올해 영업이익은 30% 정도 늘 것으로 예상한다"고 설명했다.

투자에도 적극적이다. 연간 순익 약 300억 원의 절반 이상을 최종 생산품의 세탁 후 품질을 테스트하기 위한 최신형 세탁기 및 봉제설비 구입과 공장증설 및 생산환경 개선에 투입하고 있을 정도다. 김 법인장은 "서울에 본사사옥이 없어 건물 4개 층을 빌려 셋방살이를 하고 있을 정도로 비핵심분야에는 눈을 돌리지 않는다"고 말했다. 회사는 현지화전략도 가속화하기 위해 내년부터 본사직원의 20% 이상을 현지인으로 고용하고 베트남 현지인을 채용해 한국과 베트남 간에 순환근무를 시킬 계획이다.

한세실업은 베트남의 호찌민과 구찌현 두 곳에 공장을 운영해 월 900만장의 의류를 생산, 수출하는 현지 최대 의류기업이다. 베트남 외에도 니카라과, 인도네시아 등 전 세계 7개국에 있는 현지공장을 통해 올해 약 7억 달러, 2012년까지 10억 달러의 매출을 올릴 계획이다.

자료원 : 한국경제, 2009. 5. 25.

4) 국제브랜드전략

국제브랜드전략에는 여러 가지 유형이 있지만 그 중 주요한 것은 다음과 같다.

(1) 전세계적인 동일브랜드명

이 전략은 주로 널리 유통되는 동일 제품을 판매하고, 브랜드명이 현지문화와 충돌하지 않는 경우에 유용하다. 예컨대, Coca Cola는 현지시장에 적용함이 없이 전세계적으로 Coke라는 브랜드로 판매하고 있다.

전세계적인 동일 브랜드의 사용은 ① 국제적인 기준 위에서 제품과 기업을 크게 동일시하게 하며, ② 전세계적으로 광고와 판매촉진활동에 관하여 일관성 유지와 조정을 할 수 있게 한다. ③ 브랜드를 품질이나 기술적 우위로 유명한 기업과 동일시하게 하며, ④ 다른 기업의 제품과 혼동하지 않게 한다. 그리고 ⑤ 등록상표에 관한 고객의 동일시를 통하여 고객의 친밀감이 크게 개발될 수 있다.

(2) 각 시장별 브랜드명 수정

기업은 몇몇 해외시장요인에 따라 현지조건에 적합하도록 브랜드명을 수정하는 경우가 있다. 예를 들면 스웨덴에서 헬렌 커티스(Helene Curtis)사는 Every Night Shampoo라는 브랜드 네임을 Every Day로 바꾸었는데, 그 이유는 스웨덴 사람들은 아침에 머리를 감기 때문이다. 그리고 켈로그(Kellogg)사도 스웨덴에서 Bran Buds 시리얼의 브랜드 네임을 다른 것으로 변경하여 사용하였는데, 이 나라에서는 그 브랜드 네임이 '화상입은 농부'라는 뜻이 되기 때문이었다.

기업이 해외진출을 하는 경우 이른바 외국성(foreignness)을 약화시키고자 하는 경우가 대단히 많다. 예컨대, 1959년에 Campbell 비누회사가 영국시장에 전국적인 규모로 진출했을 때 스코틀랜드의 Campbell가문의 이름을 이용하였으며, 오늘날 그 회사는 많은 영국인들에게는 영국회사로 생각되고 있다.

특허상표명의 현지조건에 대한 적응은 또한 매체에 관한 고려의 영향을 받는다. 예를 들면, Unilever사는 Radion이라는 브랜드로 독일에서 세척제중의 하나를 판매하였지만, 오스트리아에서는 다른 이름으로 판매하였다. 몇년 후, 대부분의 오스트리아 인들이 독일의 TV와 잡지를 시청하고 구독하게 되었으므로 결국 오스트리아 브랜드 대신 Radion을 쓰기로 결정하였다.

(3) 상이한 시장별 상이한 브랜드명

현지브랜드는 다음과 같은 경우에 사용된다. 즉 ① 브랜드명이 현지어로 번역될 수 없는 경우, ② 제품이 현지에서 제조·판매·소비될 경우, ③ 그것이 주요 판매브랜드이고 새로운 현지취득의 부분일 경우, ④ 기업이 외국성을 약화시키고자 할 경우이다. 그리고 현지브랜드는 어떠한 현지제조업자도 없고 수입된 국제브랜드가 현지소비자에게 너무 비싼 제품에 한하여 필요하다.

이러한 개별브랜드는 현지언어에 보다 적합한 이름을 가짐으로써 소비자에게 제품에 관한 이미지를 동일시하게 하는 효과를 얻을 수 있다. 그러나 현지브랜드는 강력한 시장추종자를 가질 수 있으며, 기업취득의 경우에는 취득기업의 기업명을 연계시키는 현지 이름을 가지는 것이 타당할 것이다.

(4) 브랜드명에 의한 회사명

많은 기업들은 표준적인 등록상표를 모든 제품에 대하여 사용하지만, 브랜드명의 경우에는 여러 가지 시장조건을 고려하여 유연성이 있다. 상징·로고(logo)·문자·머리글자의 형태를 가진 등록상표는 기업이미지 동일시(corporate identification)에 관한 형태가 되고 있다. 브랜드명이 제품과 동일시됨에 따라 등록상표는 제품과 기업 양자를 동일시한다. 브랜드명은 회사명과 충돌할 수 있지만, 등록상표는 회사명을 보충하고 보강한다.

회사명과 동일하거나 유사한 등록상표의 이러한 이중효과로 혜택을 보는 기업도 있다. 예컨대, Levi Straus and Company사는 Levi's Jean의 이미지 동일성(identity)으로 혜택을 받고 있다. 3M(Minnesota Minning and Manufacturing)사는 통합적 접근법(umbrella approach)을 성공적으로 채택한 기업의 예이다. 신제품의 계속적인 증가와 새로운 브랜드명의 계속적인 필요성에 직면한 3M사는 모든 제품을 위한 기업의 포괄적인 주제를 결정하기로 하였다. 그 새로운 기업 디자인 시스템은 3개의 장방형의 요소로 구성되고 있다. 하나의 장방형은 언제나 3M의 로고(logo)를, 또 하나는 제품이미지 동일시를, 그리고 세 번째의 것은 부서의 이미지 동일시(divisional identification)를 표시하는 것이다.

[표 10-4] 2009년도 세계 100대 브랜드 순위

2009 순위	2008 순위	브 랜 드	2009브랜드가치 (백만달러)	2008브랜드가치 (백만달러)	브랜드가치 변화율	국 가
1	1	Coca-Cola	68,734	66,667	3%	U.S.
2	2	IBM	60,211	59,031	2%	U.S.
3	3	Microsoft	56,647	59,007	-4%	U.S.
4	4	GE	47,777	53,086	-10%	U.S.
5	5	Nokia	34,864	35,942	-3%	Finland
6	8	McDonald`s	32,275	31,049	4%	U.S.
7	10	Google	31,980	25,590	25%	U.S.
8	6	Toyota	31,330	34,050	-8%	Japan
9	7	Intel	30,636	31,261	-2%	U.S.
10	9	Disney	28,447	29,251	-3%	U.S.
11	12	Hewlett-Packard	24,096	23,509	2%	U.S.
12	11	Mercedes-Benz	23,867	25,577	-7%	Germa
13	14	Gillette	22,841	22,069	4%	U.S.
14	17	Cisco	22,030	21,306	3%	U.S.
15	13	BMW	21,671	23,298	-7%	Germany
16	16	Louis Vuitton	21,120	21,602	-2%	France
17	18	Marlboro	19,010	21,300	-11%	U.S.
18	20	Honda	17,803	19,079	-7%	Japan
19	21	SamSung	17,518	17,689	-1%	S. Korea
20	24	Apple	15,443	13,724	12%	U.S.
21	22	H&M	15,375	13,840	11%	Sweden
22	15	American Express	14,971	21,940	-32%	U.S.
23	26	Pepsi	13,706	13,249	3%	U.S.
24	23	Oracle	13,699	13,831	-1%	U.S.
25	28	Nescafe	13,317	13,055	2%	Switzerland
26	29	Nike	13,179	12,672	4%	U.S.
27	31	SAP	12,106	12,228	-1%	Germany
28	35	Ikea	12,004	10,913	10%	Sweden
29	25	Sony	11,953	13,583	-12%	Japan
30	33	Budweiser	11,833	11,438	3%	Belgium
36	19	Citi	10,254	20,174	49%	U.S.
50	62	Zara	6,789	5,955	14%	Spain.
55	53	Volkswagen	6,484	7,047	-8%	Germany
58	63	Nestle	6,319	5,592	13%	Switzerland
69	72	Hyundai	4,604	4,846	-5%	S. Korea
70	76	Hermes	4,598	4,575	1%	France
72	41	UBS	4,370	8,740	-50%	Switzerland
100	NEW	Campbell`s	3,081	NEW	NEW	U.S

자료원 : 인터브랜드와 비즈니스위크, 2009, 9, 18.

(사례1) '100대 브랜드'…삼성전자 '19위', 현대차 '69위'

삼성전자와 현대자동차 등 우리나라의 양대 브랜드가 세계 100대 브랜드를 지켰다. 특히 삼성전자와 현대자동차의 브랜드 순위는 처음으로 각각 10위권(19위), 60위권(69위)에 올랐다. 지난해보다 각각 2계단, 3계단 상승한 순위다.

18일 브랜드컨설팅그룹 인터브랜드가 발표한 '2009 세계 100대 브랜드'가치 평가결과에 따르면 삼성전자는 전년대비 2계단 상승한 19위(175억 1800만 달러)로, 현대자동차는 3계단 오른 69위(46억 400만 달러)로 평가됐다.

반면 지난해에 100대 기업 밖으로 밀려났던 LG전자는 올해도 순위권 안으로 진입하는 데 실패했다. 지난 2005년에는 97위, 2006년 94위, 2007년 97위를 기록했던 바 있다.

이번 조사에서는 지난해 세계 경기침체로 인해 100대 브랜드기업들의 브랜드가치가 평균 4.6% 하락한 것으로 나타났다. 인터브랜드는 "경기불황에도 불구하고 소비자의 구매를 꾸준히 만들어 낸 기업과 시장에서 가치를 창출한 기업 등이 높게 평가됐다"고 했다.

◇ 삼성전자 · 현대자동차 "혁신제품이 원동력"

국내기업으로는 유일하게 100대 기업에 이름을 올린 삼성전자와 현대자동차는 그 원동력으로 "혁신적인 제품 때문"이라고 강조했다.

삼성전자의 경우 지난 1년 동안 많은 혁신적인 세트제품을 지속적으로 선보인 점이 크게 작용한 것으로 풀이된다. LED TV가 대표적이다. 삼성전자가 3월 내 놓은 두께가 3㎝도 안 되는 발광다이오드(LED) TV는 글로벌 경기침체 속에서도 출시 6개월이 안 돼 100만대 판매돌파라는 기록을 세웠다. 고객의 요구를 정확히 읽고 2년간의 준비 끝에 이전에는 없던 새로운 TV를 내놓은 창조경영의 결과였다. 새로운 시장을 선점한 까닭에 상반기 미국 LED TV 시장점유율은 무려 95%를 기록했다. 삼성전자는 글로벌 TV시장에서 히트상품이 된 LED TV를 연말까지 200만대 이상 판매하겠다는 계획이다.

삼성전자 관계자는 "반도체와 LCD 등 부품에서의 수익성 악화로 비록 1%의 브랜드가치 하락이 있었으나, LED TV와 터치폰 등 혁신적인 세트제품을 지속적으로 선보여 브랜드 순위는 오히려 2단계 상승했다"고 말했다.

삼성전자의 브랜드가치가 10위권에 진입할 수 있었던 것은 혁신적인 개발 프로세스에 따른 프리미엄 제품전략과 지역별 특화마케팅이 시너지효과를 냈기 때문으로 풀이된다. 시장조사기관인 디스플레이서치와 아이서플라이에 따르면 2분기 매출 기준으로 삼성전자는 컬러TV 23.0%, LCD TV 23.7%, D램 34%, 낸드플래시 41.6% 등의 시장점유율을 차지했다. 모두 세계 1위이다. 휴대폰도 2분기 세계 시장점유율 19.7%를 기록, '마의 벽'인 20% 돌파를 눈 앞에 두면서 1위인 노키아를 추격하고 있다. 아울러 올림픽 및 축구를 중심으로 한 스포츠마케팅과 북미와 유럽, 아시아지역 등의 소외계층을 대상으로 전개되는 사회공헌활동을 통해서 잠재고객 확보와 더불어 삼성의 브랜드가치를 높여 가고 있다.

이번 인터브랜드의 브랜드가치 평가에서 69위를 차지한 현대차도 주목된다. 현대자동차 역시 제네시스 등 혁신적인 제품이 큰 역할을 한 것으로 풀이된다. 제네시스는 '북미 올해의 차'에

선정되는 등 현대기아차의 미국 내 브랜드이미지에 크게 기여했다는 평가를 받고 있다. 현대차는 2005년 84위를 기록하며 글로벌 100대 브랜드에 진입한 뒤 2006년 75위, 2008년 72위에 이어 올해 처음으로 60위권에 진입, 글로벌 메이저브랜드로 자리를 잡았다. 특히 현대차의 브랜드가치 상승은 글로벌 톱 자동차 메이커들의 순위가 크게 낮아진 가운데 이룬 것이어서 더 값지다. 도요타는 6위에서 8위로 떨어졌고 메르세데스-벤츠(11위→12위), BMW(13위→15위), 폴크스바겐(53위→55위) 등이 모두 경기침체의 타격을 받았다.

이러한 현대차의 선전은 꾸준한 품질경영을 바탕으로, 위기를 맞아 오히려 공격적인 마케팅을 펼친 힘이 컸다. 현대차는 미국 경기상황을 반영, 차 구입자가 실직 시 차를 되사주는 '어슈어런스'(Assurance) 프로그램을 도입해 큰 반향을 일으켰다. 최근에는 유가가 일정 수준을 넘으면 유가를 보조해 주는 '가스록'(Gas Lock) 프로그램까지 내놓고 시장을 공략하고 있다. 경기침체로 후원사를 못 찾은 아카데미 시상식에서 GM의 자리도 대신했다. 그 결과 현대차를 보는 시각이 바뀌었고 미국시장 월 판매량이 10만대(현대 · 기아차 기준)를 처음 넘어섰다.

글로벌 100대 브랜드 순위에는 빠졌지만 고객의 숨은 욕구를 반영한 '인사이트 전략'을 앞세운 LG전자의 브랜드파워도 상승세를 이어가고 있다. 아시아 · 태평양 지역 유력 경제지인 '미디어'가 6월 발표한 '아시아 톱1000 브랜드 2009'에 따르면 LG전자는 에어컨과 냉장고, 세탁기 분야에서 모두 1위를 석권했다. 지난해 일본업체에 밀려 4위에 그쳤던 에어컨도 올해 1위에 올랐다. 세탁기와 냉장고는 2년 연속 일본업체를 누르고 '넘버 1' 자리를 지켰다. 또 LG전자 휴대폰의 세계 시장점유율도 두 자릿수 시대를 열었다.

재계 관계자는 "삼성의 창조경영, 현대차의 품질경영, LG의 고객가치경영이 세계시장에서 빛을 내기 시작한 것으로 보인다"고 밝혔다.

◇ 코카콜라 여전히 1위 · · · 시티은행, UBS 대폭 하락

상위권 기업들의 순위변동은 미미했던 것으로 나타났다. 코카콜라는 여전히 1위 자리를 고수했다. 시티은행과 UBS 등 일부 금융기업의 순위는 대폭 하락하기도 했다.

평가결과 상위 5개 브랜드들은 지난해와 동일했다. 코카콜라(687억 3400만 달러), IBM(602억 1100만 달러), 마이크로소프트(566억 4700만 달러), GE(477억 7700만 달러), 노키아(348억 6400만 달러) 순이었다.

6위는 맥도널드(322억 7500만 달러)였다. 구글(319억 8000만 달러), 도요타(313억 3000만 달러), 인텔(306억 3600만 달러), 디즈니(284억 4700만 달러) 등이 그 뒤를 이었다. 특히, 구글의 경우 전년대비 25%라는 높은 성장률을 보였다.

하지만 지난해 각각 19위와 41위에 올랐던 시티은행(102억 5400만 달러)과 UBS(43억 7000만 달러)는 이번 평가에서 브랜드가치 순위가 각각 36위와 72위로 대폭 떨어지는 불명예를 안았다. 양사 모두 50%에 이르는 브랜드가치 하락율을 보였다.

인터브랜드는 이번 발표를 통해 불황기에는 '신뢰성'이 브랜드선택에 있어 중요한 역할을 담당한다고 평가했으며, 그 대표적인 예로 에르메스, 사라, 네슬레 등을 꼽았다.

지난해 대비 6계단 상승해 70위에 오른 에르메스는 45억 9800만 달러의 브랜드가치로 평가되며 경기침체에도 영향을 받지 않는 고급브랜드로서의 위력을 과시했다.

또한 사라(50위, 67억 8900만 달러)와 네슬레(58위, 63억 1900만 달러)도 지난해에 비해 각각 14%, 13%의 오름세를 보였다.

박상훈 인터브랜드 한국법인 사장은 "지속적으로 높은 가치를 유지하고 있는 코카콜라와 BMW와 같이 강력한 브랜드가 되기 위해서는 핵심가치에 집중하면서 끊임없는 혁신을 시도하는 노력이 필요하다"고 강조했다.

자료원 : 뉴시스와 한국일보, 2009, 9, 18일자 기사내용을 수정 편집함.

(사례2) 국내 중소기업의 해외시장진출 성공사례(유닉스전자)

유닉스전자는 국내 1위에 만족하지 않고 해외로 진출해 헤어드라이어 세계시장점유율 25%를 차지하고 있다.

"이게 뭐 하는 물건이죠?" 1978년 유닉스전자 직원들이 자체 개발한 헤어드라이어를 전자제품 대리점으로 가져갔을 때 대리점 사장들이 보인 반응이다. 시끄러운 소리를 내면서 뜨거운 바람이 나오는 기계가 어디에 쓰이는지 알 수 없다는 표정이었다. 당시 일부 상류층에서 수입 헤어드라이어를 사용하기는 했지만 대부분 가정에서는 연탄집게를 연탄에 달군 '불고데기'로 머리를 매만지던 때였다. '헤어드라이어'라는 제품이 생소하던 시절 유닉스는 국내에서 처음으로 헤어드라이어를 내놓았다. 이후 30년 가까운 세월 동안 한 우물을 파면서 헤어드라이어 분야에서 세계시장점유율 25%로 미국의 '콘에어', 이탈리아 '팔룩스'와 함께 '빅3'를 형성하고 있다. 1978년 창립 이후 29년간 연속 흑자행진도 이어지고 있다.

○ 자본금 1000만 원으로 창업

유닉스전자 설립자인 이충구 회장은 1977년 호남전기 상무로 재직하던 중 일본출장을 갔다가 헤어드라이어에 브러시가 달린 '쿠루쿠루'라는 제품이 날개 돋친 듯 팔려 나가는 것을 목격했다. 언젠가는 사업을 해야겠다는 생각을 하고 있던 이 회장은 이 제품에 주목했다.

'로케트 밧데리'로 유명한 호남전기에 입사해 11년 만에 임원을 달며 탄탄대로를 달렸지만 "내 사업을 해야겠다"는 생각에 자본금 1000만 원으로 회사를 설립했다. 생산직 직원 30명, 관리직 직원 5명으로 시작했다.

'물건만 잘 만들면 팔릴 것'이라는 생각을 하고 사업을 시작했지만 착각이었다. 헤어드라이어 시장이 형성돼 있지 않았고, 제품의 질이 떨어져 대리점에서 물건을 받아 주지 않았던 것. 이 회장은 바람세기를 조절할 수 있는 기능을 추가하고, 소음도 줄이는 등 품질을 높이는 데 주력했다.

대리점을 통한 판매가 어렵게 되자 제품을 들고 직접 공단으로 갔다. 요즘처럼 사무직 여직원이 많지 않던 때여서 젊은 여성 직장인이 가장 많이 모인 곳이 공단이었다. 그는 공단 여직원들 앞에서 헤어드라이어 사용법을 시연했다. 생산직 여직원들의 급여 수준이 높지 않은 점을 감안해 할부판매를 했다.

○ '명품 헤어드라이어'로

본사 직원 80명인 유닉스전자가 세계시장에서 정상의 반열에 올라설 수 있었던 원동력은 연구개발(R&D)에 대한 투자를 아끼지 않았기 때문이다.

헤어드라이어는 간단해 보이지만 70여 개의 부품이 들어간다. 미용에 관심이 많은 여성들이 주로 사용하기 때문에 디자인도 제품성능 못지않게 중요하다. 이 회사는 창업초기부터 대학과 연구소에 디자인, 기술용역을 의뢰하는 등 기술개발과 디자인향상에 힘을 쏟았다. 회사규모가 커진 뒤에는 자체 디자인센터와 기술연구소를 설립했다. 현재 본사직원 80명 중 20%인 16명이 R&D인력이다. R&D에 대한 투자는 다른 회사들이 만들어 내지 못하는 제품개발로 열매를 맺었다.

1995년에는 세계 최초로 정전기가 없는 '음이온' 헤어드라이어를 생산했다.

이 제품은 디자인도 좋고, 제품성능도 좋아 해외시장에서 '명품' 헤어드라이어 대접을 받고 있다. 바람과 함께 비타민이 나오는 제품과 전자파가 생기지 않도록 하는 제품 등은 유닉스전자가 세계 최초로 개발했다. 미국시장에서 '치(CHI)'라는 브랜드로 팔리는 헤어드라이어는 개당 가격이 12만 원에 이른다. 세계에서 가장 비싼 헤어드라이어를 한국의 중소기업이 만들고 있는 것이다. '치'는 2004년과 2005년에 미국의 헤어디자이너 7만 5000여 명이 선정한 '베스트 오브 베스트 이미용 기기' 상을 2년 연속 수상했다.

이 회장은 "이 상은 미용실에서 매일 헤어기기를 사용하는 전문 미용사들이 유닉스제품을 최고로 인정했다는 의미"라고 말했다.

○ 좁은 국내시장 대신 해외에서 승부

유닉스는 2000년 더 넓은 시장을 찾아 미국으로 진출했다.

2002년 세계 최대 이미용업체인 미국 파룩시스템에 5만 2000대를 납품하는 성과를 올렸다. 하지만 일부제품에서 결함이 발견됐다. 사내에서는 문제 있는 제품만 리콜을 하자는 의견이 많았지만 이 회장은 전량 리콜하기로 결정했다. 이 회장은 "당시 연간 매출의 10%인 20억 원을 손해 봐야 했지만 신뢰가 더 중요하다고 판단했다"고 말했다. 이 일은 유닉스전자가 한 단계 도약하는 계기가 됐다.

유닉스전자의 신뢰도를 높이 산 파룩시스템은 2004년 1100만 달러를 유닉스에 투자해 지분 30%를 사들였고 해외마케팅을 함께하는 파트너가 됐다. 이 회장은 "30년 가까이 사업을 해 보니 생존을 위해 가장 필요한 것은 기술이고 두 번째가 디자인인데 기술과 디자인만큼 중요한 게 신뢰"라고 말했다.

○ 패리스 힐튼도 반한 한우물의 힘

2008년 초 유닉스전자의 박인성 사장실로 전화 한 통이 걸려 왔다. 미국 10대들의 패션 아이콘으로 불리는 패리스 힐튼 측 인사였다. 제안은 뜻밖이었다. "힐튼과 함께 드라이기를 만들어 보자"는 것. 곧바로 힐튼의 집을 방문한 박 사장에게 그녀는 "유닉스 드라이어 성능이 최고"라며 앉은 자리에서 고양이 모양의 디자인을 직접 그려 보였다. 유닉스전자는 곧바로 신제품개발에 들어갔다. 올해(2009년) 말께부터 미국시장에서 힐튼과 유닉스 이름을 함께 단 드라이기를 판매할 예정이다. 박 사장은 "한 우물을 파다 보니 복이 저절로 굴러온 셈"이라며 "조만간 미국 콘웨어와 프랑스 파룩스를 제치고 세계 1위에 등극할 것"이라고 자신했다.

자료원 : 동아일보, 2007. 7. 11일자와 한국경제신문, 2009, 7, 16일자 기사내용을 편집함.

(사례3) 국내 중소기업의 해외시장진출 성공사례(오로라월드)

미국의 선물용품 전문잡지 '기프트비트'는 2007년 4월 캐릭터완구(캐릭터를 모델로 만든 봉제완구) 브랜드순위를 발표했다.

그 결과 '작은 이변'이 일어났다. 한국의 중소기업 오로라월드가 쟁쟁한 미국브랜드를 제치고 3위에 오른 것이다. 10위 내에 든 브랜드 중 미국 이외 국가의 기업은 오로라월드가 유일했다. 1992년 세계 완구시장의 40%를 차지하는 미국시장에 자체브랜드를 선보인 지 15년 만에 '무명(無名)'의 완구업체에서 글로벌브랜드로 도약한 것이다.

중국 등 후발국가에 밀려 '한국에서 봉제완구 산업은 끝났다'는 위기감이 커질 때 과감하게 브랜드와 디자인경영에 눈을 돌린 결과다.

○ 완구업계의 '나이키'를 꿈꾼다

지난달 중순 서울 강남구 대치동 오로라월드 본사 전시장. 2000여 종의 캐릭터완구가 진열대를 가득 채우고 있었다. 세계 60여 개국에 오로라월드 브랜드로 팔리는 제품이다.

오로라월드는 지난해 매출액 468억 원, 순이익 35억 원을 올렸다. 해외수출이 본사 매출의 91.4%를 차지한다. 또 해외로 수출되는 상품의 85%가 자체브랜드 상품이다.

1981년 설립된 오로라월드는 캐릭터완구를 주문자상표부착생산(OEM) 방식으로 수출하는 무명의 완구업체였다. 1988년 OEM 수출로 '1000만 달러 수출탑'을 수상하는 실적도 올렸다. 하지만 1990년대 들어 중국 등 후발국가의 맹추격이 시작되면서 위기가 찾아왔다. 오로라월드가 택한 생존전략은 브랜드경영이었다.

오로라월드는 1992년 미국에 현지법인을 세우고 처음으로 자체브랜드를 내놨다.

자체브랜드로 미국시장을 뚫는 일은 쉽지 않다. 오로라월드가 자체브랜드를 내놨다는 소식이 전해지자 미국회사들이 OEM 주문을 끊기 시작했다. 미국문화에 맞는 캐릭터개발도 난관에 부닥쳤다. 하지만 현지에 디자이너를 파견하고 한국의 오자미를 응용해 완구 속을 솜 대신 콩이나 팥 모양의 플라스틱 알갱이로 채운 캐릭터완구 등의 혁신적인 제품을 선보이는 전략으로 미국시장에 안착했다.

1997년에는 영국왕실 전용백화점으로 유명한 해러즈백화점에 입점하며 '명품 완구'라는 평판을 얻었다. 신흥시장인 러시아에서는 점유율 40%를 차지하는 1위 기업이다.

2002년 브랜드경영을 선포한 뒤 유통채널별로 브랜드를 차별화하는 전략을 추진하고 있다. 백화점 등에서 팔리는 고가브랜드는 '오로라 클래식'과 '오로라 베이비'로, 할인점은 '피플 팔스'로 차별화했다. 최근에는 선물용품 시장으로 사업을 확대하고 있다.

이 회사 홍기우(60) 사장은 "회사의 사업을 세 단어로 말한다면 '캐릭터', '디자인', '브랜드'"라며 "우리가 모델로 삼는 경쟁기업은 완구업체가 아니라 브랜드로 성장한 '나이키'와 '스타벅스'"라고 말했다.

○ 본사직원 40%가 디자인인력

오로라월드는 홍 사장 중심의 전문경영인 체제로 운영된다. 하지만 상품개발과 해외사업은 창업주인 노희열 회장이 직접 챙긴다. 브랜드와 디자인이 회사의 핵심 경쟁력이기 때문이다. 노 회장이 '우리 회사의 보물'이라며 철제책장이 한쪽 벽을 차지한 사무실로 안내했다. 이 회사가 개발한 캐릭터완구 디자인파일이 책장을 빼곡하게 채우고 있었다. 창업 이후 개발한 4만 7000여 종의 방대한 제품개발정보는 전자문서로도 제작돼 관리된다.

이 회사의 경쟁력은 매년 각국의 문화와 생활방식에 맞는 1000여 종의 제품을 신속하게 내놓는 '다품종 소량생산' 시스템에 있다. 현재 세계 각국에서 팔리고 있는 제품만 3500여 종에 이른다. 서울 본사의 디자인연구소와 미국, 영국, 일본, 홍콩, 러시아 등 9개국에 설립한 '디자인 및 리서치센터'로 이어지는 '글로벌 연구개발체제'가 있기 때문에 가능한 일이다.

본사 직원 98명 중 40%가 디자인관련 인력이다. 매년 5000여 종의 시제품이 개발되지만 본사의 까다로운 기준을 통과해 시장에 나오는 제품은 20%에 불과하다.

애완동물을 좋아하는 미국인을 겨냥해 작은 가방에 앙증맞은 강아지나 토끼 캐릭터 인형을 넣어 만든 '팬시 팔스'와 날고 싶은 꿈을 모티브로 만든 날개 달린 곰 인형 '위시 윙' 등의 히트 완구가 이 글로벌 연구개발시스템을 통해 나온 상품이다.

디자인 경쟁력은 새로운 수익원을 만들어 냈다. 도자기, 칫솔 등을 생산하는 업체에 캐릭터를 제공해 사용료를 받고 있다. 지난해 이 회사 매출의 2.7%가 이 같은 로열티 수입이다.

○ 작지만 강한 글로벌기업

오로라월드의 사무실에는 벽시계 5개가 붙어 있다. 글로벌 본사인 한국, 생산라인이 있는 중국과 인도네시아, 해외 판매법인이 있는 미국과 영국의 시간을 가리키는 시계다.

이 회사는 연구개발중심의 본사와 생산과 판매를 담당하는 해외법인이 수직 계열화된 독특한 사업구조를 갖고 있다. 이 때문에 신속한 제품개발은 물론 엄격한 품질관리도 가능하다.

생산라인만 가동하는 중국 완구업체나 브랜드와 상품기획에 전념하는 미국 등 선진국 완구업체와 비교해 차별화된 경쟁력을 갖는 요인이다.

해외 판매법인과 공장은 2002년 구축한 전사적 자원관리시스템(ERP)을 통해 본사와 정보를 공유하고 실시간 의사소통을 한다. 이 회사 김용연 부장은 "이 시스템이 도입된 뒤 주문이 생산라인까지 넘어가는 시간이 12시간에서 1시간으로 줄었다"며 "제품개발기간도 3개월에서 1개월로 짧아졌다"고 말했다.

본사 직원과 해외 현지디자이너와 마케팅담당자들이 1~2년 후에 내놓을 신제품에 대해 머리를 맞대고 의논하는 '글로벌 상품개발전략(PD)' 회의도 한국과 미국에서 매년 6차례 열린다.

○ 노사 상생 '2-3-5 원칙'

"우리 회사에는 이익의 50%는 재투자에 쓰고, 30%는 주주, 20%는 직원에게 돌려주는 '235 원칙'이 있습니다."

오로라월드 노희열 회장은 "회사의 지속적인 성장을 위해 1996년부터 꾸준히 지키고 있는 원칙"이라며 이같이 밝혔다. 오로라월드는 1981년 설립 이후 한 번도 적자를 내지 않은 기업으로 유명하다. 1990년대 국내 완구산업의 위기 속에서도 지속적인 수익을 냈다. 이렇게 얻은 수익은 회사의 발전과 주주가치, 직원 만족도를 높이기 위해 쓰고 있다.

수익의 50%는 재투자에 쓰인다. 1990년 인도네시아, 1992년 중국에 생산라인을 건설했다. 지난해에는 중국에 제2공장을 완공했다. 직원 몫의 이익 20%는 1년에 2번 평가를 통해 차등 지급한다. 스스로 노력하는 직원에게 보상해 줘야 한다는 원칙 때문이다.

"개인의 성장이 없으면 기업의 성장도 없습니다. 앞으로는 지식이 있어야 개인도 기업도 살아남을 수 있습니다." '사람의 감성을 건드리는 브랜드'를 만들기 위해서는 인재육성이 필수적이라는 게 노 회장의 철학이다.

오로라월드는 직급별로 의무적으로 교육을 받고 학점을 따는 '교육이수학점제'도 도입했다. 사내외 교육을 받거나 독후감을 제출해 정해진 학점을 따지 못하면 승진도 할 수 없다.

자료원 : 동아일보, 2007, 6, 1.

주요용어

1. 핵심제품(core product)
2. 유형제품(tangible product)
3. 확장제품(augmented product)
4. 현지제품(local product)
5. 국제제품(international product)
6. 다국적제품(multinational product)
7. 범세계적제품(global product)
8. 소비재(consumer goods)
9. 산업재(industrial goods)
10. 편의품(convenience goods)
11. 선매품(shopping goods)
12. 전문품(specialty goods)
13. 내구재(durable goods)
14. 비내구재(nondurable goods)
15. 제품수명주기(product life cycle : PLC)
16. 제품혁신(product innovation)
17. 공정혁신(process innovation)
18. 시장시험(test marketing)
19. 표준화제품전략(standardizational product strategy)
20. 적응화제품전략(adaptational product strategy)
21. 브랜드 네임(brand name)
22. 브랜드 마크(brand mark)
23. 트레이드 마크(trade mark)
24. 서비스 마크(service mark)
25. 제조업자설계생산(original development manufacturing : ODM)
26. 개별브랜드전략(individual brand strategy)
27. 공동브랜드전략(family brand strategy)
28. 유통업자 브랜드전략(private brand strategy)
29. 글로벌전략(global strategy)

연습문제

1. 제품의 세 가지 차원에 대하여 설명하시오.
2. 제품의 유형과 각 유형의 특징을 설명하시오.
3. PLC의 개념과 단계별로 그 특징에 대하여 설명하시오.
4. 신제품개발이 왜 중요한지 그 중요성에 대하여 간략히 설명하시오.
5. 신제품개발과 기술혁신간의 관계에 대하여 설명하시오.
6. 신제품의 개발과정에 대하여 설명하시오.
7. 국제제품의 표준화와 적응화전략의 촉진요인에 대하여 설명하시오.
8. 브랜드의 개념과 그 기능에 대하여 설명하시오.
9. 브랜드의 법적보호에 대하여 간략히 설명하시오.
10. OEM방식에 의한 수출의 장·단점을 설명하시오.
11. 제조업자 브랜드전략과 유통업자 브랜드전략을 비교 설명하시오.

참고문헌

1. 김동기 · 한선민, 국제마케팅론, 박영사, 1997.
2. 김성제, "마케팅 틀로서의 브랜드 이해," 광고정보, No. 159, 한국방송광고공사, 1994. 6.
3. 김주헌, 국제마케팅론, 문영사, 2009.
4. 김 철 · 박주욱, 국제마케팅론, 신영사, 1998.
5. 권영철, 글로벌수출마케팅, 무역경영사, 2002
6. 권익현 · 임병훈 · 안광호, 마케팅, 경문사, 2001.
7. 노장오, 브랜드 마케팅, 사계절 출판사, 1994.
8. 반병길 · 이인세, 국제마케팅, 박영사, 2008.
9. 송균석, 마케팅, 무역경영사, 2002.
10. 안광호 · 이진용, 브랜드파워, 한언경영연구, 1997.
11. 안광호 · 하영원 · 박흥수, 마케팅원론, 학현사, 2002.
12. 안운석 · 장형섭, 마케팅의 이해, 도서출판 두남, 2003.
13. 윤덕노, 브랜드 사주팔자, 진화출판사, 1993.
14. 이관수, 브랜드 만들기, 미래와 경영, 2003.
15. 이용학 · 허남일 · 김학윤, 마케팅, 무역경영사, 2004.
16. 이장로, 국제마케팅, 무역경영사, 2003.
17. 이진용, "브랜드 중심의 마케팅전략," MBC애드컴, No. 177, 1994. 7.
18. 이 철 · 장대련, 국제마케팅, 학현사, 2008.
19. 원종근 · 현인규 · 지남웅, 국제마케팅론, 법문사, 1995.
20. 정헌배 · 김희철, 지구촌마케팅, 법문사, 1997.
21. 하대용, 마케팅, 무역경영사, 2004.
22. Albaum, G. et al., *International Marketing and Export Management*, Reading, Mass. : Addison - Wesley Publishing Company, 1990.
23. Bennett, R., *International Marketing : Strategy, Planning, Market Entry and Implementation*, Kogan Page, 1999.
24. Cundiff, E. W. and Hilger, M. T., *Marketing in the International Environment*, 2nd ed., Englewood Cliffs, N. J. : Prentice-Hall Inc., 1988.
25. Czinkota, M. R. and Ronkainen, I. A., *International Marketing*, 2nd ed., Hinsdale, Ill. : Dryden Press, 1990.
26. Doole, I. and Lowe, R., *International Marketing Strategy : Analysis, Development and Implementation*, 3rd ed., Thomson Learning, 2001.
27. Elinder, E., "Intenational Advertisers Must Devise Universal Ads, Dump Separate National Ones, Swedish Adman Avers," *Advertising Age*, November 27, 1961.
28. Green, R. T. and Langeard, E., "A Cross-National Comparison of Consumer Habits and Innovator Characteristics," *Journal of Marketing*, July 1975.
29. Harrel, G. D. and Frazier, G. L., *Marketing : Connecting with Customers*, Upper Saddle

River, N. J. : Prentice- Hall Inc., 1999.

30. Jain, S. C., *International Marketing Management*, 3rd ed., Boston : PWS - KENT Publishing Company, 1990.
31. Keegan, W. J., *Global Marketing Management*, 4th ed., Englewood Cliffs, N. J. : Prentice-Hall Inc., 1989.
32. Kotabe, M. and Helsen, K., *Global Marketing Management*, John Wiley and Sons, Inc., 1998.
33. Kotler, P. and Armstrong, G., *Principles of Marketing*, 7th ed., Englewood Cliffs, N. J. : Prentice-Hall Inc., 1996.
34. Levitt, T., "The Globalization of Markets," *Harvard Business Review*, May-June 1983.
35. Majaro, S., *International Marketing*, 2nd ed., London : George Allen and Unwin, 1982.
36. Ohmae, K., "Becoming a Triad Power : The New Global Corporation," *The Mckinsey Quarterly*, Spring 1985.
37. Parameswaran, R. and Yaprak, A., "A Cross-National Comparison of Consumer Research Measures," *Journal of International Business Studies*, Spring 1987.
38. Sheth, J. N., "Global Markets or Global Competition," *Journal of Consumer Marketing*, Spring 1986.
39. Simmonds, K., "Global Strategy : Achieving the Geocentric Ideal," *International Marketing Review*, Spring 1985.
40. Terpstra, V., *International Marketing*, 2nd ed., Hinsdale, Ill. : The Dryden Press, 1978.
41. Terpstra, V. and Russow, L., *International Dimensions of Marketing*, 4th ed., South-Western College Publishing, 2000.
42. Terpstra, V. and Sarathy, R., *International Marketing*, 7th ed., The Dryden Press, 1997.
43. Toyne, B. and Walters, P. G. P., *Global Marketing Management*, Needham, Mass. : Allyn and Bacon, 1989.

제11장

국제가격전략

국제가격은 소비자의 가치변화와 경쟁에 민감하게 반응하고, 해당기업의 경쟁력과 시장점유율, 그리고 매출액 및 이익에 결정적인 영향을 미치기 때문에 국제마케팅활동을 성공적으로 수행하는데 있어서 가장 중요하게 고려해야 할 결정적인 요소라고 할 수도 있다. 이와 같은 관점에서 본 장에서는 국제마케팅활동을 전개하는데 있어서 국제가격전략의 중요성을 재인식하고자, 국제가격전략의 특성과 목표를 살펴본 후, 국제가격결정의 기본적 접근방식, 국제가격전략의 유형, 그리고 국제가격결정에 영향을 미치는 여러 가지 요인에 대해 설명하기로 한다.

가격을 한마디로 정의하기란 쉬운 일이 아니지만 가격(price)은 제공되는 제품 및 서비스의 대가로 요구되는 금액이다. 다시 말하면, 가격이란 소비자가 소유 또는 사용하게 된 제품이나 서비스가 제공하는 혜익을 교환하는 대가로 지불하는 가치이다.

오늘날 우리 사회에서는 보편적으로 교환가치의 척도를 화폐가격으로 사용하므로 거의 모든 제품, 서비스, 아이디어, 권리 등의 가치는 가격에 의해 평가된다.

그러나 가격은 교환형태에 따라 여러 가지 용어로 표현되고 있으며, 또한 많은 다른 의미를 가지고 있기 때문에 모든 경우에 보편적으로 적용될 수 있는 정의를 내리기는 어렵다. 가격은 마케팅믹스(marketing mix) 요소 중에 기업의 수익을 창출하는 유일한 요소이며, 전통적으로 소비자들이 제품선택시 가장 중요하게 고려하는 요인이다. 또한 가격은 수요의 변화와 경영자의 가격변화에 대해 비교적 쉽게 대처할 수 있는 요소이므로 효과적인 마케팅을 수행함에 있어 매우 중요한 역할을 한다. 특히 가격은 제품에 대한 시장수요를 결정하는 핵심적 요소로서 시장경쟁력과 시장점유율에 큰 영향을 미친다.

국제가격전략이란 국제기업이 자사의 국제마케팅목표를 효과적으로 달성하기 위해 해외소비자에게 판매하는 제품의 가격을 계획하고 결정하는 일체의 행위를 말한다.

국제기업의 가격전략은 법적규제, 환율변동, 국제기업간의 치열한 경쟁 등 여러 가지 요인의 영향을 받기 때문에 그 전략적인 의의가 크게 낮아지고 있다. 그러나 국제마케팅에 있어서의 가격결정은 기업의 성패뿐만 아니라 국가의 국제수지에도 영향을 미치므로 정부와 기업적 차원에서 다같이 중요시하지 않을 수 없다.

제1절 국제가격전략의 특성과 목표

1. 국제가격전략의 특성

국제가격전략은 그 궁극적인 목표에 있어서 국내가격전략과 큰 차이가 없다고 할 수 있다. 그러나 국제가격전략은 본질상 복수국가의 시장을 대상으로 하며 해외시장에서의 진출상황도 다르기 때문에 다음과 같은 특성을 갖는다.

첫째, 국제가격전략은 생산국과 소비국이 상이한 제품, 즉 수출입상품의 가격결정문제를 다룬다. 따라서 국제마케팅 관리자는 국경을 넘는데 따르는 추가적인 비용과 위험을 고려하여야 하며 본국의 소비자들과는 여러 면에서 다르고 수입상품에 대하여 편견을 가지고 있을지도 모르는 해외소비자들을 잘 알아야 한다.

둘째, 국제가격전략은 해외직접투자 혹은 라이센싱 등을 통하여 해외에서 생산된 제품의 현지판매가격 및 제3국의 수출가격의 문제를 다룬다. 따라서 국제마케팅 관리자는 생산이 이루어지는 현지시장에 대한 국내마케팅 및 현지시장에서 제3국으로의 수출문제도 고려하여야 한다.

셋째, 한 국가 시장에서의 가격결정은 다른 국가의 시장에 영향을 미치므로 국제가격전략이 세계적 관점에서 합리적으로 결정되기 위해서는 많은 문제들을 고려하여야 한다. 즉 국내가격과 수출가격 차별화의 문제, 국별 소비자가격의 차이와 재정거래(arbitrage transaction)의 문제, 특정 해외시장을 목표로 한 국제가격의 전략적 조정 문제 등을 고려하여야 한다.

마지막으로 국제가격전략수립시 고려해야 할 환경요소가 국내가격전략보다 복잡하고 다양하다. 국제가격결정은 해외시장의 다양한 환경요소, 예를 들면 수송비, 보험료, 관세, 수입부과금, 유통마진 등 최종소비자에게 전가되는 성질의 비용요소와 시장규모, 성장률, 수요탄력성 등의 수요조건, 그리고 경쟁자, 경쟁구조, 경쟁우위와 같은 경쟁조건 등을 국별로 파악하고 이를 가격전략에 고려해야 한다는 점에서 국내가격결정보다 훨씬 복잡하고 어려운 과정이라 할 수 있다.

2. 국제가격전략의 목표

기업이 추구하는 국제가격전략의 목표는 크게 두 가지로 분류할 수 있다. 즉 국제가격전략을 국제마케팅목적을 달성하기 위한 하나의 적극적인 수단(an active instrument)으로 인식하는 경우, 그리고 기업이 의사결정을 내리는데 있어서 하나의 정태적인 요소(a static element)로 보는 경우이다.

만약 국제가격전략의 목표를 전자에 두었다면, 기업은 투자회수, 이익증대, 시장점유율 확대 등의 국제마케팅목표를 달성하기 위한 적극적인 수단으로 가격전략을 활용하게 된다. 그러나 이와 반면에 그 목표를 후자에 두게 된다면, 기업은 해외시장에서 가격요건상 이익이 있는 경우에만 제품을 판매하는 소극적인 수단으로 가격전략을 활용하게 된다.

이러한 경우는 해외시장에서 적극적으로 활동하는 기업에게는 부적합한 것이며, 수출만 하는 기업이나 해외활동에 큰 비중을 두지 않는 기업의 견해라고 볼 수 있다.

그러면 구체적으로 특정기업이 선택하여 추구할 수 있는 국제가격전략의 목표를 살펴보면 다음과 같다.

1) 투자수익(Return on Investment)

가격은 고객의 욕구를 만족시킬 뿐 만 아니라 자본이나 투자에 관하여 사전결정된 수익을 달성할 수 있어야 한다.

2) 시장안정화(Market Stabilization)

특정시장내에 존재하는 경쟁업체간들간의 가격질서를 어지럽히지 않도록 하는데 목적을 두고, 가격결정을 하는 것을 말한다. 자타가 공인하는 가격리더 기업체의 가격결정정책을 뒤따르는 것이 특정기업체로서는 시장안정화를 유지하는 하나의 좋은 방법이다. 특정업체가 그런 목적으로 그런 방법을 사용하려면, 이미 진입했거나 진입하고자 하는 시장별로 가격리더 기업체를 규명하고 또한 가격결정정책을 파악한 다음에 그 리더 기업체가 동요하지 않도록 자사제품의 가격을 결정해야 할 것이다.

특정기업체로서 시장안정화에 목적을 두고 가격결정을 해야만 한다면, 그것은 주어진 불리한 상황 때문이지 결코 가장 이상적이고 바람직하기 때문은 아닐 것이다.

3) 시장점유율 유지 및 개선(Maintain and Improve Market Position)

가격은 시장점유율을 개선시키기 위한 유력한 도구이며, 방어적 지위에 있는 기업에게는 현재점유율을 유지하도록 한다. 그러므로 국제적인 판매자는 이러한 전체적인 목적을 각 시장의 가격전략에 반영시켜야 한다.

그러한 전략을 성공적으로 수행하기 위해서는 각 시장과 그리고 가격변경에 대한 경쟁기업 반응에 관한 행태적 양상에 관한 정보를 이용할 수 있어야 한다.

4) 경쟁자의 대응 또는 추종(Meet or Follow Competition)

경쟁자의 대응 또는 추종목적은 최소한 하나 또는 몇몇 경쟁적인 업체들이 지배적인 시장위치를 차지하고 있는 특정시장에 특정기업체가 처음으로 특정제품을 가지고 진입할 때에, 현지 경쟁업체들이 이미 부과하고 있는 가격에 맞추거나 따라가는데 목적을 두고 가격책정을 하는 것을 말한다.

새로이 진입하는 해외시장들에서, 특히 초기에 추구할만한 대단히 합리적인 목적이라고 평가할 수 있다.

5) 제품차별화의 반영(Pricing to Reflect Product Differentiation)

광범위한 제품범주를 가지고 있는 기업에게는 제품간의 차이는 각 시장 세그먼트(segment)에 관련된 가격을 변화시킴으로써 명백히 될 수 있는 경우가 많다. 이러한 가격의 차이는 반드시 제품원가와 관련된 것은 아니며, 제품가치에 관한 상이한 지각을 창조하고 간접적으로 이익을 증가시키기 위하여 설계된 것이다.

6) 시장침투목표(Market Penetration Objective)

이러한 목표달성을 위하여 기업은 신속히 대량시장에 도달할 수 있도록 초기에 저가격을 결정한다. 이 전략은 다음과 같은 조건을 갖출 경우에 적합하다.

첫째, 수요가 가격민감적이어야 한다.

둘째, 대규모 생산운영에 따라 비용이 절감될 수 있어야 한다.

셋째, 고소득층 흡수정책을 추구하는 경쟁기업이 있어야 한다.

넷째, 저가격으로 경쟁을 제압할 수 있어야 한다.

시장침투전략이 성공하기 위해서는 가격과 제품라이프 사이클간의 관계를 충분히 이해해야 한다. 그런데 이 전략은 대단히 짧은 라이프 사이클을 가진 제품에는 위험한 것이다.

7) 조기현금 회수목표(Early Cash Recovery)

당기 수익 최대화목표라고도 불리우는 조기현금 회수목표는 특정시장에서 특정제품을 신속히 현금화하고 판매회전율을 높이고, 자산의 유동성을 높일 필요성이 있기 때문에 당기 판매수익을 최대화하는데 목적을 두고 가격결정을 하는 것을 말한다.

해당기업체의 절박성과 필요성 때문에 단기적으로는 적절할 수도 있으나 조기현금회수목적에 의거한 가격결정은 장·단기이익을 다같이 저해하고 해당제품의 가격질서를 문란하게 만들어 그 유통질서까지 파괴할 수 있는 리스크가 따른다.

8) 촉진적 목표(Promotional Objective)

시장에 따라서 제품별 이익증대보다는 제품라인의 시장침투를 강화하기 위해서, 매출액과 시장점유율을 증대시키기 위해서, 신제품의 시장기반을 신속히 구축하기 위해서, 가격결정을 단기적인 경쟁도구로 사용하는데 목적을 두는 것이 촉진적 목표이다.

가격을 하나의 중요한 촉진도구로 사용하는데 목적을 두는 것인만큼, 촉진적 목표를 추구할 경우 낮은 가격중심으로 가격결정을 해야만 한다.

9) 신규진입 방지목표(Preventing New Entry)

특정시장으로 새로운 경쟁업체들이 들어오는 것을 방지하는데 목적을 두는 것이 신규진입 방지목적에 입각한 가격결정이다.

이미 앞에서 설명한 촉진적 목적에 입각한 가격결정에서도 알 수 있듯이. 저가공세는 시장침투를 목적으로 활용할 수 있는 강력한 수단의 하나이다.

그렇기 때문에 특정시장에 신규경쟁자들이 진입하는 것을 계획적으로 방해하고 방지하려면, 특정기업체로서는 진입장벽의 역할을 할 수 있도록 저가정책을 채택할 필요도 있다.

제2절 국제가격결정의 기본적 접근방식

기본적으로 국제가격을 결정하기 위해서는 비용, 판매량 및 수익성 등의 요소들을 고려해야 한다.

그러나 의사결정자가 어떠한 접근방식을 취하느냐에 따라 이러한 요소들의 영향력은 다르게 나타난다. 그러면 이러한 국제가격의 결정방식을 다음과 같이 크게 전부원가법, 증분원가법 및 이익공헌법 등 세 가지로 나누어 살펴보기로 한다.

1. 전부원가법(full-cost pricing)

전부원가법은 해외시장에서의 제품가격을 결정하는데 있어서 기업들이 가장 많이 활용하고 있는 보편적인 접근방식이다.

이 방식은 단순히 제품단위당 원가에다가 이윤을 가산하여 가격을 결정하는 방식이다. 따라서 전부원가법 하에서는 직접생산비용과 직접마케팅비용 등의 변동비용 모두가 포함되어 국제가격이 결정된다. 전부원가법은 사용하기가 비교적 용이하고, 또한 일정한도의 이익을 보장하기 때문에 기업들이 가장 선호하는 방식이다.

그러나 이 방법은 치명적인 약점을 지니고 있는데, 즉 전부원가법 하에서는 해외표적시장에서의 수요와 경쟁을 무시하게 되며 또한 가격과 판매량의 상관성이 전혀 고려되지 않고 있다.

2. 증분원가법(incremental-cost pricing)

증분원가법은 생산과 판매에 따라 직접 변하는 변동비용과 특정의 계획기간에 걸쳐 영향을 받지 않는 고정비용을 구별하여 가격을 결정하는 방식이다. 요컨대, 수출제품 생산을 위한 추가적인 시설투자가 들지 않는다면 수출에 따라 추가적으로 발생되어지는 변동비용과 일정액의 이윤만을 감안하여 국제가격을 결정하는 방식이다.

따라서 증분원가는 진출시킬 제품에 대한 수출기업이 수락할 수 있는 최적가격선이 된다. 물론 증분원가가 전부원가보다 낮게 산정되지만 증분원가법을 택하더라도 수출기업은 이익을 볼 수 있다. 그러나 증분원가법도 전부원가법처럼 현지시장의 수요와 경쟁상태를 고려하지 않기 때문에 전략적인 진출가격의 산정방법이라고는 볼 수 없다. 그러나 전부원가나 증분원가는 전략적 수출가격을 산정하는데 있어서 하나의 지표로 활용될 수 있다.

3. 이익공헌법(profit-contribution pricing)

이익공헌법은 가격의 고저에 따른 수요량의 변화, 즉 수요탄력성에 의거하여 국제가격을 결정하는 방식이다.

수요탄력성이라 알려진 민감도는 가격변화의 백분율에 대한 수요량변화의 백분율로 계산된다.

일반적으로 수요탄력성의 절대값이 1보다 클 경우에는 가격인하로 인해 총판매량은 증가하게 될 것이고, 그 반대의 경우도 역시 같다. 이와 반대로 만약 1보다 작을 경우 가격의 인하는 판매량의 감소를 초래하게 된다. 따라서 수요탄력성은 가격변화에 따른 전체판매수입의 민감도를 측정하는 예측지표가 된다.

이익공헌법은 종종 증분원가법과 혼동된다. 그러므로 기업이 장기적으로 존속하기 위해 포함해야 하는 고정비를 포함하지 못한다는 이유로 채택되지 못할 수도 있다. 실제로 이익공헌가격은 시장에 따라서 모든 비용을 포함하거나 포함하지 못할 수도 있다. 이익공헌법은 고정비가 가장 수익이 높은 가격의 결정과 무관하다는 경제적 사실에 기초하고 있다. 이익공헌을 최대화하는 가격은 기업이 주어진 시장계획과 관련해 표적시장에서 선택할 수 있는 최상의 것이다.

제3절 국제가격전략의 종류

국제가격전략의 가장 주된 목적은 국제기업의 이윤극대화라고 할 수 있으나, 국제기업의 전략목표에 따라 또는 여러 가지 국제경영상황에 따라 국제가격전략의 유형은 달라진다.

여기에서는 국제가격전략을 상충흡수 가격전략, 개발가격전략, 경쟁적 가격전략, 프리미엄 가격전략, 차별가격전략 등 크게 다섯 가지로 나누어 살펴보기로 한다.

1. 상층흡수 가격전략(skimming-price strategy)

상층흡수 가격전략은 신제품의 가격전략에 곧잘 도입되는 국제가격전략의 방법으로서, 경쟁업자가 낮은 가격의 대체품으로 대응하기 이전에 조기이윤을 획득할 목적으로 신제품에 높은 가격을 책정하는 전략이다.

다시 말해서 이 전략은 해외시장에서의 장기적인 기업의 입지와는 상관없이 신제품의 시장도입 초기에 국제시장가격보다도 높은 가격을 설정하며, 고소득 고객층을 초기에 흡수함으로써 비교적 단기간 내에 이익을 극대화하려는 전략이다.

국제가격은 제품수명주기의 각 단계에 따라 달라지는 것이 보통인데, 제품의 개발초기에 목표시당의 고소득층으로부터 많은 이익을 얻기 위해 높은 가격을 책정함으로써 초과이윤을 획득하고, 시간이 지남에 따라 점차 가격을 인하하여 가격탄력성이 높은 소비자를 흡수하는 전략이 상층흡수 가격전략 또는 초기 고가격전략이라 할 수 있다.

따라서 이 방법은 다음과 같은 경우에 주로 사용할 수 있다.

1) 품질과 이미지가 고가격을 뒷받침할 수 있을 정도로 좋으며 소비자들의 수요의 가격탄력성이 낮을 경우
2) 소량생산으로 인한 비용증가가 고가격으로 인한 이점을 상쇄시키지 않을 정도로 높지 않을 경우 즉 소량생산과 대량생산간에 비용의 차이가 크지 않은 경우
3) 제품개발초기에 고가격을 설정하더라도 신규 참여기업에 대한 진입장벽이 높아 경쟁사가 쉽게 시장에 참여할 수 없는 경우

2. 개발가격전략(development-price strategy)

개발가격전략은 경쟁자들을 방어할 수 있는 우세한 시장지위를 구축하기 위해 고의적으로 낮은 진출가격을 사용한다. 이 전략으로 기업은 손실을 시장개발을 위한 투자로 보기 때문에 처음 몇 년 동안은 기꺼이 손실을 감수한다. 장기전략으로서 개발가격정책은 시장의 잠재력이 크고, 개발비용이 적절하며 생산에 있어서 실질적인 규모의 경제가 경험되고, 그리고 기업이 물량판매를 지원하기 위한 생산 및 마케팅 능력을 지니고 있을 때 가장 큰 관심을 끄는 전략이다. 이 전략은 가격이 낮아 이윤은 단지 대량판매를 통해서만이 이루어질 수 있기 때문에 잠재적인 경쟁자의 참여를 억제시킨다.

3. 경쟁적 가격전략(competitive-price strategy)

경쟁적 가격전략은 해외표적시장에서 경쟁자들의 가격과 조화시키는 것이다.

그것은 구매자의 눈에 띌 정도로 간단히 차별화할 수 있는 제품에 한해 이용 가능한 전략이다. 이 때 가격은 구매결정에 있어서 중요한 변수가 되고, 기업은 가격책정에 있어 자유재량권이 별로 없이 가격의 선도자라기보다는 가격의 추종자로서 행동한다.

경쟁적 가격전략은 또한 경쟁적인 입찰조건 하에 정부기관과 주요 산업별 소비자에 대한 판매시 필요할 것이다.

4. 프리미엄 가격전략(premium-price strategy)

프리미엄 가격전략은 자사제품의 품질이나 브랜드이미지가 높고 또한 현지시장의 가격탄력성이 낮을 경우 채택할 수 있는 방안으로서, 경쟁사의 가격보다 일정비율 높게 가격을 유지해 나가는 것이다. 만일 고품질의 자사제품의 가격을 보통품질수준의 경쟁사 제품가격과 비슷하게 책정하면 비합리적인 구매자들은 제품의 질을 의심할 것이다. 따라서 고품질의 이미지 부각을 위해서는 고가격전략이 합당시 된다. 이러한 차별적 고가격전략을 성공적으로 이끌기 위해서는 마케팅 담당자는 고품질에 대한 고가격을 지불할 수 있는 세분시장을 규명해야 하고, 나아가서 세분시장의 소비자 및 사용자들에게 자사의 제품이 고품질의 제품임을 설득하고 확신시킬 수 있어야만 한다. 본국시장에서 구축된 고품질의 이미지가 그대로 현지시장으로 전가될 수 있다고 믿는 것은 위험천만한 생각이다. 해외시장에서의 고품질의 이미지 구축과 유지는 기업의 적극적인 마케팅 노력에 의해서만 가능한 것이다. 그러나 이러한 고가격전략 하에서는 제품의 이미지가 소비자들에 인식되어질 때까지는 판매가 부진함을 보일 수도 있으므로 수출기업들은 고가격 적용으로 인한 단기적인 수익의 감소를 이미지 구축을 위한 장기적인 투자로 인식할 수 있어야 한다.

(사례1) 어 '이건' 부잣집에서나 단다는 명품창호!

인테리어에 관심 있는 소비자 사이에서 이건창호는 명품(名品)으로 통한다. 건물상태와 주변환경을 고려해 최적의 창호를 맞춤 제작하기 때문이다. 이건창호는 국내에서는 처음으로 시스템창호(창틀 외에 다양한 부품을 사용해 방음 등의 기능을 향상시킨 제품) 개념을 도입했다. 창(窓)이 단순한 바람막이가 아니라, 단열과 방음 기능에 에너지 효율성까지 갖춘 '고급기술 제품'임을 제시한 것이다. 또 특유의 프리미엄 마케팅으로 저가제품이 주류를 이루던 국내시장의 두꺼운 벽을 돌파하는 데 성공했다.

◆ 프리미엄 창호시장 선점

시스템창호가 첫선을 보인 것은 1989년. 건설 붐과 소득수준 향상으로 고급주택에 대한 수요가 급증한 시기였다. 하지만 당시 창호는 여전히 저가의 알루미늄, PVC 소재가 일반적이었고, 기능성 창호제품에 대한 수요는 매우 적었다. 이건창호는 국내에서는 개념조차 없던 시스템창호에 주목하고 세계적인 창호 전문업체인 독일 슈코사와 단독 기술도입계약을 맺었다. 그리고 한국의 기후와 지형을 면밀히 분석하고 창을 다양한 방식으로 열고 닫을 수 있는 기술을 적용해 한국형 시스템창호를 개발했다.

처음 소비자의 반응은 냉담했다. 일반인에게 잘 알려져 있지 않았고, 기존제품에 비해 비싼 가격도 문제였다. 이건창호는 기술력을 알리기 위해 마케팅 타깃을 고급주택과 각 지역의 랜드마크 격인 대형건물에 집중했다.

서울 평창동과 한남동 일대의 고급 빌라촌을 찾아 1대1 마케팅을 전개했고, 유명 호텔이나 대형빌딩 수주에 주력했다. 1989년 제주 중문의 신라호텔 건립은 이건창호가 자신의 기술을 알릴 수 있는 절호의 기회가 됐다. 태풍과 강한 바람이 잦은 제주지역 특성상 기존 창호 제품으로는 한계가 많았기 때문이다. 이건창호는 '사라호급의 태풍에도 끄떡없는 시스템창호'를 내세워 수주와 시공에 성공했고, 이때부터 이건창호의 기술은 입소문을 타기 시작했다. 이건창호는 이후 타워팰리스, 삼성동 아이파크 등 초고층 고급 주상복합건물과 인천국제공항, 국립중앙박물관 등 대형건물의 창호를 도맡았다. 최근에는 부산 해변가에 위치한 54층 주상복합건물인 센텀파크의 창호도 수주했다.

◆ 소비자와 함께 마케팅

이건창호는 지난해 건자재업계에서는 최초로 주부체험단을 모집했다. 주거문화에 대한 소비자의 관심이 커지면서 시스템창호에 대해 알고 싶어하는 적극적인 주부층이 늘어나고 있기 때문이다. 주부체험단은 창호 생산설비 견학, 인테리어 강좌 등을 통해 창호와 건축자재 전반에 대해 배운다. 이를 바탕으로 직접 제품을 분석하고, 개선안도 내도록 하고 있다. 또 효과적인 마케팅 활동을 위한 홍보 · 마케팅 방안, 경쟁회사와의 비교를 통한 서비스 개선방안 등도 제시하고 있다.

정상훈 이건창호 마케팅팀장은 "제품을 직접 사용해본 주부들은 냉철하게 판단하고, 때론 톡톡 튀는 아이디어를 낸다"며 "소비자와의 활발한 의사소통을 통해 실용적이고 완벽한 제품을 만들고 있다"고 말했다.

이건창호는 '프리미엄 창호'라는 브랜드이미지를 내세워 해외시장진출에도 적극 나서고 있다. 올해 해외에서 100억 원대의 물량을 수주한다는 계획이다. 기존의 시스템창호에 태양광 발전기술을 접목한 '솔라윈'를 국내 최초로 개발하는 등 기술개발속도도 늦추지 않고 있다.

자료원 : 조선일보, 2007, 5, 9.

(사례2) 디오스 브랜드 첫 출시…맞벌이 프리미엄 고객 겨냥

LG전자가 7일 생선과 육류를 양껏 보관할 수 있는 242 l 용량의 냉동고를 내놓았다. 디오스(DIOS) 브랜드를 붙인 냉동고를 선보인 것은 이번이 처음이다. 냉동고가 일반 냉장고와 김치냉장고에 이어 새로운 시장을 형성할 것으로 판단해 브랜드 냉동고를 내놓게 됐다는 게 회사 측 설명이다.

LG전자는 소비자 생활패턴의 변화로 김치냉장고, 화장품냉장고, 와인냉장고에 이어 냉장고 시장이 더욱 세분화할 것으로 보고 냉동고를 본격 판매하기로 했다. 이 회사가 2008년 김치냉장고 구매고객을 대상으로 실시한 설문조사에 따르면 응답자의 38%가 냉동 공간 부족을 호소했다. 맞벌이 부부 등 대형 마트에서 생선, 육류를 대량 구매해 냉동실에 오랫동안 보관하는 소비자들이 늘어나면서 '넉넉한 냉동 공간'에 대한 수요가 급격히 늘었다는 게 회사 측 설명이다. 반조리 냉동식품의 종류가 다양해진 것도 냉동고가 출현하게 된 배경 중 하나로 꼽힌다.

이번에 나온 냉동고제품은 저장고 내부의 냉기를 순환시켜 온도를 낮추는 '간접 냉각기술'을 적용, 냉동실 벽에 성에가 거의 생기지 않는다는 설명이다. 영하 23~15도까지 1도씩 온도 조절이 가능하다. 냉동고 내부는 투명 서랍 5칸과 선반 2칸으로 구성돼 있다. 제품 상단에는 온도를 표시하는 LED창이 달려 있다. 색상은 흰색이다. 제품 앞 부분에 함연주 작가의 디자인을 새겨 고급스러움을 더했다.

냉동고는 2002년 처음 나온 제품이다. 초기에는 디자인에 신경을 쓰지 않은 소형제품을 중심으로 시장이 형성돼 있었으며 가정보다는 음식점을 겨냥한 제품이 많았다. 최근에는 냉동고의 주 소비층이 일반 가정으로 바뀌었다. 이 과정에서 제품의 크기가 커졌다. 최근 조사에 따르면 200 l 이상 냉동고의 비중이 90%에 달한다.

냉동고시장은 2005년부터 연 평균 40%씩 성장을 거듭하고 있다. LG전자는 올해 국내시장의 냉동고 수요를 8만대 가량으로 전망하고 있다. 올 상반기 국내 냉동고시장에서 60% 이상의 점유율을 기록 중이다.

이상규 마케팅팀장은 "냉장고를 2대 이상 사용하는 고객들이 신제품 냉동고의 주 타깃"이라며 "넉넉한 용량과 내구성, 미려한 디자인을 갖춘 냉동고를 개발해 '제3의 냉장고'로 불리는 냉동고시장의 주도권을 잡겠다"고 말했다.

자료원 : 한국경제, 2009. 7. 7.

5. 차별가격전략(discrimination-price strategy)

기업은 제품의 기본가격을 소비자들의 상이한 특성과 상황의 변화에 따라 조정하기도 하는데, 주로 소비자별, 제품별, 장소별 차이에 따라 이루어진다.

이처럼 동일한 제품이나 서비스를 시장에 따라 구매자에게 각기 다른 가격을 적용시키는 국제가격전략을 차별가격전략이라고 한다.

이러한 차별가격전략은 각국의 반덤핑법, 불공정거래법, 독점금지법에 의해 엄격하게 규제되고 있으므로, 정당한 이유없는 차별가격의 구사로 자칫 어려움을 겪을 수 있음을 간과해서는 안된다.

국제가격전략의 수단으로서 차별가격이 효과적으로 수행되기 위해서는 다음의 몇 가지 조건들이 구비되어야 한다.

1) 세분화된 시장별로 가격탄력성이 서로 달라야 한다.
2) 저가격시장에서 판매한 제품이 고가격시장으로 재판매될 수 없어야 한다.
3) 자사가 고가격으로 판매하고 있는 세분시장에 경쟁기업이 더 싼 가격으로 판매할 수 없어야 한다.
4) 가격차별화에 사용되는 비용이 제품의 가격을 차별화시킴으로써 얻게 되는 수익을 초과해서는 안된다.

(사례) 미국 '고급화' · 유럽 '현지화' · 아시아 '저가 전략'

'세계 최대 자동차시장인 미국은 고급화, 입맛 까다로운 유럽시장은 현지화, 아시아 개도국 시장은 저가전략으로 승부를 건다.' 현대기아차가 세계 3대 시장인 미국 · 유럽 · 아시아(중국과 인도) 공략을 위해 팔색조(八色鳥)의 전략을 세우고 있다. 각 시장의 전략적 요충지에 생산 공장을 짓는 것은 물론 시장을 세분화한 후 각 지역에 적합한 '맞춤형 전략'을 추진하고 있는 것이다.

◆ 미국선 프리미엄 시장 도전

세계 자동차시장의 판도를 좌우하는 미국시장은 세계 자동차 메이커들이 피해갈 수 없는 승부처이다. 현대차는 그동안 싸고 경제적인 차로 이 시장을 공략해왔다. 하지만 이미 글로벌 기업으로 성장한 현대차로서는 더 이상 '저렴한 가격에 성능 좋은 차'라는 이미지에만 기댈 수는 없는 상황이다.

미국시장에서 핵심전략은 '고급화'이다. 앨라배마 공장에서 생산되는 싼타페, 쏘나타로 브랜드 이미지를 높인 후 진짜 승부는 그랜저(수출명 아제라)와 베라크루즈 등 고급차종에서 낸다는 전략이다. 올해 미국시장에 내놓은 베라크루즈는 현대차가 이 시장에 내놓은 차종으로는 처음으로 대당 가격이 3만 달러를 넘어섰다.

그러나 현대차 고급화전략의 핵심차종은 역시 내년에 나올 럭셔리 세단 제네시스이다. 현대차가 개발한 최초의 후륜 구동 모델인 제네시스는 이미 시장전문가들로부터 성능과 디자인 면에서 호평을 받고 있다.

현대차 관계자는 "제네시스는 BMW 5시리즈를 벤치마킹해 만들어진 차종"이라며 "제네시스가 미국에서 현대차의 위치를 렉서스나 BMW와 같은 최고급 메이커의 반열에 올려놓을 것"이라고 말했다.

◆ 유럽선 현지 취향에 맞게

유럽에서 현대기아차의 구호는 '현지화'이다. 유럽에서 가장 인기 있는 준중형 차량에 전력을 집중시키고 있는 것도 그 때문이다.

현대차는 올해 유럽시장을 목표로 한 전략형 준중형 차량 i30을 출시시켰고, 기아차 역시 슬로바키아에서 생산하는 씨드를 준중형 시장에 내놓아 바람몰이를 하고 있다. 씨드는 하반기 들어 월 판매대수가 1만대를 넘어가고 있다.

두 차는 같은 플랫폼(차량의 기본 뼈대)을 사용하지만, 디자인을 통해 전혀 다른 이미지를 주고 있다. 씨드가 역동적이고 젊은 취향을 중시한 반면, i30은 우아하고 고전적인 스타일이다. 디자인을 모두 유럽 현지에 있는 현대기아차 연구소에 맡겨 현지취향을 최대한 반영했다.

마케팅도 현지화가 중심이다. 기아차는 유럽시장에서 인기 높은 테니스를 스포츠마케팅 수단으로 선택했다. 현대차 역시 유럽에서 가장 인기 있는 축구대회인 '유로 2008'의 공식 후원사로 나서 브랜드이미지를 높일 계획이다.

◆ 아시아는 싸게 싸게

아시아의 주력시장은 중국과 인도이다. 아시아는 한창 성장하는 시장인데다 글로벌 메이커들의 각축장이 되고 있어 얼마나 경제적인 차를 만드느냐가 핵심 과제이다.

중국은 2008년 베이징 올림픽을 앞두고 가장 폭발적인 성장이 예상되는 시장이다. 현대차는 내년 준중형 5도어 모델과 투스카니 개조차 등 중국 젊은이들을 겨냥한 모델에 대한 마케팅을 강화해 젊고 활력 있는 브랜드이미지를 심을 계획이다. 기아차는 올해 말까지 연간 30만대 규모의 중국 제2공장을 완공시켜 중국 생산량을 총 43만대 규모로 늘린다.

인도는 현대차의 저가 소형차 생산기지이다. 현대차는 올해 인도에 30만대 규모의 생산 공장을 추가, 총 60만대 생산설비를 갖췄다. 저가차인 쌍트로(한국명 아토스), 올해 새롭게 출시된 i10 등이 이곳에서 생산되고 있다.

인도 최고의 인기모델인 쌍트로에 i10을 더해 인도시장을 석권하는 동시에 해외수출에도 나서겠다는 전략이다. 현대차 측은 "i10은 아시아 각국과 중동, 중남미 등 100여 개국에 수출될 것"이라고 말했다.

이처럼 해외시장공략에 나서는 것은 고환율, 고유가에 노사문제까지 겹쳐 있는 현대차그룹의 유일한 활로가 글로벌시장이기 때문이다. 현대차 고위관계자는 "지난해 139만대였던 해외생산량을 2011년까지 293만대로 끌어올릴 것"이라며 "현지생산을 늘려 환리스크에 대비하고 무역장벽을 극복하지 않으면 미래가 없다"고 말했다.

자료원 : 조선일보, 2007. 11. 30.

제4절 국제가격결정의 영향요인

어떤 시장에서든지 가격을 결정하는 기본 요소로서 최저가격(price floor), 최고가격(price ceiling), 그리고 최적가격(optimum price) 등 세 가지를 들 수 있다. 여기에서 최저가격은 제품원가에 따라 가격이 결정되고, 최고가격은 유사한 제품의 경쟁가격과 고객의 지불능력에 따라 가격이 결정된다. 그리고 수요와 공급의 함수이며 최저가격과 최고가격사이에서 결정되는 최적가격이 존재한다.

이처럼 일반적으로 특정시장에 있어서의 가격은 원가, 수요, 경쟁 등 세 가지 기본적인 요소에 의하여 그 범위가 결정되는 것으로 받아들여지고 있다.

또한 이와 함께 법적규제, 환율위험, 물가상승 등의 위험요소도 국제가격결정시에 고려해야 할 중요한 요소라 할 수 있다.

그러면 이와 같은 요인들이 국제가격을 결정할 때 어느 정도 그 영향을 미치는지를 크게 국제기업의 내부요인과 외부요인으로 대별하여 구체적으로 살펴보기로 한다.

1. 내부요인

국제가격을 결정할 때 영향을 미치는 국제기업의 내부요인으로는 크게 국제마케팅목표, 국제마케팅믹스전략, 원가, 국제가격의 결정조직 등이 있다.

1) 국제마케팅목표

제품의 국제가격결정시 고려요소로는 우선적으로 기업의 국제마케팅목표가 가장 기본이 된다. 즉 기업이 해외시장에서 달성하고자 하는 목표가 무엇인가를 명확히 해야 적절한 국제가격을 산출할 수 있다.

이를테면 기업의 국제마케팅목표가 이윤 극대화일 경우와 시장점유율 확대일 경우의 국제가격설정은 차이가 있을 것이다.

또한 기업은 제품에 대한 전략적 의사결정을 명확히해야 한다. 시장세분화 등을 통해 목표시장을 분명하게 설정하면 국제가격을 포함한 국제마케팅믹스전략은 상당히 단순화될 것이다.

2) 국제마케팅믹스전략

기업은 국제마케팅목표를 달성하기 위해 해외시장을 상세하게 조사한 후에 그 조사를 토대로 국제마케팅믹스전략을 수립하게 된다.

국제가격은 기업이 국제마케팅목표를 달성하기 위해 사용하는 여러 가지의 국제마케팅믹스요소들 중의 하나이며, 여타 국제마케팅믹스요소들이 국제가격결정에 영향을 미친다. 따라서 국제가격결정이 국제제품, 국제유통경로, 국제촉진 등의 요소와 조화를 이룰 때 일관적이며 효과적인 국제마케팅 프로그램을 개발할 수 있다.

그런데 이와 같은 국제마케팅믹스요소들은 상호 영향을 미친다. 가령 비가격요인을 기초로 제품의 위치를 선정하면 국제제품, 국제촉진, 국제유통경로 등에 관한 결정사항이 국제가격결정에 크게 영향을 미치며, 가격요인을 기초로 제품의 위치를 선정하면 반대로 국제가격이 여타의 모든 국제마케팅믹스의 요소들에게 크게 영향을 미친다. 따라서 기업이 국제마케팅 프로그램을 수립할 때는 모든 국제마케팅믹스요소들을 동시에 고려해야 한다.

3) 원가

원가란 상품 또는 서비스의 생산을 위해 소비된 경제가치로 특정목적을 달성하기 위해 발생하거나 발생할 희생을 화폐액으로 측정하는 것이다.

원가는 가격결정시 가격의 하한이 된다. 어떤 기업이든지 생산과 유통, 촉진 등에 소요되는 비용을 충당하고 투입한 노력과 위험에 비추어 적정이익이 보장되는 가격을 결정하게 되는데, 이러한 원가는 국제가격을 결정하는데 있어서 가장 중요한 요인 중의 하나이다.

또한 원가는 다른 변수들보다 측정이 상대적으로 용이하다는 점과 손익분기점을 넘어서기 위한 가격의 하한선을 제공해 준다는 점 때문에 많은 기업들이 기본적인 가격결정도구로 활용하고 있다. 원가에는 제조비, 선적비용, 마케팅비용은 물론 연구개발비, 관리비, 조세, 감가상각비, 및 기타 간접비 등 여러 가지 비용항목이 포함될 수 있다.

국제마케팅에 있어서 이러한 비용들이 가격결정에 차지하는 상대적 중요성은 해외시장 진입방법 및 진출대상국에 따라 크게 다르다. 예를 들어 수출의 경우에는 유통경로가 길어지므로 마케팅비용이 증대되는 반면에 본국의 생산시설을 최대로 활용함으로써 규모의 경제를 실현할 수 있다는 이점이 있다. 이에 비해 해외에서 제조활동을 수행하는 경우에는 유통내용 및 기타의 마케팅비용을 줄일 수 있지만, 환노출이나 과실송금제한 등 재무적 위험이 증대된다.

4) 국제가격의 결정조직

기업 내에는 국제가격을 결정할 조직이 있어야 하고, 기업이 가격결정을 다루는 방법에는 여러 가지가 있다.

국제가격의 결정조직은 결국 가격결정의 권한을 본사가 소유할 것인가, 아니면 해외 현지자회사에게 위임할 것인가에 관한 문제이다. 대규모의 국제기업은 취급하는 제품의 종류가 다양하고 판매활동을 영위하는 범위가 매우 광범위하기 때문에 가격결정 권한이 현지자회사의 사업부 관리자 혹은 제품계열 관리자에게 위임되어 있는 경우가 많다. 그러나 소규모 국제기업의 경우에는 본사의 최고경영층이 가격을 결정하는 것이 일반적이다.

2. 외부요인

국제가격을 결정할 때 영향을 미치는 국제기업의 외부요인으로는 수요, 경쟁, 법적규제, 환율변동, 인플레이션, 시장점유율 등이 있다.

1) 수요

수요는 국제기업이 판매하고자 하는 제품이나 서비스에 대해 소비자들이 부여하는 가치 및 소비자의 지불능력과 직결된다. 따라서 원가와 반대로 기업이 설정할 수 있는 가격의 상한선에 영향을 미친다. 외국시장에 대한 정확한 수요예측은 국제가격결정에 매우 중요하다. 따라서 국제마케팅 관리자는 현재수요 뿐만 아니라 잠재수요, 미래수요까지도 예측하여야 하며 수요량과 수요의 가격탄력성도 추정할 수 있어야 한다. 외국시장에서 수요에 영향을 미치는 기본 요소로는 인구통계학적 요소, 관습, 전통 및 경제적 요소 등을 들 수 있다.

시장수요는 제품이 무차별적일 경우에 가격결정을 하는데 가장 중요한 요소로 작용하게 된다.

비용은 곡물이라든지, 동, 석유 등의 제품가격에 대해서는 거의 영향력을 미치지 못한다. 왜냐하면, 구매자가 한 제조업자의 제품이 다른 제조업자의 제품보다 더 낫다고 인식하고 있지 않기 때문이다. 그러나 이러한 제품의 경우에도 정부의 조치나 경쟁업자들의 가격협정이 가격을 크게 변화시킬 수 있다. 이를테면, 1972년에 석유수출국기구인 OPEC이 석유제품의 세계가격을 통제한 것이 좋은 예라 할 수 있다.

많은 국가에서 가격협정은 불법이 아니고 기업연합(cartel), 기업결합(combine), 동업자협회(trade associations) 등 여러 가지 형태로 행해지고 있다.

또한 수요의 탄력성은 가격결정에 있어서 언제나 중요한 요인이다. 수요가 비탄력적일 경우, 저가격이 반드시 적합한 것은 아니며 가격을 상승시키는 것이 적합할 수도 있다. 그러나 수요가 탄력적일 경우, 가격의 변화는 시장크기의 결정에 중요한 요인이 될 수 있다. 1983년 당시 미국시장에 있어서 가정용 마이크로 컴퓨터의 수요는 대단히 적었지만 가격인하로 대단히 급속히 수요가 증가하였다. TV의 시장도입기의 수년간의 경우처럼 가격의 연속적인 인하는 수요의 연속적인 증가가 되는 경우도 있다.

2) 경쟁

국제기업이 가격을 결정하는데 영향을 미치는 또 다른 요인으로 목표시장의 경쟁상황을 들 수 있다. 원가와 수요가 가격의 상한선과 하한선을 제시해 주는데 비해, 목표시장의 경쟁조건은 상한선과 하한선 사이의 어느 선에서 적정가격을 결정해야 할 것인가 하는 기준을 제시해 준다.

일반적으로 완전경쟁시장 즉 순수경쟁시장 하에서의 모든 제조업자들은 제품을 동일한 가격으로 판매하는 것이 가능하지만, 불완전경쟁시장 하에서의 기업은 경쟁기업의 가격에 주목해야 한다. 이처럼 가격결정은 경쟁기업의 행동과 반응에 관심을 가지고 이루어져야 한다. 그리고 해외시장에서의 경쟁은 경쟁에 대한 현지기업 및 정부의 태도에도 큰 영향을 받는다. 미국의 경우 기업 및 정부 공히 경쟁을 대단히 선호하고 있다.

국제마케팅활동을 하는 기업들이 가격결정을 하는데 있어서 국제경쟁업체의 가격이나 국내경쟁업체의 가격은 소비자 수요나 다른 매개변수(parameter)에 비하여 월등히 우선적인 고려사항이 되고 있다. 따라서 이러한 사실, 즉 너무 경쟁업체의 가격만을 의식하고 소비자의 수요욕구는 중시하지 않는다는 것은 국제마케팅활동을 하는 기업에 대한 비난의 이유가 되기도 한다.

그런데 해외시장의 경쟁조건은 시장국별로 다르고 심지어는 특정국가 내에서도 세분시장별로 상당한 차이가 있을 수 있다. 또한 경제적인 환경은 물론 문화적·법적·정치적인 환경들 모두 해외시장의 경쟁구조에 많은 영향을 미친다. 예를 들어 특정국에서는 광고에 대한 엄격한 규제로 효율적으로 제품차별화를 수행하기가 불가능하기 때문에 치열한 가격전쟁 끝에 소수의 대규모 기업들만이 존속하고 있는 곳도 있다.

그런가 하면 국가에 따라서는 카르텔이나 기업의 매수·합병을 금지하는 강력한 법규정 및 가격통제로 인하여 상대적으로 중소기업들이 가격 외의 측면에서 치열한 경쟁을 하고 있는 경우도 있다.

3) 법적규제

국제가격결정과 관련하여 각국 정부들은 기업들의 지나친 가격조작을 규제하기 위한 법적근거를 마련해 놓고 있다. 물론 이러한 규제는 자국 소비자들의 이익이나 자국산업을 보호하기 위한 것이라고는 하나, 국제기업들이 국제가격을 결정하는데 있어서 커다란 제약요인이 되고 있다.

우선 현지국 정부의 반덤핑(antidumping) 규제조치를 들 수 있는데 실제로 우리나라 기업들은 미국, EU 등 주요 시장국에 제품을 판매함에 있어서 선진국, 특히 미국 및 유럽국가들의 반덤핑 조항에 저촉되어 많은 피해를 입은 바 있다. 따라서 해외시장국의 반덤핑규제는 가격의 하한선을 결정함에 있어 반드시 고려되어야 한다.

또한 국가마다 정도의 차이는 있으나, 각국 정부들은 공정거래법(Fair Trade Act), 독점금지법(Anti-Trust Act)이라는 이름 하에 기업들의 불공정 행위를 엄격히 규제하고 있다. 대체로 선진공업국일수록 효율적 경쟁을 조장하기 위해 보다 강력한 규제를 실시하고 있는 것이 보통이다. 그리고 어떤 국가에서는 외국제품의 가격을 통제하기도 한다. 예를 들면, 수입가격이 너무 높거나 혹은 낮은 경우 당해 제품의 수입허가서를 발행하지 않거나 외환사용을 불허함으로써 국내산업을 보호하고 불요불급품의 수입을 억제하려고 한다. 한편 수입국의 관세율구조도 국제가격전략에 영향을 미친다. 관세부과는 일반적으로 수입품의 시장가격을 상승시키므로 해당시장에서 동일한 판매량을 유지하기 위해서는 수출가격을 인하해야 할 경우가 생긴다. 완제품의 관세율이 높은 반면에 중간재의 관세율이 낮은 해외시장에서는 원재료 및 부품을 수입하여 현지에서 조립가공하는 것이 바람직하다고 볼 수 있다.

그러므로 해외시장에 관심을 가지고 있는 기업들은 현지국 정부의 가격과 직간접적으로 관련된 각종 법규정 등을 면밀하게 검토한 후에 제품의 최종가격을 결정할 필요가 있다.

4) 환율변동

종래의 세계무역은 쉽게 서면화될 수 있었고 대금지급은 비교적 안정된 통화로 명시되었다. 미국의 달러화가 그 기준이었으며 모든 거래는 달러화에 관련될 수 있었다. 현재 모든 주요 통화는 다른 통화에 비례하여 자유로이 변동하고 있다. 그리하여 많은 기업들은 거래가 판매기업의 자국통화의 점에서 서면화 되기를 주장하고 있다. 국제경영에 적극적인 기업들은 통화변동을 더욱 의식하고 있지만, 그에 대하여 자신을 보호할 보다 적절한 방법을 발견하지 못하고 있다. 장기계약에서 환율이 신중하게 고려되지 못 할 경우 기업은 부지중에 15~20%의 할인을 하는 결과가 될 수도 있다.

환율변동을 평가절하(devaluation)와 재평가(revaluation)로 구분할 수 있다. 평가절하는 일국의 통화를 타국의 통화에 비하여 그 가치를 감소시키는 것이며, 재평가는 그 가치를 증가시키는 것이다. 평가절하의 결과로 인한 수입상품의 비용상승은 평가절하국에서 비용 및 가격을 상승시키게 되어 그만큼 수요가 감소한다고 할 수 있다. 그리고 평가절하는 수출업자에게 ① 비용증가가 없는 총이윤의 증가, ② 해외시장에서의 가격인하와 판매확대로 인한 이익의 증가, 그리고 ③ 마케팅 노력의 증가에 의하여 이익을 증가시킬 기회를 제공해 준다. 재평가는 이와는 반대의 효과를 가지게 되며, 외국통화국에서의 상품의 가격은 재평가금액만큼 상승하게 된다.

따라서 국제적인 판매자는 ① 가격증가분의 고객에 대한 전가, ② 가격증가분의 흡수와 그리고 이익수준의 유지를 위한 운영 또는 마케팅비용의 절감, ③ 자국에서의 가격인하에 의한 외국에서의 증가분의 흡수, 또는 ④ 운영 및 마케팅 비용수준의 유지와 저운영이윤의 수용에 관한 여부를 결정해야 한다.

그런데 환율변동에 관한 반응은 관여된 제품에 의존할 수도 있다. 즉 제품이 어느 정도 특유하고 쉽게 모방할 수 없는 경우에는 판매자는 보다 많은 협상의 여지를 가지게 되며, 환율변동으로 인한 손실의 전가여부는 구매자가 누구인가에 달려 있다. 구매자가 중간상인인 경우에는 그는 고객에게 높은 가격을 전가시킬 수 있지만, 구매자가 최종사용자인 경우에는 가격양보를 얻기가 어려울 수 있다.

5) 인플레이션

1970년대의 두 차례에 걸친 석유파동이후 인플레이션은 거의 전 세계적인 현상이지만, 각국마다 인플레이션율에는 상당한 차이가 있다. 높은 인플레이션 현상은 급속한 원가상승요인이 되기 때문에 국내마케팅에 있어서도 가격결정시 중요한 고려요소 중의 하나이지만 다음과 같은 이유 때문에 국제마케팅에 있어서는 특히 중요한 의미를 지닌다.

첫째, 인플레이션을 억제하기 위하여 현지국 정부가 가격통제를 실시하게 될 가능성이 있다. 이 경우 기업의 입장에서는 가격을 적극적인 마케팅전략의 수단으로 활용할 수 있는 여지가 줄어든다.

둘째, 인플레이션율이 높은 나라일수록 엄격한 외환통제를 실시한다는 것이 일반적이다. 이 경우 수출 자체가 불가능해 질 수도 있으며, 현지국에서 아무리 많은 이익을 올린다 하더라도 높은 인플레이션 때문에 현지국 통화가 평가절하되면 실제 이익은 얼마되지 않고 그마저 송금이 어려운 때가 많다.

따라서 해외시장에 제품을 판매할 때는 본국은 물론 현지국의 인플레이션율까지 고려하여 적정한 수준에서 가격을 책정함으로써 어렵게 포착한 해외시장기회가 기업에게 적자를 초래하는 일이 없도록 해야 한다.

6) 시장점유율

제품의 시장점유율이 높은 국제기업은 가격결정에서 유연성을 발휘할 수 있다. 이는 국제기업이 낮은 생산비용과 적은 마케팅비용으로 규모의 경제를 달성할 수 있어 국제가격을 인하시킬 수 있기 때문이다.

이것은 국제기업이 효율적으로 국제마케팅전략을 수행하기 위해서는 적절한 수준 이상의 시장점유율을 확보하고 있어야 한다는 것을 의미한다.

예를 들어 현대전자가 미국시장에 손해를 감수하며 퍼스널 컴퓨터(personal computer)를 저가로 판매한 것은 일정수준 이상의 시장점유율을 확보한 후 고가의 모델을 판매하기 위한 전략이었다. 그러나 시장점유율을 높이기 위한 무리한 시장선점(strong preoccupation)은 기업에 큰 손실을 야기시켜 기업경영에 치명적일 수도 있다. 하나의 예로 제너럴 모터스(General Motors)사의 독일 현지자회사인 오펠(Adam Opel)사와 영국의 자회사인 복스홀(Vauxhall)사는 경쟁사인 유럽의 자동차 제조회사들보다 낮은 가격으로 제품을 판매하여 시장점유율을 상당히 높일 수 있었다. 그러나 이윤을 확보하지 못했기 때문에 판매실적이 증대될수록 손실폭이 커지는 오류를 범하였다.

지금까지 국제기업이 국제가격을 결정할 때 영향을 미치는 여러 가지 요인에 대해 살펴보았다. 그런데 일반적으로 국제가격결정에 영향을 미치는 요인은 국내시장이나 해외시장이나 다를 바 없지만, 차이가 있다면 해외시장에서의 가격결정은 앞에서도 설명한 여러 가지 요인 외에도 다음과 같은 몇 가지 요소를 추가적으로 고려해야 한다.

첫째, 세계 어느 지역에서나 제품가격은 가능한 한 동일하게 유지되어야 한다. 왜냐하면 가격이 모든 해외시장에서 균형을 유지해야만 현지시장의 유통업체와 해외업체의 경쟁을 막을 수 있기 때문이다.

둘째, 해외시장에서의 윤리적 고려사항은 국내시장과는 차이를 두어야 한다. 이를테면, 제약회사가 특정약품을 개도국시장에다가 판매할 경우에는 이윤이 다소 줄더라도 선진국시장보다 낮은 이윤을 고려한 가격을 산정하는 것이 윤리적으로 바람직하다고 볼 수 있다.

셋째, 해외시장의 가격결정에 보다 중요한 요소로서 가격세분화를 고려해야 한다. 이를테면, 사하라사막의 유목민들은 극히 가난한 민족들이지만, 그 곳의 기후조건으로 인해 고가의 의류를 필요로 하고 있으며, 유럽에서 가장 낮은 소득수준을 가지고 있는 포르투갈의 경우에도 60,000달러 이상의 고급자동차의 수요가 가장 많은 시장이다.

(사례) 고가 휴대전화 700,000원과 699,900원의 차이

휴대전화 모델수가 다양해지면서 제품출시가격도 적게는 30만 원, 많게는 80만 원대에 이르기까지 천차만별이다. 특히 삼성, LG전자 등 휴대전화 제조사들이 주력제품들을 앞다퉈, 초고가에 내놓으면서 "휴대전화 가격이 너무 비싼 것 아니냐"는 소비자들의 목소리도 높다.

고물가시대, 소비자들이 느끼는 심리적인 휴대전화 가격저항선 역시 만만치 않은 셈이다. 업체들은 이같은 소비자들의 가격저항선을 줄이기 위해 시작되는 가격대 숫자를 낮춰, 'XX만 9천 몇 백원' 으로 출시가격을 100원 단위로까지 세분화해 선보이고 있다. 싸게 샀다는 심리적 효과를 주면서, 판매를 촉진시키기 위한 '단수가격(Odd Pricing)효과'를 노린 것이다. 휴대전화의 출시가격은 이동통신사와 제조사간 협의를 통해 결정된다. 신제품이 나올 때마다 서로 밀고 당기는 가격협상도 만만치 않다.

삼성이 국내시장에 내놓는 전략폰 소울은 출시가격이 69만 몇천원 수준에서 결정될 것으로 보인다. 500만화소 카메라, DMB 기능이 탑재된 소울은 앞서 선보인 기능이 비슷한 제품과 비교할 때, 70만 원이 넘을 것으로 예상됐다. 500만화소폰 포토제닉폰의 첫 출시가는 75만 9000원이였다. 주력제품인 햅틱폰이 현재 비싼 가격에 팔리고 있는 상황에서, 소울 역시 70만 원을 넘기는 것이 삼성도 부담스러웠기 때문이다. 60만 원 후반대와 70만 원대는 가격 체감지수가 다를 수 밖에 없다. 햅틱폰의 가격도 79만 9700원이다. 올 2월 선보인 진보라폰도 69만 9600원. 내수시장에서 주력 제품으로 밀고 있는 삼성 휴대전화의 가격이 XX만 9천 몇 백 원으로 출시된 셈이다. 사용의 편리성과 저렴한 가격으로 중장년층에게 큰 인기를 모았던 LG의 와인폰 후속모델도 39만 9300원에 출시됐다. 터치웹폰(67만 7600원), 디스코폰(65만 1200원) 등 LG가 내놓은 터치폰 주력제품들의 가격도 100원 단위로까지 세분화됐다.

자료원 : 헤럴드경제, 2009, 9, 20.

주요용어

1. 전부원가법(full-cost pricing)
2. 증분원가법(incremental-cost pricing)
3. 이익공헌법(profit-contribution pricing)
4. 상층흡수 가격전략(skimming-price strategy)
5. 개발가격전략(development-price strategy)
6. 경쟁적 가격전략(competitive-price strategy)
7. 프리미엄 가격전략(premium-price strategy)
8. 차별가격전략(discrimination-price strategy)
9. 최저가격(price floor)
10. 최고가격(price ceiling)
11. 최적가격(optimum price)
12. 단수가격(odd pricing)

연습문제

1. 국제가격전략의 특성에 대하여 설명하시오.
2. 국제가격전략의 목표에 대하여 설명하시오.
3. 국제가격전략의 결정방식에 대하여 설명하시오.
4. 국제가격전략의 종류에 대하여 설명하시오.
5. 국제가격을 결정할 때 영향을 미치는 요인을 내부요인과 외부요인으로 나누어 구체적으로 설명하시오.

참고문헌

1. 김동기 · 한선민, 국제마케팅론, 박영사, 1997.
2. 김 철 · 박주욱, 국제마케팅론, 신영사, 1998.
3. 권영철, 글로벌 수출마케팅, 무역경영사, 2002.
4. 박기안, 국제마케팅론, 법경사, 1998.
5. 반병길 · 이인세, 글로벌마케팅, 박영사, 2008.
6. 이승영, 국제마케팅, 일신사, 1993.
7. 이장로, 국제마케팅, 무역경영사, 2003.
8. 이효준, 마케팅열전, 그린비, 1995.
9. 원종근 · 현인규 · 지남웅, 국제마케팅론, 법문사, 1995.
10. 정헌배 · 김희철, 지구촌마케팅, 법문사, 1997.
11. Bennett, R., *International Marketing : Strategy, Planning, Market Entry and Implementation*, Kogan Page, 1999.
12. Cateora, P. R., *International Marketing*, 7th ed., Homewood Ill. : Richard D. Irwin. Inc., 1990.
13. Cundiff, E. W. and Hilger, M. T., *Marketing in the International Environment*, 2nd ed., Englewood Cliffs, N. J. : Prentice-Hall Inc., 1988.
14. Doole, I. and Lowe, R., *International Marketing Strategy : Analysis, Development and Implementation*, 3rd ed., Thomson Learning, 2001.
15. Jain, S. C., *International Marketing Management*, 3rd ed., Boston : PWS-KENT Publishing Company, 1990.
16. Keegan, W. J., *Global Marketing Management*, 4th ed., Englewood Cliffs, N. J. : Prentice-Hall Inc., 1989.
17. Kotabe, M. and Helsen, K., *Global Marketing Management*, John Wiley and Sons, Inc., 1998.
18. Kotler, P. and Armstrong, G., *Principles of Marketing*, 4th ed., New Jersey : Prentice-Hall Inc., 1989.
19. Majaro, S., *International Marketing*, 2nd ed., London : George Allen and Unwin, 1982.
20. McDaniel, C. Jr., *Marketing*, New York : Harper and Row, 1982.
21. Meloan, T. W. and Graham, J. L., *International and Global Marketing : Concepts and Cases*, 2nd ed., McGraw-Hill Book Company, 1998.
22. Root, F. R., *Foreign Market Entry Strategies*, New York : AMACOM, 1982.
23. Terpstra, V., *International Marketing*, 2nd ed., Hinsdale, Ill. : Dryden Press, 1978.
24, Terpstra, V. and Russow, L., *International Dimensions of Marketing*, 4th ed., South-Western College Publishing, 2000.
25. Terpstra, V. and Sarathy, R., *International Marketing*, 7th ed., The Dryden Press, 1997.

제12장

국제유통경로전략

유통경로는 국제제품, 국제가격, 국제촉진 등의 다른 국제마케팅믹스의 의사결정에 많은 영향을 주기 때문에 적절한 유통경로의 선정과 성과는 곧 기업성공의 중요한 결정요인의 하나가 되고 있다. 이와 같은 관점에서 이 장에서는 국제기업이 국제마케팅활동을 전개하는데 있어서 국제유통경로전략의 중요성을 재인식하고자, 국제유통경로전략의 기능과 목표를 살펴본 후, 국제유통경로의 제약요인, 국제유통경로전략의 여러 가지 유형에 대해 설명하기로 한다.

국제마케팅의 유통과정은 국내마케팅의 유통과정과 마찬가지로 소비자들을 위한 시간효용, 장소효용, 그리고 소유효용과 관련된 모든 활동을 포함하고 있다. 제품의 품질이나 성능이 아무리 뛰어나다 하더라도 소비자들이 원하는 시기와 장소에서 제품을 구입할 수 없다면 아무런 의미가 없기 때문에 유통전략은 아주 중요한 의사결정사항이다. 뿐만 아니라 기업이 어떤 경로를 선택하느냐에 따라 가격, 광고, 제품 등 다른 마케팅 의사결정에도 많은 영향을 미치기 때문에 유통경로의 선정문제는 기업들이 직면하고 있는 여러 의사결정문제들 중에서 가장 핵심적인 부분 중의 하나이다.

그런데 원활한 유통을 위해서는 유통경로가 효율적으로 구축되고, 관리되어야 하는데, 여기에서 유통경로(distribution channel)란 제품이나 서비스가 소비되거나 사용될 수 있도록 하는 과정과 관련된 일체의 상호의존적인 조직을 말한다.

이러한 유통경로의 개념은 제품의 운송·보관 등의 물적유통 뿐만 아니라 대금·정보·촉진활동의 흐름, 생산자와 중간상 및 판매상과 소비자 사이의 매매협상을 통한 소유권 이전 등을 모두 포함하는 넓은 개념이다. 따라서 유통경로에는 기업내부의 마케팅관련 조직 및 대리상·딜러·도매업자·소매상 등 기업외부의 독립적인 중간상이 포함된다.

요즈음 마케팅믹스(marketing mix) 내에서 차지하는 유통의 상대적인 중요성은 점차적으로 증가하는 추세이며, 한 번 설계된 유통경로는 쉽게 변경하기가 어렵다는 장기적 특성 때문에 그 전략적 중요성이 매우 높다고 할 수 있다.

제1절 국제유통경로의 의의와 기능

1. 국제유통경로의 의의

국제유통경로(international distribution channel)란 기업이 생산한 재화, 용역을 해외소비자들이 사용할 수 있도록 하는 과정과 관련한 일체의 조직을 말한다. 즉 제품이나 서비스를 제조업자에서 최종소비자로 전달하는 도구를 제공하는 것으로 국제마케팅전략에서 중요한 역할을 한다. 기업은 소비자의 욕구를 만족시키고 기업목표를 달성하기 위해서는 제품과 서비스가 해외시장의 소비자가 원하는 적절한 상태로, 정해진 시간에, 접근 가능한 장소로, 그리고 적당한 수량으로 제공되어져야 하는데 이러한 효용을 창출하는 기능이 유통경로이다. 이처럼 국제기업의 마케팅관리자는 각국의 유통구조를 면밀히 분석한 후에 여러 형태의 중간상들의 활용 가능성과 구체적 기능, 효과 및 고용 등을 고려하여 합리적인 유통구조전략을 수립해야 성공적인 마케팅전략을 추진해 나갈 수 있다.

2. 국제유통경로의 기능

국제유통경로의 구성원인 개인이나 조직은 제품을 생산자로부터 해외시장의 소비자에게 이전시키는 과정에서 여러 가지 기능을 수행한다. 이러한 기능은 크게 거래기능, 물적유통기능, 정보수집기능, 그리고 촉진기능으로 구분하여 설명할 수 있다.

1) 거래기능

여기에는 구매기능, 판매기능, 그리고 위험부담기능이 있다. 구매기능이란 재판매를 위해 여러 공급자로부터 제품을 구입하여 재판매 혹은 재생산을 위해 제품을 구입하는 기능을 의미하며, 판매기능이란 잠재고객에 대한 판매활동거래의 성립, 계약조건의 확정 등의 기능을 말하는 것으로 실질적인 경로구성원이 담당하는 기능이다, 또한 위험부담기능은 재고유지 및 제품의 진부화를 포함한 여러 위험을 부담하는 기능을 수행하고 있다.

2) 물적유통기능

여기에는 보관기능, 구색기능, 그리고 운송기능이 있다. 보관기능이란 제품을 보관하고 적정한 재고를 확보하고 유지하는 기능을 수행하는 것을 의미하며, 구색기능은 잠재고객을 위해 여러 가지 제품으로 구색을 갖추어 다양한 제품을 보유하는 것을 말한다. 또한 운송기능이란 공급자의 지역에서 소비자의 지역으로의 이동을 의미하는 것이다. 이러한 보관, 구색, 운송기능은 제조업체를 대신하여 수요가 있는 장소와 시간까지 제품을 운송하고 보관 및 구색의 기능을 담당함으로서 제조업체를 생산에 전념하게 할 수 있게 한다.

3) 정보수집기능

정보수집기능이란 시장정보의 교류기능을 담당한다는 것이다. 유통조직은 속성상 생산자와 소비자들 사이에 위치하기 때문에 지속적으로 이들과 접촉을 하고 있다. 이는 소비자들의 욕구와 취향이 어떻게 분포되고 변화하고 있는가를 가장 신속하고 정확하게 파악할 수 있으며, 동시에 누가 이러한 요구들에 부응하는 제품이나 서비스를 공급할 수 있는지를 가장 잘 알 수 있다. 이러한 정보를 바탕으로 생산과 소비를 효과적으로 연결하여 자원배분을 조절하는 기능을 할 수 있다. 즉 제품이나 서비스를 필요로 하는 사람과 이를 공급할 수 있는 사람들을 찾아내 이들의 거래를 설득함으로서 교환을 촉진시키는 기능을 수행한다.

4) 촉진기능

여기에는 제품분류기능, 금융기능, 그리고 판매촉진기능이 있다. 제품분류기능이란 다양한 제품의 판매를 위해 소비자의 노출에 용이하도록 제품을 적재적소에 배열하거나 배치하는 제품분류를 의미한다. 금융기능이란 제조업체들의 재생산을 위한 자금부담을 줄여주고, 동시에 당장은 지불능력이 없는 소비자들에게 신용판매를 함으로서 소비를 원활하게 하고 거래를 촉진시키는 기능을 수행한다. 또한 판매촉진기능이란 소비자에게 구매를 자극하고 소비자에게 실제 구매에 이르게 하는, 즉 소유권이 이전되도록 노력하는 기능을 수행한다.

제2절 국제유통경로의 구조

국제기업이 국제마케팅전략에 따라 해외시장에 진출하고자 할 경우에는 우선 목표 대상시장을 선정한 후에 어떠한 방식으로 진입할 것인가, 즉 어떠한 유통경로를 선택하여 진입할 것인가를 결정하여야 한다.

오늘날 기업활동이 보다 다양화되고 넓어짐과 동시에 세분화됨에 따라 유통경로는 더욱 복잡하게 되었다. 또한 유통경로는 환경이 변화함에 따라 계속적인 변화를 거듭하기 때문에 명확하게 형태를 규정하기는 어렵다. 하지만 국제마케팅 관리자는 보다 효율적인 유통경로를 확보하기 위하여 유통경로를 명확히 이해하고 있어야 하며, 변화에 능동적으로 대처하기 위하여 유연성 있는 태도를 지녀야 한다.

국제유통경로는 표적시장에 있는 소비자들의 욕구에 따라 다양하게 조직될 수 있다.국제마케팅 관리자는 유통경로상에 다양한 형태의 중간상들을 포함시키거나 혹은 중간상의 참여를 배제시킬 수 있다. 또한 기업은 하나의 유통경로를 이용하거나 둘 이상의 서로 다른 유통경로를 활용할 수도 있다.

국제유통경로의 유형은 제조업자가 생산하는 제품의 특성에 따라 달라지는데 크게 소비재 유통경로와 산업재 유통경로로 나눌 수 있다. 그런데 일반적으로 산업재의 유통경로가 소비재의 유통경로보다 짧다. 그 이유는 산업재의 경우 소비재 시장과는 달리 소수의 대규모 구매자들로 구성되어 있고, 산업재 자체가 복잡하며, 단위당 규모 또한 크기 때문에 전문화된 지식과 판매후 서비스를 필요로 하기 때문이다.

1. 소비재의 국제유통경로

소비재의 유통경로는 [그림 12-1]에서 보는 바와 같이 네 가지 유형으로 나누어 볼 수 있다.

[그림 12-1] 소비재의 국제유통경로

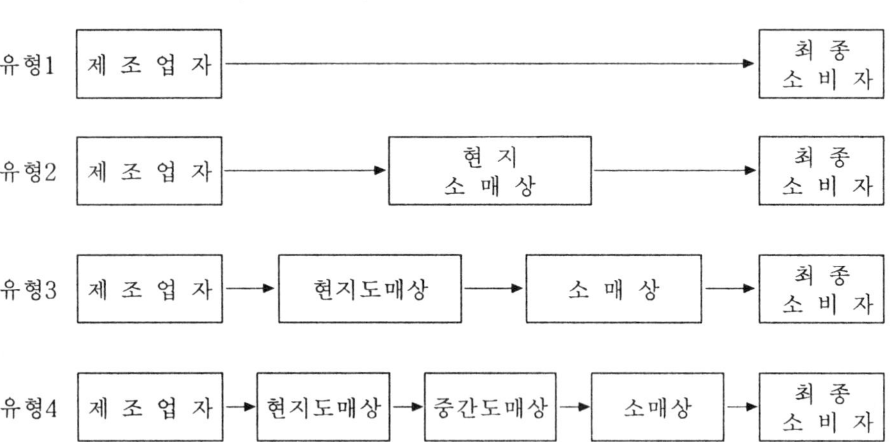

유형1은 제조업자가 중간상의 개입 없이 현지시장에 있는 최종소비자에게 직접 판매를 하는 형태로 가장 단순한 유형이다. 이러한 유통경로는 제조업자와 소비자가 직접 거래를 하는 직접판매(direct selling)와 판매인력을 통하지 않고 카탈로그나 DM(direct mail)을 이용하여 커뮤니케이션을 하는 직접마케팅(direct marketing)의 두 가지 형태가 있다. 인터넷 보급의 확산에 따라 이러한 유형의 유통경로는 중소 수출기업에게 많이 활용될 수 있다.

유형2는 하나의 중간상이 개입된 형태로서 제조업자가 현지시장에 있는 소매상을 통해 최종소비자에게 판매하는 유형이다.

유형3은 소비재의 가장 일반적인 유통경로형태로서 다수의 소규모 현지소매상들이 제조업체로부터 제품을 구입하여 판매하기에는 재정적인 능력이 부족하기 때문에 재정적 능력이 충분한 현지도매상이 제조업자로부터 구입한 제품을 재구매하여 최종소비자에게 판매하는 형태이다.

유형4는 제조업자와 최종소비자 사이에 세 단계의 중간상이 개입되는 형태이다.

이러한 유통경로는 현지시장의 도매상과 소매상 사이에 중간도매상이 개입하게 되고, 이들은 대형도매상들이 직접 공급하기 어려운 소규모 소매업자들에게 제품을 공급해 주는 역할을 수행한다.

2. 산업재의 국제유통경로

산업재의 유통경로 역시 [그림 12-2]에서 보는 바와 같이 네 가지 유형으로 나누어 볼 수 있다.

[그림 12-2] 산업재의 국제유통경로

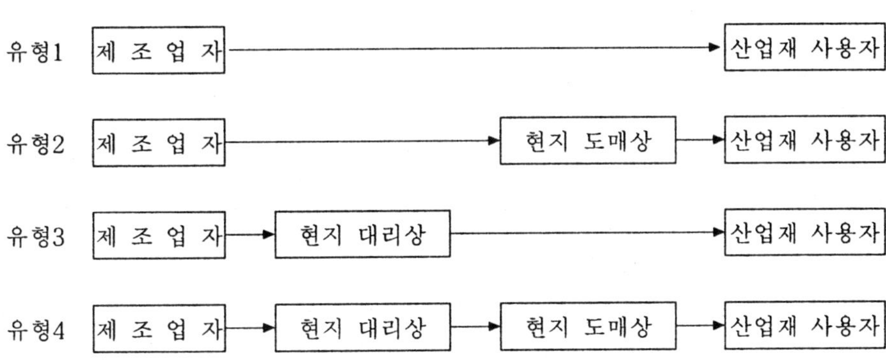

유형1은 직접유통의 형태로서 제조업자와 해외시장에 있는 산업재 사용자간의 직거래로 이루어지는 형태이다. 이러한 유통경로는 산업재 제조업자가 소수의 기업체 고객을 대상으로 모든 유·무형의 서비스를 제공하는 경우이며, 특히 기술적 지원을 보다 많이 제공하는 형태이다. 대형이면서도 고기술, 고가의 제품인 항공기나 슈퍼컴퓨터의 경우 이러한 유통경로를 따른다.

유형2는 산업재 유통업자라 불리우는 현지도매상이 제조업자와 산업재 사용자 사이에서 중개인 역할을 하는 형태이다. 즉 현지도매상이 제조업자로부터 제품을 구매하여 산업재 사용자에게 판매하는 것으로 판매제품의 소유권을 가지고 활동하는 유형이다. 제조업자 입장에서 사용자의 수가 증가하고, 구매규모가 감소할 경우 직접판매를 할 수 없기 때문에 산업재 유통업자인 현지도매상을 이용한다.

유형3은 제조업자 입장에서 산업재 사용자의 수나 구매량이 너무 적어 현지도매상을 이용할 수 없을 때 현지대리상이 그 역할을 대신하는 유형이다.

유형4는 소규모 제조업자가 대규모 도매상을 통하여 제품을 유통시키려 할 때 나타나는 형태로써 현지대리상은 제조업자와 도매상을 이어주는 역할을 한다. 대부분 자체판매인력을 보유하고 있지 않은 소규모 제조업자들은 도매상에게 제품을 대량으로 판매하기 위하여 현지대리상을 이용한다. 현지대리상은 자체 판매인력을 이용하여 제조업자의 제품을 도매상에게 판매해 주고, 이 도매상은 그 제품을 산업재 사용자에게 판매하게 된다.

제3절 국제유통경로전략의 목표

국제유통경로를 관리하는데 있어서 우선적으로 고려해야 할 사항은 국제유통경로전략의 목표이다. 국제기업들은 이러한 목표에 의거하여 해외 유통업체를 선발하고 이들이 기업의 목표와 전략에 따라 본연의 기능을 수행할 수 있도록 동기를 부여하고 통제하는 것이 필요하다.

국제유통경로전략은 보통 6C's라고 불리우는 여섯 가지 전략적 목표에 따라 수립되고 집행된다. 여기에서 6C's란 비용(cost), 소요자본(capital requirement), 통제(control), 시장침투범위(coverage), 특성(character), 연속성(continuity)을 말하는데 이에 대해 구체적으로 살펴보면 다음과 같다.

1. 비용

유통경로와 관련된 비용은 두 가지로 분류할 수 있다. 하나는 유통경로를 개발하는데 사용되는 투자비용이나 자본이고, 다른 하나는 유통경로을 유지하는 데 필요한 계속적인 비용이다. 유통경로의 유지비용은 기업체의 판매망을 유지하는 직접비용의 형태가 될 수도 있고, 기업의 제품과 용역을 취급하는 여러 중간상에게 지급하는 이윤이나 커미션의 형태가 될 수도 있다. 또는 그 이외에도 중간상과 거래를 유지하는데 들어가는 관리비, 수송비, 보관비, 현지 광고비 등이 포함된다.

전반적인 유통전략은 경로비용을 감소시키는 바람직한 목표와 다른 유통전략목표인 소요자본, 통제, 시장침투범위, 특성 및 연속성을 최적화하는 목표 사이에 균형을 잡는데 기반을 두고 있다.

혹자는 중간상을 배제하여도 중간상의 유통기능이나 그 비용은 없앨 수 없다고 하지만, 창의적인 마케팅을 하면 여러 상황에서 유통비용을 감소시킬 수 있는 방법이 많다. 실제로 유통경로를 짧게 하는 것도 비용감소의 한 방법이 된다.

예를 들면 멕시코의 TV와 라디오 제조업체인 Majestic Group은 저가격으로 년 3,600만 달러의 판매고를 올렸는데, 그 이유는 중간상을 배제하고, 자체 도매기구를 이용함으로써 이윤을 감소하여 저가격을 실현시킬 수 있었기 때문이다.

2. 소요자본

소요자본에 관한 문제는 재무관리의 영역이라고 생각되기 때문에 마케팅분야에 있어서는 등한시되기 쉽다. 그러나 자본의 소요액과 소요시기 등을 고려하지 않는 마케팅전략은 그 실익을 거둘 수 없다.

유통경로의 개발에는 많은 자본이 소요된다. 유통업자나 중간상 등을 잘 이용하면 소요되는 자본의 양을 크게 줄일 수 있다. 제품의 판매초기에는 유통업자와 중간상들에게 일정한 보조금을 지급하는 방법을 사용하기도 한다.

소요자본의 조달방법은 여러 가지가 있겠으나 일반적으로 제품을 판매함으로써 얻어지는 현금유입(cash inflow)의 흐름과 밀접한 관계가 있다. 현금유입의 양과 시기에 맞추어 현금자산의 재활용 계획 내지 부채상환 계획을 수립해야 하기 때문이다. 현금유입의 양과 시기는 어떤 유통경로를 선택하는가에 따라 그 흐름이 다소 다르다. 유통업자나 중간상을 이용하는 경우 제품이 그들에게 이전됨과 동시에 현금이 유입될 수도 있으나, 대리점을 이용하는 경우에는 대개 제품이 최종소비자에게 완전히 이전된 후에 현금이 유입된다.

3. 통제

국제마케팅을 효과적으로 통제하려면 누구나 알 수 있는 논리적인 몇 가지 단계에 걸쳐 행동을 취해야 한다. 이들 여러 단계는 국내마케팅의 그것과 원칙적으로는 같으나 집행하는데는 둘 사이에 상당한 차이가 있을 수 있다. 그 이유는 환경여건의 차이와 국제마케팅이 지니는 특수한 문제 때문이라고 본다. 국제마케팅의 통제 단계는 다음과 같다.

① 통제목표의 수립
② 통제방법의 선정
③ 통제기준의 설정
④ 책임소재의 규명
⑤ 커뮤니케이션 시스템의 확립
⑥ 통제결과의 평가 및 수정

기업체 경영층은 국제마케팅의 전반적인 목적뿐만 아니라 구체적인 장·단기 목적을 미리 책정해 둘 필요가 있다. 그러한 제목적은 현실적이고 계획수립과 통제제도를 통하여 충분히 달성할 수 있는 것이어야 한다. 그러한 목적이 미리 결정되지 않고서는 국제마케팅활동에 얼마만큼의 자원을 투입하고 어떠한 결과를 기대할 수 있는가를 판단하기가 어렵다.

국제마케팅을 새로이 시작하든지 이미 상당한 규모의 운영을 하고 있든지 간에 경영층은 기업체의 기본목표와 운영부서별의 구체적 목적을 모든 구성원에게 알려 줄 필요가 있다. 그러한 목표와 목적은 구체적이어야 하고 문서로 전달해야만 구성원들은 기업체의 미래방향을 인식할 수 있고, 그 달성을 위해 구체적으로 어떠한 운영을 해야 한다는 것을 제의할 수 있게 된다.

목표와 목적에는 매상고, 이익, 시장점유율 등 계수적으로 표시할 수 있는 것은 물론 제품노출의 증대, 기업체 및 제품의 이미지 향상, 유통구조의 개발 등과 같은 질적인 것도 포함해야 한다. 그러나 되도록 계수적으로 명확히 표현하는 것이 의사소통을 촉진시키고 목표와 결과를 비교 분석하는데도 좋다.

아울러 기업체가 자사제품의 유통에 깊이 개입하는 중요한 이유의 하나는 마케팅경로를 통제하기 위해서이다. 일반적으로 기업체의 자체 판매요원들이 유통에 직접 관여하게 되면 통제가 최대한으로 가능해진다. 이 때 유통경로도 역시 상당히 증가하는 문제가 따른다. 일반적으로 경로의 형태와 중간상의 종류에 따라서 통제가능한 정도와 성질이 각기 달라진다. 또한 일반적으로 유통경로가 길어질수록 기업체가 경로상의 기구와 가격, 판매량, 촉진방법, 중간상의 형태 등을 통제할 수 있는 능력이 약화된다. 이외에 통제에 대한 구체적인 내용은 뒤의 제15장에서 살펴보기로 한다.

4. 시장침투범위

국제유통경로전략의 주요 목표 중의 하나는 완전한 시장침투(full market coverage)를 달성하는 것이다. 이것을 구체적으로 설명하면 첫째, 기업이 진출하고 있는 해외 시장국 내에서 달성가능한 최대의 판매고를 올리고, 둘째, 적절한 수준의 시장점유율을 유지하고, 셋째, 계속적인 시장침투로 시장을 확대해 나가는 것을 의미한다.

그런데 국제기업이 추구하는 시장침투범위에 따라 시장국별로, 또는 지역별로 유통경로체계를 달리해야 경우도 있다. 일반적으로 시장이 고도로 발달된 지역이나, 소비자가 광범위하게 분산되어 있는 지역에서는 치열한 경쟁과 적절한 유통경로의 부족으로 인해 완전한 시장침투를 달성하기가 어렵다. 따라서 기업들은 모든 시장에서 완전한 시장침투를 추구하기 보다는 주요 인구밀집지역을 대상으로 마케팅노력을 집중시키는 경우가 많다. 경쟁제품이 특정시장국 내에서 이미 시장기반이 확고히 구축되어 있다면, 기업이 많은 비용을 투입하고, 창의성을 발휘한다 하더라도 성공하는데는 한계가 있기 마련이다. 물론 기존의 경쟁자를 물리치고 확고한 시장기반을 구축할 수도 있겠지만, 그에 따른 투입비용이 수익보다 클 때가 흔히 있다는 것을 인식할 필요가 있다. 적은 인구가 광범위한 지역에 분산이 되어 있어 이익을 올릴 가능성이 낮은 시장에서는 경제적인 유통에 제약이 많다.

한편, 시장침투의 범위에는 기업의 모든 제품계열이 진출시장국을 완전히 커버하는 것이 포함된다. 따라서 완전한 시장침투를 위해서는 하나의 유통경로에 의존할 것이 아니라 가능한 모든 유통경로를 이용해야 한다. 가령 유통경로를 중간상에게 전적으로 일임하는 경우 중간상은 자신에게 이윤이 많이 남거나 판매가 손쉬운 제품계열만을 취급하고 나머지 제품계열은 등한시하거나 소홀히 취급하는 경우가 많다. 그리하여 모든 제품계열에 대해 시장을 커버하지 못하여 수익성있는 해외유통시스템의 구축이 어려워짐으로써 기업이 손해를 볼 수가 있다. 따라서 국제마케팅

관리자는 각 제품계열의 시장침투범위를 고려하여 국제유통경로전략을 수립하는 것이 중요하다.

5. 특성

국제기업의 유통경로시스템은 제품, 기업, 시장의 특성 등을 감안하여 융통성있게 조정되어야 하고, 또한 시간의 흐름과 환경의 변화에 따라 신축성있게 조화되어야 한다. 국제유통경로가 이러한 특성들과 적절히 조화되지 않으면 제품의 국제유통이 효율적으로 이루어지지 않을 것이다. 그 중에서도 기업체가 가장 우선적으로 고려해야 되는 요소는 제품의 특성인데, 여기에는 제품의 크기, 판매의 복잡성, 판매서비스 요건, 제품가치 등이 포함된다. 예를 들어 컴퓨터나 전자제품과 같이 기술적으로 복잡한 제품으로써 전문적인 지식이나 애프터 서비스가 중요한 제품, 부패성이 높은 제품, 대량물품(bulky product), 고가품의 경우에는 직접적인 유통경로를 이용해야 할 것이다.

또한 국제기업과 현지 유통업체의 특성을 조화시키는 것은 매우 어려운 일이다. 기업이 가지고 있는 자원 및 해외시장에 대한 경험, 기업의 국제화 정도와 조직구조, 해외시장에서의 기업 이미지, 기업이 원하는 각국 시장에 있어서의 침투시기와 속도 등에 따라 유통경로 역시 달라져야 한다. 그러나 각국별 유통구조의 차이, 유통경로의 특성 등으로 활용가능한 유통경로에는 많은 제약이 있으며, 독점적 유통(exclusive distribution)을 제한하거나 유통기구의 이윤을 법률로 규정하고 있는 경우도 있다. 그리하여 현지 유통경로의 특성을 무시하고, 진출기업의 기준에 따라서만 유통경로를 결정하여 파경에 이르는 경우도 적지 않다.

한편 국제마케팅 관리자들은 유통경로패턴의 변화에도 유의해야 한다. 특정시장에 있어서는 최적이었던 유통경로가 시간의 흐름과 시장환경의 변화로 인해 무용지물이 될 수 있기 때문이다. 유통경로패턴의 변화와 관련하여 두드러지는 현상은 광범위한 제품계열을 취급하는 대규모 유통기구들이 갈수록 늘어나고 있다는 점이다. 시장의 특성과 그 변화에 적합하도록 유통경로를 재구축하는 것이 필요하다.

6. 연속성

이상과 같은 목표외에도 국제마케팅 관리자는 해외유통경로의 연속성을 유지하기 위해 노력해야 한다. 기업의 국제유통에서 당면하는 중요한 문제 중의 하나는 국제유통경로기구의 수명과 관련된 것이다. 예컨대, 대부분의 중간대리상들은 한두명이나 또는 몇 명이 소규모로 운영하는 경우가 많다. 따라서 이러한 경우 운영책임자가 사망하거나, 은퇴한다든지, 또는 취급품목을 변경하게 되면 그에 의존하여 유통을 해 온 국제기업은 갑자기 해당시장에서의 유통경로를 상실하게 되는 경우도 있다. 도매상과 소매상들 역시 기업수명이 길지 않은 것이 보통이다. 대부분의 중간상들은 생산업체에 대한 충성도가 낮기 때문에 유통경로의 지속성에 대한 문제가 제기된다. 즉 특정브랜드의 제품이 잘 팔릴 때는 취급하지만, 잘 팔리지 않기 시작하면 취급하지 않는 경우가 많다. 계절적 제품의 경우 그러한 경향은 더욱 두드러진다. 이와 반면에 대리상은 중간상에 비해 비교적 충성도가 높은 편인데 제조업체는 이들에 대해서도 경쟁기업이나 다른 품목으로 변경하지 않도록 자사제품에 대한 상표충성도의 유지 및 제고를 위해 많은 노력을 기울여야 할 것이다.

이처럼 유통경로가 지속적으로 본연의 기능을 수행하도록 하기 위해서는 반드시 연속성을 지녀야 하며, 때로는 이 때문에 많은 기업들이 비용부담을 무릅쓰고 자체의 유통경로조직을 개발하기도 한다. 그러나 국제기업이 모든 유통경로를 내부화하는 것은 위험부담과 자금부담 등으로 불가능한 것이 보통이다. 따라서 국제마케팅 관리자는 자사제품의 효과적인 국제유통을 위해 해외유통경로가 지속적으로 유지되도록 하는 여러 가지 대안을 마련하고 있어야 할 것이다.

요약컨대, 국제유통경로전략의 수립에 있어서는 앞에서 언급한 6가지의 전략적 목표가 서로 조화되고 균형을 이룸으로써 경제적이고 효율적인 유통조직의 구축에 기여할 수 있어야 한다. 즉 전체 유통전략은 유통비용을 극소화하려는 목표와 자본, 시장 및 판매범위, 제품 및 기업특성, 연속성 등의 우위를 극대화하려는 목표 사이에서 적절한 균형을 유지하는 것이 바람직하다. 그리고 이는 국제기업의 장기적 유통정책 내에서 이루어져야 하며, 전반적인 마케팅목표에 부합되어야 함은 물론이다.

제4절 국제유통경로전략의 제약요인

가장 효과적인 유통관리의 출발점은 표적시장의 명확한 결정과 표적시장의 욕구와 선호도를 파악하는 일이다. 즉 잠재고객들은 어디에 위치하고 있는가? 그들의 정보원은 무엇인가? 또한 잠재고객이 선호하는 서비스는 무엇인가? 그들은 가격에 얼마나 민감한가? 고객선호도의 수준은 어떤 시장에서는 적절하지만, 다른 시장에서는 효과적이지 못하는 경우도 발생하기 때문에 조심스럽게 결정되어야 하며, 또한 제공하는 서비스비용을 결정하기 위해서는 각 시장에 대한 분석이 선행되어야 한다.

국제마케팅에서의 유통경로전략은 각 시장에서의 마케팅목표와 그 기업의 경쟁능력에 적합해야 한다. 국제기업의 마케팅목표와 능력에 부합하는 국제유통경로전략은 다음과 같은 여러 가지 요인들에 의해 제약을 받게 된다.

1. 고객의 특성

소비자들은 유통경로전략을 수립하는데 중요한 영향을 미친다. 국가마다 고객의 수, 지리적 분포, 소득, 구매관습 등이 다르기 때문에 해당지역의 소비자특성에 맞는 유통경로가 결정되어야 한다. 일반적으로 고객들의 수가 많으면 많을수록 시장발전수준에 관계없이 중간상들의 욕구도 그만큼 더 다양해진다. 예를 들어 각 국가시장의 산업재 고객이 단지 몇 명뿐이라면, 제조업자나 중간상들은 이러한 고객들과 직접 계약을 체결할 수 있다. 그러나 그 제품의 소비자가 아주 많다면 소매판로나 우편주문판매법에 의해 판매될 수밖에 없다. 소규모 소매상들이 많은 경우에는 도매상들을 경유하여 소규모 소매상들과 거래하는 것이 유통비용이 더 저렴한 반면에 대규모 소매상들에게는 직접 판매하는 것이 더 효과적이다. 이러한 일반적인 원칙은 경제발전의 수준과 관계없이 모든 국가에 적용될 수 있다.

2. 제품의 특성

제품의 특성은 중간상의 단계와 형태를 제약하는 요인이 된다. 일반적으로 해외시장에 진출시키고자 하는 제품의 특성은 기술적 복잡성, 가격, 품질, 표준화의 정도, 구매빈도, 이미지, 부패가능성, 크기, 서비스의 필요성 등이 포함된다. 예를 들어 부패하기 쉬운 제품의 경우에는 중간상의 단계를 최소화해야 한다.

표준화가 어려운 주문품이나 전문품의 경우에는 제품에 대한 전문지식을 가지고 있는 중간상이 필요하다. 만일 이러한 중간상을 확보하기 어려운 경우에는 제조업체가 직접 판매를 담당하여야 한다. 또한 제품의 설치와 지속적인 유지·보수 등 판매 후 서비스의 필요성이 높으면 높을수록 직접판매 또는 전속대리점을 통하여 판매하여야 한다.

3. 판매업자의 특성

판매업자의 형태와 거래방법 등 판매업자의 특성도 유통경로를 설정하는데 제약요인이 될 수 있기 때문에 국제기업은 기존판매업자의 특성을 인지해야 한다. 판매업자는 제조업자의 이익보다는 자신의 이익을 극대화하기 위하여 거래를 하며, 수요가 있는 제품·상표 및 제조업자에 관한 주문을 하며, 판매하기 힘든 제조업자의 제품에 관한 판매를 회피하는 관행이 있다. 이러한 관행은 신제품으로 시장진출을 시도하는 제조업자에게는 심각한 장애가 된다. 그리하여 이러한 판매업자의 관행을 회피하기 위한 방안으로 다음의 것을 들 수 있다.

첫째, 일정한 시장점유율을 얻기 위하여 직접유통조직을 설립하는 것이다. 표적시장의 일정한 점유율이 획득되고 나면 보다 비용효과적인 간접유통제도를 채택하게 된다. 이것은 간접유통이 직접유통보다 더 낫다는 것을 의미하는 것은 아니다.

둘째, 자사제품을 취급하는 판매업자판매원에 관한 모든 비용을 보조하는 것이다. 이 방법의 이점은 지원적 판매를 판매업자의 판매관리 및 물적 유통과 관련시킴으로써 판매관리 및 물적유통에 관한 비용을 배제하자는 것이다. 판매업자측으로는 신제품에 관한 무임(free)판매원을 얻는다는 것이다. 이 방법은 새로운 수출제품의 유통에 적합하다.

현지시장에서 판매업자의 선정은 대단히 중요한 과업이다. 유능한 판매업자는 첫째로, 제품에 대한 인격적이고 개인적인 열성이 있어야 하며, 둘째는 제품을 성공적으로 판매할 능력이 있어야 한다.

4. 환경적 특성

국제적으로 정치적, 경제적, 사회적 환경이 매우 이질적이기 때문에 이러한 환경요인과 변화추이에 따라 유통경로를 선택하는데 제약을 받게 된다. 예를 들어 경제여건이 어려워 제품판매를 위한 가격경쟁이 치열해지면 기업은 유통비용을 최소화할려고 노력할 것이다. 이를 위해 기업은 유통경로단계의 축소, 추가적인 서비스제공의 축소 등의 조치를 취하게 된다.

또한 현지국의 유통경로에 대한 법적규제와 제한도 역시 유통경로를 선택하는데 많은 영향을 미친다. 특히 독점적인 유통경로를 구축하고자 하는 경우 이를 법적으로 규제하여 실행이 불가능할 수 있다.

제5절 국제유통경로전략의 유형

국제기업이 국제유통경로전략을 수립하는데 있어서는 먼저 내적인 마케팅능력을 토대로 어떤 유형의 유통경로를 개척할 수 있겠는가 하는 가능성을 평가하여야 한다. 아울러 현지국의 환경, 경제발전수준, 도·소매기구 등의 유통구조, 마케팅활동의 관행과 패턴, 기업외적인 환경요소에 대한 평가와 분석을 하여야 한다. 통제불가능한 요소인 기업외적 환경변수에 잘 대응할 수 있고, 다른 한편 기업이 내부적으로 충분히 지탱하여 유지·관리할 수 있는 유통경로가 개발되어야 하기 때문이다. 즉 국제유통경로전략을 수립함에 있어서 국제마케팅 관리자는 기업 자체의 내적인 기업능력 및 외적인 기업환경 등을 고려하여 시장의 크기 , 경제의 상황과 여건, 이용가능한 유통구조 등의 제반 요인에 걸맞는 유통경로를 선택하게 된다.

국제유통관리자는 유통경로의 이용가능성, 유통경로 이용에 따르는 각종 비용,

각 유통경로의 구조와 기능, 유통경로를 어느 정도 잘 관리할 수 있겠는가 하는 점 등을 고려하여 최적의 비용과 관리범위, 기능효과를 낼 수 있는 유통경로전략을 개발해야 할 것이다.

국제유통경로전략의 유형은 크게 국제표준화전략과 현지적응전략, 직접유통경로전략과 간접유통경로전략, 선별적 유통경로전략과 집약적 유통경로전략으로 나뉘어지는데, 이를 구체적으로 살펴보면 다음과 같다.

1. 국제표준화전략과 현지적응전략

국제마케팅 담당자가 직면하는 중요한 문제는 기업이 해외시장에서 획일적인 유통패턴을 가져야 할 것인가 하는 문제뿐만 아니라, 각 시장에서 어떤 유통경로가 가장 유익한 것인가이다. 왜냐하면 기업의 목표는 유통경로의 획일성이 아니라 수익이기 때문이다. 물론 이러한 유통경로의 획일성도 표준화된 세계적 접근법, 특히 규모의 경제성 실현에는 유리한 점도 있으며, 비록 이러한 요소들이 기업체들이 생산을 표준화함으로써 얻는 것 만큼을 유통에서 쉽게 얻어지는 것은 아니지만, 유통경로를 세계적으로 획일화함으로써 보다 능률적인 운용과 이질적 시장에서의 직무의 동질화를 가져올 수 있으며, 또한 한 국가에서 성공적인 경험이 다른 국가에서도 쉽게 활용될 수 있다.

가끔 획일적인 유통경로를 원하는 경영자의 열망 또한 하나의 영향요소가 되지만, 실제로 많은 영향력을 행사하는 것은 아니다. 한 시장에서 활용된 유통경로들은 검증이 된 것이기 때문에 다른 시장에서도 시도될 수 있다. 그러나 각 국가별로 시장환경이 상당히 다르기 때문에 한 시장에서 성공한 유통전략이 다른 시장에서도 성공한다는 보장이 없다. 따라서 시장분석(market analysis)이 현지유통경로를 결정하기 전에 행해져야 한다.

기업은 표준화된 유통경로 형성을 하는데 있어 다음과 같은 여러 가지 요소들을 동시에 고려해야 한다.

1) 기업유통경로의 외적인 결정요소 중의 하나는 한 국가에 이미 현존하고 있는 유통경로구조, 즉 도매상과 소매상의 수, 규모, 특성 등이다. 왜냐하면 유통구조는

국가마다 다르기 때문에 기업의 선택대안도 다르다.

2) 시장의 집중화정도 또는 분산화정도와 창고의 수용력 및 수송가능성도 유통경로 대안을 결정하는 요소로서 작용한다.

3) 또 다른 유통경로 결정요소는 시장이다. 소비자의 소득과 구매습관 등이 시장마다 다르기 때문에 유통경로를 선택할 때 중요한 고려요소가 된다. 경쟁기업의 행동패턴과 강도도 변수로서 작용한다. 경쟁업체들은 그 유통경로를 그 시장에 맞도록 조직하기 때문에, 그 경쟁업체들이 활용하고 있는 동일한 유통경로를 사용하도록 그 시장에 진출하는 신규기업에 대해 압력을 가하기도 한다. 한편 하나의 주어진 유통경로에서 경쟁업체의 강도는 그 유통경로를 효과적으로 선취하고 있기 때문에, 신규업체에 대해 그 시장에서 다른 유통경로를 채택하도록 강요하기도 한다.

4) 제조업체 자체의 환경의 차이로 인해서 시장마다 유사한 유통경로를 채택하게 되는 경우도 있다. 이 경우 하나의 중요한 결정요소인 시장에서의 기업의 개입정도이다. 그 기업이 수입업자-대리상을 통해 자사의 제품을 특정시장에 공급할 때는 현지공장을 설립해서 공급하는 경우보다도 유통대안선택이 더 제한적이다. 이와 마찬가지로 라이센시(licensee) 혹은 합작기업을 통해 판매하는 경우도 완전소유 자회사를 통해 판매하는 경우보다 유통경로선택이 더 제한적이다. 개입의 정도가 두 시장에서 동일하다 하더라도 기업의 제품계열과 판매량은 다르다. 기업의 제품계열과 판매량이 적으면 적을수록 그만큼 기업이 활용할 수 있는 유통경로는 직접유통경로 보다는 간접유통경로를 선택할 수밖에 없다. 일반적으로 국제기업은 시장마다 동일한 유통경로를 활용하고자 노력하고 있다. 비록 이에 대한 적응이 대개 필요하지만, 기업의 유통경로들은 특히 산업재의 경우 전세계적으로 유사하게 된다. 소비재의 경우는 국가마다 다른 수준으로 유통경로의 일원화에 노력하고 있으나, 아직 그 성과는 미미한 상태에 있다.

2. 직접유통경로전략과 간접유통경로전략

국제마케팅 관리자는 자사제품을 어떠한 유통경로를 통해 해외로 유통시킬 것인가를 결정해야 한다. 해외에 있는 유통기구를 통해 직접 해외로 유통시킬 것인가, 아니면 국내의 유통기구를 통해 간접적으로 해외로 유통시킬 것인가, 즉 직접유통경로와 간접유통경로 중 어느 것을 이용할 것인가를 선택해야 한다.

국제유통에 있어서는 일반적으로 직접유통경로가 간접유통경로보다 효과적이기 때문에 기업은 가능한 한 직접유통경로를 이용하려고 한다. 하지만 직접유통경로와 간접유통경로의 선택시에는 달성 가능한 매출규모를 고려해야 한다. 특정시장국에서 달성 가능한 매출규모가 크며 집중적일 경우에는 직접유통경로가 적합하며, 반대로 예상 매출규모가 적으며 분산적일 경우에는 간접유통경로가 바람직하다.

직접유통경로를 이용할 경우 해외유통경로를 보다 강력하게 통제할 수 있다는 장점이 있는 반면, 간접유통경로를 이용하는 것에 비해 상대적으로 비용이 많이 든다는 단점이 있다.

3. 집중적 유통경로전략과 선택적 유통경로전략

집중적 유통경로전략이란 가장 넓은 시장범위를 구축할 수 있는 유통경로전략으로서 제조업체가 자사의 제품이나 서비스를 취급하는 중간상을 가능한 한 많은 수를 확보하는 유통전략이다. 기업은 일반적으로 자사제품이 가능한 한 많은 지역에서 판매되기를 원하므로 집중적 유통경로전략을 선호하게 된다. 특히 해외시장환경이 국내와 다르며 소규모 소매업자의 수가 많아 자사제품을 효과적으로 취급할 수 있는 유통업자를 선별하기가 곤란할 경우 집중적 유통경로전략을 선택하게 된다.

일반적으로 소비재 중 대부분의 편의품은 고객의 상표변경율이 높기 때문에 이러한 집중적 유통경로전략을 사용한다. 집중적 유통경로전략의 장점은 현지국 소비자에 대해 제품의 노출수준을 최대화하여 소비자의 구매편의성을 높여 판매량의 증대를 가져올 수 있으나 유통비용의 증가와 유통경로에 대한 통제력 약화를 가져올 수 있다.

이와 반면에 선택적 유통경로전략은 제조업체가 일정지역에서 일정수준 이상의 이미지, 입지, 경영능력을 가지는 중간상을 선별하여 이들에게만 자사의 제품을 취급할 수 있는 권리를 부여하는 방식의 유통경로전략이다.

선택적 유통경로전략의 장점은 자사의 제품이미지를 저하시키지 않으면서 제품을 현지 소비자에게 노출시키는 수준을 높일 수 있고, 집중적 유통경로전략과는 달리 상대적으로 소수의 현지 중간상들과 거래함으로써 유통경로비용이 절감될 수 있다는 것이다. 그러나 선별된 현지 바이어들은 다른 경쟁자의 제품을 취급할 수 있어 경쟁자의 제품을 촉진하는 경우가 발생할 수 있다. 따라서 이들을 적극적으로 유인하는 인센티브 정책이 필요하다.

(사례1) 싸고 좋은 제품 찾아서… 세계 누비는 유통업체

지난달 18일 중국 광둥성 선전의 소형 가전 전문업체 '에어메이트'사(社). 신세계 이마트 구매담당(바이어)들과 이 회사 동북아 담당 직원들이 내년 여름 한국에서 판매할 선풍기 모델을 결정하기 위해 협상을 하느라 여념이 없었다. 이날의 핵심 안건은 포장지 색깔. 중국에서 생산되는 포장용 박스 재질과 한국 이마트에서 이용하는 포장 박스의 재질이 달라 어떻게 색상을 맞출지 고심 중이었다. 이마트 바이어들은 제품 디자인에서부터 색상, 박스의 크기까지 하나하나 '이마트식'을 요구하고 있었다.

이마트는 2008년 여름에 판매할 선풍기 50만대 중 21만대(70억 원)를 중국 현지에서 직접 구매하는 '글로벌 소싱' 방식으로 들여올 예정이다. 이는 한해 선풍기 판매량의 40%가 넘는 물량. 중국 현지에서 만난 민경환 바이어(비식품개발팀 과장)는 "유통단계를 거칠수록 가격이 올라가기 때문에 중국에서 직접 수입하면 가격도 낮추고 원하는 제품을 고르기도 쉽다"고 말했다.

이마트는 2005년 800억 원, 2006년 1100억 원에 이어 작년에는 1500억 원(380여 개 품목) 어치를 해외에서 직구매했다. 거래 국가도 중국과 동남아에 국한돼 있던 수준에서 벗어나 일본, 호주, 뉴질랜드, 미국, 칠레, 프랑스, 독일 등 세계 20개국으로 늘었다. 2010년까지 1조 원 규모로 늘릴 계획이다.

◆ 단돈 10원이라도 싼 물건을 찾아 세계로

전문 수입업체나 제조업체를 통해 들여오던 물건을 유통업체가 직접 해외에서 들여오는 '글로벌소싱'이 늘고 있다. 해외소싱은 여러 단계에 걸쳐 있는 중간 유통업자들을 거치지 않고 상품선정에서부터 통관, 입점 등 전 과정을 유통업체가 직접 관리한다.

유통업체 바이어들은 '단돈 10원'이라도 싼 제품을 찾아 중국, 인도, 베트남, 이탈리아, 그리스 등 세계 곳곳을 누비고 있다. 작년에 국내 대형마트 업계는 줄잡아 3000억 원어치 이상의 물건을 해외 직거래방식으로 들여온 것으로 추정된다.

지난 2005년 5월부터 롯데마트에서 판매 중인 '그늘막 텐트'. 국내제품보다 평균 30~40% 가량 저렴한 9800원에 판매되고 있다. 롯데마트 담당 바이어가 중국대륙을 10차례 이상 드나들며 발로 뛴 결과물이다. 중국 시골까지 구석구석 수십 개 공장을 방문한 뒤 일본 및 유럽과 거래 경험이 있는 닝보(寧波)의 한 공장을 찾아낼 수 있었다.

초창기 중국 일변도였던 해외거래선도 최근에는 다변화되는 추세. 이마트는 몽골에서 원사를 직접 구입해 캐시미어 제품을 중국 상하이에서 위탁 생산하고 있다. 또 필리핀의 농장에서 바나나를 들여오고, 수산물의 경우 동태(러시아)와 오징어(대서양), 꽁치 · 한치(태평양) 등을 원양어선에서 직매입하고 있다. 롯데마트도 올해부터 인도에서 베갯잇과 나무액자 등 5~6개 품목을 들여와 판매하고 있다. 전체규모는 1억 원 남짓이지만 실험적 의미가 크다. 이근효 롯데마트 상품운영팀장은 "향후 중국 노동자들의 인건비상승, 중국정부의 소비재 수출규제 등 시장상황이 급변할 것으로 보고 인도와 베트남 등으로 수입선을 다변화하고 있다"고 말했다.

롯데마트는 중국 상하이와 선전, 인도 뉴델리에 해외소싱 사무소를 운영하고 있다. 지난해 300여 개 품목 1000억 원 가량을 해외소싱을 통해 매입했다. 상하이와 선전, 칭다오, 다롄 등지에 해외물류기지를 마련하는 방안을 검토 중이다.

가격이 싸다고 품질이 떨어지는 것은 아니다. 국내업체들이 고르고 골라 찾아낸 업체들이기 때문. 중국 에어메이트사 퍄오위안저(朴元哲) 부장은 "미국의 유통업체들과도 접촉해 봤지만, 미국은 선풍기 한 대에 11달러 수준의 낮은 가격을 요구해 중국에서도 영세한 업체들과 거래하는 것으로 알고 있다"며 "하지만 중국 내 3000여 개 선풍기 생산업체 중 이마트와 거래하는 곳은 우리를 포함해 1~2위 업체들"이라고 말했다.

유통업체는 직접 물건을 들여오는 만큼 AS와 품질관리, 재고에 대한 부담도 직접 져야 한다. 이에 따라 국내업체들은 자체 품질기준을 강화하는 한편, 'SGS' '인터텍' 등 해외품질 검증기관에 의뢰해 상품의 품질기준이 글로벌기준에 적합한지 검사하고 있다.

◆ 글로벌화되는 소비자들의 취향

유통업체들이 해외제조업체 발굴에 나서는 것은 까다롭고 다양해진 소비자들의 취향과도 무관하지 않다. 해외여행과 유학, 어학연수 등으로 해외에서 각종 소비재를 사용해본 소비자도 많다. 서울 송파구의 주부 박모(36)씨는 지난 11월 이마트에서 이탈리아 '발라리니' 프라이팬을 발견하고 깜짝 놀랐다. 국내 일부 백화점에서 본 적은 있지만 할인점에선 처음 봤기 때문. 놀라기는 이마트도 마찬가지였다. 실험적으로 6개월만 판매하기 위해 1만개를 수입했는데, 3개월 만에 동이 나 버린 것. 이마트는 "테팔과 함께 유럽에선 이름난 제품이지만 국내에선 아는 사람이 드물 것으로 생각했는데, 의외로 소비자반응이 좋았다"며 "소비자들의 높아진 눈높이를 실감했다"고 말했다.

국내소비자들은 세계 곳곳의 소비재를 빨아들이고 있다. 대표적 제품이 살라미 · 치즈 등 서양 식자재들. 이마트는 올해부터 일부 수입업자들이 들여오던 이들 제품을 유럽에서 직접 들여오기로 했다. 홈플러스는 본사인 영국 테스코의 해외구매 네트워크를 이용해 원두커피 · 시리얼 · 파스타 · 스낵 · 잼 등 국내에서 개발하기 힘든 상품을 중심으로 직수입을 확대하고 있다. 홍콩에는 600여 명의 테스코 직원이 소싱만 전담할 정도다. 지난해 홈플러스 비식품매출의 7% 가량을 글로벌소싱이 차지했으며 2011년까지 이를 15% 수준으로 늘릴 계획이다. 전남 광양항에 해외소싱 전담 물류센터 건립을 추진하고 있다.

신세계백화점도 지난 11월 스페인 산(産) 햇올리브유 1만병을 직수입했다. 국내에서 4~5단계를 거친 뒤 유통되는 일본산 생태도 사사미항, 하코다테항, 라오스항 등의 경매시장 중개인을 통해 직수입하고 있다. 지난 11월엔 태국 연안에 일산 호수공원 정도 크기의 새우 목장을 마련하기도 했다. 이재우 신세계 바이어는 "박스당(10㎏ 7~8마리) 8만~9만 원이던 생태가격을 6만 5000원으로 낮추는 등 대부분 제품의 원가를 20~30% 낮추고도 가장 뛰어난 제품을 들여올 수 있었다"고 말했다.

자료원 : 조선일보, 2008, 1, 1.

(사례2) 유통산업 세계가 좁다! '고객 감동 마케팅' 앞세워 공격적 출점

세계 유통업계에서 한국시장은 '글로벌 유통기업의 무덤'으로 통한다. 세계 최대의 다국적 유통기업 월마트와 까르푸가 유일하게 백기 들고 철수한 곳이 바로 한국시장이기 때문. 이처럼 거대 글로벌 유통기업들의 공세도 무력화시킨 국내 유통업체의 막강한 경쟁력은 이제 한 발 더 나아가 세계시장공략을 위한 발빠른 행보로 이어지고 있다.

롯데백화점은 국내 백화점으로는 유일하게 중국과 러시아에 잇달아 해외점포를 열며 가장 적극적으로 해외시장개척에 나서고 있다. 특히 최근에는 베트남의 대규모 복합단지에 오는 2013년 하노이점을 오픈한다고 밝히며 베트남 진출을 공식 선언했다.

이로써 롯데백화점은 지난 2007년 9월 러시아 모스크바점을 시작으로 2008년 8월 중국 베이징점, 2011년 오픈 예정인 텐진점에 이어 총 4개의 해외점포를 확보하게 됐다.

특히 롯데백화점 베이징점은 글로벌 경기침체 속에서도 올들어 5월까지 5개월간 구매건수가 지난해 8~12월에 비해 26.7%나 성장하며 순조로운 출발을 이어가고 있다. 롯데백화점의 첫 해외점포인 모스크바점 역시 한국에서 쌓아온 구매계층별 타깃마케팅과 서비스 노하우를 바탕으로 현지고객들을 감동시키며 성공적으로 자리매김하고 있다.

이에 힘입어 롯데백화점은 모스크바 시내의 추가 출점을 비롯해 러시아 제2의 도시인 상트페테르부르크에도 점포 오픈을 검토하고 있다.

지난 1997년 국내 유통업계에서는 가장 먼저 해외시장의 문을 두드린 신세계 이마트는 최근 '공격적 다점포화 전략'을 앞세워 중국시장 공략의 속도를 한층 높여가고 있다.

공격적 다점포화 전략은 중국전역에 동시 다발적으로 점포망을 확대하는 방식으로 실제로 중국 이마트는 지난해부터 올 7월 문을 연 항저우 빈장점까지 불과 1년 반 만에 11개의 점포를 출점하는 데 성공했다. 이마트가 중국 내 첫 점포 오픈 이후 10년간 10개의 점포를 여는데 그쳤던 것에 비하면 눈부신 성과다.

이마트는 이 같은 공격적인 출점 전략을 통해 올해 중국에서만 지난해보다 65%가량 늘어난 5,700억 원의 매출을 무난히 달성할 것으로 기대하고 있다. 이를 토대로 2013년까지 중국 내 29개 주요 도시에 88개의 점포망을 구축하며 총 2조 6,000억 원의 매출을 달성한다는 야심 찬 목표를 세웠다.

롯데마트는 중국, 인도네시아, 베트남에 잇달아 진출하며 국내 유통업체 중 가장 많은 지역에서 해외사업을 펼치고 있다. 롯데마트는 7월 현재 중국 9개, 인도네시아 19개, 베트남 1개 등 총 29개의 해외점포를 운영하는 등 아시아 지역의 다국적 점포망을 구축했다. 롯데마트는 또 올해 말까지 중국에 2개, 베트남에 1개의 점포를 추가로 열며 해외점포 확장의 속도를 늦추지 않을 계획이다.

롯데마트는 기존의 현지 유통업체와의 철저한 차별화전략으로 승부하고 있다. 지난해 12월 문을 연 베트남 남사이공점의 경우 문화센터는 물론 영화관과 패밀리 레스토랑, 볼링장 등 대규모 편의시설을 갖춘 복합시설을 선보임으로써 매장을 찾는 고객들이 쇼핑과 문화생활을 동시에 즐길 수 있도록 했다.

홈플러스는 지난 1999년 국내에서 단 2개의 점포로 출발해 불과 10년 만에 매장 수 112개, 총 매출 9조 원에 육박하는 대형유통업체로 거듭나는 데 성공했다. 홈플러스의 이 같은 성공신화는 국내를 넘어 세계 각국 유통업체들의 벤치마킹 사례로 널리 확산되고 있다.

그 중 지난 2005년 10월 홈플러스의 브랜드가 영국의 글로벌 유통기업 테스코에 역수출된 일은 국내 유통업체의 경쟁력이 세계수준에 도달했음을 보여주는 대표적인 사례로 꼽힌다. 현재 영국 전역에서 10개의 매장이 운영되고 있는 테스코 홈플러스 매장은 현지 소비자들의 호응도가 점차 높아짐에 따라 점포 수를 더욱 늘려나갈 계획이다.

자료원 : 서울경제, 2009. 8. 6.

주요용어

1. 국제유통경로(international distribution channel)
2. 직접판매(direct selling)
3. 직접마케팅(direct marketing)
4. 완전한 시장침투(full market coverage)
5. 국제유통전략(international distribution strategy)
6. 선별적 유통경로전략(selective distribution channel strategy)
7. 6C's

연습문제

1. 국제유통경로의 의의와 기능에 대하여 설명하시오.
2. 소비재의 국제유통경로를 네 가지 유형으로 나누어 설명하시오.
3. 산업재의 국제유통경로를 네 가지 유형으로 나누어 설명하시오.
4. 국제유통경로전략의 목표를 구체적으로 설명하시오.
6. 국제유통경로전략에 영향을 미치는 제약요인에 대하여 설명하시오.
7. 국제유통경로전략의 유형에 대하여 설명하시오.

참고문헌

1. 김동기 · 한선민, 국제마케팅론, 박영사, 1997.
2. 김 철 · 박주욱, 국제마케팅론, 신영사, 1998.
3. 박기안, 국제마케팅, 무역경영사, 2002..
4. 심재현, 국제마케팅론, 학문사, 1994.
5. 안광호 · 하영원 · 박홍수, 마케팅원론, 학현사, 2002.
6. 안운석 · 장형섭, 마케팅의 이해, 도서출판 두남, 2003.
7. 어윤대, 국제경영, 학현사, 2002.
8. 이강헌, 국제경영학, 무역경영사, 2000.
9. 이장로, 국제마케팅, 무역경영사, 2003.
10. 원종근 · 현인규 · 지남웅, 국제마케팅론, 법문사, 1995.
11. 정헌배 · 김희철, 지구촌마케팅, 법문사, 1997.
12. 하대용, 마케팅, 무역경영사, 2004.
13. 홍성헌, 글로벌경쟁시대의 국제마케팅, 우용출판사. 2008.
14. Cateora, P. R., *International Marketing*, 7th ed., Homewood Ill. : Richard D. Irwin. Inc., 1990.
15. Davis, K. R., *Marketing Management*, John Wiley and Sons, Inc., 1981.
16. Doole, I. and Lowe, R., *International Marketing Strategy : Analysis, Development and Implementation*, 3rd ed., Thomson Learning, 2001.
17. Jain, S. C., *International Marketing Management*, 3rd ed., Boston : PWS-KENT Publishing Company, 1990.
18. Keegan, W. J., *Global Marketing Management*, 4th ed., Englewood Cliffs, N. J. : Prentice-Hall Inc., 1989.
19. Kotabe, M. and Helsen, K., *Global Marketing Management*, John Wiley and Sons, Inc., 1998.
20. Kotler, P. and Armstrong, G. *Marketing*, 2nd ed., Englewood Cliffs, N. J : Prentice-Hall, 1990.
21. Kotler, P., *Marketing Management : Analysis, Planning, Implementation and Control*, 7th ed., Englewood Cliffs, N. J. : Prentice-Hall Inc., 1991.
22. Meloan, T. W. and Graham, J. L., *International and Global Marketing : Concepts and Cases*, 2nd ed., McGraw-Hill Book Company, 1998.
23. Stern, L. W. and El-Ansary, A. I., *Marketing Channels*, 4th ed., Englewood Cliffs, N. J. : Prentice-Hall Inc., 1992.
24. Terpstra, V. and Russow, L., *International Dimensions of Marketing*, 4th ed., South-Western College Publishing, 2000.
25. Terpstra, V. and Sarathy, R., *International Marketing*, 7th ed., The Dryden Press, 1997.

제13장

국제촉진전략

오늘날의 국제마케팅활동은 목표시장에 있는 소비자들의 욕구에 맞는 제품을 개발하여 적절한 가격을 책정해서 유통시키는 활동뿐만 아니라 기업이나 제품에 관련된 정보를 해외시장의 소비자들에게 전달하는 촉진활동까지 수반되어야만 한다. 특히 오늘날과 같이 세계시장에서 치열한 경쟁을 하고 있는 시대에 경쟁기업에 효과적으로 대처하고 기업의 매출액을 증대시키기 위해서는 효과적인 국제촉진전략을 전개하지 않으면 안된다. 이와 같은 의미에서 이 장에서는 국제촉진활동의 중요성, 국제촉진의 주요수단인 국제광고, 국제판매촉진, 국제인적판매, 국제홍보 등에 대해서 살펴보기로 한다.

(사례) 글로벌 PR은 창조다

그간 국내의 전통적 홍보는 언론대응을 중심으로 한 사보, 이벤트 등의 기능 중심이었다. 그러나 글로벌무대에서는 글로벌마인드와 창의성이 필요하다. 전략적·통합적인 접근법은 필수다. 글로벌 PR 트렌드는 크게 네 가지로 나누어 볼 수 있다.

첫째는 창조적인 아이디어의 활용이다. 언론이나 소비자가 관심을 끄는 이벤트 아이디어로 메시지를 전달하는 원칙은 해외에서도 똑같이 적용된다. 피자헛은 1등 기업으로서 보수적인 이미지를 탈피해 젊은 층에 다가가기 위해 우주 프로젝트를 기획했다. 16개국이 참가하는 우주정거장 계획을 후원하면서 우주선에 피자헛 로고를 큼지막하게 부착했다. 우주인에게 피자배달 이벤트를 벌여 대대적으로 홍보하기도 했다. 여기까지 했다면 평범한 이벤트에 그쳤을 것이다. 피자헛은 전 세계적으로 로고를 새로 바꾸고 매장을 단장하는 기업혁신 프로그램을 함께 진행해 효과를 극대화했다.

KFC(켄터키프라이드치킨)의 홍보전략도 재미있다. 건강에 대한 소비자들의 관심이 증가하자, KFC는 마스코트인 배불뚝이 커널 샌더스(Colonel Sanders) 할아버지 모습까지 바꿨다. 빨간 앞치마를 두른 건강하고 현대적인 모습으로 단장한 것이다. KFC는 이와 함께 네바다 사막에 가로 세로 30㎝ 크기의 타일 6만 5000개로 샌더스 할아버지 그림을 만들었다. 자유의 여신상 265개에 해당하는 크기로, 면적은 8129㎡(약 2459평)에 이르렀다. 물론 초대형 그림 제작과정은 온라인이나 언론을 통해 보도됐고, 완성된 사진은 인공위성 촬영을 해 배포했다. 소비자들 사이에 화제를 일으켜 홍보효과를 극대화한 사례다.

두 번째는 스포츠의 활용을 들 수 있다. 현대의 PR은 통합마케팅의 관점에서 보는 추세다. 기업의 이미지를 향상시키거나 제품홍보를 하는 데 있어 스포츠는 훌륭한 홍보의 기반이 된다. 가령 세계적으로 잘 알려지지 않은 기업들이 글로벌기업으로 변신하는 데 글로벌 스포츠대회는 최상의 홍보기회를 제공한다. IBM의 PC부문을 인수한 중국 컴퓨터 회사 레노버는 글로벌소비자들에게 신뢰를 심어주기 위해 올림픽 스폰서로 참여했다. 항공업계에서 비교적 후발주자인 아랍에미리트 항공도 항공사의 글로벌이미지를 높이기 위해 2006년 독일 월드컵을 스폰서 했다. 1928년 암스테르담 올림픽부터 스폰서를 해온 코카콜라에 더해, 전통적으로 문화를 통한 홍보에 관심이 많던 소니(Sony)도 2005년 국제축구연맹(FIFA)과 8년간 월드컵 스폰서계약을 했다. 새로운 PR을 시도하고 있는 것이다.

셋째는 사회공헌의 실천을 통한 소비자의 신뢰성 확보다. 글로벌기업들은 PR과 사회공헌 활동을 분리해 보지 않고 통합적으로 인식한다. 마이크로소프트는 컴퓨터 보급으로 인한 디지털 격차를 줄이기 위해 '무한 잠재성(unlimited potential)'이란 주제로 컴퓨터 혜택이 적은 국가 또는 계층을 돕는 일에 앞장서고 있다. UN과 연계해 80여 개국에 기술 교육, 소프트웨어 기부 등 노력을 기울이고 있다. 빌 게이츠 회장 자신도 엄청난 재산을 사회에 내놓으며 기업의 이미지를 높이는데 기여하고 있다. GE도 환경경영을 모토로 한 '에코매지네이션(Ecomagination)' 프로그램을 통해 회사의 이미지를 높여왔다.

마지막으로 최고경영자(CEO)를 통한 홍보를 들 수 있다. 글로벌기업에서 CEO가 직접 나서서 언론 기고를 하거나 신상품 발표를 하는 등 홍보의 최전선에 서는 경우는 비일비재하다. 최고경영자의 등장은 뉴스 가치를 높여주는 기능을 하기 때문이다.

인종차별, 섹스(sex), 기아, 종교 갈등 등을 소재로 이슈 메이킹을 통해 사회적 관심을 끌어온 베네통(Benetton)의 루치아노 베네통 회장은 직접 누드로 광고에 출연해 주목 받았다. 애플의 스티브 잡스 회장은 올 1월 MP3플레이어 히트상품인 아이팟(iPod)과 핸드폰을 접목한 '아이폰(iPhone)' 발표행사를 주도했다. 세계 주요 언론들이 샌프란시스코 발표현장을 주목했고, 아이폰을 들고 있는 잡스의 사진과 함께 신제품 기사를 다루었다. 이처럼 기업의 홍보행사뿐 아니라, 다보스 포럼이나 국제가전전시회(CES)와 같은 세계적 이벤트 현장은 글로벌기업의 최고경영자들에게 좋은 기업PR 기회가 되고 있다.

한국도 대기업들을 중심으로 글로벌홍보에 많은 노력을 기울이고 있다. 삼성은 올림픽과 영국 프리미어리그 첼시 등 글로벌 스포츠대회나 팀 후원을 통해 브랜드이미지 제고에 상당한 성과를 거뒀다. 구겐하임 박물관이나 베르사유 궁전 등 유명 장소에서 글로벌 로드쇼를 개최하고, 와이브로 및 4세대 이동통신 기술 표준화 주도를 위한 4G포럼을 개최해 글로벌홍보에 적극적으로 나서고 있다. 영화 매트릭스(Matrix), 팝스타 비욘세와 함께한 홍보도 국내 소비자와 글로벌소비자를 함께 고려한 전략이다.

현대자동차는 2002년 한일 월드컵부터 축구를 통한 홍보에 나서고 있고, LG전자는 'LG페스티벌'을 러시아 150개 도시에서 순회 개최하고 있다. SK는 국내에서 인기를 끌었던 장학퀴즈를 중국에 옮겨가 베이징TV와 함께 'SK짱웬방'을 실시하는 등 2000년대 들어 활발한 홍보활동을 벌이고 있다.

글로벌기업들은 최근 24시간 홍보시스템을 구축하고, 위기관리 PR체계를 강화하고 있다. 홍보대사나 비정부기구(NGO) 등 제3자 지지층을 확보하기 위해 뛰고 있고, PR전문회사를 활용하는 데 있어서도 적극적인 행보를 보이고 있다.

국내기업들은 해외소비자들을 사로잡을 수 있는 글로벌홍보 트렌드를 수용해 적극적인 전략을 구사해야 한다. 창의적 아이디어 발굴, 수용성이 높은 스포츠 후원, 사회공헌활동 및 적극적인 경영층의 PR 활동은 해외시장에서 기업의 가치를 높여주는 지렛대 역할을 할 것이다.

자료원 : 조선일보, 2007. 12. 15.

제1절 국제촉진수단으로서의 국제광고

1. 국제촉진활동의 중요성

최근 세계시장의 단일화작업이 빠르게 진행되어 국경없는 무한경쟁시대가 됨에 따라 국제마케팅활동의 일환인 국제촉진활동의 중요성이 그 어느 때보다도 강조되고 있다. 따라서 치열한 경쟁을 하고 있는 세계시장에서 국제경쟁력의 우위를 점하기 위해서 기업들은 무엇보다도 효과적인 촉진활동을 전개하지 않으면 안된다.

그런데 촉진활동이란 자사제품에 대한 장점을 알리고 표적고객(target customers)들이 그것을 구매하도록 설득하는 기업의 여러 가지 활동이다. Keegan은 이러한 촉진활동을 "현재 구매하고 있는 고객이나 잠재적인 고객의 구매행위에 영향을 미치게 하는 커뮤니케이션(communication)의 모든 형태"라고 정의하고 있다.

이러한 의미에서 촉진의 본질은 마케팅 커뮤니케이션이라고 볼 수 있다. 이러한 커뮤니케이션과정은 [그림 13-1]과 같이 원천(source), 메시지(message) 및 목적지(destination)라는 세 가지 요소로 구성되어 있다.

커뮤니케이션의 목적을 달성하기 위하여 메시지의 발신자(sender)인 원천은 목적지에서 무난히 해독될 수 있는 방법으로 전달하기 위해 메시지를 작성(encoding)하게 된다. 이 때 전달된 메시지가 목적지에서 발신자의 의도나 목표에 다르게 해석(decoding)된다면 커뮤니케이션은 실패로 끝나게 된다.

[그림 13-1] 국제마케팅 커뮤니케이션과정 모델

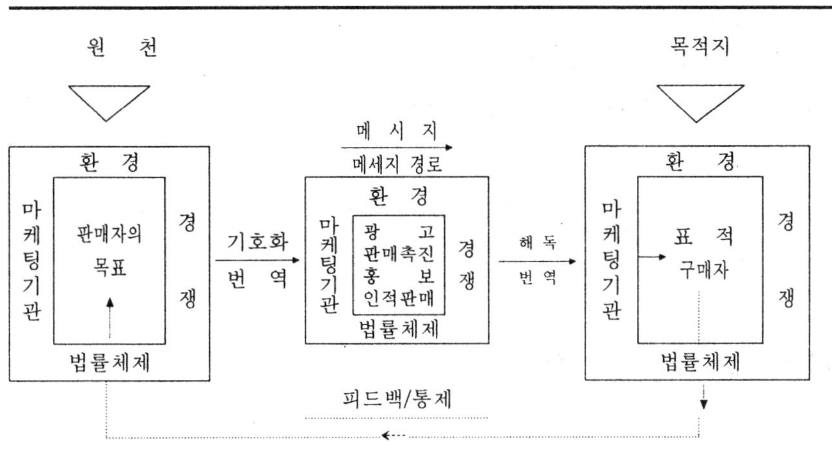

자료원 : S. Majaro, *International Marketing*, 2nd ed., London : George Allen and Unwin, 1982. p. 165.

국제마케팅이든 국내마아케팅이든간에 촉진활동은 똑같은 역할을 수행하는데, 국제마케팅믹스(international marketing mix)의 한 요소라 할 수 있는 국제촉진(international promotion)이 하는 역할은 국제시장에 있는 현재 및 잠재고객들에게 자사가 제공하는 제품의 이점 및 가치를 알리는데 있다. 이러한 촉진활동이 절대적으로 필요한 이유는 오늘날의 국제시장의 특색이 제품차별화에 의한 소비자행동의 비합리적인 측면, 시장정보의 불안정성 등 불투명한 해외시장정황만이 깔린 불완전경쟁시장에 있기 때문이며, 또 그러한 시장정황 하에서는 독특한 기능을 지닌 국제마케팅믹스로서의 국제촉진없이 국제마케팅목적이 달성될 수도 없기 때문이다. 더불어 일국의 생산자와 해외의 소비자간의 물리적 거리가 확대되고 잠재고객의 증대, 그리고 국제적인 유통기관으로서의 도·소매적인 중간상의 발달은 더욱 국제촉진의 의의를 증대시킨다고 할 수 있다.

이러한 국제촉진활동을 실천하는 수단으로 여러 가지가 있겠지만 크게 네 가지로 분류할 수가 있다. 즉 국제마케팅 관리자가 목표시장을 대상으로 이용할 수 있는 촉진수단은 다음과 같다.

① 국제광고(international advertising)
② 국제인적판매(international personal selling)
③ 국제홍보(international publicity)
④ 국제판매촉진(international sales promotion)

이 장에서는 위의 네 가지 촉진수단 중에서 국제광고에 초점을 맞추어 내용을 전개시켜 나가고자 한다.

2. 국제광고의 개념 및 형태

1) 국제광고의 개념

Kotler는 광고를 "이름을 명시한 광고주(sponsor)에 의한 유료형태(paid form)의 아이디어, 제품, 서비스 등의 비인적 제시(nonpersonal presentation)와 촉진(promotion)"이라고 정의하고 있으며, 그 이외에도 "비인적매체(nonpersonal media)를 통한 기업메시지의 유급전달(paid communication)", "광고주가 하나 또는 그 이상의 매체를 이용한 유료형태의 제품, 서비스, 아이디어의 비인적 제시", "광고주가 유료로 여러 대량매체를 통해서 행하는 판매메시지의 비인적 제시" 등 여러 가지로 정의하고 있다. 이러한 광고의 개념에는 공통적으로 다음과 같은 네 가지 특징이 있음을 알 수 있다.

① 광고의 유료성
② 비인적 제시성
③ 아이디어, 제품, 서비스 등의 대상성
④ 광고주의 명시성

이러한 광고가 기업의 국제마케팅활동의 테두리 안에서 행해질 때 이것을 국제광고(international advertising)라고 말할 수 있다.

국제광고란 국제광고주가 국경밖의 표적오디언스(target audience)에게 그의 상품과 서비스에 대한 정보를 알리고, 설득하여, 소비자들의 태도를 변용시킴으로써 수요를 창출하거나, 혹은 증대시키는 국제마케팅 커뮤니케이션을 일컫는다. Miracle은

"국제광고라고 하면 수출광고를 의미하지만, 외국기업의 지사, 영업소, 현지법인이 국내에서 집행하는 광고가 그 기업의 본국에서 기획되었거나 조달되었을 때 이것도 역시 국제광고의 범주에 속한다"라고 했다.

즉 국제광고란 수출광고(export advertising), 해외광고(overseas advertising), 다국적광고(multinational advertising), 외국광고(foreign advertising) 등 여러 가지 표현으로 쓰이는 광고를 모두 포함한 것이다. 그러나 대개의 경우 국제광고란 어떤 나라에서 만든 제품이나 서비스를 다른 나라에서 판매하려고 타국에서 하는 광고를 가리킨다.

결국 기업이 국제광고를 하는 근본적인 이유는 해외시장에 있는 소비자들이 자사제품을 보다 많이 구매할 수 있도록 자사제품의 가치를 알리고 관심을 끌게 함으로써 제품의 판매를 증대시키고, 이익을 증대시키는데 있다.

이상에서 말한 국제광고의 여러 형태를 체계화 하면 [그림 13-2]와 같다.

[그림 13-2] 기업활동의 국제화에 따른 국제광고의 형태

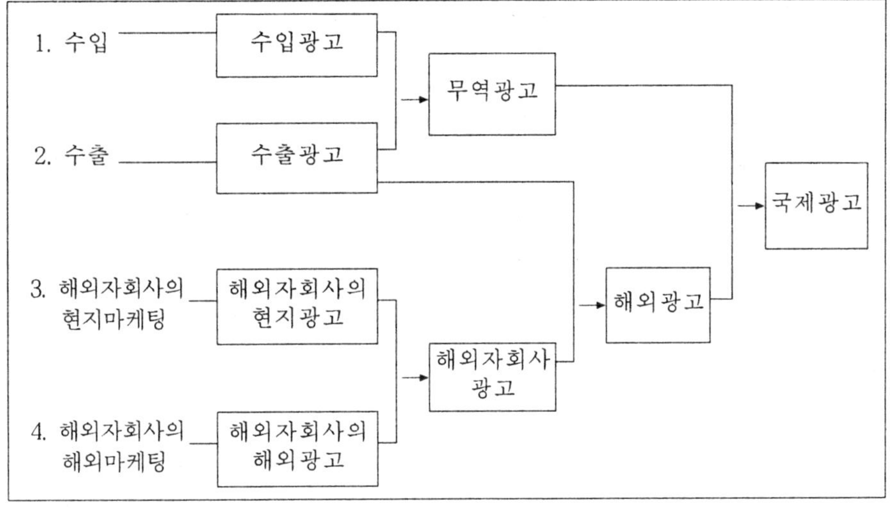

자료원 : 고경순, 국제광고 표준화모형의 적용에 관한 연구, 숭실대 박사학위논문, 1987, p. 14.

2) 국제광고의 형태

국제광고는 국내광고와 다를 바 없이 다양한 형태로 구분할 수 있는데, 광고내용

에 따라 그 형태를 분류하면 기업광고와 상품광고로 대별된다. 기업광고(institutional advertising)란 소비자들에게 기업의 이미지를 형성시킬 목적으로 행하는 광고이다. 즉 기업광고란 광고주인 기업자체의 선전으로서 그 기업이 생산, 판매하는 제품전반 혹은 기업활동, 기업경영 등을 광고하여 이른바 상호를 해외의 소비자 또는 일반대중에게 주지시키는 광고이다.

다시 말하면 기업에 대한 신용과 명성을 높이고 또 이를 유지케하여 소비자의 애고심을 증진시키거나 또는 호의를 가지도록 하려는데 있으므로 기업에 대한 좋은 이미지를 갖게끔 친근감의 개발을 하고자 하는데 그 목적이 있다. Stanton은 이러한 목적에 따라 기업광고를 애고기업광고(patronage institutional advertising), 공중관계 기업광고(public relations institutional advertising), 공공서비스 기업광고(public service institutional advertising) 등 세 가지로 분류하고 있다.

기업광고는 제품전반, 기업활동과 기업경영뿐만 아니라 기업의 기술수준, 기업의 규모, 시설과 연혁 그리고 판매전과 판매후의 서비스를 소비자에게 알림으로써 기업에 대한 신뢰감과 이미지의 제고에 이바지하는데 있다. 따라서 현대와 같은 대량생산의 시대이며 동시에 다각경영의 시대에서 다품종 생산의 국제기업일 경우 광고비용이 많이 소요된다는 점에서 기업광고는 매우 효과적이다.

반면에 상품광고(product advertising)란 기업에서 생산하는 상품자체에 대한 광고형태로서 소비자가 상품에 대한 좋은 이미지를 가져 선호하고 구매하여 주도록 상품의 품종, 품질, 가격, 규격, 성능, 브랜드, 효용, 용도, 내구성 등을 주지시켜 해외시장에서의 판매촉진을 실현하기 위한 광고를 말한다.

일반적으로 기업이 아닌 상품 그 자체에 대하여 광고를 실시하는 목적은 다음과 같이 분류할 수 있다.

① 시장개척광고 : 기본적 수요를 개척할 목적으로 신제품의 특색, 용도, 용법 등에 관한 정보를 제공함으로써 기본적 수요를 창출해 내는 광고이다.

② 경쟁광고 : 기본적인 수요를 갖는 제품에 대하여 그 제품의 브랜드이미지(brand image)를 강조하고 신용도를 주지시킬 목적으로 행하여지는 광고이다. 이러한 경쟁광고가 발전되면 자사제품을 타사제품들과 직접 또는 간접적으로 비교하여 자사제품 또는 상표의 우월성을 나타낼 목적으로 행하는 비교광고(comparison advertising)도 하게 된다.

③ 시장유지광고 : 시장에서 확립된 브랜드의 명성을 지속적으로 유지하기 위하여 자사제품의 반복소비, 반복사용을 촉진하는데 중점을 두는 광고이다. 그런데 현대와 같이 제품수명이 짧아 제품개발이 끊임없이 이루어지는 시대에는 제품수명이 짧은 다양한 상품을 품목마다 개별적으로 광고할 경우 원래의 광고목적을 달성할 수 없기 때문에 기업광고와 병행한 절충식광고가 효과적이라 할 수 있다.

따라서 광고주는 광고목적을 달성하기 위하여 주어진 상황에 따라서 상품을 소구하는 광고를 하기도 하고, 기업의 실태나 방침을 알리는 기업광고를 하기도 하고, 또는 양자를 절충한 광고를 실시해야만 한다.

이처럼 기업광고는 상품광고가 그 목적을 달성할 수 있도록 윤활유와 같은 역할을 하기 때문에 양자를 적절히 믹스하여 실시할 때 비로소 광고의 전체적 효과가 향상될 수 있다.

(사례1) 두산의 끝없는 인재 욕심…13년 만에 기업이미지 광고 재개

"기업의 궁극적인 목표는 무엇일까요? 10년 성장은 기술과 시스템으로 가능하지만, 100년 성장은 사람을 통해 가능하다."

지난 9월 둘째 주부터 '사람이 미래다'라는 주제로 TV 전파를 타기 시작한 두산그룹 광고의 시작부다. 두산은 사람의 성장이 사업의 성장을 이끈다'라는 철학으로 인재확보와 육성에 남다른 욕심이 있다.

두산이 그룹광고를 한 것은 지난 1996년 '창업 100주년 기념' 광고가 마지막이었다. 두산은 이후 지속적인 구조조정과 소비재에서 산업재로 사업포트폴리오가 변화되면서 기업이미지 광고를 하지 않았다. 그러나 글로벌 인프라지원사업 (Infrastructure Support Business) 그룹으로 성장하고 또다른 100년을 이어가기 위해서는 무엇보다 인재가 가장 중요하다는 철학이 13년 만에 기업이미지 광고 재개로 이어진 것이다.

두산은 이번에 '성장', '목표', '노하우' 등 3편의 주력광고(Main Campaign)를 통해 사람을 키우고 사람에게 투자하는 그룹으로 113년 국내 최고(最古) 역사의 힘은 사람임을 강조하고 있다. 또한 '섬진강 선생님', '프로야구2군' '중국희망공정' 등 3편의 서정적인 공익광고로 사람을 키우는 것이 미래를 예약하는 것이라는 메시지를 전달하고 있다.

두산은 "사업은 이윤을 남기는 것이 아니라 사람을 남기는 것"이라는 故 박두병 초대 회장의 철학에 따라 2G 전략(Growth of People, Growth of Business)을 펼치고 있다. 2G 전략은 조직구성원의 성장으로 사업의 성장이 이루어지고 이 수익을 다시 조직원에게 재투자하여 두산은 물론, 임직원들의 핵심역량이 향상되는 선순환구조를 일컫는다.

두산은 2G전략에 따라 입사 이후에도 멘토링 제도, 해외연수, 부서배치 전 순환교육 등 다양한 교육과 밀착관리를 통해 안정적인 정착은 물론, 개인들이 최대한의 역량을 발휘할 수 있도록 지원하고 있다. 두산은 이러한 피플프로그램을 통해 2008년 신입사원의 이직률이 5%대로 국내 최저수준을 보이고 있다.

또한 두산은 지난 9월 1일부터 접수한 하반기 신입사원 채용 서류접수 결과 60:1이라는 입사 경쟁률을 기록했다. 두산은 지난해 하반기 보다 40% 증가한 700여명의 신입사원을 채용할 계획이다. 두산은 지난 9월초 국내 22개 대학에서 펼쳐진 채용설명회에 박용만 (주)두산 회장, 최승철 두산인프라코어 부회장, 박지원 두산중공업 사장 등 주요 CEO들이 참여해 우수 인재확보를 위한 열정을 보여주었다.

자료원 : 매일경제, 2009, 9, 23.

(사례2) "더 큰 세상을 발견할 것이다." SK텔레콤 새 기업PR광고 화제

최근 SK텔레콤이 역사적 사실을 배경으로 한 거대한 스케일의 새 기업PR 광고를 선보여 눈길을 끌고 있다. 광고의 배경은 깎아질 듯한 절벽아래 펼쳐진 광활한 바다 위. 영화 속에서나 등장할 법한 범선이 파도를 가르며 항해를 하던 중, "No More Ahead"라 쓰여진 거대한 벽에 가로막힌다. 하지만 범선은 힘차게 전진해 '지구는 여기서 끝난다'라는 의미를 가진 이 벽의 "No" 부분을 허물고 더 넓은 바다를 향해 항해를 계속한다. 범선이 지나간 바다에는 "More Ahead", 즉 '저 너머엔 더 많은 것이 있다.'라는 의미의 글씨가 남아있다.

이러한 내용은 실제 1492년 콜럼부스가 신대륙을 발견한 역사적 사실에 근거하였다. 과거 스페인 지브랄타 해협에는 1491년까지 '지구는 여기서 끝난다'라는 의미의 "Ne Plus Ultra"라는 라틴어 표지판이 세워져 있었고, 콜럼부스의 신대륙 발견 이후 사람들은 "Ne"를 지우고 "Plus Ultra", 즉 '저 너머엔 더 많은 것이 있다'라는 의미의 표지판을 세웠다고 한다.

광고회사 SK마케팅앤컴퍼니 측은 "광고촬영현장에서는 이러한 역사적 사실을 그대로 재현하고자, 돛을 이용해 풍력으로만 움직이는 100m 규모의 거대 범선에 100여 명의 선원이 실제로 탑승해 범선을 움직이는 장관을 연출했다."고 말했다. 또한 사람의 출입이 제한된 좁고 가파른 절벽 위에서의 촬영을 위해 수송용 헬기가 촬영장비를 날랐고, 바다 위에서는 범선의 항공촬영을 위한 헬기가 떠다니는 등 일반 광고촬영장에서는 흔히 볼 수 없는 거대한 스케일이 연출되었다.

SK텔레콤은 이번 광고를 통해 기존의 한계를 벗어나 '더 큰 세상'으로 향한 콜럼부스의 정신을 이어받아, 현재의 한계를 극복해 "제 2의 CDMA 신화창조"를 이룩하겠다는 새로운 포부를 담아냈다.

SK텔레콤 기업PR 광고를 기획한 SK마케팅앤컴퍼니 CP2팀 전규창 팀장은 "이동통신 No.1을 넘어 글로벌 ICT(Information &Communication Technology) 리더로 거듭나고자 하는 SK텔레콤의 의지를 역사적인 사실을 기반으로 거대한 스케일의 영상으로 표현했다"고 하며 "특히 이번 광고를 15초보다 긴 30초 광고로 편성, 자칫 딱딱할 수 있는 기업PR 광고를 사람들이 광고가 아닌 한 편의 영화를 감상하듯 기업의 비전과 의지를 자연스럽게 공감할 수 있도록 했다"고 말했다.

자료원 : 독립신문, 2009, 7, 28.

(사례3) 현대차, 도요타 상대 비교광고

"지프형 차(SUV)의 대명사인 랜드로버 디스커버리 3가 싼타페보다 나은 유일한 점은 컵홀더 숫자가 더 많다는 것이다."

"아제라(그랜저TG의 미국명)에는 도요타 렉서스의 LS 460처럼 자동주차기능(self parking:자동차가 센서와 카메라로 공간을 인식, 자동으로 주차하는 기능. 우리나라에 수입되는 차종에는 장착되지 않는다)이 없다. 하지만 같은 성능에 반값인 아제라를 구입하고, 남는 돈으로 발레 파킹 시키는 게 더 현명한 선택이다."

현대차가 BMW · 도요타 · 랜드로버를 겨냥한 도발적인 비교광고로 미국시장에서 브랜드가치 올리기에 나섰다. 국내에서는 비교광고에 대한 제한이 많지만, 미국에서는 자유롭게 허용되고 있다.

현대차는 아제라광고에서 LS 460과 나란히 달리는 아제라의 내부를 조명하며, 렉서스에 못지않은 고급 편의장치에 대해 설명한다. 이어 호텔에 도착해서는 렉서스의 자동주차 장면과 발레파킹을 맡기는 아제라를 차례로 보여준다. "렉서스의 반값에 아제라를 사고, 남는 돈으로 주차대리를 맡기는 것이 더 합리적인 선택"이라는 점을 강조한다.

싼타페 광고도 하늘에서 툭 떨어진 싼타페와 랜드로버가 비에 젖은 도로에서 주행 테스트를 펼치는 박진감 넘치는 장면을 통해 싼타페의 우수한 주행 성능을 강조한 뒤, "디스커버리 3(미국 판매명 LR3)가 유일하게 우위를 보인 분야는 컵 홀더 숫자"라는 자극적인 문구를 내보냈다. BMW 525i와 비교한 쏘나타 광고에서도 내부공간, 엔진 파워, 가속성능, 가격에서 쏘나타가 앞서 있음을 보여주는 수치를 제시하면서, 쏘나타가 바로 옆에 정차해 있는 BMW 525i 앞을 가리며 나오는 장면으로 끝을 맺었다. 이번 광고는 연초 현대차 미국법인의 새 광고대행사로 선정된 '실타넨 앤 파트너스'에 의해 제작됐으며, 이달 초부터 미국 TV와 극장에서 상영되고 있다. 미국의 오토모티브뉴스는 "고급차 못지않은 품질에 가격은 더 싸다는 점을 극적으로 보여주려는 치밀한 광고전략"이라고 평가했다.

자료원 : 조선일보, 2007, 4, 16.

(사례4) 타사제품과의 비교광고 시 수위 조절 필요

소비자들의 관심을 끌기 위해 경쟁회사 제품과의 비교광고 등 최근 식품업계의 노이즈 마케팅이 심상치가 않다.

과거에는 신제품출시 때 기존제품과 차별화하기 위해 비교광고가 사용됐다면 지금은 신제품 출시는 물론 종전 제품의 리뉴얼 등 산업 전반에서 마케팅의 한 방법으로 자리를 잡아가고 있다. 이중에서도 식품업계의 비교광고에 대한 시각이 좋지만은 않다. 이미 출시된 제품과 비슷한 제품을 내놓는 후발주자나 경쟁이 치열한 몇몇 업체간 비교광고가 도를 넘어 비방광고의 수준에 이르러 이를 지켜보는 소비자들마저 불편하게 하고 있다.

비교광고가 치열해진 이유는 우선 기존의 상품이 서너가지 이상이어서 신제품을 내놓아도 소비자들의 눈에 띄기가 어렵다고 여겨질 경우 이들 제품과의 차별화를 위해 사용된다.

또는 몇 년에서 몇 십년을 넘게 독보적인 존재로 시장을 지켜온 제품일 경우 소비자들이 갖고 있는 'OOOO 제품=OO회사'라는 고정관념을 깨버리기 위해 비교광고를 하기도 한다.

그 대표적인 사례가 최근 '카레전쟁'으로 표현되고 있는 CJ제일제당과 오뚜기의 카레마케팅에서 찾아볼 수 있다. 일명 카레전쟁은 CJ제일제당이 1000억 원 규모의 카레시장에 뛰어들면서 '노란 카레는 지겹다'며 기존의 노란색 카레에 대해 대놓고 공격하면서 본격화 됐다.

CJ제일제당의 '인델리 커리' 신규광고에서 배우 최강희는 "20년 전에도, 10년 전에도, 어제도 노란 카레. 아! 하늘도 노랗다"라는 멘트로 소비자들이 오뚜기의 노란색 카레를 지겨워하고 있다는 식의 표현을 하고 있다.

화면에는 '노란 카레, 노란 카레, 아…하늘도 노랗다!'는 메시지가 크게 나오며 노란색 오뚜기 카레와 빨강색을 부각시키고 있는 CJ제일제당의 인델리 커리와의 대립구도를 직접적으로 전달하고 있다.

오뚜기도 고급형 카레인 '백세카레 과립형' 신규광고에서 "노랄수록 좋은 거 아시죠"라며 맞불을 놓고 있다

◇ 공격적 마케팅 앞세워 비교광고 난립

식품업계의 도가 지나친 공격적인 마케팅은 어제 오늘만의 일은 아니다. 국내 소주업계에서도 비교광고는 쉽게 찾아볼 수 있다.

진로는 18.5도인 소주 'J'를 출시하고 배우 신민아를 내세운 CF를 통해 경쟁사인 롯데주류BG의 '처음처럼'을 정면으로 공격하고 있다. 소주 '처음처럼'이 19.5도임을 감안해 도수가 1도 차이가 난다는 점을 부각시키며 'J'의 맛의 부드러움을 강조하고 있다. CF에서 신민아의 "처음보다 1도 더 부드럽다"는 멘트는 '처음처럼'을 겨냥했음을 쉽게 눈치 챌 수 있다.

비교광고는 이번만이 아니다. 더 과거로 거슬러 올라가면 소주시장에서 '설탕소주' 논란이 인적이 있다.

진로 참이슬후레쉬가 리뉴얼 제품을 출시하면서 지면광고에 '설탕을 뺀 소주'라는 문구를 집어 넣자 경쟁업체인 두산주류BG는 '설탕도 없고 소금도 없다'는 문구로 맞대응 했다.

두 업체간 과열경쟁에 충남지역 소주업체인 선양도 가세해 '설탕을 이제야 뺐다는 참이슬!

넣어본 적 없는 맑을 린'이라는 문구를 집어넣은 포스터를 배포하기도 했었다.

이밖에도 주류업계에서는 소주의 알카리수와 전기분해 논란, 하이트맥주의 천연암반수 논란 등 경쟁업체와의 차별화를 위한 다양한 시도들이 있어왔다.

동원F&B는 즉석밥 후발업체로 뛰어든 가운데 최근 방송인 강호동을 앞세워 '센쿡' 홍보에 열을 올리고 있다. '제대로 지은 밥은 밥 냄새가 난다'며 경쟁제품과의 차별화를 강조하고 있다. 더욱이 집밥에 가까운 밥 냄새가 나는 이유가 경쟁사인 CJ제일제당, 농심, 오뚜기와 달리 쌀미강추출물이라는 첨가물이 들어가지 않았기 때문이라는 점을 마케팅에 활용하고 있다.

◇ 경쟁사 비방광고 지나치면 오히려 독

타사제품과의 비교광고 등 공격적인 마케팅 방법을 놓고 긍정적인 시각과 부정적인 시각으로 나뉘고 있다.

경쟁사회에서 제품을 알리기 위한 톡톡튀는 아이디어라는 반응과 자사제품을 알리기 위해 경쟁사의 제품을 깎아내리는 식의 홍보는 도를 지나치는 거 아니냐는 반응 등으로 볼 수 있다. CJ제일제당 관계자는 "후발 사업자로서 공격적인 마케팅은 당연한 것"이라며 "식품업계의 경쟁이 심하다 보니 제품의 강점을 알리다 보면 타 제품과 비교광고가 되기 마련"이라고 말했다. 이어 "CJ제일제당이 적극적인 홍보를 하다 보니 공격적인 마케팅만 하는 것처럼 보이는 것"이라며 "제품과 상황에 따라 강약 조절을 하고 있으며 제품에 자신이 없다면 공격적인 마케팅도 안할 것"이라고 덧붙였다.

비교광고가 지나쳐 비방광고가 돼 홍보를 위한 마케팅이 오히려 독이 돼 돌아오는 경우도 있다.

대상은 '청정원 햇살담은 자연숙성 진간장'을 홍보하며 홈페이지는 물론 할인점 리플릿 광고 등을 통해 경쟁사업자들 간장제품과 자사 간장제품에 대한 비교광고를 게재했었다.

비교광고에는 '진실의 종아 울려라!', '진짜? 가짜? 진짜 진간장을 찾아라!' 등의 표현을 써 자사제품은 진짜인 반면 경쟁사업자들 제품은 가짜인 것처럼 표현해 공정거래위원회로부터 시정명령을 받기도 했다.

공정거래법 고시에 따르면 경쟁사업자의 것에 관해 중상, 비방은 할 수 없게 돼 있다. 따라서 자기가 공급하는 상품이 현저히 우량 또는 유리하다고 소비자를 오인시키기 위해 경쟁사업자의 것에 관해 객관적 근거 없는 허위내용으로 중상 비방하거나 불리한 사실만을 표기해 비방하는 표시 광고행위는 위법행위에 속하게 된다.

이 경우 '회사' 등 경쟁관계에 있는 사업자를 구체적으로 밝히지 않더라도 일반적으로 어느 사업자를 지칭하는지 명백한 경우에는 해당이 된다.

공정위 관계자는 "제품에 대한 허위 과장광고는 다소 쉽게 조사를 할 수 있지만 비교광고에 따른 비방광고는 사실 여부를 판가름하기가 다소 어려워 여러 가지 조사가 필요하다"며 "일반적인 사안만으로 공정거래법 위반 여부를 판가름 하가는 힘들다"고 밝혔다.

이에 대해 주부 김모씨는 "TV속 CF를 보다보면 예전에는 자사제품의 장점과 이미지광고가 주를 이뤘다면 요즘에는 경쟁사의 제품과의 비교를 통해 자사제품이 우위에 있음을 강조하는 내용이 주류를 이루고 있는 것 같다"고 말했다. 이어 "대놓고 경쟁사 제품명을 밝히지 않더라도 소비자들은 어느 제품을 뜻하는지 알 수 있다"며 "경쟁도 좋지만 타사제품을 깎아내리는 마케팅은 처음에는 눈길이 가겠지만 몇 번 보면 그 회사 이미지가 좋게 만은 보이지 않는 것 같다"고 지적했다.

자료원 : 메디컬투데이, 2009, 7, 27.

(사례5) 이통 3사 '비하 광고싸움' 확전

통신업체 간 '비하광고' 전쟁이 격화되고 있다.

통합 KT 출범 이후 통신업체들의 가입자 늘리기 경쟁이 치열한 가운데 SK텔레콤이 LG텔레콤에 이어 KT를 자사를 비하하는 광고를 했다며 공정거래위원회에 제소했다.

SKT는 10일 KT를 공정거래위원회에 제소했다. 이유는 SKT를 파리 인간으로 표현, 상도의상 있을 수 없는 비하광고를 했다는 것. SKT를 발끈하게 한 것은 KT가 최근 내놓은 간단해진 결합상품을 알리기 위해 지난 1일부터 시작한 광고다. 통신업체 직원이 소파에 앉아 있는 고객 주변을 날아다니며 시끄럽게 복잡한 결합상품을 소개한다. 그러자 고객은 '결합신문'이라고 찍힌 신문으로 마치 파리 잡듯이 내려치고 때린다.

SKT 관계자는 "광고 속 파리 인간은 우리를 겨냥한 것"이라며 "어떻게 같은 일을 하는 동료를 파리로 비유할 수 있는지 모르겠다"고 분개했다.

SKT는 지난 8일에도 LGT가 부당광고를 했다며 공정거래위원회에 제소했다. 문제의 광고는 통화량이 많은 고객이 이통사 고객센터에서 무료 통화가 적다는 항의를 하자 "고객님, 그건 LG텔레콤으로 가셔야죠"라고 말하는 내용이다. SKT는 광고에 나온 고객센터가 자사의 고객센터와 흡사하다며 객관적 근거없이 비방하고 있다고 주장했다.

이에 대해 KT와 LGT는 "비하광고를 한 적이 없다"며 "SKT가 너무 민감한 것 같다"고 입을 모았다. KT 관계자는 문제의 파리 인간 광고에 대해 "결합상품들이 복잡해 고객들이 어려워하고 불편해하는 것을 파리로 표현한 것일 뿐 SKT를 타깃으로 하지 않았다"고 말했다.

LGT 관계자도 "상담사가 나오는 장면은 특정 타사 직원임을 상징할 만한 요소가 없다"며 "유머스럽게 표현하고 이를 자막으로 명확하게 알리는 광고인데 SKT가 지나치게 확대해석하며 민감하게 반응하고 있다"고 말했다.

이들은 오히려 SKT가 자신을 비방하고 있다고 주장하기도 했다. SKT가 인터넷 집전화와 휴대전화 서비스 결합상품을 홍보하는 'T밴드 백윤식편'이 KT를 비방했다는 것. 광고에서 백윤식이 "얘들아! 반값이다"라고 외치며 모자를 벗어 던져 집 건물을 반으로 동강 내고 부서뜨리는데 부서진 집의 모양과 색깔이 KT의 유선상품 통합 브랜드 '쿡'을 연상시킨다는 이야기다. SKT 관계자는 "이런 주장이야말로 근거없는 비방"이라며 "자사의 시내전화 반값을 소개하기 위한 광고"라고 말했다.

이처럼 통신업계의 광고전은 감정 싸움으로 번지는 양상이다. 각사들은 저마다 "참을 만큼 참았다" "선두업체가 과열을 부추기면 되느냐" 등 서로에게 책임을 떠넘기고 있으며 자제할 기미도 보이지 않고 있다.
업계 관계자는 "각사가 가입자를 늘려야 하는 상황에서 과열경쟁현상은 쉽게 식지 않을 것"이라며 "소모적인 광고경쟁보다 좋은 상품으로 소비자에게 어필해야 한다"고 말했다.

자료원 : 스포츠칸, 2009, 6, 11.

3. 국제광고의 의사결정과정

국제기업이 국제광고전략(international advertising strategy)을 수행하는데는 [그림 13-3]과 같이 광고목표설정, 광고예산책정, 광고메시지선정, 광고매체선정, 광고효과평가 등 다섯 가지의 중요한 의사결정과정을 거쳐야 하는데 이러한 과정을 살펴보면 다음과 같다.

[그림 13-3] 국제광고의 의사결정과정

광고목표설정 → 광고예산책정 → 광고메시지선정 → 광고매체선정 → 광고효과평가

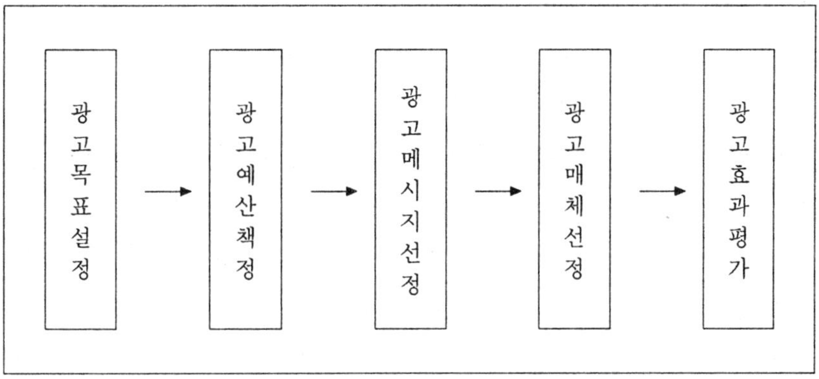

1) 광고목표설정

국제광고담당자가 국제광고활동을 수행할 때 가장 먼저 결정해야 할 사항은 광고목표를 설정하는 것이다. 명확한 광고목표의 설정은 효과적인 광고계획을 수립하는데 있어서 필수적인 요건이라고 할 수 있다.

국제기업이 광고목표를 설정할 때에는 우선 국제기업의 제품이 목표대상시장에서 차지하는 위치라든지 과거실적의 평가, 소비자의 특성 및 시장의 특성에 관한

정보를 바탕으로 광고의 목표와 국제마케팅믹스전략이 합치된다고 판단될 경우 국제기업은 광고가 담당할 역할이 무엇인가를 결정하여야 하며, 촉진의 목표내지 판매의 목표도 구체적으로 결정하여 이를 국제기업광고에 반영하여야 한다.

Kotler는 이러한 광고목표를 ① 고지, ② 설득, ③ 상기 등 세 가지로 구분하였다. 즉 고지란 목표시장의 고객에게 신제품을 알리고, 제품의 신용도 및 가격변화를 알려 주고, 제품사용법을 설명해 주고, 기업의 이미지를 제고시킬 목적으로 행하는 것이다. 설득이란 자사의 상표를 선호하도록 하고, 타상표로부터 자사상표로의 전환, 고객이 자사제품을 즉시 구매하도록 설득할 목적으로 행하는 것이다. 상기란 구매장소를 환기시키고, 비성수기에도 자사제품을 상기시키고, 소비자들에게 최상의 인식상태를 유지시킬 목적으로 행하는 것이다.

아뭏튼 광고목표는 광고프로그램의 전반적인 방향을 제시해 줄 뿐만 아니라 광고효과를 측정하는 기준이 되는만큼 아주 명확하게 그 목표를 설정해야 할 것이다.

2) 광고예산책정

기업이 광고의 목표를 설정한 후에는 제품별로 광고예산을 책정하여야 한다. 국제광고의 경우에는 여러 해외시장국을 대상으로 최적의 광고예산을 책정해야 하기 때문에 국내광고의 경우보다 더 복잡하다고 할 수 있다. 따라서 광고예산을 책정하는데 있어서 신중을 기해야 하며 얼마만한 광고비를 어떠한 방법에 의해서 사용해야만 최대의 효과를 올릴 수 있는가를 사전에 충분히 검토하지 않으면 안된다. 그런데 광고예산을 결정하는 통일된 방법이 없다 보니 기업에 따라 여러 가지 다양한 방법을 사용하고 있다. 이들 가운데 광고예산을 책정하는데 흔히 사용되는 가장 보편적인 방법은 ① 임의할당법, ② 매출액비율법, ③ 경쟁기업기준법, ④ 목표과업법 등 네 가지 방법이 있다.

일명 지출능력기준법(all-you-can-afford mehtod)이라고 불리우는 임의할당법(affordable mehtod)이란 기업이 지출가능한 범위내에서 광고예산을 책정하는 방법이다. 그리고 매출액비율법(percentage-of-sales method)이란 백분율법(percentage method)이라고도 하며, 매출액에 일정한 비율을 곱해서 광고예산을 책정하는 방법이다.

또한 경쟁기업기준법(competitive-parity method)이란 경쟁기업의 광고비 수준에 맞추어 자기 회사의 광고비를 책정하는 방법이며, 끝으로 목표과업법(objective-

and-task method)이란 광고목표를 설정한 다음, 이러한 목표달성에 필요한 과업을 결정하여 그 과업을 수행하기 위한 비용을 광고비로 책정하는 방법이다.

기업들이 보편적으로 많이 이용하고 있는 이러한 네 가지 광고예산의 책정방법들은 상호보완적인 성격을 띄고 있기 때문에 단일방식을 이용하는 것보다도 여러 가지 방법을 잘 결합해서 산출하는 것이 효과적이다.

3) 광고메시지선정

광고의 목표가 설정되고, 광고예산이 책정되면 광고담당자는 어떤 메시지(message)를 선정하여 어떻게 전달할 것인가를 결정해야 한다. 광고담당자가 광고메시지를 결정한 때에는 먼저 메시지에 관한 여러 가지 아이디어를 수집한 후에 그 메시지를 평가해서 가장 적합한 것을 채택해야 한다. 그런 다음 목표고객들의 관심과 홍미를 끌 수 있도록 메시지를 전달해야 하는 과업을 수행해야 한다.

국제광고담당자의 주요 의사결정사항중의 하나가 각 시장에 적합한 광고소구(adver- tising appeals)를 결정하는 일이라고 할 수 있다. 각 시장은 서로 이질적인 특성을 가지고 있기 때문에 각 시장에 적합한 광고소구를 개발할 필요가 있는 것이다. 비록 사람들의 기본적인 필요와 욕구가 전세계적으로 동일하다고 할지라고 이러한 욕구를 만족시키는 방식은 나라마다 차이가 있을 수도 있기 때문에 광고소구는 그 시장조건에 적합해야 한다. 왜냐하면 각 시장에 따라 제품라이프싸이클(product life cycle)의 단계가 서로가 다른 경우가 많이 있고, 시장에 존재하는 여러 가지 환경, 즉 문화, 사회, 경제적인 환경 등이 서로 다르기 때문에 제품을 가장 효과적으로 소구하기 위해서는 각 시장별로 그 시장의 여러 가지 환경에 맞게끔 다양한 소구를 해야 한다.

여기에서 국제마케팅 관리자는 광고소구를 세계적으로 표준화시킬 것인가, 그렇지 않으면 적응화할 것이냐 하는 문제에 직면하게 된다. 다시 말하면 국내에서 사용해 왔던 소구수단이라든지 광고문안 등을 그대로 해외시장에 확장시켜 적용할 것인가, 그렇지 않으면 수정하여 거기에 맞게끔 적응할 것인가, 또는 새로이 창안할 것인가를 결정해야 한다. 왜냐하면 전술한 바와 같이 해외시장을 둘러 싸고 있는 경제, 사회, 문화적 환경이 서로 근본적으로 다르기 때문에 그러한 결정을 해야 하는 것이다.

4) 광고매체선정

광고목표와 예산책정, 광고메시지를 결정한 후에는 메시지를 전달할 광고매체(advertising media)를 선정해야 한다. 국제광고매체는 신문, 잡지, 라디오, 텔레비전, 옥외광고, DM(direct mail), 전단, 유니폼, PPL(product placement) 등 여러 가지 매체가 있지만 이들 매체는 독특한 특징과 효과가 있기 때문에 어느 매체를 사용하여 광고를 할 것인가 하는 매체선정의 문제가 대두된다.

훌륭한 광고메시지를 작성했다고 하더라고 표적시장(target market)에 메시지를 전달해 주는 매체가 잘못 선정된다면 소기의 광고효과를 달성할 수가 없다. 따라서 매체선정은 광고효과와 광고비에 결정적인 영향을 미치기 때문에 가장 적합한 광고매체를 선정하는 일은 광고캠페인을 성공적으로 이끌 수 있는 필수적인 요건이라고 할 수 있다.

국제광고에 있어서 어떤 종류의 매체를 사용할 것인가 하는 문제는 광고활동의 범위가 넓기 때문에 광고비용과 광고효과의 측면을 감안해서 국내광고의 매체선정 때보다도 훨씬 더 심사숙고할 필요가 있다.

일반적으로 광고매체를 선정할 때의 원칙은 어디서나 같다고 하겠으나, 그 원칙을 실제로 적용하는 것은 시장국별로 다를 수 있다. 가장 바람직한 광고매체란 목표시장을 가장 효과적이고 능률적으로 커버할 수 있는 매체를 뜻한다. 그러나 그러한 광고매체선정의 일반원칙을 실제로 적용할 때 당면하게 되는 문제의 하나는 광고매체의 가용성 (availability)이 시장국별로 상당히 다를 수 있다는 사실이다.

따라서 국제광고주는 이와 같은 광고매체를 선정하는 경우에는 다음과 같은 몇 가지 사항에 기초를 두고 결정하지 않으면 안된다.

① 특정매체가 지니고 있는 양적 가치 (즉 매체의 도달 범위, 시청자수, 독자수 등)

② 경제적 가치 (즉 광고비 내지 제작비)

③ 질적 가치 (즉 독자층, 매체가 가지고 있는 전달력, 설득력, 심리적 효과 등)

이와 같은 사항을 광고매체의 선정기준으로 충분히 인식하여 사전에 그것들에 대하여 조사하고 나아가서는 매체와 대상시장, 취급상품의 성질과의 적합성, 판매방법과의 조화 등에 대해서도 고려하여 가능한한 과학적으로 매체를 선정하지 않으면 안된다.

(사례1) 삼성, 현대 · 기아차, LG 등 국내기업들의 유니폼광고

삼성전자는 세계 스포츠마케팅 시장에서 큰손이다. 삼성전자의 스포츠마케팅은 축구와 올림픽을 두 축으로 해서 펼쳐지고 있다. 축구와 올림픽을 연계한 스포츠마케팅을 통해 최고 브랜드로 도약하겠다는 목표이다. 삼성전자는 지난 2005년부터 영국 프리미어리그 축구클럽 첼시를 후원하고 있다. 첼시에 소속된 스타플레이어들이 입고 있는 푸른색 유니폼에는 'SAMSUNG' 로고가 선명하게 새겨져 있다. 삼성전자의 파란색 CI(기업이미지통합)와도 잘 어울린다. 첼시는 세계 3대 프로축구리그 중 최고 인기를 누리고 있는 프리미어 최강팀 중 하나이다.

삼성전자와 첼시의 이미지가 잘 어우러지면서 삼성전자는 유럽시장에서 만족스러운 성과를 얻어내고 있다. 삼성전자의 유럽 전체매출은 2004년 1백 35억 달러에서 첼시를 후원하기 시작한 2005년 이후 급격히 증가하며 2008년에는 2백 47억 달러로 83% 성장했다. 시장조사 전문업체인 GfK의 통계에 따르면, 주력제품인 액정표시장치(LCD) TV는 2004년 12.9%의 점유율로 3위에 머물렀으나 2009년 5월 23.7%로 증가해 1위로 올라섰다. 휴대전화 단말기도 마찬가지이다. 2004년 9.5%로 4위였던 것이 2009년 5월에는 23.1%로 점유율 2위를 기록했다. 매출신장에 고무된 삼성은 지난 7월15일 첼시와 후원계약을 2013년 5월까지 연장했다. 계약식에 참석한 신상흥 삼성전자 구주총괄 부사장은 "9천만명이 넘는 고정 팬을 보유한 명문 구단 첼시를 후원하면서 유럽시장에서 주력제품의 시장점유율이 눈에 띄게 성장했다. 아울러 매출과 브랜드인지도도 대폭 상승하는 효과를 거두었다"라고 말했다.

한편, 지난 2002년 월드컵 공식 후원사로 활동하며 6조 원 이상의 마케팅효과를 거둔 바 있는 현대차는 기아차가 가세하면서 장기적으로 8조 원 이상의 마케팅효과를 거둘 것으로 분석하고 있다.

월드컵을 제외하면 현대 · 기아자동차의 글로벌 스포츠마케팅전략은 대부분 기아차가 담당하고 있다. 월드컵이라는 스트라이커를 받쳐줄 미드필더진을 기아차가 채워주고 있는 것이다.

첼시를 후원하는 삼성전자처럼 기아차도 프로축구단 후원을 하고 있다. 스페인 프리메라리가의 아틀레티코 마드리드와 프랑스 르 샹피오나의 지롱댕 보르도이다. 이 두 팀의 유니폼에는 기아 로고가 박혀 있다. 2008~09 시즌에는 기아가 후원하는 두 팀이 모두 챔피언스리그에 진출했다. 아틀레티코 마드리드는 다음 시즌에도 챔피언스리그 진출권을 확보한 상태이다. 이 팀과의 후원계약은 2011년까지 계속된다. 김봉경 부사장은 "아틀레티코 마드리드와의 후원계약에 많지 않은 비용이 들어간 것으로 알고 있다. 비용 대비 성과로 보면 효과적인 투자이다"라고 말했다.

LG는 삼성과 현대 · 기아차에 비하면 스포츠마케팅에 대한 투자가 적은 편이다. LG전자를 중심으로 이루어지는 LG의 글로벌 스포츠마케팅은 올림픽과 월드컵이라는 투톱을 버리는 대신 투자대상을 다각화했다. LG의 이런 전략은 LG가 후원계약을 맺은 프리미어리그의 풀럼이라는 팀의 색깔과도 비슷하다.

풀럼은 축구팬들에게 크게 인상을 줄 만한 팀은 아니다. 프리미어리그에서도 중위권을 유지하고 있다. 풀럼은 런던을 연고로 하고 있다. 런던을 연고로 하고 있는 네 팀(첼시, 아스날, 토트넘, 풀럼) 중 풀럼이 위치한 지역은 첼시와 함께 부촌에 속한다. 구단주도 명품 백화점인 해롯 백화점을 소유한 알 파예드 회장이다. 많지 않은 예산으로 1등에 버금가는 2등 이미지를 가져가기에 최적의 대상이라는 점에서 LG의 선택을 이해할 만하다.

LG전자가 강세를 보이는 중남미시장에서의 투자는 좀더 적극적이다.

LG전자는 아르헨티나의 명문 축구클럽인 '보카 주니어스(Boca Juniors)'를 후원하기로 하는 계약을 맺었다고 4일 밝혔다. 계약은 올해 8월부터 2011년 말까지이고, 이 기간에 보카 주니어스 선수들은 LG 로고가 새겨진 유니폼을 입고 뛰게 된다.

백기문 LG전자 아르헨티나법인장은 "세계적인 축구팀 후원으로 LG 브랜드의 인지도가 높아져 아르헨티나 국민에게 더 친숙한 국민브랜드로 다가설 수 있게 됐다"고 말했다.

LG전자는 자사 로고가 박힌 선수들의 유니폼 외에 경기장에 설치하는 LG광고판 등으로 관람객과 전 세계 시청자들의 이목을 끈다는 계획이다.

아르헨티나는 축구경기가 열리는 기간에 TV와 모니터 등의 매출이 평소 대비 20% 이상 높아지는 등 축구리그와 가전 마케팅 간의 상관성이 높은 나라로 꼽힌다.

LG전자는 지난해 3억 달러의 매출을 달성한 아르헨티나 시장에서 축구를 앞세운 마케팅으로 점유율을 더 끌어올릴 계획이다.

올 상반기 기준으로 LCD TV, 냉장고, 휴대폰 등 주요 제품분야에서 LG전자의 아르헨티나 시장점유율은 20% 안팎이고, 특히 양문형 냉장고와 PDP TV 점유율은 70%가 넘는 등 업계 선두권에 있다.

LG전자는 또 축구 강호인 브라질 최고의 명문구단인 상파울루 FC를 2001년부터 후원하는 등 축구가 국민 스포츠로 인기를 끄는 중남미지역에서 활발한 스포츠마케팅을 펼치고 있다.

자료원 : 시사저널, 2009, 7, 29일자와 연합뉴스, 2009, 8, 4일자의 기사내용을 편집함.

(사례2) 삼성·LG 휴대폰, PPL 마케팅 강화... 삼성은 이미지, LG는 브랜드 홍보 주력

사방이 꽉 막힌 보안구역에서 주인공의 휴대폰이 날카롭게 울려 퍼진다. 보안직원이 깜짝 놀라며 "여기는 휴대폰 불통 지역인데요…"라고 말한다. 그러자 주인공이 기다렸다는 듯 한마디를 내뱉는다. "삼성폰이거든"

2007년 개봉한 영화 '오션스 13'에서 카지노의 대부 윌리 뱅크(알파치노 분)가 수만 달러를 주고 구입한 삼성 휴대폰을 보안직원에게 자랑하는 모습은, 관객들에게 '삼성폰 = 명품'이라는 깊은 인상을 남겨줬다.

삼성전자 STA법인장 손대일 상무는 4일 "대개의 PPL(간접광고)은 제조사가 영화사에 의뢰하지만, 오션스 13은 영화사측에서 역제안을 해왔다"면서 "삼성 휴대폰에 대한 명품 브랜드 이미지 제고를 위해 PPL에 참여하게 됐다"고 밝혔다.

영화나 드라마 속 소품으로 등장해 홍보효과를 극대화하는 PPL(Products in Placement)이 국내 휴대폰 제조사의 마케팅기법으로 떠오르고 있다. 최근에는 단순한 소품에서 벗어나 영화 스토리의 한 축을 담당하는 주역으로서 그 비중도 한층 커지고 있다.

손대일 상무는 "앞으로의 PPL마케팅은 어떻게 하면 제품의 메시지나 브랜드이미지를 효과적으로 전달하느냐가 관건"이라며 "단순한 소품으로 그치는 것이 아니라 전체 스토리에서 핵심 포인트가 되는 것이 중요하다"고 강조했다.

화면에서 스쳐 지나가는 그저 그런 소품이 아니라 스토리 안에 녹아드는 PPL이어야만 마케팅효과를 극대화할 수 있다는 설명인 것이다. 2006년 레오나르도 디카프리오와 맷 데이먼 주연의 영화 '디파티드'에서 삼성 휴대폰은 극적 긴장감을 높이고 반전을 주도하는 장치로써 관객들을 클라이막스로 이끌었다.

2003년 키아누 리브스 주연의 '메트릭스 리로디드'에 등장해 화제를 모았던 삼성 '매트릭스폰'도 극을 이끄는 주요한 도구였다. 2005년 개봉작 '엘리자베스타운'에서 꽃미남 배우 올란도 블룸이 애지중지하는 휴대폰도 바로 삼성 애니콜이다.

LG전자도 PPL 마케팅전략을 강화하고 있다. 최근 개봉한 헐리우드 블록버스터 '트랜스포머2'에서는 주인공 샤이아 라보프가 사용하는 '샤인폰'과 메간 폭스의 메시징폰 '루머' 등 무려 5개 제품이 관객들의 눈길을 사로잡았다.

2008년 개봉된 키아누 리브스 주연의 '지구가 멈추는 날'과 또 다른 영웅을 꿈꾸는 '아이언맨'에도 LG 휴대폰이 깜짝 출연했다. 또한 뉴욕 상류층 10대들의 생활상을 담은 미국드라마 '가십걸'에서는 주인공들이 휴대폰 문자메시지를 보내는 모든 에피소드를 LG 쿼티폰(키패드가 달린 휴대폰)이 이끌어가고 있다.

휴대폰 업계는 PPL마케팅의 효과가 '기대 이상'이라고 보고, 향후 PPL을 꾸준히 늘려나간다는 전략이다. 다만, 삼성이 PPL용 휴대폰을 특별 제작하는 것과 달리 LG전자는 기존에 판매하는 휴대폰을 등장시키는 상반된 전략을 펼치고 있어 눈길을 끈다.

업계 관계자는 이에 대해 "삼성은 프리미엄 이미지를 강화하는 반면, LG전자는 제품 브랜드를 홍보하는 전략적 차이 때문"이라면서도 "글로벌시장을 공략하는 삼성과 LG로서는 전 세계에서 상영되는 헐리우드 영화 PPL에 더욱 집중하게 될 것"이라고 전망했다.

자료원 : 아시아경제, 2009, 8, 4.

(사례3) 간접광고 효과 예상보다 크자…국내외 차업계 PPL마케팅 확대

가끔 TV드라마나 광고에 등장하는 차가 눈에 띈다. '앗, 저 차는 뭐지?'

이런 호기심에 사람들은 포털사이트를 두드리고, 차에 대한 정보를 얻는다. 관심을 갖게 되고, '사고 싶다'는 생각을 하게 된다. 이 중 극히 일부는 실제로 구매한다. 그리고 대다수는 브랜드와 차에 대해 '인지'하고 이후에도 차에 대한 이야기를 한다. 이것이 바로 PPL(Product

Placement)의 힘이다. 꼭 사람들이 PPL을 통해 노출시킨 자사브랜드 차량을 사길 바라는 것이 아니다. 제대로 된 인지(Recognition)는 마케팅의 출발이자 가장 큰 힘이다. 여기에 큰 힘을 보태는 것이 PPL이다.

최근 영화와 드라마, 광고에 국산차는 물론 수입차 PPL도 엄청나다. '그 드라마 주인공이 타는 차'는 생각보다 큰 힘을 발휘한다. 전시장에서 영업사원들은 고객과 이야기하며 "그 드라마 보셨죠? 거기 나오는 ㅇㅇㅇ가 타는 차가 바로 이겁니다"라고 자신있게 말하며 대화를 이끌어 나간다. 최근, 혹은 과거의 것이라도 유명세를 떨친 PPL을 살펴보자.

◆ 광고에도 수입차 PPL 꾸준히 인기

= 몇 년 전 모 주유소 광고에 영화배우 문근영이 한 차량을 타고 등장해 초보운전자답게 `주유구를 찾지 못하는 상황`을 연출한 적이 있었다. 꽤 오래전 광고지만 그 광고로 재미를 본 곳은 바로 BMW의 미니쿠퍼다. 당시만 해도 수입차 시장자체가 크지 않았고, 미니쿠퍼도 나온 지 얼마 안됐을 때여서 그 효과는 배가 됐다. 미니쿠퍼는 현재도 광고에 심심치 않게 등장하고 있다. 최근 영화배우 원빈이 나오는 커피광고에도 나온다. 감성적이고 여성 취향의 제품광고에 주로 이 차량이 등장한다.

역도여왕 장미란 선수가 정유사 광고에서 타고 나왔던 오픈카 역시 눈길을 끌었다. 이는 푸조의 하드톱 컨버터블 207CC 모델. 당시 각 포털사이트에는 이 차의 `정체(?)`를 묻는 질문이 쇄도했다.

이 밖에 자동차회사의 도움 없이 차를 구해 광고에 활용했지만 업체가 덩달아 효과를 본 운좋은 경우도 있다. 몇 년 전 모 맥주광고에 등장했던 포드의 머스탱이나 `생각대로 T`의 비바캔디편에 잠깐 등장한 닛산 피가로 등이 대표 사례다. 포드코리아 관계자는 "당시 협찬 형식으로 지원한 것이 아닌데 광고를 보고 문의가 많이 들어왔다"고 설명했다.

◆ 최근 대어는 드라마 PPL

드라마 "꽃보다 남자"에 등장했던 캐딜락 CTS

= 잠깐 스쳐가는 직접적인 광고보다는 드라마 PPL이 최근 대세라는 평가다. 이 때문에 국산차와 수입차를 가리지 않고 PPL전쟁이 드세다. 박준석 한국닛산 마케팅팀 과장은 "드라마 PPL은 주인공의 라이프스타일을 통해 잠재고객들에게 `주인공 같은 삶`으로 감정이입 효과를 낸다"면서 "방송 직후 문의전화와 전시장 방문 고객들의 숫자도 늘고, 주인공 또는 드라마 제목을 말하며 차량에 대한 문의를 하는 고객도 많아지는 상황"이라고 밝혔다.

최근 가장 활발한 PPL을 하는 곳은 한국닛산. 협찬하는 드라마마다 효과도 좋아서 상당히 만족하고 있다. 닛산의 PPL 성공은 한예슬 주연의 `환상의 커플`에서부터 본격화됐다. 엄청난 기대를 모으는 대작이 아니었던 이 드라마는 회를 거듭하며 인기가 높아져 자연스레 드라마에 등장하는 차에 대한 궁금증도 증폭됐다. 당시 인피니티는 한국에 진출한 지 얼마 안됐던 터라 더 크게 효과를 봤다. 이후 '쩐의 전쟁' '스타의 연인' 등에 연달아 차량을 제공한 한국닛산은 최근 최고 히트작 `찬란한 유산`에도 차량을 제공해 G37쿠페를 '이승기 차'로, FX를 '준세 차'로 포지셔닝하며 인지도를 높이는 데 성공했다.

올해 최고 히트작 중 하나로 꼽히는 '꽃보다 남자'에서 가장 큰 마케팅효과를 본 곳은 바로 GM이다. GM은 캐딜락 에스컬레이드 등을 드라마에 제공해 인지도를 높인 것은 물론, 이를 통해 스타로 떠오른 배우 이민호를 홍보대사로까지 위촉하는 등의 성과를 냈다. 이와 함께 '꽃보다 남자'에 PPL마케팅을 한 경량스포츠카 업체 로터스도 인지도향상을 경험했다. 최근엔 슈퍼카까지 PPL에 가세한 상태. 페라리 · 마세라티를 수입하는 FMK는 8월 초 방영 예정인 드라마 '스타일'에 페라리 캘리포니아와 마세라티 그란 투리스모S, 콰트로포르테 등 수억 원대 차량이 대거 등장하는 것. 영화 `악마는 프라다를 입는다`의 고고한 편집장과 같은 이미지를 풍기는 김혜수는 4억 원에 이르는 페라리 캘리포니아를 타고 나오며, 전직 외과의사이자 레스토랑 오너 요리사인 류시원은 마세라티 그란 투리스모S와 콰트로포르테를 탄다.

재규어랜드로버는 최근 방영을 시작한 월화드라마 '드림'에 스포츠에이전트 주진모의 차량으로 스포츠세단인 재규어 XF를, 막장 격투기 선수 김범의 차로 랜드로버 레인지로버 스포츠 등을 제공한다.

자료원 : 매일경제, 2009, 7, 27.

5) 광고효과평가

광고계획과 통제를 효과적으로 수행하기 위해서는 광고효과를 얼마나 정확하게 평가하느냐에 달려 있다. 그런데 일반적으로 국내시장에 비해 국제시장을 대상으로 지출하는 광고비용이 적을 뿐만 아니라 국제광고에 대한 경험부족으로 국내시장보다도 국제시장에서의 광고효과를 평가하는 것이 훨씬 어렵다고 할 수 있다.

광고효과를 측정하는데 사용되는 방법은 여러 가지가 있지만 일반적으로 커뮤니케이션효과를 측정하는 방법과 판매효과를 측정하는 방법으로 대별할 수 있다. 국제광고의 목적이 해외시장에 있는 최종소비자들의 제품구매를 유발하는데 있음을 감안하면 판매효과를 측정하는 것이 광고효과평가의 진정한 의의가 있다고 할 수 있다. 그러나 판매효과는 광고 이외에도 제품특성, 가격, 구매용이성, 경쟁사의 행동 등 여러 변수의 영향을 받기 때문에 커뮤니케이션 효과보다 측정하기다 훨씬 더 어렵다.

이처럼 광고효과의 평가는 주로 커뮤니케이션효과와 판매효과측면에서 이루어지는데, 실시시기에 따라 기본적으로 사전테스트(pre-test)와 사후테스트(post- test)로 구분된다. 사전테스트는 본격적인 광고의 실시에 앞서서 예상광고대상자의 표본을 대상으로 의견이나 태도를 살펴봄으로써 여러 대안적인 광고캠페인 중에서 가장 효과적인 것을 선정하는데 목적이 있다. 반면에 사후테스트는 광고캠페인이 광고매체에 나타난 후 광고주의 의도와 표현내용대로 커뮤니케이션이 이루어졌는가와 실제로 얼마만큼의 판매증대 효과가 있었는가를 측정하는 것이다.

제2절 국제광고전략의 유형

1. 표준화논쟁

오늘날 세계시장이 점점 동질화되어 감에 따라 범세계적 마케팅활동의 중요성이 커지고 있으며, 그에 따라 표준화전략에 관한 관심도 높아지고 있다. 국제마케팅전략의 표준화는 제품, 가격, 유통경로, 촉진프로그램을 전세계적으로 동일하게 적용하는 것을 말하는데, 최초의 표준화에 관한 이슈(issue)는 이 중 광고문제를 다룬 Elinder에 의해 제기되었다. 1961년 Elinder에 의해서 최초로 제기된 국제광고의 표준화문제는 지금까지 찬반양론자들간에 격렬한 논쟁을 불러 일으켜 왔다. 즉 1960년대 이래 해외시장을 대상으로 한 표준화광고의 유용성과 실용성에 관한 문제가 무역이라든지 학문적인 연구활동면에서 상당히 중요한 논의사항이 되어 왔다. 이러한 국제광고의 표준화논쟁은 각국에 따라 광고내용을 어느 정도 변화시키는 것이 적절한가 하는 부분에 쟁점의 핵심을 두고 있다. 다시 말하면 국제광고전략을 실시하는데 있어서 핵심을 이루는 중요한 문제는 세계소비자를 대상으로 광고캠페인을 국제적으로 표준화할 것인지, 그렇지 않으면 국가별로 적응화할 것인지를 결정하는 일이라 할 수 있다.

전세계의 모든 시장을 대상으로 동일한 방식으로 광고하는 이러한 국제광고의 표준화문제는 1960년대 이후 40여년 동안 논쟁이 계속되어 왔으며, 지금도 논쟁의 대상인 표준화광고에 큰 관심을 기울이고 있다.

국제광고의 표준화는 기업, 국제무역, 광고대행사, 정부, 소비자 및 마케팅이론에 이르기까지 광범위한 영향을 미치기 때문에 관심을 가지고 평가해 볼만한 가치가 있는 중요한 문제라고 할 수 있다. 먼저 기업의 측면에서 살펴보면, 다국적기업들은 국제광고의 표준화와 적응화전략 중 어떠한 전략이 바람직한가에 대한 논쟁을 지금까지 계속해 오고 있다. 예를 들어 청량음료 다국적기업들인 Coca-Cola와 Pepsi-Cola는 표준화된 광고전략을 사용하고 있는 반면에 Nestle와 Volvo와 같은 다국적기업들은 이와 정반대되는 적응화된 광고전략을 취하고 있다.

국제광고를 표준화함으로써 광고의사결정의 명확화, 광고집행의 용이, 비용절감, 효율적인 운영, 전세계적으로 일관된 이미지의 제공, 그리고 훌륭한 광고아이디어를 전세계적으로 이용할 수 있는 여러 가지 이점을 얻을 수 있기 때문에 만약 표준화된 국제광고가 타당성이 있는 전략이라고 생각한다면 국제기업의 경영자들은 표준화전략에 대한 실행을 강력히 고려해 보아야 할 것이다.

그러나 국제무역의 측면에서 살펴보면, 이와 같은 광고비용의 절감을 통해서 규모의 경제성을 실현할 수 있다는 표준화광고가 과연 해외시장에서 제품판매를 촉진시키는 효과적인 수단이 될 수 있을 것인가에 대해서 의문을 제기하는 경우도 많이 있다.

국제기업이 해외시장을 대상으로 표준화된 국제광고를 실시할 때 특히 개도국 정부의 경우에는 이러한 전략을 받아들이는데 있어서 까다로운 조치를 취하고 있다. 이처럼 개도국 정부가 외국기업에 대해 불리한 조치를 취하는 이유는 외국제품이 물리적이거나 기능적으로 똑같은 자국제품의 판매를 위축시킬 정도의 강력한 상표충성도(brand loyalty)를 가지고 있기 때문이다. 그 결과 어떤 나라는 전세계적인 브랜드를 가지고 있는 제품에 대해 과중한 세를 부과시키거나 수입을 완전히 금하는 경우도 있다.

몇몇 대규모 광고대행사들은 표준화된 국제광고를 실시하는 것이 바람직하고 또한 이러한 표준화전략을 성공적으로 수행하기 위해서는 국제적인 네트워크(network)를 가지고 있는 광고대행사들만이 가능하다고 주장하고 있다. 이러한 주장이 사실로 드러나게 되거나 국제적인 광고대행사에 의해 실시된 표준화된 광고전략이 효과적인 것으로 밝혀지게 된다면 해외자회사가 없는 소규모 광고대행사들은 존립 그 자체가 위태롭게 될 것이다.

소비자의 인식과 반응 역시 표준화광고를 실시하는데 있어서 고려해야 할 중요한 사항이다. 표준화된 광고를 소비자들에게 무차별적으로 사용할 경우에는 기업들이 원래 의도했던 메시지의 내용을 소비자들이 잘못 해석하게 되는 결과를 초래할 수 있다. 더욱이 소비자들이 자기들의 서로 다른 기호와 문화를 동질화시키려는 다국적기업들에 대해 좋지 않은 감정을 가질 수도 있다.

또한 마지막으로 마케팅이론적인 측면에서 살펴보면, 만약 표준화전략의 타당성이 인정된다면 마케팅이론을 전면적으로 재검토해야 할 것이다. 즉 국제광고의 표준화전략은 묵시적으로 소비자의 동질성을 그 전제조건으로 하고 있지만, 시장세분화전략은 소비자의 이질성을 전제조건으로 삼고 있기 때문에 마케팅이론의 재검토가 요구된다.

따라서 이러한 명백한 모순을 해결하기 위해서는 국제광고의 표준화와 적응화전략에 대한 타당성과 적용가능성을 밝힐 필요가 있다.

2. 표준화전략

국제광고의 표준화(standardization)란 주로 광고표현과 광고매체의 세계적 보편화(globalization ; universalization ; common approach ; unification a worldwide approach ; prototype campaign), 혹은 광역에 걸친 공통소구와 전용을 가리킨다. 다시 말하면 표준화광고란 광고주제나 광고문안을 변경하지 않고 국제적으로 그대로 사용하는 것을 말한다. 국제광고의 표준화전략을 지지하는 연구는 1960년대초 Elinder에 의해 제기된 이후 오랫동안 학계와 업계의 주된 관심사가 되어 왔다.

국제광고의 표준화 옹호론자들은 통신수단의 급속한 발달로 인해서 예술, 문학, 매체이용, 기호, 사고방식, 종교, 문화, 생활수준, 언어 등이 동질화되어 간다는 가정 하에 국제광고도 표준화하는 것이 바람직하다고 주장한다. 즉 이러한 견해는 각국 소비자들의 특성이 서로 차이가 있다 하더라고 그들의 기본적인 생리적 및 심리적 욕구는 동일하다고 보았기 때문에 표준화 광고전략이 가능하다는 것이다.

결국 표준화광고 접근법을 주장하는 사람들은 세계 어느곳의 소비자들이든지간에 기본적인 필요와 욕구가 동일하기 때문에 보편적 소구(universal appeals)로 소비자들을 설득할 수 있다고 강조하고 있다.

국제광고의 표준화전략을 지지하고 있는 대표적인 사람들은 Elinder, Fatt, Levitt 등을 들 수 있다.

Elinder는 국가간의 언어차이는 표준화를 하는데 장애요인이 될 수 없으며, 이러한 언어장벽을 충분히 극복할 수 있기 때문에 국제광고의 표준화전략이 가능하다는 견해를 밝혔다. 또한 그는 스웨덴은행의 판촉활동이 스칸디나비아반도 전역에서 성공적으로 사용되었다는 사실을 제시하면서 유럽전역 어디서나 이와 동일한 판촉 전략을 사용하는 것이 가능하기 때문에 각 국가마다 서로 다른 적응화된 촉진활동을 수행하는 것은 돈과 시간의 낭비라고 지적하였다.

결국 Elinder의 주장은 국가간의 소비자특성이 보다 유사해지고 있기 때문에 국제광고도 표준화접근법을 통해서 상당한 효과를 얻을 수 있다는 점을 역설하고 있다.

또 다른 표준화전략의 지지자인 Fatt는 마케팅 개념이 전세계적으로 확산되고 있고, 많은 나라에서 신제품이 소개되고 있을 뿐만 아니라, 특히 TV와 같은 국제적매체의 발달 등이 표준화광고의 사용을 촉진시키는 요인이 된다고 주장했다. 또한 그는 각국의 언어나 문화적인 측면에서의 차이에도 불구하고 누구나 아름다움과 건강을 추구하고 고통을 싫어하는 인간의 기본적인 욕구는 세계 어디서든지 동일하기 때문에 보편적인 소구방식으로 국제광고를 수행하는 것이 더욱 효율적이라고 주장함으로써 표준화전략의 당위성을 역설했다.

한편 Levitt가 말한 “지구촌”(global village)이라는 개념이 광고캠페인의 표준화에 새로운 관심을 가지게 하는 계기가 되었다. 범세계적인 표준화접근법을 강력하게 지지했던 Levitt는 1983년 발표한 “시장의 세계화”(The Globalization of Markets)라는 그의 논문에서 오늘날 기술의 발달로 인하여 전세계 소비자들의 기호나 욕구 등이 지리적, 국가적, 문화적인 영역을 초월하여 동질화되고 있기 때문에 표준화광고를 하는 것이 가능하다고 주장하였다. 즉 그는 “세계를 하나의 시장으로 동질화시켜 가는 강력한 힘이 존재하는데 그것은 바로 기술이며, 이로 인해 통신과 교통수단이 발달하고 해외여행이 증가함으로써 세계시장이 점점 동질화되어 가는 경향을 보이고 있기 때문에 해외시장 소비자들의 다양한 욕구를 충족시키기 위해 적응화 전략을 택하는 다국적기업(multinational corporation)의 시대는 쇠퇴할 것이고 전세계적으로 표준화된 전략을 수행하는 범세계적기업(global corporation)은 성공할 것이다”라는 견해를 밝혔다.

그 이외에도 Lorimer와 Dunn은 해외시장에 성공적으로 광고를 이전할 수 있고 표준화된 광고메시지는 전세계적으로 일관성있는 기업이미지라든지 브랜드이미지를 심어줄 수 있다고 주장하였으며, Mueller는 전세계의 인간은 동일한 기호와 욕구를 가지고 있기 때문에 표준화된 제품을 전세계적으로 동일한 혹은 유사한 촉진

소구를 이용하여 팔 수 있다고 주장하였고, Douglas와 Urban도 인간의 기본적인 욕구는 세계 어디서나 같고, 유사한 가치관과 태도, 구매관습을 가지고 있기 때문에 표준화전략이 가능하다는 견해를 제시했다.

또한 Dichter 역시 "각국 소비자들은 국경을 초월한 세계고객(World Customer)으로 점차 발전하고 있다……… 인간의 욕구는 세계적으로 아주 유사해지는 경향을 보이고 있다"고 주장하면서 표준화된 광고전략을 사용하는 것이 효율적이라는 견해를 밝혔다.

또 다른 표준화전략의 주요 지지자인 Ohmae는 미국, 서유럽, 그리고 일본 등 세 지역이 세계시장의 대부분을 차지하고 있다는 사실을 주목하면서, 이들 시장의 소비자들은 높은 수준의 동질화가 되어 가고 있기 때문에 표준화를 실행하는 것이 가능하다고 보았다.

Miracle은 "광고는 소비자들에게 효과적으로 정보를 전달하고, 또한 소비자들을 설득하는 것으로 국내뿐만 아니라 해외에서도 동일한 과업을 수행하게 된다. 효과적인 커뮤니케이션을 하기 위한 요구 사항들은 변하지 않기 때문에 비록 시간과 공간적인 환경이 다르다 하더라도 광고메시지나 매체의 선택에 있어서 표준화된 접근법을 전세계적으로 사용하는 것이 가능하다"는 견해를 밝혔다.

국제광고의 표준화전략을 주장하고 있는 사람들은 세계시장의 동질화 경향과 표준화에 따른 비용절감의 이점을 강조하고 있다. 즉 이들은 기술의 발달로 인해 세계시장의 수요패턴이 동질화되어 가고 있으며, 또한 기업이 동질화된 세계시장에서 효과적인 경쟁을 하기 위해서는 표준화를 통한 비용절감이 필수적임을 역설하고 있다.

국제광고의 표준화 옹호론자들은 표준화접근법을 사용할 경우 여러 가지 이점을 얻을 수 있다고 주장한다.

Buzzell은 표준화전략을 사용함으로써 얻을 수 있는 이점으로 ① 비용절감, ② 국제적으로 통일된 이미지의 전달, ③ 광고계획과 통제의 개선, ④ 창조적인 아이디어의 전세계적인 이전 등 네 가지를 들었다. 그는 광고를 표준화하게 되면 광고비용을 절감할 수 있고, 수익성을 높일 수 있다는 점에서 규모의 경제성 실현이 가능하다고 주장하였다. 광고에서 규모의 경제로 인한 비용절감은 표준화된 광고메시지의 집행을 통해 실현될 수 있다. 즉 각 시장마다 별도로 광고캠페인을 개발하는 것보다도 여러 시장을 위한 통일된 하나의 광고캠페인을 개발하여 실시하는 것이 그 비용을 훨씬 절감시킬 수 있다. 이와 마찬가지로 광고제작비용의 경우에도 각 시장마다 서로 다르게 광고를 제작하는 것보다도 여러 시장에 사용할 수 있는 하나의 표준화된 광고를 제작하면 비용을 상당히 절감시킬 수 있는 이점이 생기게 된다.

Sorenson과 Weichman도 표준화된 광고를 실시하면 각 시장별로 서로 다른 광고 주제, 문안, 그리고 도안을 준비하는데 따른 비용을 절감할 수 있다고 주장하였다. 국제기업이 표준화광고를 실시하는데 있어서 가장 큰 관심을 보이는 대상이 바로 이러한 광고제작비용이라고 할 수 있다.

이처럼 광고를 표준화하면 광고제작에 직접 들어 가는 비용을 절감할 수 있을 뿐만 아니라, 기업이 다른 마케팅활동에 전념할 수 있기 때문에 시간을 절약할 수 있는 간접적인 비용의 절감까지 감안한다면 실제로 훨씬 많은 광고비용을 절감할 수 있게 된다.

예를 들어, 국제광고의 표준화전략을 전세계적으로 실시하여 성공한 대표적인 기업인 Coca-Cola와 Pepsi-Cola는 광고를 표준화함으로써 상당히 많은 제작비용을 절감해 왔는데, 특히 Pepsi-Cola의 경우 각 시장마다 서로 다른 광고를 제작하지 않음으로써 매년 1,000만 달러의 비용절감을 가져 왔다.

Terpstra 역시 표준화를 통해서 여러 가지 비용을 절감시킬 수 있는 가능성이 있다는 점에서 국제기업이 표준화전략을 선택하는데 관심을 가지게 하는 하나의 요인이 된다고 주장하였다. 또한 제품이미지에 관한 문제는 국가간의 여행이 증가하고 국제적인 매체가 개발됨에 따라 중요하게 되었다. 표준화접근법을 지지하는 사람들은 이러한 국제적인 매체로 인해 각국의 소비자들이 외국으로부터 들어 오는 광고메시지에 그대로 노출되기 때문에 각 시장마다 서로 다른 광고를 할 경우 제품이미지에 혼란을 가져 오게 된다고 주장한다.

따라서 표준화된 광고전략을 실시하게 되면 소비자들에게 올 수 있는 이러한 혼란을 제거할 수 있을 뿐만 아니라, 국가별로 서로 다른 광고메시지를 창출할 필요가 없기 때문에 국제적으로 통일된 이미지를 확립할 수가 있다.

또한 Elinder, Fatt, 그리고 Levitt 등 일찌기 국제광고의 표준화를 지지했던 사람들도 기업의 광고캠페인을 성공적으로 이전할 수 있고, 표준화된 광고테마는 전세계적으로 통일된 브랜드이미지를 제공하게 된다고 주장하였다.

광고계획과 통제는 의사결정이 집권화될 수 밖에 없는 표준화전략을 사용함으로써 용이해 진다. 즉 표준화된 광고를 하게 되면 전시장에 걸쳐 광고계획과 집행에 대한 통제를 보다 효과적으로 수행할 수 있게 되는 것이다. 따라서 이처럼 광고의 사결정을 본사에 집권화함으로써 얻을 수 있는 최대 이점의 하나는 조정과 통제를 보다 개선할 수 있다는 점이다.

마지막으로 훌륭한 광고아이디어는 일반적으로 입수하기가 어렵기 때문에 가능한한 다른 나라로 이전하여 널리 활용되어야 한다. 즉 범세계적인 표준화전략을 수행하게 되면 전세계의 소비자들에게 통일된 브랜드이미지를 심어줄 수 있는 이점뿐만 아니라, 제품과 촉진전략에 대한 훌륭한 아이디어를 다른 나라로 이전할 수 있는 기회가 생기게 된다. 예를 들어, 한 나라에서 개발된 신제품이나 촉진전략을 다른 나라로 이전시켜 효과적으로 활용할 수 있게 된다.

이처럼 표준화광고전략은 비용절감, 광고실시의 용이함 등 여러 가지 이점을 얻을수 있기 때문에 전세계 소비자들의 동질성을 기본 가정으로 하고 있는 경영자 관점에서 보면 아주 중요한 요인이라고 할 수 있다.

그러나 광고메시지의 전달효과와 소비자욕구 측면에서 본 표준화전략은 그렇다고 할 수 없다. 광고의 목적은 소비자들에게 의사를 전달하고, 또한 소비자들을 설득하는데 있기 때문에 의사전달과정에서 가장 중요한 연계역할을 하는 것은 기업이 아니라 소비자이다. 따라서 기업은 광고전략을 수립할 때 소비자관점에서부터 출발해야 한다.

Hite와 Fraser도 광고를 표준화함으로써 얻을 수 있는 주요 이점은 비용절감과 일관된 이미지를 유지할 수 있다고 한 반면에, 표준화함으로써 발생할 수 있는 손실은 문화적 차이에 따른 의사소통(communication)의 결핍을 들고 있다.

따라서 국제광고의 표준화전략이 전부 성공하는 것은 아니며 실패하는 경우도 많이 있다. 국제광고의 표준화전략이 자주 실패하는 것은 광고주가 원래 자기가 의도했던 내용을 광고메시지에 정확하게 나타내지 못하고, 소비자 역시 광고메시지를 제대로 이해하지 못하는데 있다.

그런데 일반적으로 표준화된 광고메시지가 실패하는 원인을 살펴보면 다음과 같다.

첫째, 표준화된 광고메시지가 소비자들과 전혀 관련이 없어서 관심을 끌지 못하

는 경우

둘째, 설혹 관심을 끈다 하더라고 소비자들이 광고메시지를 정확히 이해하지 못하는 경우

셋째, 이해를 하더라도 광고주가 의도한 행동을 소비자들이 취할 수 있게끔 광고메시지가 의미있거나 강력하지 못한 경우 등이다.

이처럼 광고메시지를 해당소비자들에게 효과적으로 전달하지 못할 경우에 표준화된 국제광고는 비효율적인 결과를 가져오게 된다.

3. 적응화전략

표준화(standardization)에 대한 정반대되는 개념은 적응화(adaptation)라고 할 수 있는데, 이 용어는 "non-standardization", "individualization", "specificity", "localization", "customization" 등으로 혼용해서 사용되기도 한다. 국제광고의 적응화란 각국의 이질적인 환경적 특성에 따라 광고메시지를 변경하여 국제적으로 이전시키는 것을 말한다.

국제광고 담당자들은 이처럼 여러 가지 환경이 이질적인 해외시장에서 광고를 실행하기에 앞서 광고를 어느 정도로, 어떤 방법으로 적응시키고 변경시켜야 할 것인가 하는 문제에 자주 직면하게 된다. 즉 이들은 경제발전, 소비자욕구, 매체이용가능성, 그리고 법적규제 등이 시장마다 차이가 있기 때문에 표준화된 광고전략을 효과적으로 사용할 수 없게 한다고 주장한다. 강력한 표준화 옹호론자중의 한 사람인 Levitt가 밝힌 "세계시장이 동질화되고 있기 때문에 표준화된 광고전략을 사용하는 것이 효과적이다"라는 주장에 대해 모든 학자들이 다 동조하는 것은 아니다.

국제광고의 적응화전략을 지지하는 몇몇 학자들은 제품이나 광고메시지를 각국의 이질적인 소비자 욕구에 맞추어 변경시켜야 한다고 주장한다. 특히 광고부문에 있어서는 더욱 그렇다. 또한 이들은 세계시장에는 언어, 관습, 가치관, 생활방식, 그리고 음악 등의 문화적인 차이가 존재하기 때문에 광고표준화가 더욱 어렵다고 주장한다. 더우기 일부 학자들은 문화가 동질화되기 보다는 오히려 다양한 방향으로 변천되고 있다고 주장하기도 한다.

국제광고의 적응화를 주장하는 광고전문가들도 표준화하는데 가장 어려운 마케

팅 요소 중의 하나가 광고라고 지적하면서, 광고문안의 변경을 요구한다든지 또는 특정매체를 이용할 수 없는 법적규제 때문에, 특히 문화적 차이 때문에 광고메시지를 적응화해야 한다고 주장하고 있다. 또한 이들은 인간들의 기본적인 필요나 욕구가 전세계에 걸쳐 동일하다고 할지라도 이러한 욕구들을 만족시키는 방식은 국가마다 다를 수 있기 때문에 광고소구를 각국의 실정에 맞추어야 한다고 지적하고 있다.

본질적으로 표준화전략을 지지하는 사람들은 인간들의 필요와 욕구가 전세계적으로 보편적이라는데에 그 논거를 두고 있으며, 이와 반면에 적응화전략을 지지하는 사람들은 각국마다 소비자들의 욕구가 서로 다르기 때문에 광고를 소비자의 특성에 맞추어 적절히 변경시켜야 한다는 점을 강조하고 있다.

국제광고의 적응화전략을 주장하고 있는 대표적인 사람들은 Lenormand, Reed, Sutton, 그리고 Simmonds 등을 들 수 있다.

표준화광고에 정반대되는 견해를 보이고 있는 대표적인 사람은 프랑스의 유명한 광고관리자인 Lenormand이다. 그는 "국제광고를 표준화하기 위해서는 각국 소비자들간에 동일한 공통분모(common denominator)가 반드시 존재해야 하는데, 그러나 이러한 공통분모가 아직까지 발견되지 않았다"고하여 국제광고의 표준화전략에 강력히 반대하는 입장을 표명했다. 즉 각국간에 소비자의 심리적 특성, 종교적 신념, 관습, 생활수준, 법률, 광고매체 및 광고대행사조직 등의 차이로 인하여 표준화광고를 실행하는 것이 불가능하다고 주장했다.

Parameswaran과 Yaprak도 해외시장을 대상으로 활동하고 있는 국제기업은 각국 소비자들의 태도나 행동의 차이가 있기 때문에 표준화전략을 수행하는 것이 어렵다고 지적하였다.

Green과 Langeard도 미국과 프랑스 소비자들을 대상으로 조사한 결과 양국 소비자들의 태도 및 행동이 상당한 차이가 있다는 것을 발견하였으며, 따라서 이와 같은 경우에는 적응화된 전략을 실행하는 것이 바람직하다는 견해를 밝혔다.

Simmonds 역시 국제기업이 치열한 국제경쟁에서 생존하기 위해서는 각국의 소비자 특성에 맞는 적응화전략을 수행해야 한다고 주장하였다.

또한 Sutton은 단순히 "모든 사람들은 동질적이다"라는 가정에 그 논거를 두고 있는 표준화 옹호론자들의 이론은 너무 위험한 생각이라고 경고하면서, 국제적으로 표준화된 광고는 앞으로 그 가치가 떨어질 것이며, 현지실정에 알맞는 적응화된 광고를 수행하는 것이 훨씬 더 바람직하다는 견해를 밝혔다.

Kotler와 Kashani 역시 국제기업 매니저들이 표준화전략을 맹목적으로 사용하는 것은 위험하다고 경고하였다.

Green, Cunningham, 그리고 Cunningham은 소비자들이 구매시 중요시하는 소비재의 주요 제품속성이 각국간에 상당한 차이가 있다는 사실을 밝혀 냈으며, 따라서 이들은 각국에 따라 적응화된 광고전략을 실시해야 한다는 결론을 내렸다.

Boddewyn, Soehl, 그리고 Picard는 비록 표준화가 범세계적인 추세이기는 하지만, 제품이나 브랜드에 비해 광고를 전세계적으로 표준화하는 기업은 그다지 많지 않은 편이라고 지적하면서 Levitt가 주장한 표준화전략에 대해 회의적인 견해를 보였다.

Harris 역시 제품을 세계적으로 표준화하는 것은 가능할지 몰라도 광고의 경우에는 각국의 문화적인 차이 때문에 세계적인 표준화는 어렵다는 견해를 피력하였다.

Caffyn과 Rogers는 영국과 미국광고에 대한 영국 소비자들의 반응을 조사한 결과 상당한 차이가 있다는 것을 발견하였으며, 또한 양국간에 사회 및 문화적인 환경의 차이가 크기 때문에 표준화전략이 다른 나라에서 성공하기가 힘들다고 주장하였다.

적응화전략을 지지하는 사람들은 국제광고활동에서 범하기 쉬운 대부분의 실수들은 광고주들이 이러한 외국문화와 사회규범에 대한 이해가 부족하기 때문에 발생하게 된다고 지적하였다.

Ricks, Arpan, 그리고 Fu는 표준화접근법을 적극적으로 지지하는 사람들에게 하나의 교훈적인 의미로서 국제광고를 수행하는데 실제로 있을 수 있는 큰 실수들을 조사했는데, 이러한 실수들은 각국의 고유한 관습이나 기호가 있다는 것을 인정하지 않으려는 것에서부터 환경에 대한 무감각에 이르기까지 여러 가지 형태로 인하여 발생하게 된다고 주장하였다.

4. 절충형전략

국제광고의 표준화와 적응화 주장론자들의 극단적인 대립속에 현지시장의 차이를 인정하면서, 맹목적으로 표준화전략을 사용하는 것도 주의하야 한다는 절충론자들이 나오기 시작했다. 중도적인 입장을 지지하는 사람들은 극단적인 완전표준화와 완전적응화전략은 그 실행 자체가 불가능하기 때문에 상황에 따라 각 전략의 정도를 조절하는 것이 보다 효율적이라고 주장한다. 이러한 중립적인 견해를 보이고 있는 대표적인 사람들은 Walters, Wind, Onkvisit와 Shaw, 그리고 Jain 등을 들 수 있다.

Walters는 표준화하는데 영향을 주는 주요변수로서 제품의 특성, 소비자의 특성과 행동, 법적환경, 그리고 제품사용조건 등을 제시하였다. 그는 표준화전략의 실행여부는 이러한 변수들의 상황에 따라 결정되는 매우 상황특유적(situation-specific)이라는 사실을 밝혀 냈으며, 구제적인 광고의 크리에이티브 내용까지 상당한 표준화가 이루어진다는 것은 그렇게 흔치 않은 일이며, 국제광고의 완전한 표준화전략은 극히 드물다고 주장하였다.

Onkvisit와 Shaw 역시 완전한 표준화를 달성한다는 것은 거의 불가능한 일이기 때문에 표준화된 광고전략의 사용여부보다도 표준화광고를 어느 정도 사용해야 하느냐, 또한 어떤 조건 하에서 사용해야 하느냐 하는 것이 보다 현실적이라고 주장했다.

이들은 국제광고의 표준화와 적응화전략의 차이점은 표준화와 적응화전략을 양축으로 한 연속선상의 어디에 놓여 있느냐에 따라서 달라진다고 보았다. 즉 표준화축으로 움직여 갈수록 소비자들의 동질성이 커지게 되고, 그렇게 되면 표준화된 광고전략을 사용할 가능성이 높아지게 된다는 것이다. 예를 들면, 미국을 양축의 한쪽 끝인 표준화축에 놓을 때, 미국의 소비자특성과 큰 차이가 없는 서유럽 시장의 경우 표준화축에서 약간 떨어진 가까운 지점에 놓여질 수 있을 것이고, 그 결과 소비자들의 동질성이 커져 표준화된 광고전략을 사용할 가능성이 높아지게 된다. 반면에 아시아와 아프리카 시장의 경우에는 표준화축 정반대의 다른 쪽 지점에 위치하게 되는데, 이처럼 적응화축으로 가깝게 갈수록 소비자들의 이질성 정도가 커져 적응화된 광고전략을 사용할 가능성이 높아지게 된다.

따라서 이들은 국제광고 관리자는 자국시장과의 유사성을 기준으로 특정해외시장이 국제광고의 표준화와 적응화전략을 양축으로 한 연속선상의 어느 지점에 위치하게 되는지를 정확히 파악하는 것이 중요하다고 강조했다. 이처럼 일단 특정해외시장의 위치가 결정이 되면 거기에 따라 국제광고의 표준화와 적응화정도도 결정할 수 있게 된다는 것이다.

표준화전략에 대한 강력한 비판자중의 한 사람인 Wind에 의하면, 표준화는 국제기업이 선택할 수 있는 수 많은 전략대안중의 하나일 뿐이며, 국제광고의 표준화전략을 효과적으로 수행하기 위해서는 다음과 같은 7가지 조건이 충족되어야 한다고 주장했다.

① 소비자욕구의 동질성

② 저가격의 고품질 제품에 대한 전세계적인 선호

③ 규모의 경제성

④ 제품과 브랜드이미지에 대한 범세계적인 선호

⑤ 외적인 규제조치의 부재

⑥ 내적인 규제조치의 부재

⑦ 범세계적인 마케팅활동에 대한 시너지 효과(synergy effects)

그러나 그는 이러한 7가지 조건을 모두 충족시킨다는 것은 어렵기 때문에 "국제기업의 사고방식은 범세계적(globally)이되 행동은 현지중심적(locally)이어야 한다"고 강조했다.

이러한 사고방식의 접근방법은 국제광고주들이 주로 이용하는 전략이다. 대부분의 관리자들은 언어, 모델, 배경, 메시지 내용, 그리고 심볼(symbol) 등과 같은 광고메시지의 다양한 구성요소들을 각국의 문화와 소비자들의 성향에 맞게끔 수정하는 것이 중요하다고 생각하고 있다. 즉 다수의 기업들은 범세계적인 전략을 추구하고 있는 동시에 그들의 광고가 다양한 국가와 지역에 더욱 적합하도록 광고메시지를 기술적으로 수정하고 있다.

Hite와 Fraser의 조사결과에서도 표준화 광고전략과 적응화 광고전략은 나름대로의 이점과 단점을 지니고 있기 때문에 각 전략을 실시함으로써 발생할 수 있는 손실을 최소화 시키고 이득을 취하기 위해서 다수의 기업들이 표준화와 적응화전략을 절충하여 사용하는 것으로 나타났다.

또한 Buzzell은 표준화의 이점과 장애요인을 제시하면서 광고를 어느 정도, 어떤 조건 하에서 표준화할 수 있느냐 하는 문제를 제기하였다. 즉 그는 광고를 표준화함으로써 여러 가지 이점을 얻을 수 있지만, 반면에 시장특성, 산업조건, 마케팅제도, 그리고 법적규제 등과 같은 표준화를 제약하는 외적요인들이 있기 때문에 양 전략의 수익과 비용을 분석한 후에 표준화의 정도를 결정하는 것이 바람직하다고 주장했다.

이와 유사한 견해로서 Keegan은 그의 연구에서 소비자의 필요와 제품사용조건과의 관계에 따라 광고전략을 확장하거나 조절할 수 있는 여러 가지 전략적 대안을 소개하였다. 그는 여기에서 제품요인, 시장요인, 그리고 적응화비용 등이 표준화하는데 영향을 미치기 때문에 국제기업은 제품과 시장의 적합성, 기업능력 및 비용에 관한 분석을 한 후에 그 중에서 가장 유리한 광고전략을 선택해야 한다고 주장했다.

한편 Jain은 완전한 표준화란 생각할 수 없는 일이며 표적시장, 시장포지션, 제품특성, 환경 및 기업조직과 등과 같은 다양한 내외적인 요인에 따라 표준화와 적응화의 정도를 조절하는 것이 바람직하다는 견해를 제시했다. 또한 그는 표준화정도를 상황에 따라 어떻게 적절하게 조절해야 하는지에 대해 구체적으로 다음과 같이 13가지 조건을 제시하여 설명하였다.

① 경제적 상황이 유사한 시장일수록 표준화전략을 사용할 가능성이 높아진다.
② 특정시장을 대상으로 하는 것보다도 전세계적으로 제품을 판매할 경우 표준화전략이 더욱 효과적이다.
③ 소비자행동과 라이프스타일(lifestyle)이 유사한 시장일수록 표준화의 정도가 높아진다.
④ 본국과 현지국의 제품특성에 대한 문화적인 유사성이 높을수록 표준화정도가 높아진다.
⑤ 기업의 경쟁포지션이 비슷한 시장일수록 표준화의 정도가 높아진다.
⑥ 다른 시장에서 비슷한 시장점유율을 가지고 있는 기업들과 현지에서 경쟁할 경우 순수 현지기업들과의 경쟁보다 더 높은 표준화가 가능하다.
⑦ 소비재보다 산업재나 첨단기술제품에 표준화전략을 사용하는 것이 더 적합하다.
⑧ 본국시장의 포지셔닝전략(positioning strategy)을 현지시장에 그대로 적용한다면 표준화전략이 더 효과적이다.
⑨ 본국과 현지국간에 물리적, 정치적, 법적환경의 차이가 클수록 표준화의 정도는 낮아진다.
⑩ 본국과 현지국의 마케팅 하부구조가 유사할수록 표준화의 정도가 높아진다.
⑪ 핵심관리자들이 세계적인 시각을 공유하거나 기업전략의 중요한 과제를 공통적으로 인식하고 있는 기업일수록 표준화전략을 실행하는 것이 더 효과적이다.
⑫ 표준화문제에 관한 모회사와 자회사 경영자들간의 전략적 의사합일(strategic consensus)이 이루어질수록 표준화전략을 실행하는 것이 더 효과적이다.

⑬ 정책수립과 자원할당에 대한 권한이 중앙으로 집중된 기업일수록 표준화전략을 실행하는 것이 더 효과적이다.

결국 국제광고의 절충형전략을 지지하는 학자들의 견해는 표준화와 적응화전략은 나름대로의 타당성과 한계를 지니고 있기 때문에 어느 한 전략을 택하는 극단적인 접근방법은 바람직하다고 할 수 없으며, 상황에 따라 두 전략을 절충하여 사용하는 것이 효과적이라는 것이다.

지금까지 국제광고의 표준화와 적응화전략, 그리고 중립적인 전략을 주장하는 사람들의 견해를 살펴보았다.

결론적으로 표준화 옹호론자들은 인간의 기본적인 욕구와 동기는 세계 어디서나 같기 때문에 표준화된 광고를 사용하는 것이 가능하고, 또한 표준화함으로써 광고비용의 절감이라든지 국제적으로 통일된 이미지의 확립 등 이들의 주장을 뒷받침할 수 있는 여러 가지 이점이 있기 때문에 표준화전략을 지지하고 있다고 볼 수 있다. 반면에 국제광고의 적응화전략을 지지하는 학자들은 표준화전략과는 달리 인간의 기본적인 욕구와 동기는 전세계적으로 차이가 있기 때문에 각국의 상황이나 소비자들의 특성에 따라 광고를 적응화시키는 것이 바람직하다는 견해를 표명하고 있는 것으로 요약할 수 있다. 그러나 국제광고의 완전한 표준화와 완전한 적응화전략은 그 실행자체가 불가능하기 때문에 다양한 내외적인 환경변수들을 고려하여 표준화 내지 적응화정도를 조절하여 사용하는 것이 보다 현실적일 것이다.

제3절 표준화광고에 대한 실증적 연구

1960년대 이래 표준화광고의 유용성과 실용성에 관한 문제가 업계나 학계에서 오랫동안 논쟁의 대상이 되어 왔었지만, 표준화접근법을 실제로 어느 정도 사용하고 있는지를 분석한 실증적인 연구는 그렇게 많지 않은 편이다. 그러면 여기에서 광고표준화가 해외시장에서 실제로 어느 정도 실행되고 있는지에 대한 실증적인 연구결과를 살펴보면 다음과 같다.

먼저 Kanso(1992)는 미국기업의 국제광고 경영자들이 해외시장에서 광고메시지를 어느 정도 표준화하여 사용하고 있는지를 확인하기 위하여, 미국 Fortune지에 실린 500개 대기업 중에서 해외시장에 개입하고 있는 내구성 소비재 제조업체 118개 기업을 대상으로 조사하였다. 이 연구결과에 의하면 대상기업의 대부분이 표준화보다는 적응화광고 접근법을 사용하고 있는 것으로 나타났다. 즉 조사대상기업중 해외시장에서 광고메시지를 전부 표준화하거나, 표준화비율이 50% 이상인 기업은 25%에 불과하였으며, 75%에 해당하는 기업들이 표준화된 광고메시지를 전혀 사용하지 않거나, 광고메시지를 표준화하더라도 그 비율이 50% 미만인 것으로 나타났다.

10년 후, Kanso 본인과 Nelson(2002)이 공동으로 핀란드와 스웨덴에 있는 외국자회사의 경영자 95명을 대상으로 이들이 표준화와 적응화 접근법에 대해 어떠한 태도를 보이고 있는지를 조사한 연구결과에서도 대상기업의 대부분이 표준화보다는 적응화광고 접근법을 사용하고 있는 것으로 나타났다. 즉 조사결과 95개 자회사중 62개 자회사가 아직도 표준화광고 캠페인을 저해하는 많은 장애요인이 존재하고 있다는 이유로 적응화된 광고전략을 사용하고 있는 것으로 밝혀졌다.

Pae, Samiee and Tai(2002)는 홍콩 몇개 대학의 MBA과정 학생 308명을 대상으로 홍콩에 있는 미국과 유럽 다국적기업들이 사용하고 있는 표준화와 적응화된 광고물에 대한 소비자인식을 조사하였다. 조사결과, 홍콩 현지시장과 다국적기업 본국시장간에 문화적 차이가 있을 경우에는 표준화보다는 적응화된 광고물을 보다 선호하고 있다는 사실을 밝혀냈다.

이와 반면에 Sirisagul(2000)이 유럽, 일본, 미국의 97개 다국적기업을 대상으로 한 조사에서는 그들이 마케팅활동을 하고 있는 해외시장이 다양한 환경의 차이가 있음에도 불구하고 표준화 접근법을 추구하고 있는 것으로 나타났다.

Sorenson and Wiechmann(1975)은 다국적기업들이 실제로 마케팅 프로그램을 어느 정도 표준화하고 있는지를 알아 보기 위해 27개 미국 다국적기업들의 유럽자회사 경영자 100명을 대상으로 조사하였는데 그 결과는 [그림 13-4]에 요약되어 있다. 이들의 연구결과를 보면, 조사대상기업의 27%가 유럽시장에서 모든 마케팅 프로그램을 적응화하고 있는데 비하여 63%가 상당한 수준의 표준화를 실시하고 있는 것으로 나타났다. 한편 마케팅 프로그램의 요소들간에는 표준화정도에 있어서 상당한 차이가 있는 것으로 밝혀졌는데, 이 중 광고에 관련된 요소로서 매체선정(media allocation)은 비교적 낮은 수준의 표준화(43%)가 이루어지고 있으며, 크리에이티브 표현(creative expression)의 경우에는 보통의 표준화(62%)가, 그리고 기본적인 광고메시지(basic advertising message)에 있어서는 높은 수준의 표준화(71%)가 이루어지고 있는 것으로 나타났다. 그러나 Sorenson과 Wiechmann의 연구는 미국과 시장특성이 유사한 유럽에 국한하여 조사하였기 때문에 경제, 문화, 그리고 정치적 환경 등이 서로 다른 국가를 대상으로 조사할 경우에는 그 결과가 다르게 나타날 수 있다고 스스로 그들 연구의 한계점을 지적하였다.

Dunn(1976)은 유럽시장에서 국제마케팅활동을 하고 있는 30개 다국적기업들의 경영자 78명을 대상으로 조사한 결과, 표준화된 광고전략을 수행하는 기업이 1964년보다 1973년에 더 낮은 것으로 나타났는데 이러한 결과는 상대적으로 적응화된 광고전략을 수행하는 기업의 수가 점차적으로 늘어나고 있다는 사실을 의미한다. Dunn은 그 이유로써 유럽 각국시장의 민족주의나 국가특성, 광고에 대한 법적규제의 증가 등을 들고 있으며, 이러한 여러 가지 환경변화에 적응한 광고전략을 실시하는 국제기업만이 성공을 거둘 수 있다고 하였다.

한편 Ryans and Ratz(1987)는 다국적기업들이 표준화된 광고접근법을 어느 정도 사용하고 있는지를 알아 보기 위해 미국에 본사를 둔 34개 다국적기업의 국제광고경영자를 대상으로 조사한 결과, 해외시장의 60% 이상에서 표준화된 광고주제를 사용한다는 기업은 조사대상기업의 62%로서 가장 높은 표준화비율을 보이고 있으며, 반면에 가장 낮은 표준화가 이루어지고 있는 광고변수는 크리에이티브 표현으로서 조사대상기업의 26%로 나타났다.

Donnelly and Ryans(1969)는 해외시장에서 국제광고를 하고 있는 미국의 70개 비내구성 소비재 제조업체의 국제광고 경영자들을 대상으로 표준화된 접근방법을 어떻게 평가하고 있으며, 또한 그들이 이런 방법을 어느 정도 사용하고 있는지를 측정하였다. 조사결과, 대부분의 기업들이 국제광고를 지역에 따라 적응화하고 있는 것으로 나타났으며, 표준화된 광고를 사용하는 빈도가 50% 이상인 기업은 단지 17%에 불과한 것으로 평가되었다.

또한 Donnelly(1970)는 국제광고를 하고 있는 미국의 주요 비내구성 소비재 제조업체의 국제광고 경영자들을 대상으로 문화적 차이에 대한 국제광고 경영자의 태도와 그들의 국제광고전략간에 어떠한 관련이 있는가를 알아 보기 위해 조사한 결과, 문화적 차이를 인정하는 경영자들은 분권화된 광고계획과 현지광고대행사를 이용하고 있는 반면에, 주요 광고의사결정권이 집권화되어 있는 기업의 경영자들은 표준화된 국제광고전략을 많이 사용하고 있는 것으로 나타났다.

Schleifer and Dunn(1968)은 특정국가에 대한 태도가 소비자들의 광고수용에 어떠한 영향을 미치는가를 조사하였다. 그들은 청량음료, 화장품, 담배, 그리고 손목시계 등의 4개 소비재에 대한 잡지광고를 미국과 이집트양식으로 만들어 마케팅과 커뮤니케이션 관련학생 152명을 대상으로 조사한 결과, 광고모델의 국적이 소비자들의 광고수용에 영향을 미치는 것으로 나타났다. 또한 소비자들이 특정국가에 대해 호의적인 태도를 보이는 국가의 모델을 사용하는 경우 표준화된 국제광고전략이 보다 효과적이라는 사실을 밝혀냈다.

Caffyn and Rogers(1970)는 미국과 영국의 TV 광고를 이용하여 영국 소비자들이 동일한 또한 유사한 제품을 위한 서로 다른 광고내용에 대해 어떻게 반응하는지를 조사하였다. 그 결과 영국 소비자들은 영국과 미국광고에 대해 서로 다른 반응을 보였다. 즉 영국 소비자들은 미국광고가 오락적인 요소를 지니고 있기 때문에 영국광고보다 더 재미있다고 느꼈지만, 설득력에 있어서는 전반적으로 영국광고가 더 효과가 있다는 반응을 보였다.

또한 이들 연구자들은 영국과 미국이 같은 언어를 사용하고 있음에도 불구하고 양국간의 사회, 문화 및 마케팅환경의 차이가 크다 보니까 한 국가에서 성공한 광고가 다른 국가에서도 성공하기란 쉬운 일이 아니라는 견해를 밝혔다.

그런데 Caffyn and Rogers 연구의 경우에는 한 국가의 소비자집단을 대상으로 서로 다른 광고를 보여 주고 소비자들의 반응이 어떠한지를 살펴보았는데, 이와는 반대로 서로 다른 여러 국가의 소비자집단을 대상으로 동일한 광고를 사용하여 소비자들의 반응이 어떻게 나타나는지를 조사한 연구도 있다. 즉 Onkvisit and Shaw(1983)는 인쇄물매체를 이용하여 손목시계와 비누제품을 위한 동일한 2개 광고에 대한 미국과 외국학생들의 반응을 비교분석한 결과, 광고에 대한 인식과 해석이 양국 소비자들간에 일치하지 않은 것으로 나타났다.

또한 Hornik(1980)은 이스라엘에서 판매되고 있는 동일한 미국제품을 위해 세 가지 형태의 광고를 이용하여 현지소비자가 어떠한 반응을 보이는지를 조사하였다. 즉 이스라엘 주부를 대상으로 미국에서 실시되고 있는 광고를 변경하지 않고 이스라엘시장에 그대로 이전한 형태의 광고, 이스라엘 현지광고대행사에서 제작한 형태의 광고, 그리고 이들 광고와는 성격이 다른 중립적인 형태의 광고를 병행해서 실시하였다. 그 결과 국제적인 소구나 전세계적인 기업이미지가 이스라엘 소비자들에게 보편적으로 수용되는 경우를 제외하고는 대부분 이들 광고에 대한 소비자들의 태도나 인식이 서로 다르게 나타나 표준화보다는 적응화된 국제광고전략이 효과적이라는 사실을 입증해 주고 있다.

[그림 13-4] 다국적기업의 마케팅 프로그램 표준화정도

마케팅프로그램의 요소	저표준화	중표준화	고표준화
전체 마케팅 프로그램	27	11	63
제품특성	15	4	81
상표명	7		93
포장	20	5	75
소매가격	30	14	56
기본적인 광고메시지	20	6	71
크리에이티브 표현	34	4	62
판매촉진	33	11	56
매체선정	47	10	43
판매원의 역할	15	10	74
판매원 관리	17	10	72
중간상의 역할	13	7	80
소매상의 유형	34	7	59

자료원 : R. Z. Sorenson and U. E, Wienchmann, "How Multinationals View Standardization," *Harvard Business Review*, May-June 1975. p. 39.

Lorimer and Dunn(1969)은 유럽과 중동지역으로 광고를 이전하는 것이 가능한지를 알아 보기 위해 프랑스와 이집트의 중상류층 소비자 200명을 대상으로 조사하였는데, 그 결과 미국에서 성공한 인쇄물 광고메시지가 유럽과 중동에서도 성공적인 것으로 나타났다. 즉 불어와 아랍어로 번역한 미국광고를 각기 파리와 카이로에서 실험을 한 결과 현지에서 제작한 광고 이상으로 큰 효과를 거두었다.

한편 특정제품이 성공적으로 판매되기 위해서는 소비자들에게 그 제품에 관한 중요한 속성이 광고되어야 한다. 따라서 국제광고의 표준화전략을 효과적으로 수행하기 위해서는 각국 소비자들이 제품을 구매할 때 중요시하는 제품속성의 평가기준이 동일해야 한다. 그러나 각국 소비자들간에 제품속성에 대한 평가가 동일하게 나타나는 경우는 그렇게 흔치 않은 편이다.

예를 들어, Green, Cunningham and Cunningham(1975)은 미국, 프랑스, 인도 및 브라질의 4개국 대학생을 대상으로 이들이 두개의 동일한 소비재(치약,청량음료)를 구매할 때 중요시하는 제품속성의 평가기준을 비교분석해 보았다. 그 결과 각국 소

비자들이 제품을 평가하는데 있어서 중요시하는 속성은 서로 차이가 있다는 것을 발견하였으며, 이럴 경우 국제광고의 표준화전략은 바람직하지 못하다고 주장하였다.

지금까지 검토한 표준화광고에 대한 기존의 연구결과를 요약하면 [표 13-1]과 같다.

[표 13-1] 표준화광고에 대한 기존연구의 요약

연 구 자	년도	대상국가	샘플규모 및 업종[1]	연 구 결 과
Caffyn & Rogers	1970	영국	1,200명	영국소비자들은 영국과 미국광고에 대해 서로 다른 반응을 보였으며, 양국간에 사회 및 문화적 환경의 차이가 있기 때문에 국제광고의 표준화전략이 성공하리라는 보장이 없음
Dunn	1976	미국 및 유럽	30개 (소비재 제조업)	유럽 각국시장의 민족주의나 국가특성, 광고에 대한 법적규제의 증가 등으로 인해 적응화된 광고전략이 필요함
Donnelly & Ryans	1969	미국	70개 (비내구성 소비재 제조업)	대부분의 기업들이 국제광고를 지역에 따라 적응화하고 있는 것으로 나타남
Green, Cunningham & Cunningham	1975	미국, 프랑스, 브라질	303명	각국 소비자들간에 제품속성에 대한 평가를 하는데 차이가 있음
Hornik	1980	이스라엘	184명	동일한 미국제품을 위한 미국, 이스라엘, 그리고 중립적인 형태의 광고에 대한 이스라엘 소비자들의 태도나 인식이 서로 다르게 나타나 표준화된 국제광고전략은 효과적이지 못함
Kanso	1992	미국	118개 (내구성 소비재 제조업)	대상기업의 대부분이 적응화된 광고접근법을 사용하고 있는 것으로 나타남
Kanso & Nelson	2002	핀란드, 스웨덴	95개 (소비재, 산업재, 서비스업)	표준화광고 캠페인을 저해하는 많은 장애가 존재하고 있기 때문에 대체적으로 적응화된 광고전략을 많이 사용하고 있는 것으로 나타남
Lorimor & Dunn	1969	프랑스, 이집트	200명	국제광고의 표준화와 적응화전략이 전부 효과적인 것으로 나타남
Pae, Samiee & Tai	2002	홍콩	308명	홍콩 현지시장과 다국적기업 본국시장간에 문화적 차이가 있을 경우에는 적응화된 광고를 보다 선호하고 있다는 사실을 밝혀냄
Schleifer & Dunn	1968	미국	152명	소비자들이 특정국가에 대해 호의적인 반응을 보일 경우에는 표준화된 국제광고전략이 효과적임
Sirisagul	2000	미국, 일본, 유럽	97개 (다업종)	세 국가의 다국적기업들은 그들이 마케팅활동을 하고 있는 해외시장이 다양한 환경의 차이가 있음에도 불구하고 표준화접근법을 추구하고 있는 것으로 나타남
Sorenson & Wiechmann	1975	미국	27개 (소비재 제조업)	국가간의 특성이 차이가 있는데도 불구하고 표준화된 광고전략을 많이 사용하는 경향을 보임

주 : 1) 소비자를 대상으로 한 조사의 경우에는 업종이 생략됨

자료원 : 정대영, 현지시장요인이 국제광고 표준화정도에 미치는 영향, 무역학회지, 제27권 제4호, 한국무역학회, 2002. 12, p. 163.

제4절 기타의 국제촉진수단

1. 국제인적판매

국제인적판매(international personal selling)란 해외시장에서 판매를 목적으로 1인 또는 그 이상의 예상구매자와 접촉하여 구두로 제시하는 활동을 말하며 달리 판매원판매라고도 한다. 즉 국제인적판매는 대인관계를 통하여 1인 또는 그 이상의 예상고객과 회화에 의한 쌍방적 커뮤니케이션(two-way communication)을 통하여 구매결정을 직접 자극하는 형태이며, 이와 반면 비인적판매는 국제광고, 국제홍보, 국제판매촉진 등을 통하여 상품이나 서비스에 관한 정보를 제공하고 설득하는 일방적 커뮤니케이션(one-way communication)의 형태인 것이다.

국제인적판매는 비인적판매활동 중의 하나인 국제광고와 더불어 국제마케팅목적을 수행하는데 필수불가결한 핵심적인 촉진수단이라고 할 수 있는데, 국제인적판매가 촉진수단으로서 중요시되는 경우는 다음과 같다.

① 광고프로그램을 활용할만한 충분한 자금이 없을 때
② 소비자들이 지리적으로 집중되어 있을 때
③ 제품의 구매의욕이나 고객에게 자신감을 부여하기 위해서는 판매원의 노력이 필요할 때
④ 제품의 단가가 높을 때
⑤ 제품에 관한 인적설명이 필요할 때
⑥ 증권이나 보험과 같이 상품을 고객 개개인의 욕구에 맞출 필요가 있을 때
⑦ 교환판매가 요구될 때

그러나 국제인적판매는 국제마케팅 관리자가 활용할 수 있는 가장 효과적인 촉진수단의 하나이지만 비용이 많이 소요된다. 왜냐하면 유능한 판매원들을 유지하는데는 엄청난 비용이 들기 때문이다. 따라서 기업은 운영의 묘를 잘 살려 최소의 비용으로 인적판매의 장점을 최대한으로 살리는 방향으로 판매원들을 관리해야 할 것이다.

즉 국제시장을 대상으로 하든, 국내시장을 대상으로 하든지 간에 대상시장에서 판매효과를 극대화시키기 위해서는 판매원의 선발로부터, 훈련, 조직, 보수, 감독 등에 이르기까지 판매원관리를 효과적으로 수행해야 할 것이다.

2. 국제판매촉진

국제판매촉진(international sales promotion)이란 해외소비자의 구매를 촉진시키고, 소매상이나 중간상의 효율성을 높이기 위한 촉진활동으로서 국제광고, 국제인적판매, 국제홍보활동에 속하지 않는 모든 마케팅활동을 의미한다.

국제판매촉진활동은 인적판매나 광고활동에 비해서는 그 중요성이 낮은 것이 사실이지만 특정제품이나 기업에 따라서는 아주 중요한 촉진수단이 되고 있다.

국제판매촉진의 형태는 국내판매촉진과 마찬가지로 판매점 판매촉진과 소비자 판매촉진으로 크게 두 가지로 나누어 볼 수 있다.

1) 판매점 판매촉진

판매점 판매촉진이란 국제기업이 해외시장에서 해외판매점의 구매를 환기시키고 자극함으로써 기업의 매출액을 증대시키는데 목적을 두고 있는 방법으로서 다음과 같은 여러 가지 수단을 사용하고 있다.

(1) 리베이트(rebate)

국제기업이 해외시장에 있는 판매점과 일정기간에 걸쳐 거래계약을 체결하고, 일정기간이 경과한 후에 만약 판매액이 계약조건보다 상회하면 그 비율에 따라 지불금액의 일부를 환불해 주는 방법이다.

(2) 판매점 콘테스트(dealer contest)

해외시장에 있는 판매점끼리 서로 판매경쟁을 시켜 궁극적으로는 자사제품의 매출액을 증대시킬 목적으로 행하는 판매촉진활동이다.

(3) 판매점 지원(dealer helps)

자사제품을 취급하는 해외판매점이 제품을 용이하게 판매할 수 있도록 경영이나 판매에 대한 지도 및 지원, 원조를 해주는 등 여러 가지 수단을 제공하는 제도이다.

(4) 정보교환(house organ)

국제기업이 해외시장에 기업의 사명이나 특징, 기술의 발전과 고객에게 유용한 정보를 제공하기 위해 정기간행물을 통한 매출액 증진과 함께 제조업체와 판매점, 그리고 소비자와의 커뮤니케이션이 원활하게 이루어지도록 하는 촉진방법이다.

2) 소비자 판매촉진

소비자 판매촉진이란 해외시장에 있는 소비자를 대상으로 자사제품에 대한 인식을 좋게 하고 구매를 촉진시키는데 목적을 두고 있는 방법이다.

판매점을 대상으로 한 촉진활동이 훌륭히 이루어졌다 할지라도 소비자들이 자사제품을 구매하지 않으면 촉진활동의 의미가 없기 때문에 어떤 면으로는 판매점을 대상으로 한 촉진활동보다 소비자를 대상으로 한 촉진활동이 더 중요하다고 할 수 있다. 여기에는 견본, 경품, 쿠폰, 구매시점전시 등 여러 가지 수단을 사용하고 있다.

(1) 견본(sample)

소비자에게 무료로 소량 소형의 표본제품을 제공하여 구매행위를 자극하는 방법이다. 즉 주로 신제품의 경우 소비자들이 시험삼아 사용해 볼 수 있을만큼의 양을 따로 포장하여 소비자들에게 무료로 제공하는 것으로 기업의 입장에서 보면 비용의 부담이 큰 판매촉진수단의 하나이다. 그럼에도 불구하고 자주 이 방법을 사용하는 이유는 신제품을 소비자들에게 소개하는 방법으로 가장 좋은 수단이기 때문이다.

(2) 경품(premium)

특정한 제품의 구매를 유도하기 위해서 무료 또는 낮은 가격으로 별도의 제품이나 서비스를 소비자에게 제공하는 방법이다. 예를 들어 영화관에서의 선착순 몇 명에게 티셔츠를 제공한다거나, 백화점에서 일정 금액 이상을 구입하면 주는 사은품 등을 말한다.

(3) 쿠폰(coupon)

특정한 제품을 구매할 때 구매자에게 일정 금액을 할인해 주는 방식으로서 신문 전단지나 우편을 통하여 전달되어지기도 하고, 제품배달시에 포장에 부착되어 전달되기도 하며, 최근에는 인터넷을 통해서 소비자들에게 배포되기도 한다. 쿠폰은 성숙기 제품의 판매를 촉진하고 신제품에 대한 시험구매를 촉진하는데 사용된다.

(4) 구매시점전시(point-of-purchase display)

제품을 구매하는 시점에 소비자들에게 자극을 주기 위해 점두나 점내에서 소구하는 방법이다.

(5) 보너스 팩(bonus pack)

정상가격에 추가적인 제품을 소비자에게 제공하는 것으로 비사용자로 하여금 특정제품을 사용해 보도록 유인하거나, 매출이 많은 제품과 매출이 적은 제품을 연계하여 매출증대를 하기 위한 수단이다.

(6) 무료시용(free trial)

잠재고객들이 그 제품을 구매할 것이라는 기대 하에서 무료로 사용할 수 있도록 기회를 제공하는 것이다. 예를 들어 무료시음이나 무료시승 또는 시험운전의 경우 등이 해당된다.

(사례1) 쇼핑카트에서 맛있는 코카콜라 소리가 울린다?

대중매체광고를 이용해 제품을 알리는 기업들의 사례가 보편화 되면서 보다 직접적으로 소비자의 마음을 움직일 수 있는 새로운 마케팅이 주목 받고 있다.

이에 따라 기업들은 독특한 마케팅 아이디어를 통해 소비자들에게 다가가려는 노력을 지속하고 있다. 최근 기업들로 부터 가장 주목을 받는 것은 소비자 구매시점광고(POP; point of purchase).

제품의 구매직전에 제품의 기능과 컨셉을 잘 드러내는 광고물을 노출함으로써 효과를 극대화 시킬 수 있다는 점과 구매를 직접적으로 유발할 수 있다는 장점이 있다.

이를 위해 일부 발 빠른 기업들은 실제 구매가 이루어지는 매장을 주요 거점으로 잡고 소비자들의 마음을 잡기 위해 분주히 노력하고 있다. 심지어는 음료라고 해서 단지 음료코너에서만 제품을 알리는 게 아니다.

식품 · 시식코너는 물론, 쇼핑카트까지 동원하며 구매시점에 마지막 소비자의 마음과 지갑을 열기 위해 노력을 쏟고 있는 것.

코카콜라는 대형 할인마트에서 오감으로 체험할 수 있는 독특한 구매시점광고를 진행하며 소비자들로부터 좋은 반응을 얻고 있다. 코카콜라는 지난달부터 '맛있는 음식엔 코카-콜라'라는 컨셉으로 홈플러스를 중심으로 대형 할인마트에서 구매시점 마케팅활동을 펼치고 있다. 소비자들 사이에서 요리에 대한 관심이 높아지면서 '음식과 먹으면 더욱 맛있는 음료'를 매치 시키는 마케팅활동을 통해 음료 활용범위를 넓히는 것이 목적이다.

이를 위해 기존에는 매장의 음료 카테고리를 중심으로 코카콜라 광고를 경험할 수 있었다면 최근에는 코카콜라와 어울리는 맛있는 식품이나 시식코너가 있는 곳까지 공략, 소비자의 동선까지 고려해 '음식과 코카콜라'를 연결하기 위한 다양한 아이디어를 총동원하고 있다.

그중 가장 소비자의 주목을 끌고 있는 부분은 마트의 '쇼핑카트'를 활용해 소비자의 눈과 귀 등 오감을 자극하는 소비자 이색마케팅이다. 손잡이에 센서가 내장된 '코카콜라'모형의 조형물을 설치한 독특한 쇼핑카트는 '코카콜라'와 어울리는 음식이 있는 시식코너를 지나게 되면 밝고 경쾌한 음악에 맞춰 '맛있는 음식들이 코카-콜라를 부르네요. 지금 코카콜라를 잡으세요' 라는 목소리와 함께 불빛이 깜빡거린다. 시식코너의 맛있는 음식을 보면서 함께 곁들이면 더욱 맛있는 콜라를 연상하고 구매를 촉진하기 위해 시식코너 천장에 부착된 센서와 카트 내에 장착된 센서가 작동돼 불빛과 음원이 나오는 것.

주요 홈플러스 매장에서 국내 최초로 시도한 오감만족형 쇼핑카트는 실제 매장을 방문한 주부 및 소비자들의 큰 호응은 물론, 실제 코카콜라 제품구입으로 이어지고 있다.

매장을 방문한 소비자들의 오감을 잡는 코카콜라의 마케팅은 이 뿐만이 아니다. 카트 손잡이는 지난 4월 손의 구조까지 고려해 인체공학적 디자인으로 새롭게 출시된 코카콜라 '어고 그립(Ergo Grip)'으로 소비자가 카트를 끌면서 제품패키지의 장점을 체험할 수 있다.

쇼핑카트의 앞부분에는 보기만 해도 시원하게 느껴지는 코카콜라 광고물을 부착함으로써 이미 쇼핑카트에 담겨있는 식료품들과 곁들여져 앞에서 바라보기만 해도 '맛있는 음식과 코카-콜라'가 자연스럽게 연상된다.

이 외에도 식품매장으로 가는 에스컬레이터 벽면에는 불고기, 전골 등 보기만 해도 군침도는 음식과 함께 시원하게 곁들이는 코카콜라 광고를 설치했다.

이마트 40개 매장에서는 냉동식품, 정육, 제과 등 음식코너에 코카콜라를 이용한 요리책자까지 제공하고 있다. 음료코너뿐 아니라 코카콜라와 어울리는 음식코너에서도 톡쏘는 코카콜라만의 즐겁고 상쾌함을 직접 오감으로 경험하게 하는 것.

이지연 코카콜라 브랜드 매니저는 "소비자 마음을 움직이기 위해서는 구매에 직접적인 영향을 미치는 구매시점이 중요하다"며 "'맛있는 음식엔 코카-콜라'를 연결하는 다양한 마케팅을 통해 소비자가 구매시점에서 직접 브랜드의 독특한 경험을 경험함으로써 제품구입으로 이어지게 하는 것이다. 코카-콜라를 맛있는 요리와 함께하는 대표 음료로 포지셔닝 할 수 있도록 지속적인 아이디어 개발을 할 예정이다"라고 밝혔다.

자료원 : 해럴드생생뉴스, 2007, 11, 15.

(사례2) "외국 쇼핑객 커피 무료" 남대문도 공짜 마케팅

서울 남대문시장 내 삼익쇼핑타운 2층 입구의 '코모(como)' 라는 카페 앞에서 일본인 중년여성 셋이 안내문을 가리키며 뭔가 수군거리더니 안으로 들어갔다. 자리를 잡고 "일본에서 쇼핑하러 왔다"고 종업원에게 말하자 커피 석 잔이 공짜로 제공됐다.

지난주에 문을 연 이 점포는 '외국인에게 음료 · 커피를 무료로 준다'는 안내판을 영어 · 일본어 · 중국어로 써 붙였다. 홍연여행사의 홍진만(28) 사장과 삼익쇼핑타운 한장교(66) 사장이 함께 아이디어를 냈다고 한다.

"남대문시장을 드나드는 하루 1만 명 정도의 외국인이 오가다 편하게 쉴 공간이 없어요. 이 카페에서 차를 마신 사람들은 쇼핑타운 물건을 더 오래 둘러보게 될 거예요."(한 사장)

"관광안내 일도 해 우리 여행사 영업에도 도움이 될 걸로 기대합니다."(홍 사장)

1억 여원을 들여 인테리어를 한 80㎡ 넓이의 이 카페 한쪽에는 여행사의 사무공간이 마련됐다. 요즘 국내 유통업계에 확산되는 공짜마케팅이 이렇게 재래시장에까지 침투하고 있다. 이미 해외에서는 '프리코노믹스(Freeconomics · 공짜경제)'라는 이름으로 유행하는 마케팅 방식이다. 방문 고객 수가 매출실적과 밀접한 대형 유통업체들이 앞다퉈 도입하고 있다.

◆ "공짜마케팅도 남는 장사"

롯데백화점은 서울 소공동 본점과 잠실점에서 물건을 많이 산 고객들에게 매장 내 커피 시음권을 얼마 전 발송했다. 지난 주말엔 500명 정도가 공짜 커피를 마셨다. 현대백화점은 각 점포의 정문과 옥상공원에서 무료로 커피를 마실 수 있게 했다. 정지영 마케팅팀장은 "지갑을 잘 열지 않는 시기라 그런지 호응이 좋다. 서울 목동점은 지난 주말에 공짜 커피를 마시려는 인파가 몰려 200m나 줄을 섰다"고 전했다.

신세계백화점은 대학생들의 작품 발표회나 공연 발표장으로 쓰도록 문화홀을 개방했다. 주종필 과장은 "수백만원에 달하는 대관료를 받지 않는 대신 많은 관람객을 우리 고객으로 끌어들일 수 있다"고 말했다. 서울 용산 현대아이파크백화점은 두통약 · 해열제 · 소화제 같은 구급약을 준비했다. 유아 휴게실에선 기저귀 · 분유 · 커피 · 녹차를 무료로 제공한다.

◆ 프랜차이즈 업계에 확산

홍삼 전문점 천지양은 '고려홍삼정 리틀골드'를 출시하고 홍삼정 제품 빈병을 매장에 가져오면 30g 한 병을 무료로 준다. 차량 외형관리 프랜차이즈인 맥과이어스 경기도 파주점을 운영하는 민명기(33)씨는 한 번 들른 고객 명단을 만들어놓고 주기적으로 연락해 차량관리와 무료세차 서비스를 해준다. 또 수리기간 자신의 차를 무료로 빌려주기도 한다. 민씨는 "경기가 나빠서 그런지 무료 서비스가 뭐가 있느냐고 물어오는 이들이 늘었다"고 말했다. 아모레퍼시픽의 화장품전문점 '아리따움'은 전국 13개 매장에서 무료로 피부진단을 해준다.

LG경제연구원은 9월 '공짜 경제 시대가 온다'는 보고서를 내기도 했다. 보고서는 '소비자들의 공짜심리, 구매력의 약화, 정보량 증대가 복합적으로 작용한 결과'라고 분석했다. 또 "특정사업 분야의 경우 공짜 제품 · 서비스를 제때 내놓지 못하면 생존하기 힘들다"고 지적했다.

자료원 : 중앙일보, 2008. 11. 5.

3. 국제홍보

국제홍보(international publicity)란 비용을 지불하지 않고 기업이나 제품, 아이디어에 관한 정보를 매체의 뉴스 또는 논설을 통해서 전달하는 활동이다.

국제홍보가 국제광고와 다른 점은 국제광고가 유료형태이자 스폰서(sponsor)를 명시하는데 반해, 국제홍보는 무료형태가 원칙이고 스폰서를 명시하지 않는 것이 다르다. 또한 국제홍보는 국제광고와는 달리 기사의 내용이나 게재의 여부는 일체 편집자의 자유선택권에 달려 있으며, 기사의 표현방식도 소비자 또는 대중의 이성에 소구해서 국제광고의 경우처럼 구매를 자극하게 되는 감정요인을 내포하지는 않는다. 그러한 의미에서 국제홍보는 흔히 국제 PR(international public relations)과도 혼동되기 쉬운데, 그 목적면에서는 서로 비슷하지만 국제홍보가 국제광고의 경우처럼 대량매체를 이용하는 반면에 PR은 되도록 그러한 매체를 이용하지 않는다는 점이 다르다.

그런데 국제촉진수단으로서의 국제홍보라면 보통은 유료성이라는 특징 이외에는 제품이나 서비스 및 아이디어를 대상으로 하고 있고, 비인적 매체를 통해서 전달하는 등 국제광고의 개념과 공통적인 특성을 지니고 있기 때문에 넓은 의미로는 국제광고활동에 포함되고 있다. 더구나 국제홍보는 권위있는 언론기관에 의해 뉴스로써 채택되는 예가 적고, 더욱 거대기업 이외에는 별로 국제홍보를 이용하는 예가 드물다는 사실이 그러한 이유가 되기도 한다.

주요용어

1. 국제광고(international advertising)
2. 국제인적판매(international personal selling)
3. 국제판매촉진(international sales promotion)
4. 국제홍보(international publicity)
5. 기업광고(institutional advertising)
6. 상품광고(product advertising)
7. 비교광고(comparison advertising)
8. 국제광고전략(international advertising strategy)
9. 임의할당법(affordable method)
10. 매출액비율법(percentage-of-sales method)
11. 경쟁기업기준법(competitive-parity method)
12. 목표과업법(objective-and-task method)
13. 국제광고매체(international advertising media)
14. 리베이트(rebate)
15. 판매점 콘테스트(dealer contest)
16. 판매점지원(dealer helps)
17. 정보교환(house organ)
18. 견본(sample)
19. 경품(premium)
20. 쿠폰(coupon)
21. 구매시점광고(point-of-purchase advertising)
22. 직접우송광고(direct mail advertising)
23. 보너스 팩(bonus pack)
24. 무료시용(free trial)

연습문제

1. 국제촉진활동의 중요성에 대하여 설명하시오.
2. 국제광고란 무엇인가? 그리고 그 형태에 대하여 설명하시오.
3. 국제광고의 의사결정과정에 대하여 논하시오.
4.. 국제광고매체에 대하여 논하시오.
5. PPL마케팅에 대하여 설명하시오.
6. 옥외광고에 대하여 설명하시오.
7. DM에 대하여 설명하시오.
8. 국제광고의 표준화전략을 주장하는 학자들의 이론적인 근거에 대하여 설명 하시오.
9. 국제광고의 적응화전략을 주장하는 학자들의 이론적인 근거에 대하여 설명 하시오.
10. 국제판매촉진의 형태에 대하여 설명하시오.
11. 국제홍보와 국제인적판매에 대하여 간략히 설명하시오.

참고문헌

1. 고경순, "국제광고 표준화모형의 적용에 관한 연구," 숭실대학교, 박사학위논문, 1987, 6.
2. 박기안, 국제마케팅, 무역경영사, 2002.
3. 반병길, 마케팅관리론, 박영사, 1990.
4. 신인섭, 국제광고론, 나남, 1987.
5. 안운석 · 장형섭, 마케팅의 이해, 도서출판 두남, 2003.
6. 유필화, 현대마케팅, 박영사, 1991.
7. 이장로, 국제마케팅, 무역경영사, 2003.
8. 정대영, "현지시장요인이 국제광고 표준화정도에 미치는 영향," 무역학회지, 제27권 제4호, 한국무역학회, 2002. 12.
9. 정헌배 · 김희철, 지구촌마케팅, 법문사, 1997.
10. 최병룡, 신마케팅론, 박영사, 1990.
11. 한희영, 국제마케팅론, 다산출판사, 1985.
12. 함봉진, 현대마케팅론, 일신사, 1991.
13. Albaum, G. et al., *International Marketing and Export Management*, Reading, Mass. : Addison-Wesley Publishing Company, 1990.
14. Belch, G. E. and Belch, M. A., "*Introduction to Advertising and Promotion : An Integrated Marketing Communications Perspective*," 2nd., Burr Ridge, Ill. : Richard D. Irwin, Inc., 1993.
15. Boddewyn, J. J. et al., "Standardization of International Marketing : Is Ted Levitt in Fact Right?", *Business Horizons*, November- December 1986.
16. Buzzell, R. D., "Can you Standardize International Marketing," *Harvard Business Review*, November-December 1968.
17. Caffyn, J. and Rogers, N., "British Reactions to TV Commercials," *Journal of Advertising Research*, June 1970.
18. Czinkota, M. R. and Ronkainen, I. A., *International Marketing*, 2nd ed., Hinsdale, Ill. : The Dryden Press, 1990.
19. Dichter, E., "The World Customer," *Harvard Business Review*, July- August 1962.
20. Donnelly, J. H. Jr., "Attitudes Toward Culture and Approah to International Advertising," *Journal of Marketing*, July 1970.
21. Donnelly, J. H. Jr. and Ryans, J. K. Jr., "Standardized Global Advertising, a Call As Yet Unanswered," *Journal of Marketing*, April 1969.
22. Douglas, S. P. and Urban, C. D., "Life-Style Analysis to Profile Women in International Markets," *Journal of Marketing*, July 1977.
23. Douglas, S. and Wind. Y., "The Myth of Globalization," *Columbia Journal of World Business*, Winter 1987.
24. Dunn, S. W., "Effect of National Identity of Multinational Promotional Strategy in

Europe," *Journal of Marketing*, October 1976.

25. Elinder, E., "How International Can European Advertising Be," *Journal of Marketing*, April 1965.
26. Elinder, E., "International Advertisers Must Devise Universal Ads, Dump Separate National Ones, Swedish Adman Avers," *Advertising Age*, November 27, 1961.
27. Fatt, A. C., "The Danger of 'Local' International Advertising," *Journal of Marketing*, Vol. 31, 1967.
28. Fisher, A. B., "The Ad Biz Gloms onto 'Global'," *Fortune*, November 12, 1984.
29. Gibson, J. L. et al., *Organizations : Behavior, Structure, Processes*, Plano, Tx : Business Publications, 1985.
30. Green, R. T. et al., "The Effectiveness of Standardized Global Advertising," *Journal of Advertising*, Summer 1975.
31. Green, R. T. et al. and Langeard, E., "A Cross-National Comparison of Consumer Habits and Innovator Characteristics," *Journal of Marketing*, July 1975.
32. Harris, G., "The Globalization of Advertising," *International Journal of Advertising*, Vol. 3, 1984.
33. Hite, R. E. and Fraser, C., "International Advertising Strategies of Multinational Corporations," *Journal of Advertising Research*, August-September 1988.
34. Hornik, J., "Comparative Evaluation of International vs. National Advertising Strategies," *Columbia Journal of World Business*, Spring 1980.
35. Jain, S. C., "Standardization of International Marketing Strategy : Some Research Hypotheses," *Journal of Marketing*, January 1989.
36. Jain, S. C., *International Marketing Management*, 3rd ed., Boston : PWS-KENT Publishing Company, 1990.
37. Kashani, K., "Beware the Pitfalls of Global Marketing," *Harvard Business Review*, September-October 1989.
38. Kanso, A., "International Advertising Strategies," *Journal of Advertising Research*, January-February 1992.
39. Kanso, A. and Nelson, R. A., "Advertising Localization Overshadows Standardization," *Journal of Advertising Research*, January-February 2002.
40. Keegan, W. J., "Multinational Product Planning : Strategic Alternatives," *Journal of Marketing*, January 1969.
41. Keegan, W. J., *Global Marketing Management*, 4th ed., Englewood Cliffs, N. J. : Prentice-Hall Inc., 1989.
42. Kinnear, T. C. and Bernhardt, K. L., *Principles of Marketing*, 2nd ed., Glenview, Ill. : Scott, Foresman and Company, 1986.
43. Kotler, P., "Global Standardization : Courting Dangers," *Journal of Consumer Marketing*, Spring 1986.
44. Kotler, P., *Marketing : An Introduction*, 2nd ed., Englewood Cliffs, N. J. : Prentice-

Hall Inc., 1990.

45. Kotler, P., *Marketing Management : Analysis, Planning, Implementation, and Control*, 7th ed., Englewood Cliffs, N. J. : Prentice-Hall Inc., 1991.
46. Lenormand, J. M., "Is Europe Ripe for the Integration of Advetising?", *International Advertiser*, March 1964.
47. Levitt, T., "The Globalization of Markets," *Harvard Business Review*, May-June 1983.
48. Lorimor, E. S. and Dunn, S. W., "Use of the Mass Media in France and Egypt," *Public Opinion Quarterly*, Winter 1968-1969.
49. Majaro, S., *International Marketing*, 2nd ed., London : George Allen and Unwin, 1982.
50. McNally, G. J., "Global Marketing : It's Not Just Possible-It's Imperative," *Business Marketing*, Vol. 71, 1986.
51. Miracle, G. E., "International Advertising Principles and Strategies", *MSU Business Topics*, Autumn 1968.
52. Mueller, B., "Multinational Advertising : Factors Influencing the Standardised vs. Specialised Approach," *International Marketing Review*, Spring 1991.
53. Muller, B., "Reflections of Culture : An Analysis of Japanese and American Advertising Appeals," *Journal of Advertising Research*, June -July 1987.
54. Ohmae, K., "Becoming a Triad Power : The New Global Corporation." *The Mckinsey Quarterly*, Spring 1985.
55. Onkvisit, S. and Shaw. J. J., *International Marketing*, Columbus, Ohio : Merrill Publishing Company, 1989.
56. Onkvisit, S. and Shaw, J. J., "Standardized International Advertising : A Review and Critical Evaluation of the Theoretical and Empirical Evidence," *Columbia Journal of World Business*, Fall 1987.
57. Pae, J. H. et al., "Global Advertising Strategy : The Moderating Role of Brand Familiarity and Execution Style," *International Marketing Review*, Vol. 19, 2002.
58. Parameswaran, R. and Yaprak, A., "A Cross-National Comparison of Consumer Research Measures," *Journal of International Business Studies*, Spring 1987.
59. Peebles, D. M. et al., "Coordinating International Advertising," *Journal of Marketing*, January 1978.
60. Root, F. R., *Foreign Market Entry Strategies*, New York : AMACOM, 1982.
61. Rutigliano, A., "The Debate Goes On : Global vs. Local Advertising," *Management Review*, June 1986.
62. Ryans, J. K. Jr. and Ratz, D. G., "Advertising Standardization," *International Journal of Advertising*, Vol. 6, 1987.
63. Schleifer, S. and Dunn, S. W., "Relative Effectiveness of Advertisements of Foreign and Domestic Orign," *Journal of Marketing Research*, August 1968.
64. Simmonds, K., "Global Strategy : Achieving the Geocentric Ideal," *International*

Marketing Review, Spring 1985.

65. Sirisagul, K., "Global Advertising Practices : A Comparative Study," *Journal of Global Marketing*, Vol. 14, 2000.
66. Sorenson, R. Z. and Wiechmann, U. E., "How Multinationals View Marketing Standardization," *Harvard Business Review*, May-June 1975.
67. Stanton, W. J., *Fundamentals of Marketing*, New York : McGraw- Hill Book Company, 1964.
68. Sutton, T., "Advertising at the Crossroads," *Advertising*, July 18, 1974.
69. Terpstra, V., *International Demensions of Marketing*, 3rd ed., Belmont, California : Wadsworth, Inc., 1993.
70. Terpstra, V., *International Marketing*, 3rd ed., Chicago : The Dryden Press, 1983.
71. Walters, P. G. P., "International Marketing Policy : A Discussion of the Standardization Construct and Its Relevance for Corporate Policy," *Journal of International Business Strategies*, Summer 1986.
72. Wind, Y., "The Myth of Globalization," *Journal of Consumer Marketing*, Spring 1986.
73. Yip, G. S. et al., "How to Take Your Company to the Global Market," *Columbia Journal of World Business*, Winter 1988.

제5부

국제마케팅의 조직과 통제

제14장

국제마케팅의 조직

국제기업은 국내기업에 비해 여러 가지 이질적인 해외시장환경 하에서 마케팅활동을 수행해야 하기 때문에 국제마케팅의 목적을 달성하기 위한 합리적이고도 체계적인 조직화가 무엇보다도 중요하다고 볼 수 있다. 이와 같은 의미에서 이 장에서는 국제마케팅조직의 중요성, 조직유형, 결정요인에 대해 구체적으로 살펴보기로 한다.

제1절 국제마케팅조직의 개념과 중요성

1. 국제마케팅조직의 개념

해외시장은 국제기업의 성장과 발전을 위해 많은 기회를 제공해 준다. 이러한 기회를 효율적으로 이용하기 위해 국제기업들은 다양하고 이질적인 해외시장에 적합한 여러 가지 전략을 수립하고, 이를 효과적으로 수행하기 위해 필요한 조직구조를 갖추게 된다.

이러한 조직구조는 기업의 여러 부서 간에 효과적인 의사결정과 정보전달체계를 제공하기 때문에 성공적인 마케팅활동을 하기 위한 중요한 결정요소라고 할 수 있다.

그런데 조직이란 무엇인가? 전통적 조직론의 입장을 펴고 있는 브라운(Brown)은 조직을 "보다 효율적인 기업의 경영활동을 위하여 구성원이 수행해야 할 역할과 책임 및 이들 구성원간의 제 관계를 규정한 것"이라고 정의하고 있다.

이와 같은 전통적 입장에서의 조직은 기업경영의 목적달성을 위하여 각 구성원의 직무를 규정하고 각각의 직급에 합당한 일정한 권한과 책임을 부여함으로써 각 직무 또는 직위의 상호관계를 명확히 규정하는 활동으로 간주된다. 이 경우에 있어서 경영자는 조직의 외부에서 관리를 효율화하기 위한 수단으로서 조직을 이용하는 입장을 취했다. 물론 이러한 직무의 조직이론을 조직의 구조적 측면에서 고찰하면 결코 무익한 것이라고는 할 수 없다.

이와 반면에 현대적 조직론의 입장을 펴고 있는 버나드(Barnard)와 같은 사람은 조직을 "공통의 목적을 달성하기 위해서 2인 또는 그 이상의 사람들이 의식적으로 행동을 조절하는 행동체계"로 보았다. 전통적 조직론자들이 조직의 개념을 '물적 조직'이라고 보는 반면, 현대적 조직론자들은 기업조직을 '행동체계'로서 파악하는 것이다. 조직을 단순히 사람들만의 집단이 아닌 기업의 목적달성을 위한 사람들의 '행동체계'로 보는 것이다. 이러한 의미에서 국제마케팅조직(international marketing organization)이란 국제마케팅 프로그램을 효율적·합리적으로 집행하기 위한 관리수단인 동시에 국제기업 관련 조직구성원들의 일관된 행동체계라 할 수 있다. 이러한 조직의 목적은 국제기업으로 하여금 다양한 세계시장환경에 보다 효율적으로 적응하게 함으로써 국제마케팅목표를 달성하기 위한 것이다.

2. 국제마케팅조직의 중요성

오늘날 기업의 해외사업활동이 확대됨에 따라 기업의 조직도 그에 따라 변하고 있다. 기업의 조직은 기업의 전략과 운용에 따라 변모하게 되기 때문에 국제마케팅의 조직구조는 해외사업의 위치 및 형태, 해외사업이 기업전체에서 차지하는 비중, 해외사업에 주로 활용되는 자산의 형태 등에 의해 결정된다.

일반적으로 국제기업은 해외시장에서의 기회를 활용하기 위해 각국 시장의 특성과 경쟁상황 등을 고려한 국제마케팅전략을 수립하여 실행하게 된다. 모든 전략이 다 그러하듯이 국제마케팅전략 역시 효율적인 전략의 실행을 위해서는 적절한 조직을 설계하는 것이 필수적이다.

기업을 사람으로 비유한다면 조직(organization)은 마치 뼈와 같은 부분으로서 매우 중요한 위치를 차지하고 있다고 할 수 있다. 따라서 조직이 없거나 허약한 기업은 쉽게 무너지는 반면 조직이 튼튼한 기업은 무한한 성장가능성을 지니고 있다고 할 수 있다.

조직은 기업의 국제화전략을 추구하는데 있어서도 매우 중요한 부분을 점하고 있는데, 조직은 전략의 성격에 따라 규모 · 체계 · 강도가 적절하게 배합되어 결정되어야 한다. 즉 전략을 수행하는데 있어서 너무 빈약해서도 안 되고 방대해서도 안 되는 합당한 조직이어야 한다. 이러한 적절한 조직체계는 효율적인 국제마케팅전략의 실행을 위해서도 필요하지만 국제마케팅활동의 통제를 하기 위해서도 필요하다.

조직은 또한 기업의 국제화가 확대됨에 따라 그 구조가 변화되어야 하는데 이 경우에는 기업의 장기목표와 제품 · 시장특성에 맞도록 변화시켜야 한다. 아울러 권한과 책임, 정보의 전달, 감독 폭의 결정 등 개인적인 위치와 권력관계의 변화도 고려하여 매우 조심성 있게 변화시켜야 한다.

이처럼 국제마케팅조직의 설계는 다양한 해외시장의 환경적 요인을 반영하는 동시에 국제기업 전체의 조정과 통합이라는 내부 목적을 동시에 달성해야 하기 때문에 매우 중요하고 복잡한 과제라 할 수 있다.

제2절 국제마케팅조직의 유형

국제마케팅조직은 독립된 단일체가 아니고 기업과 국제환경과의 상호의존하는 시스템이기 때문에 조직형태를 결정하는 원칙을 정하기는 어렵다. 즉 일정한 제품과 시장의 특성을 가지고 있는 국제기업에게 적합한 조직이라 하더라도 타기업에게 적합하다고는 할 수 없으며 일정시점에서 적합한 조직형태가 다른 시점에서 적합하지 않을 수 있다. 그렇다면 국제마케팅활동을 수행하는데 가장 적합하고 능률적인 조직구조는 무엇인가. 국제사업을 통한 이윤극대의 목적달성을 위한 효과적인 조직구조는 무엇인가. 그러나 그 어디에서도 이에 대한 확답은 구하기 어려우며, 일정불변한 조직구조는 존재하기 힘들다.

따라서 Jain의 경우에는 국제마케팅의 조직구조를 국제사업부 조직구조(Inter- national Division Organization), 지역별 조직구조(Geographic Organization), 제품별 조직구조(Product Organization), 매트릭스 조직구조(Matrix Organization) 등 4가지 형태로 구분하였으며, Dymsza는 여기에다가 기능별 조직구조(Fun- ctional Organization)를 추가하여 5가지 형태를 제시하고 있는데, 이를 구체적으로 살펴보면 다음과 같다.

1. 국제사업부 조직구조

어떤 기업이든 세계 각 지역에서 자회사를 설치하여 적극적으로 해외사업을 수행하게 되면 그 활동을 일괄적으로 취급할 조직으로서 국제사업부를 설치하게 된다. 즉 국제사업부는 본사조직의 일부로서 수출 또는 수출부를 설치하여 수출활동을 수행하고 있는 기업이 해외사업의 규모가 확대됨에 따라 [그림 14- 1]에서 볼 수 있듯이 기업조직 내 하나의 독립된 전략사업단위로 운용되는 특징을 가진다. 수출 또는 수출부는 기본적으로 마케팅조직인데 반하여, 국제사업부는 생산, 마케팅, 연구 및 개발, 인사 등의 해외사업분야와 관련된 모든 업무를 수행한다.

국제사업부는 지역시장 위주로 편성하는 것이 보편적이며 지역책임자는 특정 지역에 대한 운영상의 책임과 권한을 갖는다. 지역위주의 조직편성은 상품계열이 비교적 단순하면서도 광범한 지역시장을 대상으로 할 때 더욱 합리적이다. 따라서 본사의 경영자는 특정 국가 또는 지역 내의 기업환경에 대응할 수 있도록 전반적인 기업체의 활동, 제품계열 등을 효과적으로 조정할 수 있게 된다.

또한 이러한 조직체제는 책임과 권한의 분산화를 촉진시키며 단지 권한위양은 보편적으로 일상적 운용에 한정되며, 전략적 의사결정은 본사에서 수행하는 것이 일반적이다.

한편 기업에 따라서는 국제사업부를 본사국의 제품사업부와 병립하여 제품계열별로 구성하기도 한다. 이 체제에 따르는 기업들은 제품계열이 복잡하고 다양하며, 본사국 제품사업부와 해외관련업체와의 긴밀한 협력을 통한 수출증대에 초점을 맞추기 위해서이다. 특수제품에 대한 특수시장을 대상으로 할 때 이 체제는 많은 장점을 지닌다.

이 조직의 특징은 본사조직이 제품라인 중심으로 되어 있고, 다양한 제품을 생산하는 해외자회사가 여러 국가에 흩어져 있기 때문에 이들을 통합하는 조직으로 국제사업부가 다른 국내사업부와 동등한 위치에서 하나의 전략사업단위가 된다는 것이다. 따라서 기업 내에서의 지위는 다른 국내사업부와 동일하며, 해외사업에 대한 책임과 권한이 새로이 설치된 국제사업부의 책임자에게 위양된다. 국제사업부는 사업부장의 지휘 하에 운영되며 해외자회사도 그의 통제 하에 들어간다. 아울러 국제사업부는 전문적인 스태프로부터 조언을 얻는 동시에 국내사업부로부터 지원을 받는다.

[그림 14-1] 국제사업부 조직구조

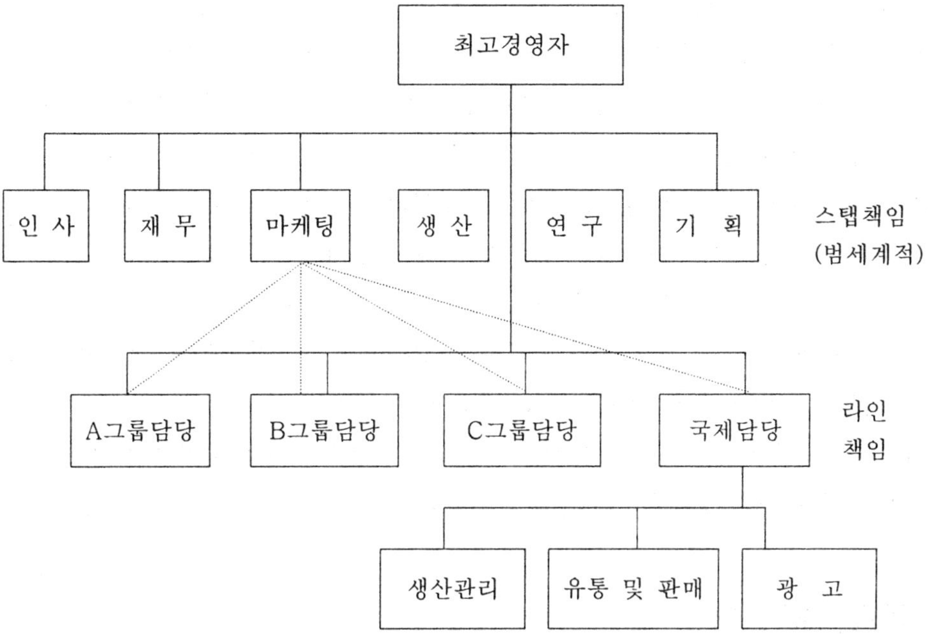

최고경영자

인 사 | 재 무 | 마케팅 | 생 산 | 연 구 | 기 획 — 스탭책임 (범세계적)

A그룹담당 | B그룹담당 | C그룹담당 | 국제담당 — 라인 책임

생산관리 | 유통 및 판매 | 광 고

자료원 : S. C. Jain, *International Marketing Management*, 3rd ed., Boston : PWS-KENT Publishing Company, 1990, p. 668.

구체적으로 이 조직형태의 장점으로는 ① 보통 부사장급의 국제사업부의 장이 최고경영자에게 국제사업업무를 직접 보고하기 때문에 자연적으로 기업의 최고경영층이 국제사업활동의 전반에 관여하게 된다는 점, ② 해외시장에 진출시킨 다양한 종류의 제품들과 진출하고 있는 다수의 현지시장들에 대해 일관성있는 통합된 관리가 가능하다는 점, ③ 국제사업부의 운영을 통하여 국제경영 프로그램을 계획, 수행 및 통제를 전담할 수 있다는 점, ④ 전문적인 국제경영 관리기술과 경험을 기업 내에 축적시킬 수 있다는 점, ⑤ 이익센터(profit center)로서의 국제사업부의 책임 때문에 기업 전체의 이익공헌에 기여할 수 있도록 기업의 국제사업 영역을 확장시켜 나가는데 전력을 기울일 수 있다는 점 등을 들 수 있다.

한편, 국제사업부 조직구조의 약점으로는 ① 국내사업부 및 기업 스탭진들과의 인위적인 업무분리로 인해 만일 국제사업부에 배치된 임직원들이 자사의 다양한 제품라인들과 기술의 특성에 대해 정확히 숙지하지 못하고 있을 경우 국제사업활동을 충분히 지원할 수 없게 된다는 점, ② 국제사업부 조직구조는 해외사업을 중앙집권적으로 통제하는데에는 효과적이나 각 시장별 특성과 사업별 특성에 맞는 경영전략을 수립하여 수행하는데에는 한계가 따른다는 점 등을 들 수 있다. 이러한 문제점을 해결하기 위해 국제사업부 내에 기능별 스탭진들과의 업무중복으로 인하여 자원낭비뿐만 아니라 특정 사안에 대한 의사결정에 있어 의견 충돌이 발생될 가능성이 높다.

그러나 장기적으로 제품사업부들과 국제사업부와의 원활한 의사소통 경로의 구축과 국제사업부 내에 별도의 스탭진을 두지 않고 대신 전사적 차원의 스탭진들로 하여금 국제사업부 지원에 대한 직접적 책임을 갖게 함으로써 국제사업부 조직구조의 문제점을 어느 정도 해결할 수 있다. 예컨대 제품사업부들과 국제사업부의 최고책임자들로 구성된 위원회(top-level management committe)의 운영도 전사적 차원에서의 원활한 업무협력관계의 증진을 위한 한 대안이다. 그러나 기업의 사업다각화와 시장다변화 정도가 심화될수록 국제사업부에 의한 중앙집권적 관리방식은 한계를 맞게 된다.

2. 지역별 조직구조

지역별 조직구조는 [그림 14-2]에서와 같이 최고경영자 아래에 세계시장에서 세분화된 여러 지역이 하나의 부서를 이루고, 각 지역별 부서 밑에 여러 제품과 기능이 하부 부서로 존재하는 형태이다.

이 조직형태는 국내사업과 해외사업을 구분하지 않고 각 지역 및 국가를 특정한 하나의 시장으로 보면서 국내시장도 전체적인 시장의 하나에 불과한 것으로 간주되는 것이 특이한 점이다. 또한 마케팅, 생산, 그리고 재무와 같은 모든 활동은 지역적인 단위별로 통합되어 있으며 각 지역별 사업부는 전 세계적인 관점에서 책임을 진 본사 스탭으로부터 조력과 지원을 받게 된다. 본사는 전 세계적인 활동에서 기획 및 통제면에서 책임을 지고 있으며, 본사의 직능별 스탭은 경영상의 지침을 제공하고 조정역할을 수행한다.

지역별 사업부의 특징은 막대한 판매수입이 유사한 최종 소비시장에서 획득된다는 점과 지역별 마케팅의 효과적인 이행 등을 들 수 있다.

이 조직형태의 이점은 특정한 국가 또는 지역별로 시장특성의 차이에 중점을 둠으로써 일정지역에 정통한 매니저에게 할당된 지역 내의 모든 사업 활동에 대한 책임을 부여할 수 있다는 점이다. 또한 전 세계에 산재해 있는 지사와 본사간의 연락관계를 더욱 용이하게 해줌으로써 책임과 권한의 체계를 확립시키는데 도움을 준다. 그리고 경영책임자들에게 광범위한 경영상의 경험과 훈련을 제공해 준다는 이점도 생각할 수 있다.

[그림 14-2] 지역별 조직구조

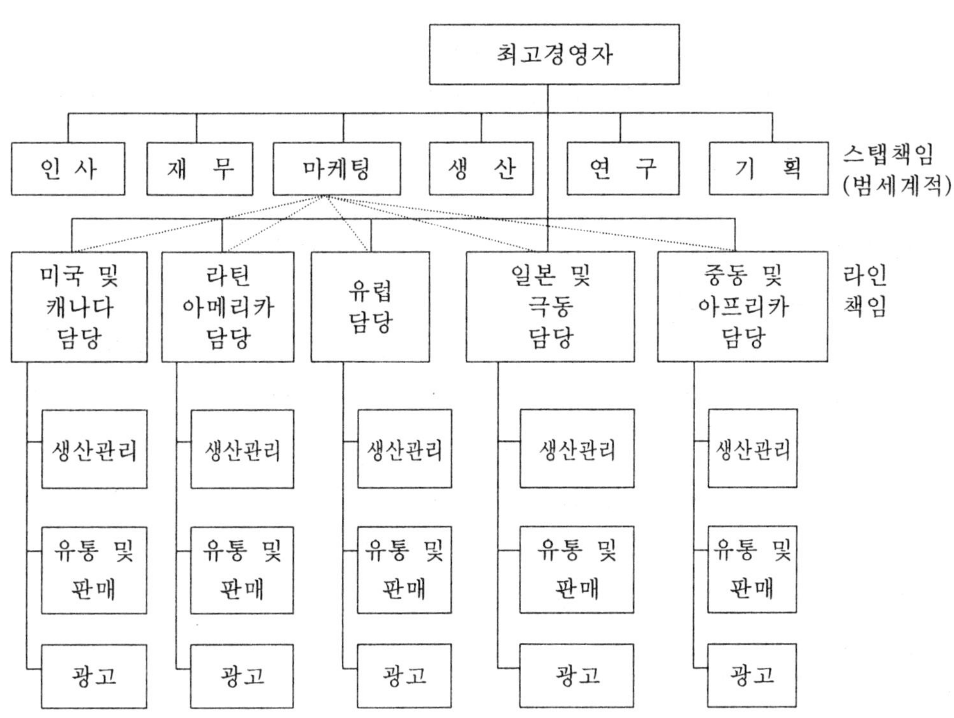

자료원 : *Ibid.*, p. 669.

한편 이 조직구조의 문제점은 기업이 다양한 시장특성을 가지고 있는 여러 제품라인을 가지고 있는 경우인데, 그 경우 운영상의 책임이 생산시설에서 시장까지 지역별로 이루어지고 있기 때문에 지역적인 범주를 벗어나서 타 지역으로 새로운 경험이나 아이디어를 전파시키는 것은 매우 힘들게 된다는 점이다.

미국의 Ford, Standard Oil, IBM과 같은 다국적기업들은 유럽 경영본부와 같은 지역별 범세계적 조직을 가지고 있다. 이들은 기업의 지역별 조직구조를 나타내며 때로는 제품별 기업구조를 보완하기도 한다. 다국적기업이 지역위주의 범세계적 조직을 운영하는 목적은 일정한 정책의 분산을 가능케 하는 동시에 이전에는 국가별 수준에서 처리되었던 몇 가지 문제들을 지역별 수준으로 끌어 올리려는데 있다.

이러한 지역위주의 범세계적 조직은 세계를 북미, 남미, 중동, 아프리카 및 아시아, 오세아니아 등의 시장지역을 중심으로 형성한다. 생산과 마케팅 기능은 각 시장지역 디비전에 속하게 되며 총책임은 사장에게 직접 보고하는 지역경영자에게 주어진다. 이러한 각 지역 디비젼은 범세계적 책임을 지닌 본사의 기능 및 제품부문 스탭진의 보조를 받는다.

이러한 지역본부들은 때로는 실질적인 권한이 주어지며 활동을 위한 자금조달에 있어서 자회사의 경영자들이 조력할 수 있는 것 이상의 높은 수준의 지출을 허가할 수 있다. 본부는 각 지역본부 및 개별국가의 기업체에게 본사 스탭들에 의하여 마케팅, 인사, 재무, 연구개발, 세금, 법적 문제 등에 대하여 조언을 제공한다. 본사에서는 또한 주요 제품계열의 조정 담당자가 있어서 주요 제품계열의 세계적 시점에서의 시장기회와 생산활동을 조정하고 있다.

이처럼 전 세계적으로 지역적인 구조를 가진 조직을 형성하게 되면 국제부서 조직과 연관된 문제들을 극복할 수 있다. 즉 이 조직에서는 국내와 국내업무가 분리됨이 없이 마치 해외 국경선이 존재하지 않는 것처럼 통합되어 수행하게 된다. 전 세계시장은 각 지역별로 세분되며 전 세계적인 계획 및 통제의 책임은 본사에 귀속되지만, 업무운영의 책임은 지역별 라인책임자(line manager)가 갖게 된다.

지역별 조직을 갖춘 기업은 다음과 같은 특성이 있다.

① 제품계열이 다양하다.

② 제품의 판매는 최종소비자에게 행한다.

③ 마케팅은 주요 변수로 작용한다.

④ 모든 제품은 유사한 유통경로를 이용한다.

⑤ 제품은 현지수요자의 욕구에 따라 변경된다.

3. 제품별 조직구조

제품별 조직구조는 [그림 14-3]과 같이 최고경영자 아래에 각 제품별로 하나의 독립된 부서를 구성하고 그 제품별 부서 밑에 생산, 유통 및 판매, 광고 등의 기능별로 하부 부서가 이루어진 형태로서 다국적기업들이 가장 많이 사용하고 있는 조직형태중의 하나이다. 지역적 다양성과 특성을 반영하는 조정 활동은 본사 차원의 스탭 조직을 통해 이루어진다. 또한 기업의 기본적 활동이 제품계열에 따라 분리되어 각 제품 조직단위가 독자적인 이익센터로서의 역할을 담당하며, 조직단위의 장이 해당 조직의 이익에 대한 직접적인 책임을 진다.

[그림 14-3] 제품별 조직구조

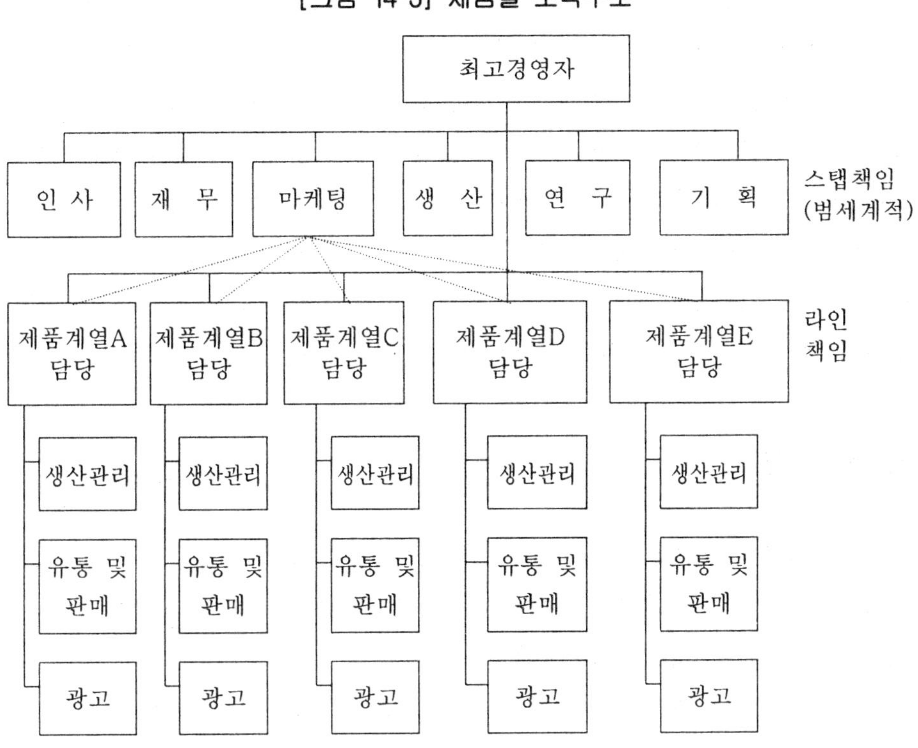

자료원 : *Ibid.*, p. 671.

제품별 조직구조는 다양한 소비재 제품라인을 보유한 기업이 대부분 채택한다. 기술적으로 복잡하거나 고도의 기술적 능력을 필요로 하는 제품을 다루는 기업에게도 적합하다. 이러한 조직형태의 최대 장점중의 하나는 생산시설의 집중화를 통해 비용 효율성을 개선시킬 수 있다는 점이다. 세계 시장점유율이 경쟁에서 우위를 차지하는데 결정적인 역할을 하는 산업의 경우에는 비용 효율성이 매우 중요하다.

제품별 조직의 또 다른 장점은 시장에서 나타나는 제품과 관련된 문제에 재빠르게 반응할 수 있다는 점이다. 다양한 해외시장에 필요한 제품 적응화의 필요성이 제품에 따라 다르기 때문에 개별 제품에 대한 관심은 매우 중요하다.

의사결정 권한이 제품 부서별로 분산 · 위양됨으로써 각 조직단위의 책임자들이 의욕을 갖고 일을 추진해 나갈 수 있다는 점도 장점이다.

제품별 조직구조의 단점은 다양한 제품사업부간에 조정 문제가 발생할 수 있다는 점이다. 특히 동일 지역에서 각각 마케팅활동을 수행하는 제품조직간의 조정이 매우 중요한데 이는 공통적으로 수행될 수 있는 기본 활동의 불필요한 중복을 피해야 하기 때문이다. 제품 사업단위의 책임자가 본사의 다른 부서로 옮길 경우 전 소속 조직의 제품에 차별적인 호의를 가질 수 있다는 점도 제품별 조직구조의 단점으로 지적된다. 또한 제품 사업단위의 책임자가 다양한 시장의 지역적 특성과 차이를 충분히 이해하고 수용하는 것이 쉽지 않기 때문에 마케팅전략에 지역적 특성을 반영하는데 한계가 있을 수 있다는 점도 제품별 조직구조의 단점이다. 이 경우 제품 사업단위의 책임자는 기업 전체 차원에서 보유하고 있는 지역전문가를 활용하거나, 자체적으로 지역 단위의 하부조직을 두거나, 스탭조직으로서 지역 전문가를 두는 것이 필요하다.

4. 매트릭스 조직구조

매트릭스 조직구조는 [그림 14-4]에서 볼 수 있는 바와 같이 제품별 · 기능별 · 조직별 조직이 다차원적으로 결합된 조직형태이다. 이 조직형태는 현재 가장 고도로 발달된 조직구조로서, 상당수의 다국적기업들이 상호의존적인 사업, 필수불가결한 자원, 전략, 지리적 영역 등에 대한 계획과 조직, 그리고 통제를 용이하게 하기 위하여 이 조직을 채택하고 있다.

이 매트릭스 구조에서는 한 분야의 담당관리자는 두 사람 이상의 상사에게 업무를 보고하는 형태로서 명령계통이 일원화되어 있지 못하고 다원화되어 있다.

이러한 매트릭스 조직은 경제적 · 정치적 문제를 함께 풀 수 있으며 제품별 관리요소와 지역별 관리요소를 함께 갖출 수 있다. 제품별 관리요소는 주어진 제품계열에 대한 범세계적 책임(worldwide responsibility)을 담당하며, 지역별 관리요소는 해당지역에서 주어진 제품계열의 국가별 도입 및 판매 등 전반적인 책임을 지게 된다. 이처럼 매트릭스 조직구조는 제품과 지역, 지역과 직능 등 한 차원 이상의 변화에 민감하게 반응하여야 할 경우에 필요하다. 그리고 시장의 불확실성으로 인하여 고도의 정보수집과정이 필요하거나 재무 및 인적자원에 대한 제약이 많을 때 이 조직구조를 채택하는 경향이 높다.

[그림 14-4] 매트릭스 조직구조

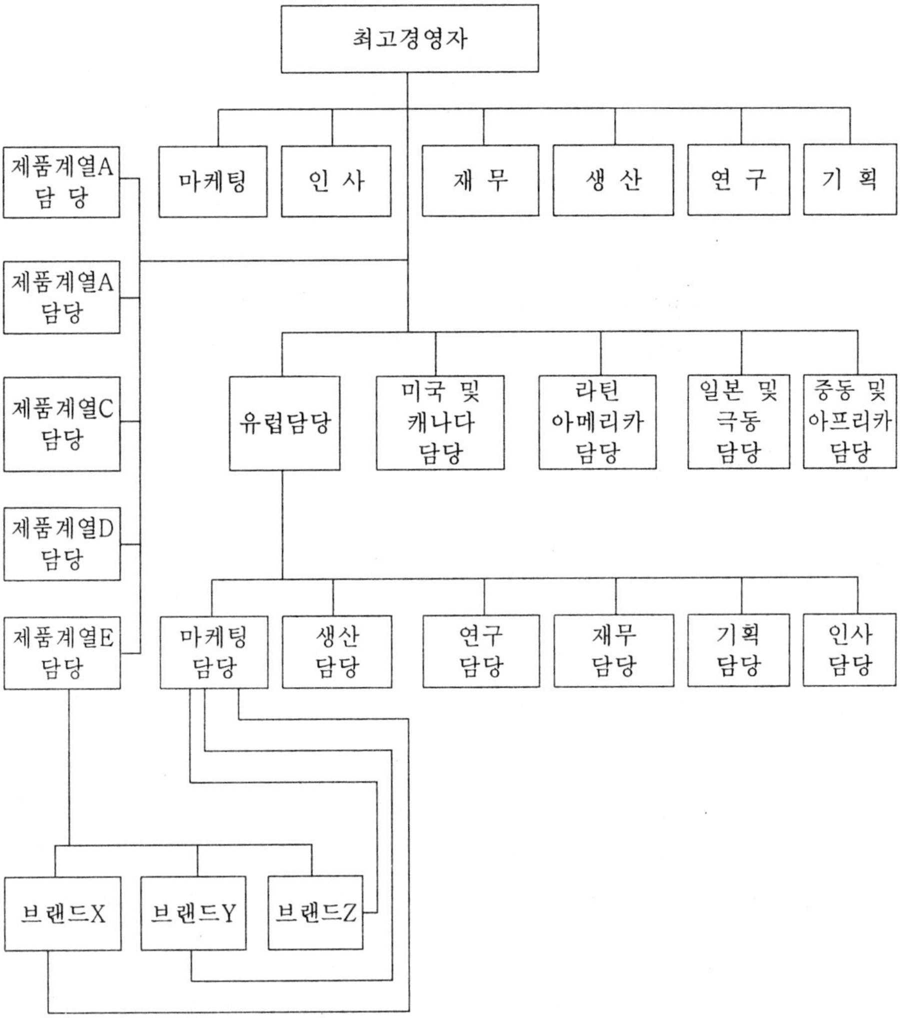

최고경영자
제품계열A 담 당
마케팅
인 사
재 무
생 산
연 구
기 획
제품계열A 담당
제품계열C 담당
유럽담당
미국 및 캐나다 담당
라틴 아메리카 담당
일본 및 극동 담당
중동 및 아프리카 담당
제품계열D 담당
제품계열E 담당
마케팅 담당
생산 담당
연구 담당
재무 담당
기획 담당
인사 담당
브랜드X
브랜드Y
브랜드Z

자료원 : *Ibid*., p. 674.

또한 매트릭스 조직구조는 프로젝트조직과 함께 대표적인 동태적 조직구조이며 구성원의 능력과 재능을 최대한 이용할 수 있다는데 큰 장점이 있다. 그러나 매트릭스 조직구조는 지역 담당관리자와 제품 담당관리자가 그들의 과거의 경험과 이해관계가 일치하지 않기 때문에 주어진 상황에서 행동이 일치하지 않을 수 있다. 즉 그들은 기업의 목표에 서로 다른 이중적인 초점(duality of focus)을 맞추게 된다. 이처럼 매트릭스 조직구조는 해당 관리자들간에 합의가 없으면 심각한 갈등이 발생할 수 있다.

그리고 구성원의 시간배정 문제와 인사고과를 누가 담당할 것인가 하는 문제가 있으며, 따라서 관리자들간에 권력투쟁이 발생할 가능성도 있다. 그리고 이 구조는 호황기에는 기능을 제대로 발휘할 수 있으나 불황이 닥쳐 긴축해야 할 필요가 있을 때는 갈등과 권력의 불균형으로 의사결정이 매우 어렵게 된다.

따라서 대부분의 매트릭스 조직구조는 매트릭스의 각 분야별로 완전한 예산을 수립하는 이중예산편성제도(dual budgeting systems)를 도입하고 있으며, 권력의 균형유지를 위해 이중인사평가제도(dual personnel evaluation)를 채택하여 두 사람의 상사에 의해 지시를 받게 되며 두 사람 모두가 인사고과에 참여할 수 있도록 하고 있다.

5. 기능별 조직구조

기능별 조직구조는 [그림 14- 5]에서 보는 바와 같이 최고경영자 밑에 마케팅, 생산, 연구, 재무, 기획, 인사 등의 기능에 따라 부서가 나뉘어져 있는 형태이다.

이러한 조직은 기업에서 취급하는 제품의 종류가 다양하지 않고, 생산 또는 판매대상지역의 범위가 넓지 않을 때 가장 흔하게 쓰이는 형태이다. 이 형태는 유럽국가들의 전형적인 조직형태로서 각 부서의 장은 판매 · 제조 · 금융 등의 기능적인 구조로서 편성된다. 이 조직의 특징으로는 마케팅 · 재무 · 생산 및 기타 기능의 운영상 범세계적 책임을 지며 이들 기능부문은 본사 스탭, 지역별 및 제품별 스탭으로부터 지원을 받는다. 이와 같은 조직구조를 채택하고 있는 기업은 국내 및 해외운영에 걸쳐 제품계열이 비교적 표준화되어 있고, 원래의 창업자와 그 가족 경영체제에서 비롯된 전통적이고 비공식적인 관리체계를 가진 회사들이 주로 채택하는 조직형태이다.

이러한 조직구조는 기업이 고도로 통합된 제품라인을 취급하는 철강 · 석유 · 자동차 산업에서 쉽게 찾아 볼 수 있다. 그리고 이 조직구조는 지금까지 국내경영을 제품계열에 따라 조직화해 온 기업에게 가장 적절한 조직패턴이라고 할 수 있는데, 이는 그와 같은 소수의 규격제품을 축적해 온 기업의 여력이 국제경영활동에 중요한 역할을 할 때, 기능별 구조가 전문화를 촉진시킬 수 있기 때문이다.

이 조직의 장점으로는 내부기능의 집중화를 기할 수 있으며, 축적되어진 지식이나 경험을 지역 · 상품의 활동에 모두 적용시킬 수 있다는 점이다. 그리고 중복없이 비교적 작은 규모를 통제하는데 적합하며, 각 부문은 모두 자기의 책임기능만을 수행하면 되기 때문에 부문간의 알력이 비교적 적다.

[그림 14-5] 기능별 조직구조

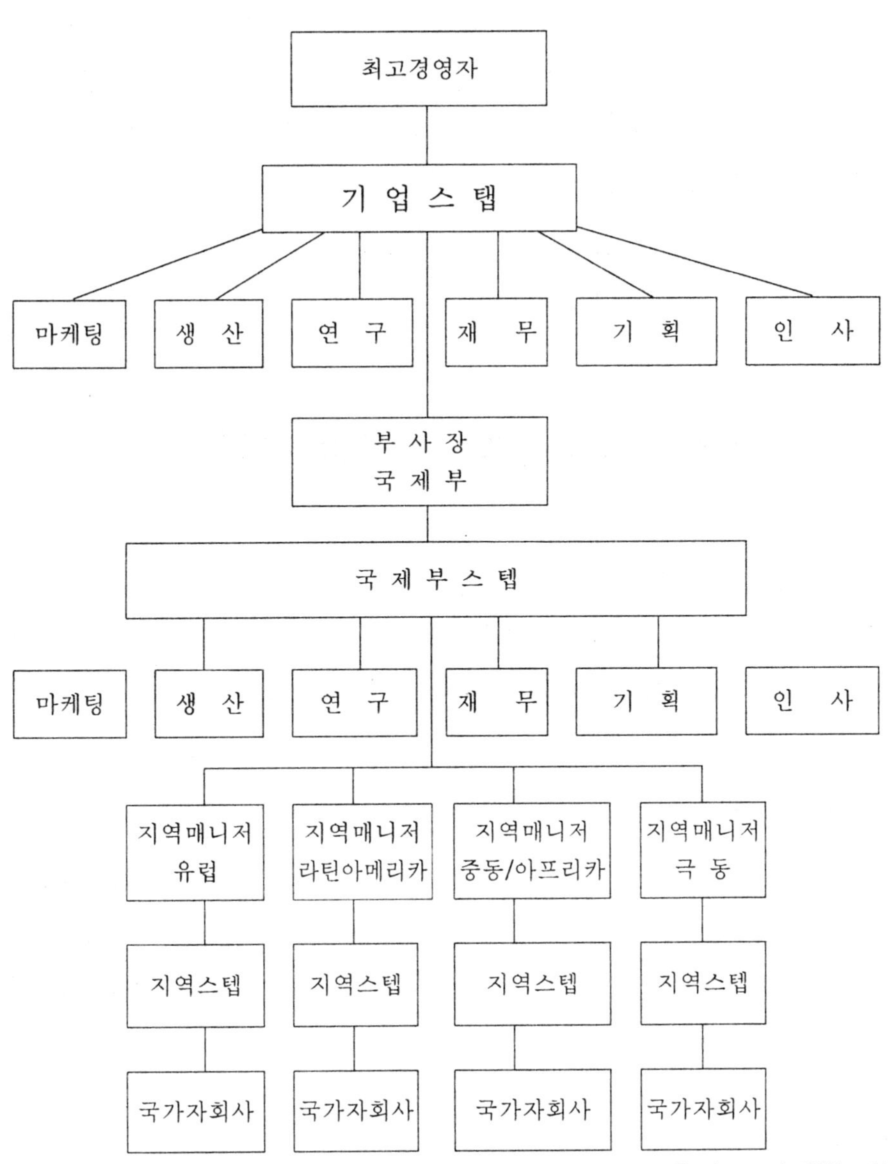

자료원 : W. J. Keegan, *Global Marketing Management*, 4th ed., Englewood Cliffs, N. J. : Prentice-Hall Inc., 1989, p. 632.

반면에 각 기능부서가 서로 자신에게 유리한 방향으로 의사결정을 내리기 때문에 기업 전체의 이익에 피해를 줄 수 있고, 기능전문가들이 각 생산라인에 대한 전문지식을 가지고 있어야 하기 때문에 만일 생산라인이 다양화되면 조직이 깨어질 위험이 있다. 또한 한 자회사에 여러 기능 부서가 관여하게 되므로 자회사 책임자의 업무가 복잡해진다. 즉 관련된 모든 부서에 보고를 하여야 하고 지시를 받아야 하기 때문에 업무가 중복되는 것이다. 그러므로 생산변화가 심한 상품시장에 있는 기업이라면 이 구조는 적합치 않다. 왜냐하면, 변화가 심한 시장에 적응하기 위해서는 계속 새로운 기능을 추가하고 필요없는 기능은 제거해야 하는데, 이 구조를 가진 기업이 계속적으로 기업 내의 기능의 변화에 대처하는 것은 불가능하기 때문이다. 따라서 설사 이러한 구조를 유지한다고 하여도 기업 내부가 매우 혼란스러울 수밖에 없다.

제3절 국제마케팅조직의 결정요인

국제마케팅활동을 전개하는 기업들은 독립된 활동을 상호조정하면서 조직의 효율성을 극대화할 수 있는 조직구조를 선택해야 하는데, 일반적으로 국제기업이 어떠한 조직구조를 선택하느냐 하는 것은 다음과 같은 여러 가지 환경요인에 의해 결정된다.

1. 경영진의 능력

국제기업이 경영활동을 하는데 있어서 중요한 문제중의 하나는 국제사업부문에 적합한 경영관리자들을 얼마나 확보하고 있는가 하는 점인데 이러한 숙련된 경영진의 확보에 따라 조직구조가 달라질 수 있다. 또 경영진의 능력과 자질은 국가마다 다르기 때문에 현지 자회사로의 권한위임은 많은 문제를 야기할 수 있다. 따라서 본사 혹은 지역별 단위에서까지만 의사결정권을 행사하게 하는 조직구조를 택하여 이러한 문제점을 극복할 수 있게 된다.

2. 제품라인의 다양성

제품라인이 다양한 기업은 일반적으로 지역보다는 제품별로 분권화된 조직구조를 갖는 것이 바람직하다. 소수의 유사한 제품을 생산하는 기업은 제품 사이의 연계성이 높기 때문에 제품별로 분권화된 조직은 바람직하지 않다. 그러나 제품별로 집중화된 조직구조라 하더라도 시장의 특성을 감안하지 않는 완전한 형태의 표준화전략은 현실적으로 가능하지 않을 뿐만 아니라 바람직하지도 않다.

3. 해외사업의 비중

전체 매출액 중 해외 부문이 차지하는 비중이 상당히 높을 경우에 국제사업부 조직구조는 적합하지 않다. 따라서 이 경우에는 비중이 큰 해외사업을 효율적으로 관리하고 지속적인 성장을 도모하기 위해서 범세계적 제품별 조직구조나 지역별 조직구조가 검토되어야 한다. 해외사업비중이 그리 크지 않을 경우에는 국제사업부 조직구조로도 효과적인 마케팅활동을 전개할 수 있다.

4. 현지자회사의 입지와 특성

국제기업이 진출하고자 하는 현지 혹은 지역권의 환경에 따라 조직구조가 달라진다. 본국과 비슷한 환경을 가지고 있는 국가 혹은 지역권에 자회사를 두고 있는 국제기업의 경우에는 표준화된 제품촉진이 가능하기 때문에 굳이 지역별 조직구조를 택하지 않는다. 반면에 진출국의 환경이 본국시장과 상이하고 현지 혹은 지역권의 환경변화를 중시하는 국제기업은 지역별 조직구조를 선호하게 된다.

5. 경제블럭(bloc)의 존재

국제기업의 활동영역이 특정 지역경제블럭, 혹은 경제통합체 내이라면 해당 블록 내에서의 마케팅활동을 통합할 필요가 있기 때문에 지역별 조직이 바람직할 수 있다. 경제통합의 협약 내용에서 규정하고 있는 독특한 특성에 적절히 대응하는데 유리하기 때문이다.

주요용어

1. 조직(organization)
2. 국제마케팅조직(international marketing organization)
3. 국제사업부 조직구조((international division organization)
4. 지역별 조직구조(geographic organization)
5. 제품별 조직구조(product organization)
6. 매트릭스 조직구조(matrix organization)
7. 기능별 조직구조(functional organization)

연습문제

1. 국제마케팅조직이란 무엇인가? 그리고 그 중요성에 대하여 설명하시오.
2. 국제마케팅조직의 유형에 대하여 논하시오.
3. 국제사업부 조직구조의 특징과 장·단점에 대하여 설명하시오.
4. 제품별 조직구조의 특징과 장·단점에 대하여 설명하시오.
5. 매트릭스 조직구조의 특징과 장·단점에 대하여 설명하시오.
6. 기능별 조직구조의 특징과 장·단점에 대하여 설명하시오.
7. 지역별 조직구조의 특징과 장·단점에 대하여 설명하시오.
8. 국제마케팅조직을 결정하는 여러 가지 요인에 대하여 논하시오.

참고문헌

1. 김주헌, 국제마케팅, 문영사, 2009.
2. 김희철, 글로벌시대의 국제마케팅, 도서출판 두남, 2007.
3. 권영철, 국제경영, 무역경영사, 2000.
4. 반병길, 다국적기업론, 박영사, 1985.
5. 이장로, 국제마케팅, 무역경영사, 2003.
6. 심재현, 국제마케팅론, 학문사, 1994.
7. 어윤대, 국제경영, 학현사, 2002.
8. 원종근, 국제경영학, 박영사, 1994.
9. 차수련, 국제마케팅관리론, 법문사, 1995.
10. Barnard, C. I., *The Funtions of the Executive*, Harvard University Press, 1983.
11. Bennett, R., *International Marketing : Strategy, Planning, Market Entry and Implementation*, Kogan Page, 1999.
12. Brown, A., *Organization of Industry*, Englewood Cliffs, N. J. : Prentice-Hall Inc., 1947.
13. Czinkota, M. R. and Ronkainen, I. A., *International Marketing*, Hinsdale, Ill. : Dryden Press, 1990.
14. Davidson, W. H. and Haspeslagh, P., "Shaping a Global Product Organization," *Harvard Business Review* 59, March- April 1982.
15. Doole, I. and Lowe, R., *International Marketing Strategy : Analysis, Development and Implementation*, 3rd ed., Thomson Learning, 2001.
16. Dymsza, W. A., *Multinational Business Strategy*, New York : McGraw-Hill Books Co., 1972.
17. Jain, S. C., *International Marketing Management*, 3rd ed., Boston : PWS-KENT Publishing Company, 1990.
18. Keegan, W. J., *Global Marketing Management*, 4th ed., Englewood Cliffs, N. J. : Prentice-Hall Inc., 1989.
19. Kotabe, M. and Helsen, K., *Global Marketing Management*, John Wiley and Sons, Inc., 1998.
20. Naylor, T. H., "International Strategy Matrix," *Columbia Journal of World Business*, No. 20, Summer 1985.
21. Terpstra, V., *International Marketing*, 2nd ed., Hinsdale, Ill. : The Dryden Press, 1978.
22. Terpstra, V. and Sarathy, R., *International Marketing*, 7th ed., The Dryden Press, 1997.

제15장

국제마케팅의 통제

기업이 해외시장의 동태적이면서도 변화가 심한 환경요인 속에서 성공적으로 국제마케팅활동을 수행하기 위해서는 계획의 실행을 철저히 감독하고, 필요한 경우에는 계획을 조정하기 위한 수정을 해야 한다. 여기에서 바로 통제의 필요성이 나타나게 된다. 본 장에서는 이러한 국제마케팅통제를 그 과정과 방법, 그리고 영향요인을 중심으로 고찰해 보기로 한다.

제1절 국제마케팅통제의 의의와 필요성

1. 국제마케팅통제의 의의

오늘날 대부분의 국제기업들은 경영관리체제가 중앙집권적이든 분권적이든지간에 본사 및 해외자회사가 수행하는 마케팅 각 분야에 대해 조정, 통제를 행하고 있다. 이는 제품별로 매출액, 시장침투, 시장점유율, 수익성 등 국제마케팅의 목적을 최대한 달성함으로써 궁극적으로는 국제적 기업의 전사적인 경영목표달성에 공헌하도록 하는데 있다. 따라서 국제기업이 해외시장개발에 대해서 관심이 많고, 또한 국제경영을 계속 확대해 나가겠다는 확고한 정책목표를 갖고 있는 한, 국제마케팅전략에 입각한 국제마케팅 통제시스템의 수립은 필수적이다.

국제마케팅통제(international marketing control)란 국제마케팅 목표달성의 가능성을 극대화할 수 있도록 조직 각 부문의 활동을 점검하는 과정을 총칭하는 말이다. Kotler는 통제를 '요구되는 결과와 실제결과를 좀 더 가깝게 하기 위한 조정과정'이라고 정의하였다. 기업들은 국제마케팅계획을 수립하고 그 계획을 실행하는 과정에서 예기치 않은 많은 상황에 직면하게 된다. 따라서 기업들은 그 운영의 차이를 측정하기 위해 계속해서 국제마케팅활동에 대한 평가와 적절한 통제시스템을 구축하고 있어야 한다.

국제기업 자회사의 통제도 이런 측면에서 파악하여야 한다. 즉 계열회사들이 본사의 전체적인 목표를 어느 정도 수행하고 있는지 점검하고 거기에 미치지 못했다면 최고경영자들은 자회사의 추구목적 및 실천계획을 체계전체적인 목적 또는 계획에 맞게 조정하고 목적달성에 맞게 필요한 시정조치를 취해야 한다. 여기에 바로 통제의 의의가 있다고 할 수 있다.

2. 국제마케팅통제의 필요성

국제기업은 국제마케팅활동을 수행하면서 다양한 시장조건과 환경에 직면하게 된다 그런데 해외시장환경은 예측하기 어려운 변화의 가능성을 지니고 있기 때문에 신속하게 환경의 변화에 대처하는 기업만이 훌륭한 마케팅성과를 달성할 수 있을 것이다. 따라서, 국제기업이 마케팅기능을 통제하는 것도 바로 급속한 환경의 변화에 적응력을 갖고 대응할 수 있는 중요한 방법이다. 국제기업이 마케팅을 통제하는 이유를 구체적으로 살펴보면 다음과 같다.

1) 공동목표의 달성

효과적인 해외자회사 통제시스템이 있어야만 국제기업의 전사적 사명과 목적의 달성이라는 공동목표를 향하여 최고경영층은 여러 해외자회사들의 활동을 조정하고 선도하기가 쉽다.

2) 전략적 계획의 수립과 이행

국제기업은 일반적으로 해외자회사를 세계의 여러 곳에 설립하게 되는데, 상이한 지역에 설립된 자회사들이 본사의 전략적 계획에 의하여 설정된 공동목적을 향하여 보조를 맞추기 위해서는 훌륭한 통제시스템이 중요하다. 훌륭한 통제시스템은 또한 각 자회사에 있어서 최고 경영층의 업무를 평가하는데 반드시 필요하다. 각 자회사들의 환경조건은 각기 다르기 때문에 업무평가를 위하여 완전히 표준화된 시스템을 적용하는 것은 불가능하다. 특히 통제시스템은 보다 나은 전략계획을 수립하거나 계획을 수행하는데 필요하다.

3) 현지경영자의 평가기준

효과적인 해외자회사 통제시스템이 있어야만 최고경영층은 해외자회사 사장들에 대한 올바른 실적평가를 할 수 있다. 기업환경은 시장국별로 상당히 이질적이기 때문에 비교적 좋은 환경조건 하에서 해외자회사를 운영하는 사장이 있는가 하면 그 반대의 경우도 있을 수 있다. 그렇기 때문에 각 해외자회사가 당면하고 있는 환경적 문제점은 그러한 통제시스템을 통해서 최고경영층에게 전달되어야 하며 최고경영층은 해외자회사 사장들에 대한 실적평가를 할 때 반드시 환경조건의 차이를 고려해야 한다.

4) 환경변화의 대응

환경의 변화에 얼마만큼이나 신속하게 대처하는가 하는 것이 기업의 성공을 좌우하기 때문에 국제기업은 해외자회사에 대한 강력한 통제를 행사함으로써 확고한 경영체제를 구축하여 환경의 변화에 대한 적응력의 시차를 극복할 수 있다.

5) 공동시장의 출현

공동시장은 회원국 상호간에 관세나 비관세 장벽을 제거하여 자유무역을 보장하는 경제통합 형태이다. 따라서 국제기업은 시장확대를 위해 공동시장 내에 공장을 재배치하고 유통 및 마케팅기능을 재조직한다. 그러나 이러한 시장확대는 공동시장 내에서 국제기업이 일관된 경영전략을 채택하도록 요구함으로써 자회사에 대한 통제의 필요성을 불러일으킨다.

6) 자회사의 질적 향상

해외자회사의 경영성과가 불만족스러울 때 이를 바로 잡기 위해 본사의 통제가 필요하다. 물론 해외자회사의 경영실패는 현지경영자의 무능력 때문일 수 있으나 그 원인이 무엇이든지 간에 통제는 계획된 성과기준을 개선시키는데 필요하다.

제2절 국제마케팅통제의 과정

국제마케팅통제에는 두 가지 선행조건이 있다. 즉 계획과 조직구조이다. 통제과정은 기대되는 목표에서 출발하기 때문에 특정한 통제계획은 통제시스템의 개발보다 선행되어야 한다. 더구나 통제는 운영이 통제 불능이거나 수정을 필요로 할 때 누군가가 책임을 지게 해야 한다. 그리고 적절한 통제가 확립되기 전에 권한과 책임이 조직 내에 갖춰져야 한다. 계획이 수립되고 책임소재가 결정되면 통제시스템은 마케팅계획을 반영하는 목표로부터 시작하여 수정된 행동을 다시 시행할 때까지 일련의 논리적 흐름을 따르고 있다.

국제기업은 전략적 차원에서 계획을 수립하고, 해외시장에 적합한 조직구조를 결정한 후, 마케팅활동이 기업의 목표에 따라 충실하게 이루어 질 수 있도록 지속적이고 정기적인 통제체제를 갖추어야 한다. 통제의 과정은 일반적으로 ① 통제목표의 수립, ② 통제방법의 선정, ③ 통제기준의 설정, ④ 책임소재의 규명, ⑤ 커뮤니케이션 시스템의 확립, ⑥ 결과의 평가 및 수정의 단계를 거치게 된다. [그림 15-1]은 통제의 과정을 나타내고 있는데 각 통제과정별 특징을 구체적으로 살펴보면 다음과 같다.

1. 통제목표의 수립

국제마케팅을 처음 시작하는 업체나 경영자는 목표에 대해 불명확한 개념만을 가지고 있는 경우가 많다. 이들의 목표는 탁상공론적인 것이 많으며 현실감이 없어서 곧 철회되어 버리는 것이 많다. 그러나 국제사업활동을 하는 경영자는 경영의 전반적 목표뿐만 아니고 국제사업의 장·단기 목표의 윤곽을 사전에 분명하게 잡아야 한다.

이것이 분명히 되지 않으면 경영자는 어떤 경영자원을 필요로 할 것인가 또는 어느 정도의 이익을 기대할 것인가를 알 수가 없다. 목표를 분명히 하지 않고 기업의 여러 기준은 수립될 수 없으며 계획적인 통제를 하는 것이 불가능하다.

그리고 기업의 전체 관계자가 기업의 진로를 알기 위해서 기업전체의 목표는 목표계획서에 분명히 표시되어야 하며 또한 직접 담당자에 대해 특정업무의 상세한 목표계획서가 제공되어야만 한다.

한편 목표의 전달은 가능한 한 구체적 방식이 유효하며 경영자는 전반적 목표와 작업목표를 설정한 후 부여된 환경에 가장 효과적인 조정과 통제의 기본방식과 개개의 방식을 선택해야만 한다.

[그림 15-1] 국제마케팅 통제의 과정

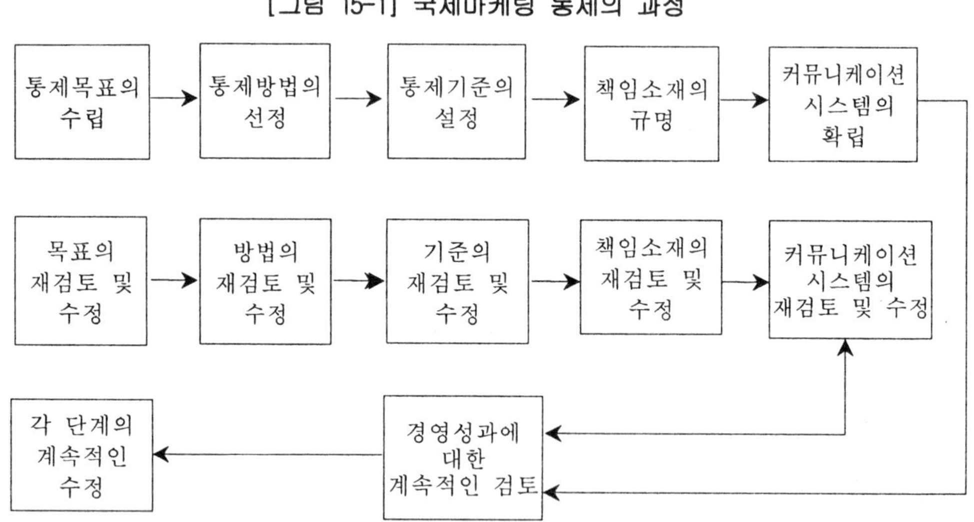

자료원 : P. R . Cateora, *op. cit.*, p. 697.

2. 통제방법의 선정

직접 혹은 간접적인 통제는 국제마케팅활동에 필요한 기본대안이 된다. 직접통제의 방법은 계약이나 전소유참여의 방법이 있고, 간접통제의 방법은 커뮤니케이션 혹은 경쟁에 의한 것이다. 통제의 범위나 통제의 강도는 통제방법과는 상관없이 광범위하다고 할 수 있다. 계약을 통한 방법은 해외운영을 컨트롤하는 긍정적이고 직접적인 메카니즘일지는 모르지만 자동적인 통제의 수단이 될 수는 없다. 효율적인 통제의 방법으로서는 특정한 계약조항이 마련되어야 한다. 만일 한 기업이 해외지사의 관리 내지는 정책입안에 참여할 수가 있다면 충분한 통제는 보장된다.

3. 통제기준의 설정

통제를 효과적으로 수행하기 위해서는 마케팅성과를 명확하게 측정 · 평가할 수 있는 기준의 설정이 필요하다. 통제기준은 전반적인 재무 및 비용뿐만 아니라 현지국에서 마케팅활동이 잘 전개되고 있는지에 대해서도 구체적으로 설정되어야 한다.

국제마케팅활동의 성과측정 기준으로는 이익, 매출액, 유통경로의 확립, 해외시장에로의 진출 등을 들 수 있다. 이러한 성과기준은 실제 성과와의 비교를 위해 이용할 수 있는 지표가 되기도 하며 통제의 기준으로 활용되기도 한다.

이와 같은 성과기준은 전사적인 국제마케팅활동이 수준별로 설정되어야 하며 실시중인 기준에 대해서는 정기적으로 평가해야 한다.

4. 책임소재의 규명

국제적인 조직의 복잡성은 해외운영의 궁극적인 책임소재를 어렵게 하며, 책임을 할당하는 데 있어서도 조정이 요구된다. 따라서 모기업의 각 부서는 자기부서 이외의 부서가 무슨 일을 하고 얼마나 추진되고 있는지를 알아야 한다.

제품계열에 의해 조직된 기업은 국내시장에서보다 해외시장에서 더 많은 조정이 필요하다. 그리고 현지국가 위주로 조직된 기업은 여러 나라 사이의 연결과 조정망의 설정이 필요하다. 그리고 언제든지 1차적인 책임은 집중된 활동과 통제를 위하여 다른 사람들을 조정할 수 있는 사람에게 있다. 그리고 위양된 권한과 일치하지 않는 책임이 주어져서는 안된다.

5. 커뮤니케이션 시스템의 확립

보고와 통제시스템은 기업이 정보자료를 축적하고 메시지를 전달하기 위한 의사전달시스템이다. 국내마케팅에서는 비공식적 커뮤니케이션 시스템이 적절할 수 있지만 국제마케팅에서는 본사에서의 분석과 의사결정을 위해 자료의 지속적인 흐름을 제공할 수 있는 조직적이고 체계적인 정보시스템이 반드시 요구된다. 그리고 정보수집과 전달은 활동상 비용이 수반되기 때문에 커뮤니케이션시스템은 보고수준을 적절히 설정하여야 한다. 너무 많은 정보는 경영자의 시간을 낭비하게 하고, 너무 적은 정보는 적절한 통제를 할 수 없게 한다. 또 커뮤니케이션 기술의 진보는 분명하고 실질적인 목적없이 너무 많은 정보를 요구하는 경향이 있다.

언어와 커뮤니케이션의 장애는 기업과 고객 사이에서 뿐만 아니라 관리자들 사이에서도 일어난다. 그러므로 커뮤니케이션을 효과적으로 하기 위해서는 서로 완전히 이해할 수 있도록 해야 하며, 또한 이해할 수 있을 것 같은 어휘에서조차 각자가 갖고 있는 개념이 다를 수 있기 때문에 주의하여야 한다. 따라서 커뮤니케이션의 주요 요소는 일련의 정보수집에 있다. 그러므로 기업은 정보수집을 정기적 조사, 자동적인 수집, 기업내 기록, 그리고 현지조사 등 다양한 원천으로부터 수집하여야 할 것이다.

6. 통제결과의 평가 및 수정

결과에 대한 평가와 불완전한 프로그램에 대한 수정조치는 통제과정의 마지막 단계이다. 현장에서 수집된 정보는 이미 설정되어 있는 운영기준 및 목적과 비교·검토하여야 한다. 그리고 그 결과가 기대치에 못미칠 경우에는 수정조치가 취해지거나 아니면 기준이나 목적이 수정되어야 한다. 국제마케팅에서는 수정조치의 개시시점과 완료시점 사이에 상당한 시차가 생길 가능성이 있다. 이러한 시차는 거리, 문화적 차이, 조직상 문제의 관점에서 이해될 수 있기 때문에 지속적인 평가와 수정조치가 특히 중요하다. 그리고 기업은 예측할 수 없는 시장상황에 대응할 수 있도록 상황에 적응적 계획을 사전에 수립하여야 한다. 이상에서 살펴본 통제의 과정은 끝을 갖고 있는 것이 아니라 설정, 평가, 재설정, 재평가라는 순환 사이클을 이루고 있다.

제3절 국제마케팅통제의 영역과 방법

1. 국제마케팅의 통제영역

국제마케팅의 통제영역은 국내마케팅의 경우와 유사하지만, 통제시스템이나 통제목적이 다를 수 있다. 국제마케팅 관리자는 분석을 용이하게 하기 위하여 매출액, 제품,

가격, 유통경로, 판매촉진, 마케팅인력 및 이익의 관점에서 통제활동을 실시한다고 할 수 있다.

1) 매출액통제(volume control)

매출액의 측정은 가장 용이한 통제방법의 하나이다. 주별, 월별, 분기별의 총매출액을 획득함으로써 예상매출액과 쉽게 비교할 수 있으며, 그리고 자회사의 제품라인별 판매상황을 정기적으로 점검할 수 있다. 매출액은 마케팅노력의 강도에 의존하는 것이며, 따라서 담당자는 촉진비용 및 판매노력이 예상 판매실적에 적합한 것인지의 여부를 결정할 수 있으며, 그 밖의 마케팅영역에서의 신중한 배려를 통하여 이익수준을 통제할 수 있다.

상세한 판매보고서는 시장별 · 제품별 · 총이윤범주별 판매에 관한 정보를 제공하며, 자회사나 그 밖의 관련기업에 대한 판매분석을 제공하며, 그리고 정부 등 대규모 구매기관을 확인할 수 있다. 그리고 시장점유율정보는 경영자가 절대적 및 상대적인 통제기준을 가질 수 있도록 정기적으로 수집되어야 한다.

2) 제품통제(product control)

국제마케팅에서 제품은 다양한 현지시장의 조건이나 선호에 맞춰야 한다. 그리고 해외고객들은 항상 자국내의 생산제품과 해외제품을 비교하기 때문에 제품에 대한 품질관리가 무엇보다 중요하다. 그리고 해외시장에서는 제품이나 브랜드의 이미지는 국내고객과는 달리 제품 그 자체보다 중시되는 경향이 있다. 해외고객은 어느 기업의 제품에 관하여 한번 나쁘다는 생각을 가지게 되면 그 기업의 전체제품을 저평가하게 되기 쉽다. 예를 들면 과거에 일본제품은 모방제품, 모조품이라는 좋지 못한 인식을 갖고 있었다. 그래서 일본기업들은 이미지를 바꾸기 위해 수년에 걸쳐 기업별, 산업별 노력은 물론 정부차원에서 수출품에 대한 엄격한 품질검사를 통하여 일본제품에 데한 이미지 개선의 노력을 펼쳐 오늘날과 같은 인식을 갖게 하였다. 결과적으로 제품에 대한 철저한 통제는 제품의 브랜드이미지 보전을 확실히 관리할 수 있다.

그리고 국내마케팅 관리자는 그들의 제품이 해외에서 적합한지를 조망해 볼 수 없다. 그렇기 때문에 효과적인 커뮤니케이션과 통제시스템은 제품과 제품계열에 대한 중요한 정보를 제공해 준다. 그리고 제품이 해외지사나 라이센스, 프랜차이즈에 의해 생산될 때도 품질에 대한 문제는 적절한 통제시스템을 통하여 극소화시킬 수 있다.

3) 가격통제(price control)

일반적으로 해외시장에서는 제품가격을 낮게 책정하여 시장점유율을 높이거나 소득이 낮은 시장에 접근하려고 한다. 또한 해외판매대행업자들은 다른 국가에서의 가격을 충분히 알고 있기 때문에 가장 낮은 나라의 가격을 요구하게 된다. 따라서 기업은 세계적인 차원에서 순이익을 극대화할 수 았도록 가격을 설정하고 통제하여야 한다. 그리고 가격인하와 지나친 고가는 기업의 시장지위를 위태롭게 한다. 그러므로 국제마케팅 관리자는 실제가격에 관하여 정기적인 보고를 받아야 하며, 해외지사나 중간도매상들이 서로 가격경쟁을 할 가능성에 대하여 항상 경계해야 한다.

이러한 가격경쟁은 기업 전체차원에서 보아 결코 바람직스럽지 못한 현상이다.

실제가격을 수정할 수 있는 관세, 운송비, 현지시장조건 등이 상존함에도 불구하고 본사 관리자는 가격에 대한 기본적인 통제를 해야 한다. 그리고 경쟁에서의 유연성을 제공하기 위해 가격의 범위를 설정하고, 또한 상이한 가격으로 협상이 이루어질 경우 즉시 이루어져 통제를 받아야 한다.

4) 유통경로통제(channel control)

판매업자의 유효성에 관한 1차적인 척도는 기업으로부터의 구매액일 수 있지만, 그러한 정보는 판매업자가 적당한 가격을 유지하는지 또는 판매 및 서비스분야에서 효과적으로 작용하는지에 관하여는 충분한 것이 되지 못한다.

판매업자는 그 자신에 관하여 객관적인 정보를 제공하지 않거나 제공할 수 없기 때문에 계속적인 고객조사는 판매업자에 관한 적절한 피드백을 얻는 유일한 방법이다. 매출액과 시장점유율목표가 달성되지 못할 경우, 전체 유통기구가 시장문제를 유발하는지의 여부를 결정하기 위해 재검토되어야 한다.

해외유통경로에 대한 감독과 통제는 국내시장의 경우와는 다른 기준을 필요로 한다. 기업은 해외유통경로를 통제하고 관리할 기회를 적게 가짐으로써 이러한 유통경로정책에 있어서 의사결정의 범위를 거의 가지지 않을 수도 있다. 소수의 판매업자를 사용하는 기업이 많은 상이한 판로를 감독할 경우에는 완전히 상이한 통제시스템을 필요로 하게 된다. 그리고 판매업자의 능력은 통제하기 어려운 것이다.

해외시장에서 매출액이 적어서 광범위한 통제를 할 수 없을 경우에 많은 제조업자들이 통제활동을 적게 하지만, 이러한 부주의는 유통시스템의 유효성을 파괴할 수 있다.

5) 촉진통제(promotion control)

국제마케팅에서도 광고와 인적판매는 국내시장에서 적용되는 것과 동일한 범위의 통제시스템 및 기구에 따라야 한다. 인적판매는 본사로부터 지휘될 수는 없지만, 관리될 수 있고 또 관리되어야 한다. 광고직능은 집권적 또는 분권적으로 조직되고 개발되며, 광고캠페인은 표준화된 것이거나 현지적응적인 것일 수 있다. 모든 광고는 통제를 필요로 하며, 광고프로그램의 성공은 그것이 표준화되느냐의 여부보다는 광고활동이 어떻게 잘 통제되느냐에 더 의존한다. 본사는 그것이 모든 시장에 효과적으로 의사전달되는 것과 그리고 전체 기업의 목표가 세계시장에서 충족되는 것에 관하여 알 필요가 있다.

6) 마케팅인력 통제(marketing personnel control)

마케팅프로그램에서 인력은 절대 필요한 요소이다. 본사 경영자는 세계 각국에서 마케팅을 하고 있는 최고경영층에 대해서 관심을 가지는 것이 일반적이지만, 고용, 관리, 보수를 포함한 모든 마케팅담당직원의 통제에 점차 관심을 증대시키고 있다. 그리고 실적에 대한 정보가 정기적으로 수집되고 있으며, 세계 각지에 있는 관리자의 실적정보도 관리상의 결함을 발견하기 위해 비교·검토되고 있다. 마케팅요원에 대해 이런 긴밀한 통제를 하고 있는 기업은 현지관리자들로부터 많은 저항을 받게 되지만, 그러한 관행이 성공적인 경우가 많기 때문에 그것이 유지되고 있다.

7) 이익통제(profit control)

기업의 목표는 일반적으로 순수이익을 전세계적으로 극대화하는 것이다. 경영층에 대한 이익보고는 자사영업의 전반적인 상황과 현재의 시장상황에 대한 실정을 나타낸다. 이익은 마케팅행위의 최종목표이므로 기업운영성과의 측정치는 이익으로 나타낼 수 있다.

이익은 경영관리상의 효율성, 판매고 형성, 마진(margin)의 유지나 비용통제 등에 의하여 실현되는 것이지만 효율성이나 판매고의 달성 또는 마진의 유지가 반드시 이익을 보장하는 것은 아니다. 국제사업의 테두리에서 이익은 구체적인 개념으로 설명하기 어렵다.

어떤 기업은 해외사업에서의 모든 이익을 재투자하고 나서야 그들의 해외영업이 성과가 있는 것으로 간주한다. 따라서 모든 기업은 각기 나름대로의 이익을 측정하고 통제하는 방법을 설정해야 한다. 이익관리에 있어서 가장 중요한 결정은 이익이 발생하였을 경우 해외시장의 어느 곳에서 실제로 이익이 발생하였는가를 규명하는 일이다. 따라서 최종적인 이익통제는 본사수준에서 이루어져야 한다. 또 다른 본사수준의 결정은 이익이 장기 혹은 단기간에 극대화될 수 있는지를 규명하는 일이다. 국제마케팅에서의 이익통제는 단순한 회계통제보다 더 폭넓은 개념을 가지고 있으며 마케팅운영의 모든 영역에 적용된다. 또한 국제시장에서의 이익통제는 어렵고 경비가 많이 들기 때문에 국제마케팅의 이익통제는 국제마케터에게는 언제나 어려운 문제를 던져 준다.

2. 국제마케팅의 통제방법

1) 공식적인 통제방법

국제기업이 사용하는 가장 기본적인 공식적 마케팅 통제방법은 기획과 예산수립이다. 이것은 계획하고 있는 예상판매량, 이익목표, 지출예상액 등을 기준으로 실제의 실적을 비교 · 평가 · 통제하는 것이다. 만일 계획과 실적간에 차이가 난다면, 그 기업의 지역 혹은 본사의 라인 및 스탭관리자들은 그 차이에 대한 원인을 조사, 규명하여 기업의 경영성과를 증진시키기 위해 조치를 취하게 된다.

한편, 해외자회사의 계획수립시에는 본사의 의견을 전달하는 지시계획방법으로 마케팅계획과 예산을 편성하게 된다. 본사의 지침은 해외자회사의 실적평가와 통제하는데 있어서 가장 중요한 기준이 된다.

2) 비공식적인 통제방법

국제기업은 마케팅통제에 있어서 예산과 같은 공식적인 통제방법뿐만 아니라 비공식적인 통제방법을 사용하기도 한다. 비공식적인 통제방법에는 인사교류의 확대, 해외자회사 스태프들간의 면담, 국제기업 본사의 수뇌부(headquater)와 자회사 스태프들간의 면담 등의 여러 가지 방법이 있다. 인사교류의 방법은 해외자회사 근무직원들의 사기를 올려 주고, 다른 해외자회사에서의 근무경험을 응용하여 해외자회사 마케팅 프로그램을 보다 창의적으로 만들 수 있다는 장점이 있다. 또 다른 방법으로는 자회사 스탭끼리의 대면접촉(face-to-face contact)이 있으며, 나아가 본사 스탭과 자회사 스탭 사이의 직접적인 접촉도 매우 중요하다. 이러한 접촉은 기획과 통제과정에 중요한 투입변수가 될 수 있는 정보와 의견교환의 기회를 제공하기 때문이다.

제4절 국제마케팅통제의 영향요인과 문제점

1. 영향요인

국제마케팅통제는 직접적이고 정기적으로 수행되지만 복잡한 해외시장의 환경 때문에 다음과 같은 여러 가지 요인들에 의해 영향을 받는다.

1) 국내경영관례

효율적이고 성공적인 경영방식은 모든 기업에 있어서 중요한 자산이 된다. 만약 어떤 기업의 국내경영활동이 효과적인 통제체제를 통해 성공할 수 있었다고 평가되었다면, 이는 곧 그 기업이 국제경영 통제체제를 수립할 때 중요한 기준이 된다.

2) 지리적 거리

일반적으로 본사와 자회사간의 거리가 멀면 멀수록 해외자회사에게 보다 큰 자치권의 위임이 있기 마련이다. 물론 통신 및 교통수단의 발달로 인하여 지리적 거리만으로 자치권이 부여되는 경우가 줄어들기는 했지만 본사와 자회사간의 지리적인 거리의 차이는 국제마케팅통제에 영향을 미칠 수 있다.

3) 환경적인 차이

환경적 차이가 크면 클수록 책임에 대한 위임이 커지며, 해외운영단위에 대한 통제가 더욱 더 어렵게 된다. 즉 본국과 현지국 사이의 제반 환경차이가 클수록 본사는 현지환경을 고려하여 현지경영인에게 권한을 위임하기 때문에 해외자회사에 대한 통제가 약해진다. 반면 두 시장간의 환경차이가 적으면 자회사에 대한 모기업의 통제는 강해진다.

4) 자회사의 실적

예산목표를 달성하고 있는 자회사는 보통 간섭을 받지 않지만, 그렇지 못할 때에는 예산상의 실적과 실제의 실적간의 불일치가 본사의 간섭을 유발하는 요인이 된다. 자회사가 불리한 불일치를 보고할 경우에는 본사는 문제의 원인을 결정하고, 문제를 교정하고, 그리고 운영에 상세한 감독을 하고자 한다. 그러므로 자회사의 운영이 잘 관리되고 성공적일 경우에는 운영에 어려움을 받는 자회사보다 통제가 완화된다고 할 수 있다.

5) 국제운영의 규모

현지자회사의 규모에 따라 모기업의 통제정도가 달라진다. 현지자회사의 경영규모가 클 경우 모기업은 현지 시장담당 스태프를 두고 자회사에 대한 통제를 강화한다. 이와는 반대로 국제기업은 규모가 작은 현지자회사를 별로 중시하지 않기 때문에 자회사에 많은 권한을 위임한다.

6) 의사소통체제

과학의 발달과 더불어 급속한 발전을 거듭한 통신수단은 신속하고 정확하게 자료들을 세계 각지에 전달할 수 있게 함으로써 국제기업의 범세계적인 마케팅활동을 가능하게 해주었다. 따라서 국제기업은 통신수단을 이용하여 쉽게 해외자회사의 경영에 대해 통제할 수 있다.

7) 정치적 안정성

국내정세가 불안하면 할수록 경영성과측정이나 기준설정 등에 대한 외적인 타당성이 적어진다. 한 국가가 전면적인 정치적인 변화를 겪고 있는 기간이라면, 그 나라의 앞으로의 환경상태를 예측하는 것은 거의 불가능하다. 어떤 기업에서는 그 국가가 혁명적 변화나 혹은 혼란의 시기로 빠져들었을 때 언제라도 모든 경영활동을 취소하고 본국으로 철수할 수 있도록 지역담당자에게 모든 권한을 위임하는 정책을 채택하기도 한다. 이는 자회사 경영에 대해 대체로 본사보다 지역담당자가 더 정확하게 판단할 수 있다고 보기 때문이다.

결국 국제기업은 지금까지 설명한 여러 가지 영향요인들을 범세계적 전략차원에서 고려하여 해외자회사에 대한 통제를 강화할 것인가, 아니면 자회사에 권한을 위임할 것인가를 결정하게 된다.

2. 문제점

국제기업이 해외자회사를 통제하는 것은 그에 따르는 특수한 문제점 때문에 대단히 복잡하고도 어려운 과업에 속한다. 그 가장 큰 이유는 국제기업의 본사와 해외자회사 사이에 오가는 정보흐름에 큰 영향을 미치는 다음과 같은 주요 국제변수가 작용하고 있기 때문이다.

1) 지리적 거리와 언어장벽

국제기업 본사와 해외자회사간의 지리적 거리는 국제통신의 발달에도 불구하고 아직도 특수한 문제점을 지니고 있다. 자회사가 모기업으로부터 떨어져 있는 거리가 멀수록 커뮤니케이션 왜곡이 발생할 확률은 높아진다. 모기업이 해외자회사에게 내리는 지시 및 해외자회사가 모기업에 피드백하는 보고 등은 왜곡되는 경우가 많은데, 그 이유는 아이디어를 정확한 언어로 표현하지 못하거나 사고의 틀이 서로 다른 데서 기인한다.

그러한 커뮤니케이션 왜곡 문제는 대단히 심각할 수가 있는데, 특히 해외자회사 사장들과 경영자들이 모기업에서 사용하는 언어가 아닌 다른 모국어를 일상적으로 사용할 때는 더욱 그렇다. 이처럼 지리적 거리와 언어장벽에서 비롯되는 커뮤니케이션 왜곡은 해외자회사를 통제하는 데 특수한 문제점을 안겨 준다.

2) 준거틀의 차이

본사와 해외자회사 사이의 커뮤니케이션 왜곡은 두 조직단위가 활용하는 준거의 틀(frame of reference)이 다른 데서도 발생한다. 국제기업 본사의 최고경영층과 경영자들은 각 해외자회사를 전체 자회사망을 형성하는 단순한 일부로 보고 각 자회사의 문제나 사항을 범세계적이고 전사적인 관점에서 해결하고 결정하려는 경향이 농후하다. 그러나 각 해외자회사 사장은 반드시 그렇지 않은데, 그는 자회사의 문제를 현지국 내지 지역의 관점에서 보고 해결하려는 경향이 높기 때문이다.

이처럼 모기업 최고경영층 및 해외자회사 사장이 서로 다른 관점과 준거의 틀에 입각하여 커뮤니케이션을 할 때 커뮤니케이션이 효과적으로 이루어지기는 어렵다. 그 결과로 국제기업이 해외자회사를 통제하는 데 특수한 문제점이 발생한다.

3) 문화적인 가치관의 차이

모기업과 해외자회사 사이의 커뮤니케이션 왜곡은 시장국간에 존재하는 문화적인 가치관의 차이에 의해서도 발생한다. 예컨대 어떤 문화권에서는 근로자들의 노동조합운동을 정상적이고 당연한 것으로 받아들이는가 하면 다른 문화권에서는 이를 배척하고 오히려 적대시하기까지 한다. 그러므로 국제기업의 모기업이 위치한 나라의 문화적 가치관과 해외자회사가 위치한 현지국의 문화적 가치관이 서로 다를 때 모기업의 최고경영층이 모기업국의 문화적 가치관에 입각하여 해외자회사 사장에게 어떤 명령 · 지시를 내렸다면 상사 · 부하기관에 있는 해외자회사 사장은 비록 그 명령 · 지시가 현지국의 문화적 가치관에 어긋난다 하더라도 일단은 받아들일 수밖에 없다.

그러나 해외자회사 사장은 모기업 최고경영층의 명령 · 지시를 현지국에서 시행하게 되면 분명히 효과가 없다는 것을 알기 때문에 겉으로만 시행하는 척하고 실제로는 명령 · 지시를 무시해 버리는 경우가 생길 수도 있다. 한편 해외자회사 사장은 모기업 최고경영층이 탐탁지 않게 생각하거나 듣기 싫어하는 정보를 왜곡하거나 감출 수도 있다. 그러한 결과로 국제기업의 모기업과 해외자회사들 간에는 문화적 가치관의 차이로 인하여 정보의 흐름이 차단되든지 왜곡되어 모기업이 해외자회사를 통제하는 데 특수한 문제점을 안겨 줄 수 있다.

4) 본사가 해외자회사에 부과하는 제약조건

국제기업의 본사가 해외자회사들에게 여러 가지 제약조건을 부과하기 때문에 해외자회사 사장들이 객관적이고 합리적인 의사결정을 내리기 어려운 경우가 많다. 본사의 제약조건은 해외자회사 사장들의 경영관리능력과 권한위임정도가 국제기업 전체의 경영능률에 미치는 영향에 따라 달라진다.

주요용어

1. 국제마케팅통제(international marketing control)
2. 매출액통제(volume control)
3. 제품통제(product control)
4. 가격통제(price control)
5. 유통경로통제(channel control)
6. 촉진통제(promotion control)
7. 마케팅인력통제(marketing personnel control)
8. 이익통제(profit control)

연습문제

1. 국제마케팅통제의 의의와 필요성에 대하여 설명하시오.
2. 국제마케팅 통제과정에 대하여 논하시오.
3. 국제마케팅의 통제영역에 대하여 구체적으로 설명하시오.
4. 국제마케팅의 통제방법에 대하여 설명하시오.
5. 국제마케팅통제에 영향을 미치는 요인과 문제점에 대하여 논하시오.

참고문헌

1. 김동기 · 한선민, 국제마케팅론, 박영사, 1998.
2. 김희철, 글로벌시대의 국제마케팅, 도서출판 두남, 2007.
3. 박기안, 국제마케팅, 무역경영사, 2002.
4. 심재현, 국제마케팅론, 학문사, 1994.
5. 이승영, 국제마케팅, 일신사, 1993.
6. 이장로, 국제마케팅, 무역경영사, 2003.
7. 어윤대, 국제경영, 학현사, 2002.
8. 원종근 · 현인규 · 지남웅, 국제마케팅론, 법문사, 1995.
9. 정헌배 · 김희철, 지구촌마케팅, 법문사, 1997.
10. 차수련, 국제마케팅관리론, 법문사, 1995.
11. Cateora, P. R., *International Marketing*, 7th ed., Homewood, Ill. : Richard D. Irwin. Inc., 1990.
12. Jain, S. C., *International Marketing Management*, 3rd ed., Boston : PWS-KENT Publishing Company, 1990.
13. Keegan, W. J., *Global Marketing Management*, 4th ed., Englewood Cliffs, N. J. : Prentice-Hall Inc., 1989.
14. Kotler, P., *Marketing Management : Analysis, Planning, Implementation, and Control*, 8th ed., Englewood Cliffs, N. J. : Prentice-Hall Inc., 1994.
15. Terpstra, V. and Sarathy, R., *International Marketing*, 7th ed., The Dryden Press, 1997.

찾아보기

(ㄱ)

(ㄴ)

(ㄷ)

(ㄹ)

(ㅇ)

(ㅈ)

(ㅊ)

(ㅋ)

(B)

(C)

(D)

(E)

(F)

(G)

(H)

(I)

(J)

(L)

(M)

(N)

(O)

(P)

(R)

(S)

(T)

(V)

(W)

저자약력

I 정 대 영

- 단국대학교 대학원 무역학과 (경영학박사)
- 호남대학교 경영대학 무역학과 학과장 역임
- 호남대학교 경영대학원 국제통상학과 주임교수 역임
- 한국생산성학회 이사 역임
- 한국사회경제연구소 자문위원 역임
- 한국무역통상학회 이사 역임
- 현) 호남대학교 관광경영대학 무역학과 교수

[저서 및 주요논문]

- 국제마케팅(초판), 도서출판 두남, 2004
- 중소기업 국제화전략(공저), 해냄기획, 1998
- 한국과 일본의 산업정책 비교평가에 관한 연구, 한국생산성학회지, 1993
- 한국기업의 국제광고전략에 관한 실증적 연구, 한국무역학회지, 1997
- 현지시장요인이 국제광고 표준화정도에 미치는 영향, 한국무역학회지, 2002
- 그 외 국제마케팅분야 논문 다수

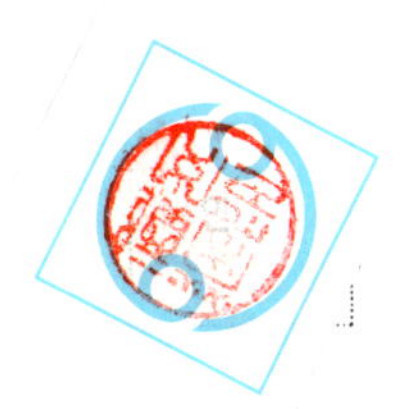

국제마케팅 (개정판)

초 판 1쇄 인쇄 — 2010년 1월 25일
초 판 1쇄 발행 — 2010년 1월 30일
지은이 — 정 대 영
펴낸이 — 전 두 표
펴낸데 — 도서출판 **두남**
서울시 강동구 성내 1동 455-12 두남빌딩
신고 : 제25100-1988-9호
(구 제2-624호, 1988. 7. 21)
TEL : (02) 478-2065~7, 478-2311
FAX : (02) 478-2068
E-mail : dunam1@unitel.co.kr
http://www.dunam.co.kr

정가 24,000원

ISBN 978-89-6414-029-1 93320